Grenzen des Imperiums
Gebiete unter päpstlicher Herrschaft
Schlachten
Belagerungen
Königreich Arles
Avignon
Arles
Turin
Lombardei
Po
Genua
Parma
Lavagna
Pisa
Florenz
Mathild. Güter
Romagna
Faenza
Ravenna
Rimini
Mark Ancona
Ancona
Jesi
Tuscien
Assisi
Hzt. Spoleto
Patrimon. Petri
Rom
Aquila
Celano
Cassino
Königreich Sizilien
Lucera
Foggia
Bari
Apulien
Scala
Salerno
Tarent
Brindisi
Korsika
Sardinien
Messina
Palermo
Königreich Sizilien
Enna
Catania
Syrakus

Eberhard Horst
Friedrich der Staufer

Eberhard Horst

Friedrich der Staufer

Eine Biographie

Claassen

Gedruckt auf säurefreiem Papier

Farbfotos: Archiv für Kunst und Geschichte, Berlin (5), Scala (3);
Schwarzweißfotos: Staatsbibliothek Preußischer Kulturbesitz, Berlin (4)

Die Deutsche Bibliothek – CIP-Einheitsaufnahme

Horst, Eberhard:
Friedrich der Staufer : eine Biographie / Eberhard Horst. –
Hildesheim : Claassen, 1992
(Claassen extra)
ISBN 3-546-00026-9

Claassen extra
Copyright © 1992 Claassen Verlag GmbH, Hildesheim
Copyright © 1975 claassen Verlag GmbH, Düsseldorf
Alle Rechte vorbehalten
Umschlagmotiv: Enrico Pellegrino
Druck und Bindung: Bercker Graphische Betriebe, Kevelaer
Papier: Steinbeis-Temming, Glückstadt
Printed in Germany
ISBN 3-546-00026-9

Inhaltsverzeichnis

Für Titus

1 Einleitung

Die dunkelroten Porphyrsarkophage im Seitenschiff des Doms von Palermo erinnern an eine Zeit, in der nach dem Willen der Herrschenden die sizilianische und die deutsche Geschichte miteinander verflochten wurden. Unter den schweren steinernen Baldachinen ruhen der Normannenkönig Roger II., seine jüngste Tochter Konstanze, ihr staufischer Gemahl Heinrich VI. und ihr Sohn Friedrich II. Weitere Sarkophage und Grabnischen beherbergen Friedrichs erste Gemahlin, Konstanze von Aragon, sowie Angehörige des aragonesischen Herrscherhauses. Ihren jetzigen Standort erhielten die Sarkophage, die ursprünglich neben dem Chor gestanden hatten, beim Umbau der Kathedrale im Jahre 1781, als sie unter Aufsicht der Königlichen Altertumsverwaltung geöffnet wurden. Nach den Berichten des Fürsten Torremuzza und eines anderen Augenzeugen war lediglich der Leichnam Friedrichs gut erhalten; die Gebeine Peters von Aragon und einer Frau – vermutlich seine Gemahlin –, die später im gleichen Sarkophag bestattet worden waren, zeigten starke Zersetzungserscheinungen. Friedrich, der zuunterst lag, war mit einer leinenen Alba bekleidet, deren Ränder goldene kufische Lettern zierten. Darüber trug er die purpurfarbene seidene Dalmatika und einen weiten, hellroten Mantel aus schwerer Seide, mit Ornamenten und den kaiserlichen Adlern; zusammengehalten wurde er von einer Spange aus Amethysten und Smaragden. Die Schäfte seiner seidenen Stiefel waren mit Rehen bestickt. Das Schwert steckte in einer sarazenischen Scheide. Er trug eine mit Perlen und Edelsteinen besetzte Krone. Neben seinem Haupt, das auf einem Lederkissen ruhte, lag der mit Erde gefüllte Reichsapfel.

Schon die ungewöhnliche Grabkleidung dieses römisch-deutschen Kaisers, mit ihren sarazenisch-arabischen Elementen, macht deutlich, daß Friedrich die Normen des christlichen Mittelalters sprengte. Und es darf als gesichert gelten, daß Friedrich selbst seine letzten Gewänder bestimmte, so wie er testamentarisch die Überführung seiner Leiche nach Palermo verfügte.

Sizilien und seine Hauptstadt Palermo hatte Friedrich geliebt. Auf der Insel wuchs er zum Mann heran, und seine sizilianischen Jahre nach der Heirat mit der Aragoneserin Konstanze waren vielleicht die glücklichsten seines Lebens. Hätte er sonst seiner Gemahlin nach ihrem Tode 1222 Worte von solcher Herzlichkeit auf den Sarkophag meißeln lassen:

Sicanie Regina fui. Constancia conjunx
Augusta hic habito nunc Federice tua.

Siziliens Königin war ich, Konstanze,
dir angetraute Kaiserin; hier wohne ich
nun, Friedrich, die deine.

Kein zweitesmal sind von Friedrich ähnliche Worte überliefert. Und das Erstaunen war groß, als bei der Öffnung des Grabes im August 1781 zu Füßen der blondhaarigen und kostbar gekleideten Konstanze ein Holzkästchen gefunden wurde: es enthielt eine Krone aus Goldstoff mit emailliertem Goldzierat, Edelsteinen und Seitengehängen. Es war die eigene Krone, die Friedrich seiner Gemahlin mit ins Grab gegeben hatte. Sie befindet sich heute in der Schatzkammer der Kathedrale.

Friedrich starb am 13. Dezember 1250 im Castel Fiorentino, unweit von Lucera. Seine sarazenischen Leibwächter trugen ihn über die apulischen Hügel zum Jagdschloß Gioia del Colle und weiter nach Taranto. Ein Schiff brachte den Leichnam nach Messina. Dann zog das Trauergeleit auf dem Landweg nach Palermo. Friedrich wollte in dem von ihm selbst bestimmten Sarkophag in der Kathedrale neben seinem normannisch-deutschen Elternpaar und seiner ersten Gattin Konstanze bestattet sein. Er wollte zurückkehren an den Ort, wo er sich heimisch fühlte, von wo er achtunddreißig Jahre zuvor nach der folgenschwersten Entscheidung seines Lebens ausgezogen war, um deutscher Kaiser zu werden.

In diesen achtunddreißig Jahren wurde Friedrich zum *stupor mundi et immutator mirabilis,* zum Staunen der Welt und wundersamen Veränderer, wie Matthäus von Paris anläßlich seines Todes schrieb. Aber *stupor mundi* bedeutet auch, nach mittelalterlichem Verständnis, Betroffenheit und Erschrecken über den, der das Bestehende zu verändern versucht hatte. In Palermo begann, was Friedrich und dem Reich über ein Menschenalter Glück und Unglück brachte, was an der Gestalt Friedrichs faszinierte und verunsicherte, weltbewegende Hoffnungen weckte und doch an unlösbaren Widersprüchen scheiterte.

Als ich zum erstenmal vor den Porphyrsarkophagen im Dom von Palermo stand, lagen vor dem Sarkophag Friedrichs II. Blumen, ein Strauß angewelkter Rosen und Nelken. Bei den Sizilianern wie den Apuliern ist Federico Secondo unvergessen, nach sieben Jahrhunderten. Sein Andenken ist lebendig geblieben; an ihn erinnern noch heute die Kastelle von Catania bis Bari, Melfi, Lucera und die landbeherrschende Mauerkrone von Castel del Monte. Anfang der sechziger Jahre, während der Arbeit an meinem Sizilienbuch, wurde meine Neugier geweckt. Diese Neugier hielt an. Je mehr ich mich mit dem »Kaiser aus Sizilien« beschäftigte, um so stärker fesselte mich seine Gestalt, seine Universalität, auch seine zwiespältige Genialität.

Das zeitgenössische Urteil über ihn trägt vorwiegend den Stempel seiner päpstlichen Gegner und ihrer Parteigänger. Friedrichs eigene Widersprüchlichkeit macht die Suche nach einem objektiven Verständnis nicht leichter. Selbst neuzeitliche Historiker kommen zu unterschiedlichen Ergebnissen, indem sie die eine oder andere Seite Friedrichs stärker herausstellen, überbewerten oder negativ deuten. Für mich waren die gegensätzlichen Urteile über das einzige Genie unter den deutschen Herrschern ein weiterer Anreiz, die Lebensgeschichte dieses Mannes aufzuschreiben. Wo meine Meinung von der früherer Biographen abweicht, habe ich das gesagt, ohne einen Anspruch auf die absolute historische Wahrheit. Kaum eine andere Gestalt der europäischen Geschichte erlaubt eine solche Fülle von Perspektiven, von Sympathie und Antipathie.

Es kam mir darauf an herauszufinden, wie und warum Friedrich handelte, die Laufbahn eines Mannes darzustellen, der zu einer bestimmten Zeit unter bestimmten Verhältnissen gelebt hat. Was mitteilbar bleibt, ist ein Bild und der Versuch, an den Bruchstellen dieses Bildes nach dem Hintergrund zu forschen. Löst man von diesem Bild die mythisierenden und historisierenden Vorurteile, so bleiben menschliche und zeitbedingte Verhaltensweisen, die nichts von ihrer Aktualität eingebüßt haben.

Besonders wichtig war mir der vielfach vernachlässigte Anteil der mütterlichen Seite und die normannisch-sizilianische Prägung Friedrichs. Man würde den Enkel Barbarossas und des nicht weniger bedeutenden normannischen Roger gründlich mißverstehen, wenn man ihn nur als Staufererben sieht oder gar deutschnational vereinnahmt. Er war Sizilianer und Weltbürger, versteht man den Begriff aus der ungeheuren geistigen und politischen Bewegtheit des 13. Jahrhunderts.

Vielen Ratgebern und Freunden, die meine mehrjährige Arbeit beratend und ermutigend begleiteten, habe ich zu danken. Ihr Zuspruch ließ mich manche Komplikation bis zur endgültigen Fassung des Buches überwinden. Besonders danken möchte ich meiner Frau, die jede Manuskriptseite prüfte und das Risiko eines langwierigen, oft unbequemen Schreibprozesses mittrug.
Ich widme dieses Buch meinem Sohn Titus. Sein mit dem Fortgang meiner Arbeit wachsendes Interesse zeigte mir, daß die zeitweilige Geschichtsverdrossenheit der Jungen überwindbar oder schon überwunden ist. Aus heutiger Sicht und Erfahrung erzählte Geschichte soll nicht nur an Vergangenes erinnern. Jeder Fortschritt hängt davon ab, daß unserem kritischen Bewußtsein gegenwärtig bleibt, was einmal Ereignis war und gedacht wurde.

Gröbenzell, im Februar 1975 Eberhard Horst

Erster Teil

Palermo zog sie alle an

Unsere wahre Absicht ist, sichtbar zu machen die Dinge, die sind, wie sie sind.

Friedrich II.

Er war ein durchtriebener Mann, verschlagen, geizig, ausschweifend, boshaft und jähzornig. Gelegentlich aber zeigte er auch tüchtige Eigenschaften, wenn er willens war, seine Güte und Freigebigkeit zu beweisen; dann war er freundlich, fröhlich, voll Anmut und edlen Strebens. Er konnte lesen, schreiben, singen und Kantilenen und Gesänge erfinden. Er war ein schöner, wohlgebauter Mann, wenn auch nur von mittlerem Wuchse. Ich habe ihn nämlich gesehen und eine Zeitlang auch verehrt.

Salimbene von Parma

. . . unter der Welt Fürsten der Größte, Friedrich, auch das Staunen der Welt und wundersamer Veränderer.

Matthäus von Paris

2 Normannen und Staufer

Sizilien hat in den letzten dreitausend Jahren seiner Geschichte mehr fremde Herren ertragen müssen als irgendein anderes Land Europas. Sie alle – ob Griechen, Karthager, Römer, Vandalen und Goten, Byzantiner, Sarazenen, Normannen, Schwaben, Spanier, Franzosen oder, zuletzt, Italiener – haben das Gesicht Siziliens geprägt. Viele der fremden Eroberer und Kolonisatoren wurden heimisch in diesem Traumland der Antike, auf Homers »herrlicher Insel« des Sonnengottes Helios, »wo ungesät alles wächst«. Noch Edrisi, der arabische Geograph des Königs Roger, nannte Sizilien »das erste Land der Welt an Fruchtbarkeit des Bodens, Volkszahl und Alter der Kulturen«. Es war ein begehrenswertes Land, ein einzigartiger Umschlagplatz der Geschichte, auf dem sich Rassen und Kulturen mischten.

Unverkennbar ist das heute noch in den so verschiedenartigen Gesichtern der Einheimischen. Auch die Sitten, Bräuche und Legenden der Eindringlinge, ihre Städtenamen und Reste ihrer Sprachen leben weiter. Es gehört zu den Merkwürdigkeiten der Insel, daß von den Kunstwerken, die wir heute bewundern, kaum eines rein sizilianischen Ursprungs ist. Auf sizilianischem Boden entfalteten sich die künstlerischen Vorstellungen und Praktiken der Neuankömmlinge in einer Weise, die den Herkunftsländern in nichts nachstand, sie sogar oft übertraf. Griechen bauten in Agrigent, Selinunt, Syrakus und Himera ihre Tempel nach dorischem Vorbild, das die alteingesessenen elymischen Segestaner übernahmen. Normannisch sind die großen Kathedralen von Cefalù, Monreale und Palermo. Arabische Ornamente und byzantinische Mosaike geben den Kirchen und Kreuzgängen ihre letzte Vollendung. Die Staufer errichteten ihre wuchtigen, auf ein einfaches geometrisches Maß reduzierten Kastelle und Wehrtürme. Spanier brachten ihren Kirchenbarock, der in Palermo und im Südosten der Insel noch heute Staunen erregt.

Bis zum 15. Mai 1946, als Sizilien autonome Region innerhalb des italienischen Staatsverbandes wurde, herrschten nahezu kontinuierlich ausländische Herren, fremde Regierungen über die Insel. Nur wenige trugen dazu bei, das Land zu kultivieren wie die Sarazenen, die von 703 an aus Nordafrika herüberkamen und Sizilien seit etwa 900 ganz in der Hand hatten. Nur wenige bemühten sich auch, den Reichtum des Landes zu wahren und die verschiedenen Bevölkerungsgruppen zu tolerieren wie die Normannen. Stärker drückte eine jahrhundertelange Ausbeutung der Insel ihren Stempel auf. Aus dem reichsten und bestverwalteten Land Europas ist eines seiner ärmsten und rückständigsten Gebiete geworden.

Wie sich der Prozeß der Überfremdung auswirkte, darüber läßt Tomasi di Lampedusa in seinem Sizilienroman *Der Leopard* Don Fabrizio sagen: »All die Regierungen, Fremde in Waffen, gelandet von wer weiß wo, denen man sogleich diente, die man rasch verabscheute und nie begriff, die sich ausdrückten nur in Kunstwerken, die für uns rätselhaft blieben, und leibhaftig in den Eintreibern von Steuergeldern, die hernach anderswo ausgegeben wurden – all diese Dinge haben unseren Charakter gebildet, und darum bleibt er bedingt von äußeren Schicksalsfügungen.«

Die Normannen – Wikinger, die zu Beginn des 10. Jahrhunderts unter ihrem Herzog Rollo im Nordwesten Frankreichs seßhaft geworden waren und, ohne ihren Sinn für Abenteuer und Eroberungen zu verlieren, die Lebensart der ursprünglichen, gallo-fränkischen Bevölkerung angenommen hatten – tauchten erstmals im Jahre 1016 an der Küste Unteritaliens auf. Dort herrschten chaotische Zustände. Die zahlreichen, meist kleinen Fürstentümer lagen fast unablässig miteinander im Krieg. Den Kaisern von Byzanz, die ihren Anspruch auf dieses Gebiet wie auf Sizilien nie zurückgenommen hatten, war es zwar gelungen, einen dauernden Übergriff der Sarazenen Siziliens zu verhindern, doch sarazenische Banden, die es mal mit dem einen, mal mit anderen Fürsten hielten, machten das Land unsicher.

Es war eine Gruppe von vierzig normannischen Pilgern und Abenteurern, die auf dem Rückweg aus dem Heiligen Land einen sarazenischen Angriff auf Salerno abwehren halfen und entsprechend belohnt wurden. Als sich die Kunde daheim verbreitete, machten sich immer wieder Normannen auf den Weg nach Süden, auch Söhne des Landedelmanns Tankred von Hauteville. An einem Feldzug des großen byzantinischen Generals Manices gegen die Sarazenen auf Sizilien nahmen sie mit einer solchen Bravour teil, daß sie auf dem Festland wichtige Besitzungen erhielten. Der Älteste, Wilhelm Eisenarm, empfing den Titel eines Grafen von Apulien und baute ein stetig wachsendes, militärisch gut organisiertes Territorium mit der Hauptstadt

Melfi auf. Ein weiterer Sohn Tankreds, Robert Guiscard, traf gerade rechtzeitig ein, um an jenem Kampf gegen die verbündete Macht von Kaiser und Papst teilzunehmen, der zur entscheidenden Festigung der Normannenherrschaft im Süden Europas führen sollte. Es war ein Kampf gegen eine erdrückende Übermacht, doch 1053 wurde Papst Leo IX. bei Civitá gefangengenommen und bestätigte in den darauffolgenden Verhandlungen die Normannenführer in all ihren Eroberungen – vergangenen wie zukünftigen.

Bald danach zwang Robert Guiscard die kalabrische Halbinsel nieder, und nach dem Tode seines Bruders Humbert machte er sich zum Herzog von Apulien und Kalabrien. Drei Jahre später wurde er von Papst Nikolaus II. anerkannt.

Zu einem Machtfaktor erster Größenordnung wurden die Normannen, als Robert Guiscards jüngerer Bruder Roger in einem achtundzwanzigjährigen Krieg (1062–1090) den Sarazenen tatsächlich Sizilien abringen konnte. Rogers Sohn, der 1130 in Palermo zum König gekrönte Roger II., konnte Apulien und Kalabrien gewaltsam mit Sizilien vereinigen. Es war ein Reich, das sich bis hundert Kilometer südlich von Rom erstreckte. Leben und Herrschaft Friedrichs II., väterlicherseits ein Staufer, mütterlicherseits ein Normanne, lassen sich kaum begreifen, ohne die für das christliche Mittelalter ganz außergewöhnliche politische Praxis dieses Staates zu verstehen. Der Lehensherr Siziliens war der Papst in Rom. Doch wie die Normannen ihr Königtum verstanden, zeigt das großartige Krönungsmosaik in der Martoranakirche von Palermo: Roger II. empfängt aus der Hand des majestätischen Christus die sizilianische Krone. Der nach byzantinischem Vorbild »von Gott gekrönte« König Roger regierte unabhängig und gerecht. Seine Gesetzgebung, auf die Friedrich später zurückgriff, war der gemischten Struktur der Bevölkerung angepaßt.

Der zeitgenössische Chronist Gottfried Malaterra zeichnet ein aufschlußreiches Charakterbild der Normannen. Schlau und gerissen seien sie, und in ihrer Gier nach Gewinn und Herrschaft dem eigenen Erbe gegenüber gleichgültig, da sie stets auf Besseres hofften. In der Tat, ähnlich wie die Sarazenen, die das Wissen anderer Kulturkreise wie beispielsweise Byzanz und Persien aufgriffen und weiterentwickelten, zeigten die Normannen sich stets bereit, von anderen zu lernen. In der Normandie nahmen sie, wie erwähnt, Lebensart und Sprache der franko-gallischen Bevölkerung an, ja, sogar deren Religion, das Christentum. Dort bereits vorhandene Ansätze zur Feudalordnung machten sie sich in Süditalien zunutze wie auch in England, das sie 1066 eroberten. In England führten sie altes angelsächsisches Recht weiter; das bildete die Grundlage für eine zentrale königliche Verwaltung, vor allem in den Finanzen. Während dort jedoch alles auf eine schließliche Verschmelzung hinsteuerte, blieben sie in Sizilien eine Herrenschicht, die, nach sarazenischem Vorbild, das Nebeneinander verschiedener Kulturen nicht nur duldete, sondern nutzte. Sie fanden eine christliche Bevölkerungsgruppe vor, die griechisch sprach, und arabisch sprechende Mohammedaner verschiedener Herkunft; obwohl selbst eindeutig Rechtgläubige römischer Observanz, tolerierten sie sowohl das griechisch-orthodoxe Christentum – Roger I. gründete bzw. restaurierte vierzehn orthodoxe Klöster – als auch den Islam. Für den Aufbau des Staates wurden normannische, byzantinische und arabische Traditionen maßgeblich. Normannischen Feudalherren wurde die Kontrolle der Provinzen übertragen; die nach byzantinischem Muster von den Sarazenen übernommene zentrale Finanzverwaltung wurde, wenigstens zunächst, von Arabern geleitet und durchgeführt; einige der führenden Minister und Ratgeber waren Griechen.

Unter König Roger wurde Palermo zu einem der lebhaftesten Kulturzentren Europas. Vom palermitanischen Hof, von den dort tätigen arabischen, jüdischen und lateinischen Gelehrten und Übersetzern ging eine heute unvorstellbare Wirkung aus. Ohne sie wäre die europäische Geistesgeschichte undenkbar. Noch der Enkel Rogers, der letzte Normannenkönig Wilhelm II., förderte die Wissenschaften und übte mehr Toleranz, als es dem Papst genehm war. Ein arabischer Reisender schrieb, er habe geäußert: Möge jeder von euch den Gott anrufen, den er verehrt; wer an seinen Gott glaubt, dessen Herz ist ruhig. Wilhelm II., der sich gerne arabisch kleidete, liebte mehr als seine Vorgänger den Luxus und die Sitten des Orients. Aber es spricht für die sizilianischen Normannen, daß sie die überlegenen und feineren Lebensformen der Sarazenen in vielem übernahmen.

Es ist allein deshalb notwendig, die normannisch-sizilianische Grundlage zu zeigen, weil sie im Leben und in den Anschauungen Friedrichs eine größere Rolle spielen als das staufische Erbe, das von einer national-deutschen Geschichtsschreibung überbetont worden ist. Bereits beim Namen setzte solch einseitige Deutung ein. Von den beiden Taufnamen Friedrich Roger – nach den beiden berühmten Großvätern – wurde der staufische Vorname beibehalten; der normannische geriet in Vergessenheit.

Es war keine Liebesheirat, die König Heinrich, den Sohn Friedrich Barbarossas, und Konstanze, die Tochter König Rogers von Sizilien, zusammenführte. Vor ihrer Hochzeit hatten die beiden einander nie gesehen. Ihr Altersunterschied war beträchtlich – der Staufer zählte zwanzig, die Normannin einunddreißig Jahre –, und das vor keiner Gewaltsamkeit zurückschreckende Naturell Heinrichs VI. paßte kaum zu der gebildeten Sizilianerin.

Der Anstoß zu der Verbindung kam von den Staufern. Im Hochmittelalter zählte es zur vornehmsten Pflicht eines deutschen Königs und römischen Kaisers, die gesamte römische Kirche und Christenheit zu schützen. Gerade das normannische Sizilien aber hatte verschiedentlich die Machtlosigkeit des Kaisers in Italien demonstriert und mehrere Päpste eigenen Interessen gefügig gemacht oder mit ihnen gegen den Kaiser paktiert. Militärische Anstrengungen, wie die Kaiser Lothars von Supplinburg, waren gescheitert oder durch unvorhergesehene internationale Entwicklungen von vornherein, wie bei Konrad III., vereitelt worden. Friedrich Barbarossa hatte in seiner ganzen Italienpolitik Kompromisse schließen müssen, und es erschien am vernünftigsten, durch eine eheliche Verbindung mit den Normannen einen alten und tiefen Gegensatz abzuschwächen und auf diese Weise den eigenen Einfluß in Italien zu festigen. Sogar der Ort der Vermählung wurde unter dem Gesichtspunkt der staufischen Italienpolitik ausgewählt.

Sie sollte am 27. Januar 1186 in Mailand stattfinden. Friedrich Barbarossa hatte nach jahrelangen Kämpfen mit den Städten des lombardischen Bundes Frieden geschlossen. Jetzt konnte der Kaiser den Mailändern ein Schauspiel seiner Macht zeigen, zudem ein exotisches Schauspiel. Konstanze von Sizilien wurde von einem großen Gefolge begleitet. Der Brautschatz, von hundertfünfzig Maultieren getragen, war ein Abglanz von Reichtum und Prunk des halborientalischen Südreichs. Weil der Bau der Kathedrale noch nicht abgeschlossen war, fand die Trauung in San Ambrogio statt. Anschließend krönte der Patriarch von Aquileja die Neuvermählten mit der historischen eisernen Krone der Langobarden. (Der eigenmächtig handelnde Patriarch wurde mit dem päpstlichen Interdikt belegt – er hatte kein Recht, in Mailand zu trauen, und schon gar keine Befugnis, den imperialen Ehrgeiz der Staufer in Italien zu fördern, wie es mit der Krönung geschah.)

In Palermo hatte eine starke Partei gegen die staufische Ehe gestimmt. Doch der sizilianische Herrscher Wilhelm II., ging auf die Brautwerbung der Staufer ein, weil er von der Heirat das Ende der Konflikte zwischen dem Kaiser und seinem dem Papst verpflichteten Königreich erwartete. Und sein Großkanzler hatte ihn überzeugt, daß die bereits einunddreißigjährige Konstanze, die bis dahin im Kloster der Basilianischen Nonnen in Palermo zurückgezogen gelebt hatte, heiraten mußte. Es war zwar keineswegs anzunehmen, daß Wilhelm II. kinderlos bleiben würde – seine Frau war wesentlich jünger und er selbst erst dreißig –, aber die sizilianische Thronfolge mußte für alle Fälle geregelt werden.

Doch bereits drei Jahre danach trat das Unerwartete ein. Wilhelm II. starb im Jahre 1189 ohne Erben. Damit endete die Normannenherrschaft, deren kluge und tolerante Staatsführung die Geschicke des sizilianischen Königreichs über ein Jahrhundert zum Guten gelenkt hatte.

Es war vorauszusehen, daß der sizilianische Adel alles unternehmen würde, um die Übernahme der Staatsgewalt durch Konstanze und damit durch den Staufer Heinrich zu hintertreiben. In Palermo gewann die Partei, die sich schon der staufischen Ehe widersetzt hatte, die Oberhand. Begreiflicherweise unterstützte der Papst die Eigenständigkeitsbestrebungen Siziliens. Eine Vereinigung des Reiches mit Sizilien hätte – und davor hatte die Kurie größte Angst – den Kirchenstaat umklammert und zur Abhängigkeit Roms von den Staufern führen müssen. So wählten die sizilianischen Barone Tankred von Lecce, einen illegitimen Enkel König Rogers, zum König. Die Sizilianer beriefen sich auf altes normannisches Königswahlrecht. Außerdem rechtfertigten sie die Wahl Tankreds mit dem Argument, Sizilien brauche in der gegenwärtigen Krise als Herrscher einen bewährten und tatkräftigen Mann.

Erst im Spätherbst 1194 – vier Jahre nach dem plötzlichen Tod Friedrich Barbarossas auf dem Kreuzzug – konnte Heinrich VI. mit Hilfe der Flotten Genuas und Pisas Sizilien besetzen, um das

Erbe Konstanzes mit Waffengewalt anzutreten. In Sizilien traf er nur auf geringen Widerstand, da der Gegenkönig Tankred im Frühjahr überraschend gestorben war. Tankreds Witwe Sibylle begab sich mit dem unmündigen Thronerben Wilhelm und ihren kleinen Töchtern widerstandslos in die Hand des Kaisers. Angesichts der Bereitschaft zum Frieden sicherte Heinrich den Sizilianern eine Generalamnestie zu.

Die Krönung Heinrichs VI. zum König von Sizilien fand in der Woche vor Weihnachten im Dom von Palermo statt. Nahezu der gesamte weltliche und geistliche Adel Siziliens war der Einladung gefolgt. Die Chronisten berichten von einer rührenden Szene, die den Krönungsfeierlichkeiten vorausging. Der siebenjährige Wilhelm, bis dahin immer noch der gekrönte Nachfolger seines Vaters Tankred, stieg die Chorstufen empor und legte die sizilianische Krone zu Füßen des Staufers nieder. Er verzichtete feierlich auf jeglichen Anspruch. Heinrich ließ dem Knaben die ererbte Grafschaft Lecce und verlieh ihm den Titel eines Grafen von Tarent.

An den Tagen nach seiner Krönung nahm Heinrich, die sizilianische Krone auf dem Haupt, jeden Morgen im Dom an der Messe teil. Dann, am zweiten Weihnachtstag 1194, geschah etwas, was die staufisch-sizilianischen Beziehungen schlagartig veränderte. Aufgrund eines Verdachts oder auch bloß unter dem Vorwand, er müsse eine gegen ihn gerichtete Verschwörung niederschlagen, ordnete Heinrich ein grausames Strafgericht an. Er ließ Hunderte von sizilianischen Baronen, die auf die kaiserliche Amnestie vertrauten und zur Krönung nach Palermo gekommen waren, hinmorden oder einkerkern. Die Freunde des toten Tankred wurden lebendigen Leibes verbrannt, Sibylle und ihre Kinder festgenommen und nach Deutschland verschleppt. Der siebenjährige Wilhelm wurde geblendet und entmannt. Der Staufer ließ den verstümmelten Tankredsohn auf die Burg Hohenems bringen, wo der Junge dahinsiechte und nach wenigen Jahren starb.

Da allerdings wurde Sizilien von Aufständen erschüttert. Bis zu seinem Tode – nicht ganz drei Jahre nach der Krönung in Palermo – konnte sich Heinrich VI. auf der Insel, abgesehen von wenigen Monaten trügerischer Ruhe, nur mit Waffengewalt behaupten. Es wurde vermutet, Konstanze habe die letzten Aufstände gegen Heinrich unterstützt oder wenigstens von ihnen gewußt. Sie war durch ihre Heirat in eine ausweglose Situation geraten. Ihre Liebe zu Sizilien stand im Widerspruch zu ihrer ehelichen Bindung an den Kaiser. Doch die »Gran Costanza«, wie Dante sie in der Göttlichen Komödie im dritten Gesang des Paradiso nennt, war zumindest bis 1194 redlich bemüht, an der Seite Heinrichs VI. die staufischen Interessen und seinen legitimen Anspruch auf Sizilien zu vertreten. An der ersten Verschwörung, falls es sie überhaupt gegeben hat, konnte sie nicht beteiligt gewesen sein. Als sie im Spätherbst 1194 zusammen mit Heinrich aus Deutschland zurückkam, mußte sie hochschwanger in Jesi die Reise unterbrechen. Bei den Krönungsfeierlichkeiten in Palermo war sie nicht zugegen.

An jenem zweiten Weihnachtstag des Jahres 1194, an dem Heinrichs VI. Schreckensherrschaft in Sizilien begann, gebar Konstanze in Jesi ihren und des Staufers einzigen Sohn Friedrich.

3 Geboren in Jesi

Wie bei anderen überragenden Gestalten der Geschichte, bei Alexander dem Großen etwa oder dem römischen Kaiser Augustus, rankten sich um die Geburt Friedrichs Prophezeiungen und Gerüchte. Der kampanische Dichter Petrus von Eboli griff die berühmteste abendländische Geburtsprophetie auf, die Ankündigung eines Friedensbringers aus Vergils vierter Ekloge der Bucolica. Gottfried von Viterbo feierte den Neugeborenen als künftigen Retter und Weltenkönig, der den Osten und Westen vereinen werde – und Friedrich hatte ursprünglich ja auch nach dem großen römischen Kaiser Konstantin genannt werden sollen, der die innere Ordnung des ganzen Römischen Reiches neu gestaltete. Negativ fiel die Weissagung des kalabresischen Zisterzienserabtes Joachim von Fiore aus. Er verkündete im Zusammenhang mit seiner utopischen Geschichtsphilosophie die Ankunft des kommenden Weltzüchtigers und des in der Apokalypse verheißenen Antichristen.

Die Prophezeiungen waren Ausdruck einer Zeit schwerwiegender politischer und geistiger Umbrüche. Unsicherheit, Not, Kriege und wechselnde Machtverhältnisse hatten die Menschen, die sich einer geschichtlichen Entwicklung ausgesetzt sahen, die sie nicht begreifen und erst recht nicht beeinflussen konnten, empfänglich für alle möglichen irrationalen Deutungen und Erwartungen gemacht. Außerdem war die späte Geburt des ersten und einzigen Kaisersohnes, der das staufisch-deutsche und das sizilianische Reich erben sollte, ein außergewöhnliches Ereignis, das die mittelalterliche Phantasie anregen mußte.

Handfester, in ihrer Absicht eindeutiger, sind die Gerüchte, die unmittelbar der Geburt in Jesi galten. Um das Wunderbare dieses Ereignisses nach neunjähriger kinderloser Ehe zu unterstreichen, wurde die vierzigjährige Konstanze als alte Frau dargestellt. Es fehlte auch nicht an Stimmen, die von einem untergeschobenen Kind sprachen. Sogar die Behauptung kam auf, der Vater sei der Metzger von Jesi gewesen. Vermutlich um solche Unterstellungen zu entkräften, wurde verbreitet, Konstanze habe in einem Zelt auf dem Marktplatz von Jesi vor den Augen der verheirateten Frauen den Kaisererben zur Welt gebracht. Später habe sich Konstanze, um ihre Mutterschaft zu beweisen, dem Volk gezeigt und in aller Öffentlichkeit das Kind an der nackten Brust genährt. Solchen Gerüchten fehlen dokumentarische Beweise. Sie scheinen auch kaum mit dem Charakter der Normannin vereinbar.

Für Friedrich bedeutete Jesi nicht mehr als der zufällige Ort seiner Geburt. Schon bald wurde das Kind auf Heinrichs Weisung nach Foligno gebracht. Es kam in die Obhut Konrads von Urslingen, den Heinrich zum Herzog von Spoleto ernannt hatte. Aus späterer Zeit, als Friedrich bereits fünfundvierzig Jahre alt war und von seinen Anhängern im Sinne der erwähnten Verheißungen als Messiaskaiser und Friedensbringer gefeiert wurde, stammt ein merkwürdiges Schreiben an seine Geburtsstadt. Die Diktion, im feierlichen Prunkstil der kaiserlichen Rhetorik, zeugt für die Selbstherrlichkeit, die in den Jahren der schärfsten Auseinandersetzung mit dem Papst am kaiserlichen Hof aufkam. Friedrich nahm für sich den höchsten messianischen Vergleich in Anspruch, indem er Konstanze »Unsere göttliche Mutter« und Jesi »Unser Bethlehem« nannte, »des Caesars Land und Ursprung, in Unserer Brust zutiefst verwurzelt«. Dann fährt er fort: »So bist du, Bethlehem, Stadt der Marken, nicht die geringste unter Unseres Geschlechtes Fürsten: denn aus dir ist der Herzog gekommen, des Römischen Reiches Fürst . . .«

Weniger günstig als dieser Hymnus vermuten läßt, entwickelten sich die politischen Verhältnisse unmittelbar nach der Geburt

Friedrichs. Zwar konnte Heinrich mit den Mitteln des Normannenschatzes, den er von Palermo nach Deutschland bringen ließ, die deutschen Fürsten bewegen, seinen Sohn zum römischen König und zu seinem Nachfolger zu wählen. Der Bruder des Kaisers, Philipp von Schwaben, sollte das Kind nach Deutschland holen. Doch dazu kam es nicht mehr. Nach der in seiner Grausamkeit unüberbietbaren Niederwerfung eines neuen sizilianischen Aufstandes während der Vorbereitungen zu einem Kreuzzug, erkrankte Heinrich im heißen Spätsommer 1197 an Dysenterie und schwerer Malaria. Er befand sich gerade auf der Jagd im sumpfigen Tal des Nisi und wurde nach Messina gebracht, wo er nach wenigen Wochen am 28. September 1197 starb.

Der Tod des zweiunddreißigjährigen Kaisers, dessen geschickte, wenn auch skrupellose Machtpolitik das Reich zusammengehalten und erweitert hatte, löste eine ungeheure Erschütterung aus. In Deutschland brach der furchtbare Bürgerkrieg zwischen Staufern und Welfen aus, der mehr als ein Jahrzehnt dauerte. In Italien und Sizilien entlud sich der angestaute Deutschenhaß. Es kam zu Aufständen gegen die von Heinrich eingesetzen landfremden deutschen Grafen und Lehensherren.

Vermutlich ahnte Heinrich den Zusammenbruch seiner Reichspolitik. Kurz vor seinem Tode verfaßte er ein Testament, das in der realistischen Einschätzung der Lage noch einmal den klaren staatspolitischen Blick des Staufers bestätigt. Der Kaiser verfügte, daß Konstanze und Friedrich, dem Beispiel der Normannenkönige folgend, den Papst als Lehensherrn Siziliens anerkennen sollten. Er forderte den Verzicht auf die von ihm annektierten Besitztümer der Kirche in Mittelitalien und auf andere umstrittene Gebiete. Nur hat Konstanze dieses Testament nie zu Gesicht bekommen. Der Treuhänder und Freund des Kaisers, der deutsche Truchseß Markward von Anweiler, der einige der abzutretenden Gebiete zum Lehen hatte, unterschlug das Testament. Es kam erst drei Jahre später, bei Markwards Niederlage von Monreale, zum Vorschein.

Ohne das Testament zu kennen, erfüllte Konstanze seine wichtigste Forderung: die Anerkennung des Papstes als Lehens- und Schutzherrn. Wer will es der Tochter des Königs Roger II. verdenken, daß sie – frei von der staufischen Ehebindung – als

Normannin und Sizilianerin handelte? Außerstande, entscheidend eingreifen zu können, hatte sie das staufische Zwangsregiment in Sizilien miterdulden müssen. Drei Monate nach der Geburt Friedrichs, als sie in Bari mit Heinrich gemeinsam gekrönt wurde, hatte sie den Troß der einhundertsechzig Maultiere gesehen, der auf Befehl Heinrichs den requirierten Kronschatz der normannischen Könige forttrug: Gold, Edelsteine, die Insignien und den kostbaren Krönungsmantel ihres Vaters Roger. Sie war nach den letzten sizilianischen Aufständen gegen die Fremdherrschaft gezwungen worden, den Folterungen der aufständischen Anführer beizuwohnen. Tankreds Bruder, Graf Richard von Acerra, wurde durch die Straßen von Capua geschleift und zwei Tage lang an den Füßen aufgehängt, bevor der Hofnarr ihm ein Gewicht um den Hals hängte und ihn erwürgte. Der Graf Giordano, mit dem Konstanze vielleicht in Kontakt gestanden hatte, bevor er auf der Insel das Zeichen zur Empörung gegeben hatte, wurde auf einen glühenden Eisenthron gesetzt, wo ihm eine glühende Krone auf den Kopf geschlagen wurde. Konstanze selbst hatte Heinrich in Palermo durch den ihm ergebenen Kanzler Walther von Pagliara unter Bewachung stellen lassen, da er sie der heimlichen Mitwirkung an der Verschwörung verdächtigte.

Es ist begreiflich, daß Konstanze nach dem Tod ihres Mannes gegen die Deutschen vorging. Der Haß, den der »Sturm aus Schwaben«, wie Dante schrieb, in Süditalien und Sizilien hervorgerufen hatte, war nicht unbegründet. In den wenigen Jahren, die Heinrich zur Verfügung standen, hatte er seine Gewaltherrschaft dadurch zu festigen gesucht, daß er deutsche Adelige großzügig mit Grafschaften, Ländereien und Ämtern belehnte. Neben ehrenhaften Männern waren auch Abenteurer und zwielichtige Existenzen nach Sizilien gekommen. Sie hatten nach dem Recht des Stärkeren das Land ausgeplündert. Die erste Maßnahme der Regentin war die Verbannung der Deutschen mit ihrem Anführer Markward von Anweiler aus dem Königreich. Heinrichs Kanzler, Walther von Pagliara, den Bischof von Troja, ließ sie einkerkern.

Konstanze hatte nur ein Ziel: Sizilien als normannisches Königreich wiederherzustellen, seine Unabhängigkeit zu sichern und ihrem Sohn die sizilianische Erbnachfolge zu wahren. Der Unterstützung des Papstes konnte sie gewiß sein.

Während das Reich Heinrichs VI. zerfiel, folgte auf dem Stuhl Petri dem zweiundneunzigjährigen Coelestin III. der energische und asketische Lothar von Segni, der den Papstnamen Innozenz III. annahm. Er war als Reformer der Kirche ebenso genial wie als Machtpolitiker; mit ihm erreichte das Papsttum, das seit der Mitte des 11. Jahrhunderts gegenüber den Kaisern einen neuen Führungsanspruch geltend machte, einen grandiosen Höhepunkt. Durchdrungen von der Würde seines Amtes, beanspruchte er, als Verus Imperator über allen weltlichen Herrschern zu stehen. Seine Devise lautete: »Weniger als Gott, doch mehr als ein Mensch.« Der Zusammenbruch der staufischen Italienpolitik kam Innozenz' Plänen zugute. Er vermochte den früheren territorialen Besitzstand der Kirche in Mittelitalien wiederherzustellen, er förderte die Lösung Siziliens vom Imperium, und es gelang ihm, durch Verträge mit Konstanze den Einfluß der Kirche im sizilianischen Königreich erheblich zu vergrößern.

Nur widerstrebend erfüllte Konstanze die Forderungen des Papstes, zu denen auch die Wiedereinsetzung des Kanzlers Walther von Pagliara gehörte. Allerdings war Innozenz III. der einzige, der Konstanze und ihrem Sohn jetzt und in den folgenden Jahren das sizilianische Königreich sichern konnte und sie gegen ihre Feinde verteidigte. Ohne seine Hilfe – aus welchen Gründen immer sie gewährt wurde – wäre dem jungen Friedrich selbst Sizilien entrissen worden.

Nach dem Tod Heinrichs ließ Konstanze ihren dreijährigen Sohn nach Palermo holen und am Pfingstsonntag 1198 in der Kathedrale zum König von Sizilien krönen. Palermo erlebte einen Tag großer Hoffnungen, einen Tag byzantinischer Prachtentfaltung, der an die glanzvolle Zeit der Normannenkönige erinnerte. Nach sizilianischem Brauch rief das Volk dem Gekrönten zu: Christ ist Sieger! Christ ist König! Christ ist Kaiser! Seit dem Krönungstag fiel in den Königlichen Urkunden der bisher immer noch übliche Titel *Rex Romanorum* weg. Konsequent beanspruchte Konstanze für ihren Sohn nur noch die Titel König von Sizilien, Herzog von Apulien und Fürst von Capua.

Noch im selben Jahr, vierzehn Monate nach dem Tod ihres Gemahls, starb Konstanze. In ihrem Testament bestimmte sie Papst Innozenz III. zum Verweser des sizilianischen Königreichs und zum Vormund ihres Sohnes. Dafür sollte Innozenz jährlich eine Summe von dreißigtausend Tarenen erhalten.

Doch die Feinde lagen schon auf der Lauer. Markward von Anweiler und andere deutsche Heerführer hatten weder resigniert noch das Königreich verlassen. Markward behauptete außerdem, der Kaiser habe ihm die Regentschaft Siziliens übertragen. Er besetzte die Insel mit seinen Söldnern. Ihr Schreckensregiment trieb Sizilien während der nächsten Jahre in die Anarchie. Unter diesen Umständen wuchs Friedrich auf, einer »knechtischen Bevormundung unterworfen, ein Lamm unter Wölfen«, wie es in einem im Juni 1201 an die Fürsten der Welt gerichteten Sendschreiben hieß.

4 Jugend in Palermo

Niemand sprach mehr von den weltumspannenden Prophezeiungen eines Petrus von Eboli, eines Gottfried von Viterbo. Vergessen waren selbst die auf das sizilianische Königreich beschränkten Hoffnungen Konstanzes. Vom vierten bis zum zwölften Lebensjahr war der elternlos heranwachsende Friedrich nur ein Objekt in den Händen derer, die im eigenen Interesse in Sizilien Macht ausübten.

Es war eine im ganzen recht verworrene Situation: Auf der einen Seite der Kanzler Walther von Pagliara mit den Normannen und mit päpstlicher Unterstützung, auf der anderen die Deutschen unter Markward von Anweiler und die Mohammedaner, denen natürlich die päpstliche Partei suspekt war. Und als Innozenz III. in einem unüberlegten Schachzug dem französischen Abenteurer Walther von Brienne die Grafschaften Lecce und Tarent zusicherte, auf die dieser namens seiner Gemahlin, einer Tochter Tankreds, Anspruch erhob, wuchs die Verwirrung noch; denn Walther von Pagliara traute dem Papst nicht länger, wechselte zur deutschen Partei über und verließ Palermo.

Friedrich befand sich, siebenjährig, zu jener Zeit auf der Festung Castellamare, in der Obhut Gentiles von Manupello. Als Markward von Anweiler, der Palermo bereits genommen hatte, anrückte, um den jungen König in seinen Gewahrsam zu bringen, weilte dieser Bruder Pagliaras – zufällig! – außerhalb der Burg, die sich kampflos ergab. Und die Leibwächter waren bestochen worden.

Friedrich scheint geahnt zu haben, in welche Gefahr er da geriet. Der Junge stürzte sich auf die Eindringlinge und wehrte sich nach Leibeskräften. In ohnmächtigem Zorn zerriß er dann seine Kleider und kratzte sich mit seinen scharfen Nägeln die Haut blutig. Der Erzbischof Rainald von Capua, der durch Friedrichs zeitweiligen Lehrer Wilhelm Francisius genau über die Vorgänge informiert war, nannte das Verhalten in einem Schreiben an Papst Innozenz »ein gutes Vorzeichen für den künftigen Herrscher, der den Adel königlicher Gesinnung nicht zu verleugnen vermochte«.

Es schien nun allerdings fraglich, ob Friedrich überhaupt jemals Herrscher über Sizilien werden würde. Vorbei war es mit der Erziehung, die der ursprünglich freundlich gesonnene Walther von Pagliara dem Vier- bis Fünfjährigen hatte zukommen lassen. Vorbei war der unmittelbare Einfluß Innozenz' III. und des Familiarenkollegs, dem Friedrichs Wohl obgelegen hatte und dem neben Pagliara die Erzbischöfe von Palermo, Monreale, Reggio und Capua angehörten. Markward von Anweiler, der alles getan hatte, das Gerücht vom untergeschobenen Kind zu verbreiten, behandelte den Jungen entsprechend. Es war für Friedrich ein Glück, daß Markward und sein Nachfolger Wilhelm Capparone den Schein der Legalität wahren mußten und sich deshalb als Hüter des Königs ausgaben. Aber er blieb in den kommenden fünf Jahren völlig sich selbst überlassen, ohne Aufsicht, ohne familiären Rückhalt, ein durch die Gassen Palermos streunender Junge, dem es oft am Nötigsten fehlte. Gutmütige palermitanische Familien nahmen sich seiner an. Sie luden ihn abwechselnd in ihre Häuser zum Essen ein.

Der Heranwachsende sah, wie die Deutschen das ohnehin ausgelaugte Land korrumpierten. Er sah, wie überall aus den anarchischen Verhältnissen Profit geschlagen wurde, wie Intrigen, kurzfristige Interessenbündnisse und andauernde Kleinkriege das Königreich ruinierten. Die Grafen und Barone des sizilianischen Festlandes förderten geradezu das allgemeine Chaos, da jede wiedererstarkte Zentralgewalt ihre eigene Macht einzuengen drohte. Im Bergland der Insel hatten sich die papstfeindlichen Sarazenen zeitweise mit den deutschen Heerführern verbündet, aber sie raubten und plünderten auch auf eigene Faust. Mit Markward von Anweiler waren die Pisaner ins Land gekommen, die für ihre Waffenhilfe sizilianische Häfen beanspruchten. Das brachte sie wieder mit den Genuesen in Konflikt, deren Anrecht auf einige Hafenstädte noch auf die Zeit Kaiser Heinrichs zurückging.

Obwohl die Politik der Kurie darauf gerichtet war, Sizilien als päpstlichen Lehensstaat zurückzugewinnen, war Innozenz III. der einzige, der sich tatkräftig für den legalen Anspruch Friedrichs auf das Königreich Sizilien einsetzte. Aber Innozenz konnte die Interessen seines Mündels erst im November 1206 durchsetzen, als sich Walther von Pagliara nach dem Tod Walthers von Brienne wieder mit ihm ausgesöhnt hatte.

Rätselhaft bleibt, unter welchen Bedingungen Friedrich bis zum zwölften Lebensjahr aufwuchs. Man weiß nicht, wie viele Lehrer er hatte. Fest steht aber, daß er sich in den Jahren eine außergewöhnliche Fülle an Wissen und Lebenserfahrung aneignete. Im Umgang mit den einfachen Leuten, auf den Gassen und Märkten, lernte er die Lebensgewohnheiten, Bräuche und Sprachen der verschiedenen Volksgruppen kennen, die damals in Palermo lebten, der Sizilianer, Normannen, Sarazenen, Griechen, Juden und Deutschen. Offenbar mochten die Leute den Jungen mit der »klaren Stirn, den strahlenden Augen«, der sich zwanglos mit ihnen unterhielt und im Gespräch witzig und schlagfertig gewesen zu sein scheint.

Er mußte Gelegenheit gehabt haben, seinen Körper zu trainieren; denn über den Dreizehnjährigen gibt es Berichte, wonach er von mittlerer Statur war, kräftig, gelenkig und ausdauernd. Es heißt darin weiter, er sei geübt und geschickt in der Handhabung jeglicher Waffen und ein guter Reiter, der schnelle und edle Pferde liebte.

Genauere Kenntnisse über ihn beziehen sich erst auf das zwölfte bis dreizehnte Lebensjahr, als er bereits selbstsicher auftrat und keinerlei Reglementierung mehr dulden wollte. Die wenigen Briefe über Friedrich und auch einige Schreiben des Papstes an sein Mündel lassen Rückschlüsse auf die Zeit vorher zu. Die Briefschreiber bewundern die Frühreife, den Scharfsinn und die rasche Auffassungsgabe des Jungen. Aber sie tadeln sein »ungehöriges und unschickliches Betragen, das ihm nicht die Natur mitgegeben, sondern an das ihn rüder Umgang gewöhnt hat«, wie es in einem Brief aus dem Jahre 1207 heißt. Der

Briefschreiber, der offensichtlich mit dem Jungen vertraut war, fährt fort: »Doch die natürliche Begabung des Königs, sich leicht zum Besseren zu wandeln, wird wohl noch die Unschicklichkeiten, die er angenommen hat, allmählich durch bessere Gewöhnung ändern. In Verbindung damit steht freilich, daß er, ganz unzugänglich für Ermahnungen, nur dem Triebe seines eigenen freien Willens folgt und es, soviel man sehen kann, als schimpflich empfindet, noch bevormundet und für einen Knaben, nicht aber für einen König geachtet zu werden. Daher kommt es wohl, daß er jede Bevormundung von sich abschüttelt und die Freiheit, die er sich dann nimmt, oft das Maß dessen, was einem König erlaubt ist, überschreitet. Er läßt sich dann zu sehr in öffentlichen Umgang ein, und das allgemeine Gerede darüber muß die Ehrfurcht vor der Majestät mindern.«

Das ist nicht das Bild eines in höfischer Isolierung auf seine künftige Aufgabe hin erzogenen, gebildeten Königsohns. Was ihn prägte und manchmal auch rüde und vulgär erscheinen ließ, war der enge Kontakt mit dem Volk. Niemand hinderte ihn, mit gleichaltrigen Gefährten durch die halborientalische Stadt zu streifen. Er war selbst, zumindest zeitweise, in Not, und er kannte das Elend der anderen.

Das Erstaunliche war, daß Friedrich in den Jahren seiner Verwahrlosung geistig nicht verkümmerte. Er entwickelte eine außergewöhnliche Regsamkeit. Er las alles, was ihm in die Hände fiel, von Abenteuerbüchern bis zu den antiken und arabischen Klassikern, lernte Sprachen, beschäftigte sich mit Naturwissenschaften und Sternenkunde und erwarb sich so die Grundlagen seines universalen Wissens, mit dem er später überall Aufsehen erregte.

Einige elementare Kenntnisse mag Friedrich Wilhelm Francisius, dem Sproß einer angesehenen baronialen Familie, und den päpstlichen Legaten verdankt haben, darunter vor allem Gregor von Galgano, der wohl naturwissenschaftliche Kenntnisse besaß. Doch Wilhelm Francisius mußte Sizilien bereits 1201 verlassen und konnte seinen Unterricht erst 1206 wiederaufnehmen. Die deutschen Adligen hatten keinerlei Interesse, den »unechten Sohn« der Konstanze zu fördern. Dennoch scheint der junge Friedrich inoffiziell Unterricht erhalten zu haben. Es gilt als sicher, daß er unter anderen auch arabisch-islamische Lehrer hatte. Vielleicht fand er auf seinen Streifzügen durch die Stadt oder durch die Vermittlung von Bekannten unter den gläubigen Sarazenen einen jener arabischen Gelehrten, die früher zur berühmten Übersetzerschule oder zum Gelehrtenkreis am Normannenhof gehört hatten und in Palermo geblieben waren. Einem arabischen Historiker zufolge soll der Kadi der Muselmanen den Jungen erzogen haben. Auf seinem Kreuzzug 1228 in Jerusalem wird unter den Mohammedanern in Friedrichs Gefolge ausdrücklich erwähnt »sein Lehrer, der aus Sizilien stammte und mit dem er die Logik studierte«.

Was später rechtgläubigen Christen zum Ärgernis wurde, nämlich seine Vertrautheit mit der arabischen Geisteswelt, seine Sympathie für den Islam und der unbefangene Umgang mit den Andersgläubigen, fällt bei Friedrich schon früh auf. Hinzu kommt seine Vorliebe für die empirischen Wissenschaften, für bestimmte naturwissenschaftliche Disziplinen und für die Philosophie. Später sagte Friedrich in der blumigen Rhetorik der Orientalen über sich selbst.: »Ehe ich die Pflichten des Regierens auf mich nahm, strebte ich den Wissenschaften nach und atmete ihre balsamischen Düfte.« Sein ganzes Leben lang wird für Friedrich sein bohrender Wissensdurst und sein Hang zum Experimentieren ebenso typisch sein wie seine erstaunliche Fähigkeit, praktisch-politisches Handeln und kontemplatives Denken gleichermaßen zu beherrschen. »So sehr eilen seine Gaben dem Alter voran«, schreibt der anonyme, bereits zitierte Verfasser, »daß er, noch ehe er zum Manne herangewachsen ist, wohl ausgerüstet mit Kenntnissen, die Gabe der Weisheit empfangen hat, die er doch erst im Laufe der Zeiten hätte erwerben sollen. Darum rechne bei ihm nicht die Zahl der Jahre nach, und erwarte nicht erst die Zeit der Reife, da er an Wissen schon jetzt ein Mann ist und an Majestät ein Herrscher.« In einem anderen Brief aus demselben Jahr 1207 heißt es: »Man muß ihm unverzüglich und ohne Zögern gehorchen, da er von sich aus zwischen Getreuen und Ungetreuen, zwischen Guten und Schlechten unterscheidet.«

Armut und Korruption herrschten in Sizilien, als Ende 1206 der letzte deutsche Großkapitän Wilhelm Capparone vertrieben wurde. Nur langsam gelang es Innozenz III. und dem Familiarenkolleg, wieder geordnete Verhältnisse herzustellen und eine einheitliche Verwaltung aufzubauen. Nachdem diese Voraussetzungen getroffen waren, konnte sich Friedrich auf die Übernahme der Regierung vorbereiten.

Die Vormundschaft und Regentschaft des Papstes endete am 26. Dezember 1208. Nach normannisch-sizilianischem Recht wurde Friedrich mit dem vollendeten vierzehnten Lebensjahr mündig und damit regierungsfähig. Bereits in den ersten Tagen und Wochen seiner Regentschaft bewies der junge König, daß er gewillt und fähig war, die Herrschaft über Sizilien, auch den festländischen Teil, fest in die Hand zu nehmen. Er trat entschieden und sicher auf, war aber auch eigensinnig und vor allem mißtrauisch gegenüber jedem Einmischungsversuch – er war in einer Atmosphäre großgeworden, in der Vertrauen ausgenutzt wurde. Als Friedrich bei der Wahl des neuen Erzbischofs von Palermo drei offenbar renitente Domherren des Landes verwies, kam es zum ersten Zerwürfnis mit Innozenz III. Auch die sicher gerechtfertigte Entlassung des Kanzlers Walther von Pagliara, gegen den Widerstand des Papstes, zeigt bereits Friedrichs unbeugsamen Autoritätsanspruch.

5 Konstanze von Aragon

Wie würde heute ein junger Mann reagieren, dem sein früherer, ihm persönlich unbekannter, undurchsichtig handelnder Vormund eine Frau zur Lebensgefährtin bestimmte, die er nie kennengelernt hätte, von der er kaum etwas wüßte, außer daß sie gut zehn Jahre älter und bereits verwitwet wäre? Natürlich lassen sich heutige Verhaltensweisen nicht auf die Vergangenheit zurückprojizieren. Aber hatte Friedrich nicht das ungleiche, glücklose, in seiner ganzen Auswirkung tragisch widersätzliche Verhältnis seiner eigenen Eltern vor Augen?

Noch während seiner Vormundschaft hatte Innozenz die Fäden geknüpft. Er hatte für Friedrich die fünfundzwanzigjährige Konstanze von Aragon ausgesucht, die Witwe des Ungarnkönigs Emmerich. Auf die so eifrig bemühte Fürsorge des Papstes scheint Friedrich zunächst abwehrend reagiert zu haben. Aber auch die Brautseite zeigte keine spontane Begeisterung über die Werbung des Papstes und zögerte die Einwilligung hinaus. In einem Schreiben an König Peter II. von Aragon, den Bruder der Konstanze, tadelt der Papst seinen Lehensmann wegen der Säumigkeit. Mit hohen Worten preist Innozenz die

Vorzüge seines Mündels an, die Ehre einer so bedeutenden Eheschließung.

»Welche Trägheit hindert Dich noch? Welche Lässigkeit widerrät Dir die Vollendung einer für Dich so vorteilhaften Sache und den Vollzug einer so glückverheißenden Verbindung, daß Du ein heutiges Glück auf morgen verschiebst und immer wieder vertagst? Fernerhin gibt es keinen Grund, aus dem es sich schickte, Deine Schwester einer so großartigen Heirat zu entziehen. Sehr hochgestellt ist nämlich der Bräutigam: er trägt den Titel eines Königs von seiner Mutter her; um den Adel seines Geschlechts ist es nicht schlechter bestellt, sondern auf beiden Füßen schreitet er fest einher und vermehrt die von Geschlecht zu Geschlecht vererbte Größe seines Blutes durch die Herrlichkeit seiner Gaben. Sohn und Enkel nämlich ist er von Kaisern; denn nicht nur sein Vater war Kaiser, sondern auch sein Großvater. Von einer erhabenen Mutter stammt er ab, die, selbst Königin von Sizilien, einst eines Königs Schwester war, eines Königs Tante, eines Königs Tochter. Ansehnlich bezüglich seiner Abstammung überschreitet der Bräutigam Deiner Schwester – wie es von den ihm ebenbürtigen Caesaren heißt: Ihre Mannhaftigkeit tritt vor der Zeit ein! – beschwingten Schrittes die Schwelle der Reife und beginnt, indem er durch Leistung das fehlende Alter ersetzt, wunderbar mit den ersten Regierungsversuchen.«

Vielleicht ahnten die Beteiligten, was sich hinter dem Drängen und der Rhetorik des Papstes verbarg. Die politische Absicht des Realpolitikers Innozenz lag auf der Hand. Er suchte die frühe Ehebindung Friedrichs mit einer päpstlich genehmen Partnerin, um jede Verbindung mit einer deutschen Fürstentochter auszuschließen. Für alle Zeiten sollte Sizilien vom Reich abgetrennt sein, sollten neue familiäre Bande verhindert werden, die das hätten gefährden können. Daß Aragon wie Sizilien päpstlicher Lehensstaat war, muß den Papst in seinen Überlegungen noch bestärkt haben. Außerdem spielte die vertraglich vereinbarte Mitgift der Braut keine geringe Rolle. Sie bestand nämlich aus einer gut gerüsteten Truppe von fünfhundert spanischen Rittern unter dem Befehl des Grafen Alfons von Provence, eines Bruders der Konstanze.

Im Hinblick auf die in Sizilien herrschenden Verhältnisse bedeutete das einen unschätzbaren Gewinn. Fünfhundert Ritter stellten damals eine beachtliche Streitmacht dar. Verständlicherweise hatte Innozenz III. den Aragonesen gegenüber die Hilflosigkeit des sizilianischen Königs verschwiegen. Wie aber hätte der junge Friedrich die Ordnung im Königreich wiederherstellen können, die aufsässigen Bergsarazenen bezwingen, die Barone im festländischen Teil beugen können, ohne eine einsatzfähige und bewegliche Truppe?

Wenn Friedrich schließlich einer Heirat mit der Aragonesin zustimmte, so ausschließlich wegen der versprochenen Mitgift. Nachdem Anfang des Jahres der Ehevertrag bereits in Syrakus unterzeichnet worden war, traf Konstanze in Begleitung ihres Bruders Alfons und seiner fünfhundert Ritter im August 1209 in Palermo ein. Wie dringend Friedrich die Ankunft, vor allem der Ritter, erwartet hatte, zeigt sein Plan, unmittelbar nach den Hochzeitsfeierlichkeiten in Palermo mit der frischen Truppe aufzubrechen nach Messina und zum Festland überzusetzen, um dort Gehorsam zu erzwingen.

Doch seine Hoffnungen wurden sofort zerschlagen. Noch während der Vorbereitungen zum Aufbruch, kaum zwei Monate nach ihrem Eintreffen, überfiel die Spanier in der ungewohnten Umgebung eine Seuche, der die meisten Ritter erlagen, darunter auch Alfons von Provence.

Es ist nicht überliefert, wie die höfisch gebildete, aus glanzvoller und anspruchsvoller Umgebung kommende Königin, eine reife Frau und Mutter eines Sohnes, in ihren ersten palermitanischen Tagen und Wochen auf den frühreifen Vierzehnjährigen reagierte, der rauhen Umgang gewöhnt war, mit Soldaten und Männern, deren Intrigenspiel er durchschauen gelernt hatte, der vertraut war mit Waffen, Pferden und Büchern, nicht aber mit guten Manieren. Alles spricht dafür, daß sie mit Erschrecken erkannte, was ihr da zugemutet wurde. Aber dann geschah etwas Wunderbares, das für die Persönlichkeit Friedrichs spricht, wenn es vielleicht auch zunächst ausgelöst wurde durch Konstanzes Angewiesensein auf den angetrauten Mann, nachdem ihr Bruder und die besten seiner Gefolgsleute gestorben waren. Zwischen Konstanze und Friedrich entwickelte sich eine tiefe Zuneigung.

Nach dem frühen Tod der Mutter war die Aragonesin der erste Mensch, dem Friedrich vorbehaltlos Vertrauen schenken konnte. Die enge Bindung brachte Friedrich den größten Gewinn. Die Königin Konstanze weckte in dem ungebärdigen Jungen genau das, was ihm fehlte, was er gar nicht haben konnte. Ihr Beispiel gab ihm den Sinn für ein kultiviertes Leben, für höfische Manieren und Umgangsformen, die seinem königlichen Rang entsprachen. Alle Aussagen über den jungen Friedrich deuten darauf hin daß er aus der Begegnung mit Konstanze nach zwei, drei Jahren als ein Gewandelter hervorging. Die Geburt des Sohnes Heinrich, ihres einzigen Kindes, festigte die Bindung noch. (Daß bald danach Friedrichs erstes uneheliches Kind, Enzio, zur Welt kam, scheint sein Leben mit Konstanze nicht belastet zu haben; ungewöhnlich war das in der damaligen Zeit für einen König nicht.)

Wer aber geglaubt hatte, der Verlust der spanischen Ritter würde den jungen König entmutigen und von seinen Plänen abbringen, sah sich getäuscht. Es war fast so, als hätte dieser Schicksalsschlag seinen Trotz herausgefordert. Bereits in diesen frühen Jahren bewährt sich seine außergewöhnliche Fähigkeit, verzweifelte Situationen durch rasche, umsichtige Entscheidungen abzuwenden.

Er brauchte Verbündete. Daß er den genuesischen Grafen Alaman da Costa – er hatte ihn 1208 in Syrakus kennengelernt – zum Mitglied des Königlichen Rates bestellte, war ein erster Schritt. Pisa, die große Rivalin Genuas, hatte nach Heinrich VI. Tod aus dem allgemeinen Chaos Kapital geschlagen und mit der deutschen Partei um Markward von Anweiler paktiert. Was Pisa als Vorrechte zu Lasten Siziliens gewonnen hatte, mußte abgebaut werden. Alaman da Costa ebnete den Weg zu einer Allianz mit Genua, die ihm dabei helfen sollte.

Und während er in der Landschaft um Catania der Jagd frönte – er hatte sich mit Konstanze dorthin zurückgezogen, um der Seuche zu entgehen, die den Aragonesen das Leben kostete –, muß ihm der Gedanke zu einer ersten energischen Auseinandersetzung mit den feindlichen Kräften innerhalb des Landes gekommen sein. Es kann gar nicht stark genug betont werden, in welchem Grad Friedrich in jenen Jahren normannische Politik fortsetzte. Normannische Tradition war es auch, bei Streitigkeiten, Auseinandersetzungen und selbst bei politischen Gewaltakten, wo immer möglich, das Recht zu bemühen. Wilhelm der Eroberer hatte sogar die Einnahme Englands 1066 als Rechtsakt dargestellt. Und Friedrich, der für ein offenes Vorgehen mit Waffengewalt zu schwach gewesen wäre, nutzte königliches

Recht, um gegen die Barone und Grafen einzuschreiten, die sich während seiner Kindheit am Krongut bereichert hatten. Auch Pagliara hatte seine Gefolgsleute während der Zeit, da er fast uneingeschränkt als Regent herrschte, mit solchen Ländereien beschenkt.

Friedrich wollte das Land zurück. So erließ er bald nach seiner Heirat ein Edikt, demzufolge alle Herren ihre Besitzurkunden bei der Königlichen Kanzlei überprüfen lassen mußten. Daß die Maßnahme nur eine Empörung nach sich ziehen konnte, muß er gewußt haben. Doch die unbestreitbare Legalität und die überraschende Kühnheit seines Vorgehens brachten ihm Vorteile, die er wohl zu nutzen wußte. Die widerständigen Grafen, darunter den mächtigen Anfuso de Roto von Tropea, ließ er gefangennehmen, und in der allgemeinen Aufregung darüber bediente er sich, um Anhänger und Vertrauen zu gewinnen, einer neuen Waffe – er schickte einen propagandistischen Rundbrief aus, der seinen Standpunkt erklärte und die Gegner bloßstellte.

Dieses am 14. Januar 1210 in Messina noch von Walther von Pagliara unterzeichnete Schreiben – er wurde gleich darauf in sein Bistum Catania verbannt – führt aus: »Es wird behauptet, die Barone und das Volk billigten Unsere Handlungsweise nicht. Wir erinnern Uns jedoch, Euch bereits von der Feindseligkeit, die hier besteht, unterrichtet zu haben. Nunmehr ist sie klar in Erscheinung getreten. Die Grafen Paolo und Ruggiero von Gerace haben sich gegen Uns verschworen. Der Graf von Tropea, Anfuso de Roto, hat erklärt: ›Ich will meinen Sitz in Kalabrien nehmen und dem König gleich sein.‹ Er strebte nach der Admiralswürde und verlangte die Burgen von Mente und Montecino. Als Wir Uns weigerten, da Wir hofften, den Uns noch verbliebenen kleinen Teil Unseres Krongutes zu erhalten, stieß er mit lauter Stimme Drohungen gegen Uns aus. Sagt also bei Eurer Treue, ob Wir nicht gerechtfertigt sind? Gibt es irgend jemanden in Kalabrien, der nicht weiß, daß Graf Anfuso fast Unser ganzes Krongut an sich gerissen und Kirchen und heilige kirchliche Ländereien zerstört sowie Menschen und Festungen geraubt und Gotteshäuser in Räuberhöhlen verwandelt hat?«

Friedrich baute auf das Element der Überraschung – und er gewann. Zum erstenmal spürten die Barone, daß in Palermo kein Kind regierte, sondern ein König, der mit entschiedenem Ernst geordnete Verhältnisse schaffen wollte.

Er zog, nach allem, was wir wissen, mit einer ziemlich kleinen, aber ihm treu ergebenen Truppe quer durch das sizilianische Hochland, über Nicosia nach Catania und Messina, um die Widerstandsnester der Bergsarazenen aufzuspüren und »die Söhne des Aufruhrs« zu unterwerfen. Es gelang ihm, die meisten Teile der Insel unter seine Kontrolle zu bringen. Sein Ansehen, die Anerkennung seiner Frieden und Ordnung stiftenden Herrschaft wuchsen.

Dann aber wurden die Ansätze zur Restauration des alten normannischen Königreichs schlagartig in Frage gestellt. Das Unheil kommt von außen, sagen die in dieser Hinsicht bitter erfahrenen Sizilianer. »Von Norden her ergießt sich das Übel über die Erdbewohner«, schrieb Innozenz III. (Darum ordnete er an, in merkwürdiger Verquickung von Politik und Religion, das Evangelium in der Messe nach Norden hin zu lesen.) Die Nachwirkungen und Schäden des »Sturms aus Schwaben« im »Garten Sizilien« waren noch nicht behoben, als neues Unglück wieder alles zunichte zu machen drohte.

6 Die Gesandtschaft aus Deutschland

Heinrich VI. war für Sizilien keineswegs ein Segen gewesen, doch sein Tod wirkte, wie wir gesehen haben, verheerender noch als seine Herrschaft. Die Folgen innerhalb Deutschlands und der europäischen Machtpolitik zwischen dem Kaiser, den Königen von England und Frankreich und dem Papst bedrohten Friedrich. Somit geriet er durch das frühzeitige Hinscheiden seines Vaters, den er kaum gekannt und von dem ihn sein normannisches Erbe gänzlich abgerückt hatte, ein zweites Mal in Not.

In Deutschland war 1197 sofort ein Streit um den Thron ausgebrochen. Der englische König Richard Löwenherz brauchte für seine bevorstehende Auseinandersetzung mit Philipp August von Frankreich die Unterstützung des deutschen Kaisers und setzte seinen ganzen Einfluß und sein Geld dafür ein, daß sein Neffe gewählt wurde – Otto, der Sohn des Welfen Heinrichs des Löwen. Außerdem haßte er die Staufer; denn Heinrich VI. hatte ihn, der wegen persönlicher Querelen auf dem Rückweg aus dem Heiligen Land vom Herzog von Österreich gefangengenommen wurde, politisch erpreßt und gegen ein hohes Lösegeld erst nach einjährigem Kerker freigelassen. Der Papst – voreingenommen gegen die imperiale Politik der Staufer – hatte sich auf die Seite Ottos geschlagen. Otto gab die feierliche Zusage, die Gebietsansprüche der Kurie in Italien zu achten und auf Sizilien zu verzichten. Aber der Welfe verlor gegen den von Frankreich gestützten Staufer Philipp von Schwaben an Boden und mußte nach jahrelangen Kämpfen nach England fliehen. Erst die Ermordung Philipps im Palast des Bischofs von Bamberg, aufgrund einer privaten Fehde, änderte schlagartig die Verhältnisse. Außerdem festigte Otto seine Position durch seine Verlobung mit Philipps Tochter Beatrix. Und als der Welfe seine früheren Versprechen dem Papst gegenüber bestätigte, empfing er im Oktober 1209 in Rom aus der Hand Innozenz' III. die Kaiserkrone. Doch kaum hatte Otto IV. sein Ziel erreicht, als er alle Zusagen an den Papst bestritt und die alte Kaiserpolitik der Staufer fortsetzte.

Er erhob auch Anspruch auf Apulien und Sizilien. Ermuntert durch unzufriedene sizilianische Barone und Sarazenen, die sich durch Friedrichs energische Ordnungspolitik geprellt sahen, zog er mit einem starken Heeresaufgebot nach Unteritalien, um das Königreich an sich zu bringen. Bis zum September 1211 hatte er alle festländischen Provinzen Friedrichs erobert und er setzte zum Sprung auf die Insel an. Im Hafen von Palermo lag schon eine Galeere für die Flucht der Königsfamilie nach Afrika bereit. Ein Widerstand schien aussichtslos, Friedrichs Königtum ein weiteres Mal vorbei.

Doch Otto hatte sich verschätzt. Daß er mit seiner Politik und durch seine Wortbrüchigkeit in scharfen Gegensatz zu den päpstlichen Interessen geriet, hatte er in Kauf genommen. Den Bann, den Innozenz III. bereits ein Jahr nach der Kaiserkrönung über ihn ausgesprochen hatte, ignorierte er. »Es reut mich, diesen Menschen gemacht zu haben«, verkündete empört der getäuschte Papst. Jetzt, nach der Bannung Ottos IV. hatte der welfenfeindliche Philipp August von Frankreich leichtes Spiel, Innozenz für die Wahl des Staufers Friedrich zum Kaiser zu gewinnen. Als dann auf Drängen des Papstes und des französischen Königs, mit allen Mitteln der politischen Intrige und Machtpolitik, die deutschen Fürsten in eben jenem September, als Otto nach Sizilien übersetzen wollte, in Nürnberg den jungen sizilianischen König tatsächlich zum Kaiser wählten, da blieb Otto nichts übrig, als nach Deutschland zurückzukehren. Man erzählte, den Welfen habe ein merkwürdiger Traum aufgeschreckt. Ein Bär sei in sein Bett gekrochen, ein kleiner zottiger Spielbär. Doch der Bär sei größer und größer geworden und habe immer mehr Platz beansprucht, bis er zuletzt das ganze Bett füllte und Otto hinausdrängte.

Ein dramatisches Ereignis mittelalterlicher Weltpolitik hatte Friedrich eben noch vor dem drohenden Untergang gerettet.

Die Gesandtschaft der deutschen Fürsten unter Leitung Anselms von Justingen traf im Januar 1212 in Sizilien ein. Sie betraten eine Welt am Rand, fast schon außerhalb der christlichen Reiche. Als die Gesandten von der Cala zum Palazzo dei Normanni geleitet wurden, an den Hof des jungen Königs von Sizilien, mußte Palermo auf sie geradezu orientalisch wirken. Die Stadt in der weiten Bucht der Conca d'Oro, der Goldenen Muschel, mit ihren Gartenanlagen, Wasserspielen und reich verzierten Bauwerken, trug deutlich arabische Züge.

Zwar standen von den dreihundert Moscheen der Sarazenenzeit nur noch wenige, und noch weniger waren für die islamischen Gebetsübungen geöffnet. Die Normannenkönige hatten das Christentum nach Sizilien zurückgebracht und im zwölften Jahrhundert christliche Gotteshäuser bauen lassen. An ihrer Errichtung aber waren arabische wie griechische Bauleute und Künstler beteiligt gewesen. Und was aus dem Zusammenwirken von normannischer Architektur, arabischem Bauschmuck und byzantinischer Mosaikkunst entstand, war – noch heute sichtbar – in Europa einzigartig.

Auf ihrem Weg zum Königspalast sahen die Gesandten der Fürsten die Martorana, deren Fassade der Geograph Ibn Dschubair zu den schönsten der Welt zählte. Die roten, halbrunden Steinkuppeln dieser Kirche (heute abgetragen), von San Cataldo und San Giovanni degli Eremiti leuchteten aus den Palmengärten. Arabisch war die Verbindung der kubischen Bauten mit den aufgesetzten Halbkugeln. Am Weg zum Palazzo dei Normanni, auch inmitten von Gärten, lag der langgestreckte Steinkörper der Kathedrale, das mächtigste Denkmal normannisch-sizilianischer Baukunst, doch gleichwohl mit arabischen Schmuckformen und Zinnen versehen. Und falls die Gesandten die Kathedrale betreten hätten, so hätten sie an einer Säule der Vorhalle einen Vers des Koran bemerken müssen, einen Vers aus der siebenten Sure: »Euer Gott hat den Tag geschaffen, dem die Nacht folgt, und der Mond und die Sterne sind dem Werk beigefügt nach seinem Befehl. Ist nicht sein die Schöpfung und nicht sein die Herrschaft? Gelobt sei Gott, der Herr der Jahrhunderte!« Die Säule mit dieser kufischen Inschrift stammt von der Moschee, die früher dort gestanden hatte; ihre Steine und Bauelemente waren beim Bau der Kathedrale verwendet worden.

Friedrich hatte eben das siebzehnte Lebensjahr vollendet, als ihm die deutschen Gesandten die offizielle Botschaft seiner Wahl überbrachten. Die Welfen, die ihn als »Königlein« verspotteten, waren abgezogen. Auf der Insel hatte Friedrich mühsam die oppositionellen Kräfte in Schach gehalten. Die Mehrzahl der Sizilianer erwartete von ihm, der klug, besonnen und tatkräftig regierte, die Befriedung des Königreiches nach dem Modell seiner normannischen Vorfahren und dem Willen seiner normannischen Mutter. Nach dem Abzug der Welfen hätte Friedrich das Festland wieder mit der Insel vereinen und seine ganze Kraft dem friedlichen Aufbau des Königsreiches widmen können. Begreiflicherweise rieten alle sizilianischen Berater davon ab, die fremde Krone anzunehmen. Sie fürchteten, ohne verfügbares Heer von wankelmütigen Verbündeten in ein Abenteuer von unabsehbaren Folgen hineingezerrt zu werden. (Tatsächlich zog der abgesetzte Kaiser Otto nach seiner Rückkehr in Deutschland wieder eine Reihe von Fürsten auf seine Seite.)

Die politische Entscheidung war außerhalb des Königreichs gefallen. Sie wurde zwischen Papst Innozenz III., Philipp August von Frankreich und den deutschen Reichsfürsten ausgehandelt. Ob Friedrich jedoch die Kaiserkrone annahm oder nicht, war allein seine Sache. Gegen die Vermutung, er habe sich dem Drängen des Papstes gebeugt, spricht sein selbstständiges Verhalten gegenüber Innozenz, seit er mit vierzehn Jahren mündig geworden war; der Siebzehnjährige ging bis zum offenen Widerspruch.

Die sizilianischen Interessen sprachen eher gegen als für die Annahme der Kaiserkrone. Trotzdem entschied sich Friedrich dafür. Später – schon im feierlich-rhetorischen Stil seiner Kanzleisprache – begründete er seine Entscheidung mit den Worten:

»Weil kein anderer zu finden war, der des Reiches dargebotene Würde gegen Uns und Unser Recht hätte annehmen wollen, als Uns damals die Fürsten beriefen, aus deren Wahl heraus Uns die Krone gebührte ...«

Die realpolitischen Motive, die im Januar/Februar 1212 den Ausschlag gaben, waren vermutlich einfacher. Vielleicht versprach sich Friedrich von der Union mit dem Reich mehr Sicherheit für Sizilien. Ohne Gegenkönig wäre Ottos Macht im Reich erneut gestärkt worden. Alles deutete darauf hin, daß der wieder erstarkte Welfe Sizilien zum zweitenmal überfallen und sich untertan machen würde. Doch genausogut kann es sein, daß Friedrichs Ehrgeiz durch die hohe Berufung geweckt wurde. Oder regte sich sein staufisches Sendungsbewußtsein, war er, wie Ernst Kantorowicz annimmt, »durchdrungen von der Schicksalhaftigkeit des an ihn, den ›letzten Übriggebliebenen‹, ergangenen Rufes«? Aber dieser Annahme widersprechen Friedrichs Erziehung und Umgebung. Zumindest bis zu diesem Zeitpunkt fühlte, dachte und handelte er nicht als staufischer Erbe, sondern als sizilianischer König. Er selbst war betroffen von der unguten Erinnerung an die Staufer und ihre Gefolgsleute, deren rüde Gewaltherrschaft, im Gegensatz zu seinen normannischen Vorfahren, den Haß der Sizilianer herausgefordert hatte.

Die in Nürnberg versammelten Reichsfürsten dagegen sahen in Friedrich den Staufererben, dessen Berufung zum König und Kaiser ihnen mehr als legitim erschien. Daß seine Erwählung in eine Zeit äußerster Hilflosigkeit fiel, den ans Unwahrscheinliche grenzenden Umschlag seiner politisch aussichtslosen Lage, nannte Friedrich selbst ein Wunder – was seiner wundergläubigen Zeit durchaus einleuchtete. Doch die Überbringer der Fürstenbotschaft fanden auf Sizilien und am Hof des sizilianischen Königs eine fremde Welt. Sie begegneten einem König, der ihre Sprache nicht verstand, wohl aber die Sprachen der Araber, Lateiner, Griechen, Provenzalen und das Volgare der Sizilianer beherrschte. Unter so eigenartigen Umständen kam Friedrichs Entschluß zustande, seine erste auf das Reich bezogene Entscheidung.

Konstanze hatte ursprünglich mit den sizilianischen Räten aus den genannten Gründen gegen die Annahme der deutschen Königs- und Kaiserkrone gestimmt. Doch zögerte sie nicht, die Entscheidung ihres Gemahls anzuerkennen. Friedrich übertrug ihr vor seiner Abreise im März 1212 die Regentschaft im Königreich und ließ seinen einjährigen Sohn Heinrich zum König von Sizilien krönen. Dem Wunsche des Papstes entsprechend bestätigte Friedrich vertraglich den sizilianischen Lehensstatus, das Konkordat seiner Mutter mit allen kirchlichen Privilegien und seine persönliche Papsttreue. Innozenz III. forderte diese auffallend strengen Absicherungen, um der Gefahr einer Vereinigung Siziliens mit dem Reich vorzubeugen. Aber, man kann es nicht anders und einfacher sagen, er hatte seinen Schützling unterschätzt. Mit dem Aufbruch des siebzehneinhalbjährigen Friedrich, der Sizilien für mehr als acht Jahre verlassen sollte, begann eines der abenteuerlichsten und wirkungsvollsten Unternehmen der europäisch-mittelalterlichen Geschichte.

Zweiter Teil

Der Königsritt nach Deutschland, der in Rom endet

7 Puer Apuliae

Eine Situation, die jeder Vernunft spottet, die zunächst eher an Abenteuerromane oder Märchen erinnert als an staatspolitische Räson: Ein Siebzehnjähriger, der noch nicht einmal die Herrschaft im eigenen Land fest in der Hand hat, zieht von der südlichsten Peripherie des Reiches nach Norden, um König und Kaiser zu werden. Das Ziel seiner Reise, Deutschland, ist ihm ebenso fremd wie die deutsche Sprache. Er ist arm wie ein Bettler und wird obendrein als »Pfaffenkönig« und »Zaunkönig« verspottet.

Er hat nichts als seinen Namen, seine Erwählung, die Unterstützung des Papstes und vielleicht fünfzig oder sechzig Gefolgsleute. Im Grunde ist das ein Kartenhaus, das beim geringsten Windstoß zusammenstürzen kann. Die deutschen Fürsten sind nach der Rückkehr Ottos IV. angesichts seiner wiedererstarkten Macht unberechenbar. Es steht dahin, ob die Unterstützung des Papstes weiter reicht als das karge Handgeld, das Innozenz seinem Schützling zusteckt. Wer sonst den Bettlerkönig Friedrich unterstützt, Genua zum Beispiel, tut das auf eigene Gefahr oder auf Versprechungen hin, deren Erfüllung so ungewiß ist wie der ganze Königsritt nach Deutschland. Und was Friedrichs Gefolge angeht – schon in der Lombardei hätte jede ernsthafte Begegnung mit welfischen oder welfenfreundlichen Truppen genügt, das waghalsige Unternehmen vorzeitig und für immer zu beenden.

Aber da kam etwas ins Spiel, das außerhalb aller Berechenbarkeit lag, das aber die gegebenen Verhältnisse entscheidend veränderte und eine neue Realität schuf, die niemand vorauszusagen gewagt hätte. Was eben noch als Schwäche und Unsicherheit galt, erwies sich als Stärke: die Jugend des Königs, seine militärische und politische Ohnmacht, die ungeheure Kühnheit seines Auftretens und seiner Ansprüche.

Auf diesen jungen Mann, der mit leeren Händen kam, richteten sich die Hoffnungen und Sehnsüchte unzähliger Menschen. Im Reich hatten die Kriege nach Heinrichs VI. Tod böse Folgen gehabt. Die prachtvollen Auftritte der Regierenden standen in keinem Verhältnis zu ihrer Mißwirtschaft und zur Not der Bevölkerung. Noch immer herrschten Unsicherheit und Terror. Otto IV., der sich König und Kaiser nannte, war exkommuniziert und konnte seine der Treuepflicht entbundenen Untertanen nur mit Gewalt regieren. Den »schlimmsten Mann« nannte ihn Walther von der Vogelweide, um im selben Gedicht über den jungen Friedrich zu sagen: »Sein junger Leib ward mächtig und ward groß. / Seht, wie er wächst! Bald ist er Riesen ein Genoß!«

Man wußte wenig von ihm, kaum mehr, als daß er väterlicherseits staufischer Abstammung und ein Enkel des großen Friedrich Barbarossa war. Aus dem fernen Sizilien heranziehend umgab ihn ein Glanz von Abenteuer und Märchen. Wer immer ihm begegnet, berichtet fasziniert von seiner knabenhaften Erscheinung, seinem langen rötlichblonden Haar, der klaren Stirn und den strahlenden Augen, von seiner Anmut und der Selbstsicherheit seines Auftretens.

Aber schon bei seiner Erwähnung in den zeitgenössischen Chroniken und Dichtungen bleibt vieles unklar und ungenau. Lag es an den mangelhaften geographischen Kenntnissen, wenn er »Puer Apuliae« oder, wie in der deutschen Kaiserchronik, »Chint von Pülle« genannt wurde? Der Siebzehnjährige kam aus Sizilien, nicht aus Apulien. Er hatte bis dahin nie in Apulien gelebt, das Land kaum gekannt; denn im festländischen Teil des sizilianischen Königreichs hielten sich auch nach dem Abzug Ottos IV. die deutschen Barone. Der Irrtum der Zeitgenossen kann auch nicht damit erklärt werden, daß Apulien später der Lieblingsaufenthalt Friedrichs war, daß er dort seine Kastelle und Jagdschlösser errichten ließ, daß er als Fünfundvierzigjähriger schrieb, er halte es »nicht für unrühmlich, Mann aus Apulien zu heißen«.

Doch wichtiger als die falschen Vorstellungen, die man sich über Friedrich machte, sind die hochgespannten Erwartungen, die in den »Puer Apuliae«, das »sehr weise Kind von Apulien« gesetzt wurden. Chroniken und Dichtungen preisen das »Wunderbare«, sprechen gar von einem »Engel des Herrn« oder, wie der Troubadour Aimeric von Pegulhan, vom »guten Arzt Friedrich«: »Noch nie sah ein Mensch einen Arzt von seiner Jugendfrische, so freigebig, so schön, so gelehrt, so mutig, so fest, so siegreich, so wohl beredt und so wohl verständig, denn er weiß jedes Heilmittel und versteht sich auf jedes Übel.« Der Verfasser der gereimten deutschen Kaiserchronik schreibt: »Der Kaiser hatte größre Kraft, / das Kind jedoch war sieghaft / ganz ohne eines Schwertes Streich; / die Gnade wog der Menge gleich.« An einer anderen Stelle heißt es: »das Kind von Pülle« habe »eher mit himmlischen als mit irdischen Kräften den Welfen Otto überwunden«.

Was geschah nach dem Aufbruch Friedrichs im März 1212?

Schon kurz nachdem er sein eigenes Königreich auf dem Seeweg verlassen hatte, bekam Friedrich einen ersten Vorgeschmack dessen, was ihn erwartete. Welfentreue pisanische Galeeren blockierten die Weiterfahrt, so daß Friedrichs Schiff bereits in Gaeta anlegen mußte. Verspätet erreichte er auf dem Landweg Rom erst Mitte April.

Der Senat und das Volk von Rom empfingen Friedrich mit allen Ehren, die dem designierten römischen Kaiser gebührten. Die Glocken läuteten und das Volk jubelte ihm zu, als er zum Palast des Papstes geleitet wurde. In der Hauptstadt der Christenheit erfuhr Friedrich zum erstenmal einen Abglanz seiner künftigen Würde. »Uns ergeht es hier aufs trefflichste«, schrieb er nach Sizilien. Obwohl er nur wenige Tage als Gast des Papstes in Rom weilte, empfand er den ungeteilten Zuspruch der Römer als Bestätigung und Auftrag, ganz im Sinne der römischen Caesaren. Möglicherweise kam in den römischen Tagen der Gedanke auf, Wiedererwecker des antiken Kaisertums zu sein. Friedrich berief sich später auf den ehrenvollen Empfang und das für ihn entscheidende Votum der Römer, indem er schrieb, nicht der Papst, sondern das römische Volk, Rom selbst habe ihn »gleichwie die Mutter den Sohn nach Germanien entsandt, den Gipfel des Kaisertums zu erreichen«.

Diese bemerkenswerte Selbsteinschätzung ändert nichts daran, daß Friedrich ohne Papst Innozenz III. niemals gewählt worden wäre, daß Innozenz es war, der die eigentlichen Fäden in der Hand hatte. Am Ostersonntag stand Friedrich zum ersten und einzigen Male seinem früheren Vormund gegenüber. Es gibt keine Augenzeugenberichte über diese Begegnung, aber die Vermutung liegt nahe, daß die beiden Männer sich als Gegensätze empfanden: Auf der einen Seite der Papst mit dem dünnen, asketischen Mund, ein Weltverächter auf der Höhe seiner klerikal-imperialen Macht; auf der anderen Seite der junge Mann mit dem hellen, offenen Gesicht, den schon jetzt ungeheure Pläne bewegten, Pläne, die selbst der weit vorausschauende Papst nicht ahnen konnte. Hätte er sonst Friedrich den Weg nach

Deutschland geebnet? Friedrich leistete dem Papst den Lehenseid für Sizilien und gelobte, nach seiner Krönung zum Kaiser das Königreich Sizilien an seinen Sohn Heinrich abzutreten. Es war ein teures Pfand, das Innozenz Friedrich abforderte, aber er wollte die Trennung Siziliens vom Reich verbrieft und gesichert wissen.

Die Begegnung hatte ein Resultat, dessen Bedeutung gar nicht hoch genug veranschlagt werden kann, daß nämlich Innozenz dem in der Reichspolitik unerfahrenen Friedrich einen Kirchenmann als Legaten zur Seite stellte, der schon bald zum unentbehrlichen Berater des jungen Herrschers wurde. Berard von Castacca war zu dieser Zeit Erzbischof von Bari. Da er erst seit 1210 dem sizilianischen Familiarenkolleg angehörte, dem die Aufgabe eines Kronrats oblag, konnte er an den Intrigen um den unmündigen König nicht beteiligt gewesen sein. Anders als der Familiar und Kanzler Walther von Pagliara war er dem jungen König stets wohlgesonnen. Sonst hätte ihm Friedrich nicht sein Vertrauen geschenkt. Andererseits galt der wohl fünfunddreißigjährige Berard als kirchen- und papsttreu. Hätte Innozenz ihn sonst zum Legaten und 1213 zum Erzbischof von Palermo ernannt und ihm damit das wichtigste sizilianische Kirchenamt anvertraut?

Unter den Mitarbeitern Friedrichs nimmt Berard eine Sonderstellung ein. Bis zum Tode Friedrichs blieb er ununterbrochen in seinen Diensten. Unbeirrt hielt er in Siegen und Niederlagen zu ihm, dreimal durchstand er mit ihm den päpstlichen Bann. »In allen Gefahren stand er Uns zur Seite und vieles hat er um Uns erduldet«, schrieb der sonst mit Aussagen dieser Art sparsame Kaiser.

Berards überragende Bildung und Intelligenz bezeugt sein Briefwechsel mit Petrus de Vinea, den er zur Aufnahme in die kaiserliche Kanzlei empfahl. Später, als Berater des Kaisers, hatte er teil an allen wichtigen Entscheidungen, übernahm er schwierige Verhandlungen mit der Kurie, reiste er als Friedrichs Gesandter nach Kairo und Damaskus. Er vertrat die Sache Friedrichs auf dem Laterankonzil 1215 und verteidigte den Kaiser 1245 auf dem Konzil von Lyon. Die Untadeligkeit seines Charakters und seine Besonnenheit machten ihn besonders geeignet für seine Vermittlerrolle bei der römischen Kurie, deren ungetrübte Achtung er trotz seiner unbedingten Treue zu Friedrich bis zuletzt genoß. Unschätzbar war für Friedrich der Dienst dieses Kirchenmannes, dessen Loyalität auch während der härtesten Auseinandersetzungen mit den Päpsten von der Gegenseite anerkannt wurde. In dieser Hinsicht, ebenso als besonnener und uneigennütziger Ratgeber, glich Berard nur einem zweiten Manne, dem Deutschordensmeister Hermann von Salza, der am Ende des Deutschlandaufenthalts zum engeren Kreis um Friedrich stieß. Im Gegensatz zu Hermann von Salza aber blieb Berard immer im Hintergrund, weshalb die zeitgenössischen Quellen über ihn nur dürftige Auskünfte geben. Berard war der erste jener bedeutenden Männer, deren Dienste und Verdienste im Leben Friedrichs eine größere Rolle spielten, als es die autoritäre Persönlichkeit des Herrschers zunächst vermuten läßt.

Daß der kühle Realpolitiker Innozenz nicht uneigennützig handelte, als er den Erzbischof von Bari dem »Puer Apuliae« als Legaten mitgab, liegt auf der Hand. Wahrscheinlich hatte er Berard eine Art Aufpasserfunktion zugedacht. Zu deutlich spricht aus den Absicherungen des Papstes sein Mißtrauen. Zu unsicher war ihm der Ausgang der Deutschlandfahrt Friedrichs, die nun, im April 1212, auf einer gemieteten genuesischen Galeere begann und zunächst nach Genua führte.

8 Hilfe und Widerstand auf dem Weg

Genua gehörte zu den stauferfreundlichen Städten in Norditalien. Gewiß nicht nur aus purer Sympathie. Als geschickte Handelsleute waren die Genuesen gewohnt, ihre Politik nach den Prinzipien von Gewinn und Verlust zu kalkulieren. Risiken gehörten zu ihrem Geschäft.

Nachdem Friedrichs Schiff trotz erneuter pisanischer Sperren wohlbehalten in Genua eingetroffen war, finanzierten die Genuesen den Aufenthalt des künftigen Kaisers. Sie gewährten dem mittellosen Friedrich Kredite und stellten ihm für den Weiterritt bis zur nächsten Stadt eine Begleittruppe. Als Gegengabe erhielt Genua die Zusicherung von besonderen Handelsprivilegien im sizilianischen Königreich. Seit der Zeit Heinrichs VI., den beide Seestädte unterstützt hatten, standen Pisa und Genua im erbitterten Konkurrenzkampf um sizilianische

Handelsplätze. Da sich Pisa auf die Seite des Welfenkaisers Otto geschlagen hatte, standen die Aussichten Genuas auf eine handelspolitische Vormachtstellung in Sizilien von vornherein gut; man rechnete nun natürlich damit, daß die Pisaner in Sizilien gänzlich ausgeschaltet würden. Offensichtlich waren die Genuesen vom Erfolg ihres Schützlings überzeugt.

Der Podestà, die geistlichen und weltlichen Würdenträger ehrten Friedrich als künftigen Kaiser. Auf dem Weg zum Stadtpalast, durch fahnengeschmückte Straßen, jubelte das Volk dem »Puer Apuliae« zu. Friedrich wohnte im Palast der Doria, jenem genuesischen Geschlecht, das ihm auch in den späteren Jahren, als Genua in das kaiserfeindliche Lager geschwenkt war, die Treue hielt. Einer aus diesem Patrizierhaus, Percival Doria, gehörte später zu den engsten Vertrauten und zum Kreis der namhaften Dichter um Friedrich.

Doch Friedrich mußte zehn lange Wochen warten, bis die geplante Strecke für den Weiterritt wenigstens halbwegs gesichert schien. Mit dem Aufbruch am 15. Juli begann der gefährlichste Teil des Deutschlandritts. Verfolgt man die Reiseroute bis Konstanz auf der Landkarte, so bemerkt man eine Schlangenlinie, die zuerst nach Asti, dann quer durch die Lombardei über Pavia, Cremona nach Mantua führt, von hier über Verona durch das Etschtal nach Trient. Da welfische Truppen den Brennerpaß besetzt hielten, zog Friedrich mit seinem kleinen Trupp westwärts zum Engadin, dann über Chur und St. Gallen nach Konstanz.

Aber schon in der Lombardei lauerten die Welfenfreunde dem relativ wehrlosen »Puer Apuliae« auf.

Während Pavia und Cremona den künftigen Kaiser mit höchsten Ehren empfingen, hatten die welfentreuen Städte Mailand, Lodi und Piacenza ihre Truppen aufgeboten und überwachten die Straßen und Flußläufe, um den »Zaunkönig« abzufangen. Wie Genua stellten die staufischen Städte der Lombardei Begleitmannschaften, die an der jeweiligen Grenze der Stadtgebiete abgelöst wurden. Vor einer der Ablösungen wäre Friedrich um ein Haar den Mailändern in die Hände gefallen.

Er mußte mit seinen Begleitern an einer vereinbarten Furt den Lambro durchqueren, um jenseits des Flusses in den Machtbereich der Cremonesen zu gelangen. Trotz des geheimgehaltenen

Nachtrittes über Seitenwege überraschten die Mailänder die kleine Truppe Friedrichs, als sie im Morgengrauen den Lambro erreichte. Während am Ostufer bereits die Cremonesen warteten, griffen die überlegenen Mailänder an, fast schon siegessicher, obwohl sich die pavesische Schutzmannschaft verzweifelt wehrte. Doch Friedrich konnte – wie es heißt – auf einem ungesattelten Pferd den Lambro durchschwimmen und gelangte unversehrt nach Cremona. Den Mailändern blieb nichts anderes übrig, als abzuziehen und sich mit dem Spottvers zu trösten, der »Pfaffenkönig« habe seine Hosen im Lambro gewaschen.

Der Weiterritt führte Friedrich über Mantua nach Verona, durch das Etschtal nach Trient. Da der welfenfreundliche Herzog von Meran den Brenner überwachte, mußte der Trupp nach Westen ausweichen, um auf unwegsamen Gebirgspfaden ins obere Engadin und nach Chur, dem ersten Ziel, zu kommen. Über den Gebirgsritt sind keine Einzelheiten bekannt. Doch läßt sich denken, daß die Überquerung der Alpen auf ödesten, dem Durchgangsverkehr entzogenen Paßwegen die aus dem milden Süden kommenden Sizilianer ungewöhnlichen Strapazen aussetzte.

Hätte Friedrich den kürzeren Weg von Genua über Mailand und über den Gotthard nehmen können, wäre er den Tausenden jugendlicher Kreuzfahrer begegnet, die in jenen Spätsommertagen des Jahres 1212 aus dem oberen Rheintal kommend über die Alpen nach Genua zogen. Die Kinder und Halbwüchsigen hatten sich in den Rheinlanden gesammelt und waren zum Kinderkreuzzug aufgebrochen. Nur unzureichend gekleidet, ohne genügende Vorräte, trieb sie blinder Glaubenseifer in ihr Verderben. Viele sind in den Alpen umgekommen, manche kehrten um. Von denen, die bis Genua kamen und schließlich von den Transportschiffen aufgenommen wurden, erreichten nur wenige ihr Ziel. Der Bischof von Brindisi verbot die Weiterfahrt ins Heilige Land und befahl den Jugendlichen heimzukehren. Andere Gruppen, die betrügerischen Schiffseignern in die Hände gefallen waren, landeten auf den Sklavenmärkten des Orients. Der Kinderkreuzzug und der jeder realpolitischen Wahrscheinlichkeit widersprechende Deutschlandritt des Siebzehnjährigen – beide zeigen auf verschiedene Weise, wie sehr die Zeit bereit war, ihre Hoffnungen auf den Zufall, das Glück und das Wunder zu setzen.

Der Bischof von Chur nahm Friedrich, gemäß den Weisungen

des Papstes, ehrenvoll auf. Aber Chur gehörte bereits zum Herzogtum Schwaben, dem staufischen Erbe, das als erstes deutsches Land dem jungen und schon legendären Staufererben huldigte. Bischof Arnold geleitete Friedrich nach St. Gallen, wo sich das immer noch kleine Gefolge auf dreihundert Berittene vergrößerte.

Die Schar derer, mit denen hundertfünfzig Jahre zuvor der Normanne Roger Sizilien erobert hatte, war nicht größer gewesen. Aber Deutschland war nicht Sizilien. Noch war Otto IV. an der Macht. Boten meldeten, daß er sich vom Norden her dem Bodensee mit einem überlegenen Heer näherte. Während Friedrich vor den verschlossenen Toren von Konstanz stand, wartete Otto in Überlingen auf die Fährschiffe zur Überfahrt. Es hieß, Konstanz rüste sich für den Empfang des Welfenkaisers, seine Quartiermacher seien bereits in der Stadt, seine Köche bereiteten dort schon das Festmahl. Der Bischof von Konstanz ließ Friedrich wissen, er werde die Tore nur dem rechtmäßigen Kaiser öffnen.

Eine dramatische Szene spielte sich ab. Der Bischof von Chur und der Abt von St. Gallen riefen, hier stehe der rechtmäßig erwählte Kaiser und begehre Einlaß. Doch erst als der päpstliche Legat Berard, der Erzbischof von Bari, vortrat und das päpstliche Bann- und Absetzungsdekret gegen den »ehemaligen Kaiser Otto« verlas, befahl der Konstanzer Bischof, die Tore zu öffnen. Wiederum wendete sich das Rad der Geschichte zugunsten des »Puer Apuliae«. Er war dem Welfen Otto zuvorgekommen und zog in Konstanz ein. Lakonisch schrieb ein Chronist: »Wäre Friedrich drei Stunden später in Konstanz eingetroffen, so wäre er niemals in Deutschland hochgekommen.«

Es vollzog sich die Komödie eines fast vollkommenen Rollentausches. Statt Otto galt die feierliche Empfangszeremonie Friedrich. Selbst das von Ottos Köchen zubereitete Festmahl kam auf Friedrichs Tafel. Als Otto wenige Stunden später mit prachtvollem Gefolge vor Konstanz erschien, blieben ihm die Tore verschlossen. Er war der Genarrte. Sein einstiger, Unheil verheißender Traum war in Erfüllung gegangen. Der Bär, den er klein und harmlos wähnte, hatte ihn von seinem eigenen Lager verdrängt. Der friedliche Erfolg von Konstanz im September 1212, zwei Monate nachdem Friedrich von Genua aufgebrochen war, bildete den entscheidenden Auftakt zur Gewinnung der deutschen Fürsten.

9 Friedrich gewinnt die deutschen Fürsten

Machtpolitisch war Otto IV., trotz des päpstlichen Bannspruchs, Friedrich zunächst weit überlegen. Wenn er auch Konstanz und den Oberrhein schmählich verlassen mußte, aus Breisach von der Bevölkerung vertrieben wurde und sein Versuch, Hagenau zu besetzen, an der Abwehr des Herzogs von Lothringen scheiterte, so konnte er im welfentreuen Köln seine Kräfte sammeln. Am Oberrhein und in Schwaben war Otto als landfremder »Sachse« verhaßt. Dazu trug auch bei, daß er noch im Juli, um Schwaben zu gewinnen, die fünfzehnjährige Tochter des ermordeten Philipp von Schwaben eilig geheiratet hatte und die unglückliche Beatrix vierzehn Tage nach der Hochzeit starb. Man munkelte von Giftmord, ohne freilich Beweise vorlegen zu können. Schwaben hatte Otto endgültig verloren. Aber immer noch standen die Reichsfürsten, bis auf den Lothringer, auf seiner Seite, stützte sich seine Macht auf Mittel- und Norddeutschland und das Herzogtum Bayern. Hätte der kampferfahrene Welfe den militärisch schwachen Friedrich in den ersten Wochen zur offenen Auseinandersetzung gezwungen, wäre die Entwicklung wahrscheinlich anders verlaufen.

Es gab indessen auch eine Reihe ganz realer Gründe für Friedrichs Erfolge. Sie bildeten einen Komplex wechselseitiger Abhängigkeiten. Dazu gehörten vor allem die Hilfeleistungen von Außenstehenden (der Papst, der König von Frankreich) und das persönliche und politische Verhalten Friedrichs.

In den wenigen Monaten bis Jahresende überstürzten sich die Ereignisse zugunsten Friedrichs. Die über Otto IV. verhängte Exkommunikation untergrub seine Legalität als Kaiser, und die Bischöfe begannen, den Schützling des Papstes zu unterstützen, mochten auch die Welfen den »Pfaffenkaiser« beschimpfen. Es war zunächst der Klerus, der sich zu Friedrich bekannte, die Bischöfe von Chur und Konstanz, die Äbte von St. Gallen und Reichenau. Ihre militärische Macht war gering, aber ihr hohes Ansehen verschaffte ihnen eine Schlüsselstellung im süddeutschen Raum. Neben ihnen erschien auf dem ersten, triumphal gefeierten Hoftag in Basel der Bischof von Straßburg, der Friedrich eine Truppe von fünfhundert Rittern zuführte. Mit den Klerikern huldigte Friedrich zum erstenmal der schwäbische Hochadel, darunter die Grafen von Habsburg und Kiburg.

War Basel noch ein schwäbischer Hoftag, so konnte Friedrich bereits Anfang Oktober in Hagenau, der Lieblingspfalz Friedrich Barbarossas und dem Mittelpunkt der staufisch-elsässischen Hausgüter, den ersten deutschen Hoftag abhalten. Entsprechend der noch völlig ungesicherten Lage waren außer den Bischöfen und schwäbischen Anhängern nur wenige weltliche Fürsten versammelt. Aber diesen gegenüber erwies sich Friedrich als äußerst freigiebig, geradezu verschwenderisch, obwohl er über keine finanziellen Mittel verfügte und zu merkwürdigen Verbriefungen Zuflucht nahm. Zu den ersten weltlichen Fürsten, die Friedrich voll anerkannten, gehörte der Herzog von Lothringen. Als er, ein Vetter Friedrichs, die für seinen Treueschwur zugesagten dreitausend Silbermark forderte, mußten Bürgschaften des Erzbischofs von Mainz, des Bischofs von Worms, des Grafen von Habsburg, des Anselm von Justingen und anderer Herren nachhelfen, die wiederum für ihre Garantieerklärung belohnt wurden. König Ottokar von Böhmen bat um die Bestätigung seiner Königswürde und erhielt als Geschenk einige Reichsgüter.

Ein besonderer Triumph in Hagenau war, daß Friedrich Konrad von Scharfenberg gewann, den erfahrenen Kanzler Ottos und seines Vorgängers Philipp von Schwaben. Friedrich übertrug Konrad, dem Bischof von Speyer, zusätzlich das Bistum Metz, obwohl ihm die Bischofsinvestitur nicht zustand. Offenbar erhob der Papst keinen Einspruch. Man kann nur vermuten, daß der Übertritt des politisch ehrgeizigen Kanzlers weniger seinem loyalen Rechtsdenken als seiner Witterung für die Erfolgschancen des designierten Kaisers entsprang. Für Otto IV. war der Verlust seines Kanzlers ein harter Schlag; denn er setzte ein politisches Signal, dem bald mancher noch Zögernde folgte. Friedrich bestätigte Konrad von Scharfenberg in seinem Amt und gewann in ihm für die nächsten acht Jahre einen umsichtigen, mit den Verhältnissen vertrauten Kanzler.

Dem neu gewonnenen Kanzler verdankte Friedrich den ersten und, wie sich bald zeigte, entscheidenden außenpolitischen Erfolg. Konrad, der über gute Beziehungen zum Pariser Hof verfügte, leitete Verhandlungen mit dem französischen König Philipp August ein, die zum Abschluß eines staufisch-französischen Bündnisses führten. Damit erneuerte Friedrich die traditionellen staufischen Beziehungen, die seit dem Bündnis Friedrich Barbarossas mit Frankreich bestanden. Philipp August, der ja bereits bei der Wahl Friedrichs gegen den Welfen seine Hand im Spiel hatte, verfolgte durchaus eigene Interessen, die durch seinen unüberbrückbaren Konflikt mit England bestimmt waren. Die enge Verbindung des englischen Königshauses mit den Welfen, familiär und politisch, die finanzielle Unterstützung und Stärkung des englischen Verbündeten Otto bedeuteten für die französischen Kapetinger eine ständige Bedrohung. Das von Friedrich angebotene Bündnis kam Philipp August so gelegen, daß er dafür zur Unterstützung des Staufers eine unerhört hohe Geldsumme bereitstellte.

In der Novembermitte traf Friedrich in Vaucouleurs bei Tours mit dem Sohn Philipp Augusts – dem späteren Ludwig VIII. und Vater Ludwigs des Heiligen – zusammen. Friedrich verpflichtete sich, keinen Friedensvertrag mit dem Welfen Otto oder dessen Onkel, dem englischen König Johann, ohne die Zustimmung Frankreichs abzuschließen. Als Gegenleistung erhielt er zwanzigtausend Silbermark. Als der Kanzler Friedrich fragte, wo nun die für damalige Verhältnisse äußerst hohe Geldsumme aufzubewahren sei, soll Friedrich geantwortet haben: »Bei den Fürsten«. Dieser Ausspruch Friedrichs wurde bekannt und trug nicht wenig dazu bei, sein Ansehen zu mehren und bislang abwartende Fürsten zu gewinnen.

In der Tat ließ der freigebige junge Herrscher das Geld an seine Anhänger verteilen, als am 5. Dezember 1212 in Frankfurt die erste große Fürstenversammlung stattfand. Unter den Fürsten und Edlen des Reichs, die noch einmal Ottos Absetzung und Friedrichs Wahl zum König und Kaiser bestätigten, befanden sich nun König Ottokar von Böhmen, der Markgraf von Mähren, der Herzog von Lothringen, die Bischöfe von Mainz, Worms und Speyer. Vier Tage später erfolgte in Mainz die feierliche Krönung Friedrichs zum deutschen König, allerdings mit provisorischen Insignien. Die echten Insignien lagen in Aachen, der eigentlichen traditionellen Krönungsstätte, Aachen aber gehörte noch zum Machtbereich des »ehemaligen Kaisers« Otto, der dort zur gleichen Zeit mit seinen merklich verringerten Anhängern versammelt war.

Kaum drei Monate nach seinem Einzug in Konstanz beherrschte Friedrich den ganzen deutschen Süden, von Burgund bis Böhmen. Er siegte ohne einen Schwertstreich. Chronisten und Dichter sprachen von einem Wunder, von himmlischen Kräften und rühmten Friedrichs Hochherzigkeit und Freigebigkeit. Sein Verhalten bildete einen auffälligen Gegensatz zu dem seines Gegners Otto, dem man Hartherzigkeit und Geiz nachsagte. Friedrich, der über keinerlei finanziellen Rückhalt verfügte, verschenkte großzügig die Gelder, die er sich eben erst mühsam besorgt hatte. Selbstverständlich stand dahinter politische Berechnung. Alle Eigenschaften, die Otto fehlten und die er verspottete, entsprachen Friedrichs natürlicher Veranlagung, und er spielte sie geschickt gegen den Rivalen aus: seinen jugendlichen Charme, seine Beweglichkeit, die Rücksichtnahme auf fremde Interessen, soweit sie dem eigenen Ziel nicht schadeten, auch Offenheit und Milde, die man freilich nicht mit Weichheit verwechseln darf. Friedrichs Auftreten ließ keinen Zweifel darüber, daß hier jemand herrschen wollte und zu herrschen verstand. Aber seine Stärke war nicht das Schwert, sondern seine Persönlichkeit.

Unermüdlich zog er von Land zu Land, hielt Hoftage in Mainz, Augsburg, Nürnberg, Regensburg und Koblenz, lernte die Eigenheiten und unterschiedlichen Interessen der Fürsten kennen, verhandelte und überzeugte durch sein unbeirrbares Selbstbewußtsein.

Am liebsten hielt sich Friedrich während der acht Jahre, die er in Deutschland verbrachte, in der elsässischen Pfalz Hagenau auf. Dort fühlte sich der Südländer Friedrich am ehesten heimisch. Die von ihm wie von seinem Großvater Friedrich Barbarossa bevorzugte Pfalzburg lag inmitten üppiger, an Jagdwild reicher Wälder. Sie war großzügig angelegt, zur Aufnahme des gesamten Hofes geeignet und verfügte über eine umfangreiche Bibliothek. Hagenau war nicht nur Mittelpunkt der staufisch-elsässischen Hausgüter, sondern beherbergte die Hofkammer des schwäbischen Herzogtums, das ja nach Norden bis ins Elsässische reichte. Die Hinweise auf das persönliche Verhalten Friedrichs sind dürftig, doch weiß man, daß er als leidenschaftlicher Jäger oft mit Jagdfreunden ausritt und in den Wäldern das Großwild jagte. Man weiß auch, daß er nicht minder leidenschaftlich in fremdsprachigen Büchern las oder mit seinen Beratern und Gesandten aus dem fernen Sizilien in Sprachen redete, die den Deutschen unbekannt waren. Der sprachenbegabte Friedrich wird in diesen Jahren wohl auch deutsch gesprochen haben. Er war zudem – wie es heißt – einem deutschen Edelfräulein eng verbunden, das ihm angeblich zwei Kinder gebar.

Sicher belegt ist, daß er mit erstaunlichen Verwaltungskenntnissen die seit einem Jahrzehnt unbeaufsichtigte Hofkammer einer strengen Kontrolle unterzog und dabei weitläufige Unterschlagungen des Rentmeisters Wölfflin von Hagenau aufdeckte. Das kenntnisreiche, energische Eingreifen des achtzehnjährigen Königs, auch die Bestrafung des Rentmeisters erregte weit über die Grenzen des Herzogtums Aufsehen. Für den staufisch-elsässischen Hausbesitz richtete Friedrich eine straff zentralisierte Eigenverwaltung ein, das einzige deutsche Beispiel, das an Friedrichs später im sizilianischen Königreich verwirklichten Zentralismus erinnert.

Friedrichs Beziehung zu Deutschland ist nicht im entferntesten mit seiner intensiven Bindung an das Südreich zu vergleichen. Wenn er auch als Staufer in das Land seiner Väter gekommen war, als Heimat, als Land seiner innigen Zuneigung empfand er Sizilien, später Apulien. Und so stellt sich auch die Frage nach Friedrichs politischem Verhältnis zu Deutschland. Im Grunde widerstrebte die deutsche Herrschaftsstruktur, das Wahlkönigtum und die Vormachtstellung der Landesfürsten, seinen Plänen. Aber die Staatsräson gebot, auf die bestehenden Verhältnisse einzugehen. Das real Machbare war nur auf der Basis von Zugeständnissen möglich, die den historischen Gegebenheiten Rechnung trugen.

Es zeugt von der außerordentlichen staatspolitischen Klugheit des jungen Herrschers, wie er in einem halben Jahr die deutschen Fürsten gewann, vor allem, wie er lernte, die unterschiedlichen Interessen der geistlichen und der weltlichen Fürsten zu erkennen und danach zu handeln. Gegenüber den weltlichen Fürsten war die Macht der Krone geschmälert, seitdem die königliche Oberlehensgewalt an Bedeutung verloren hatte. Der bäuerliche wie der große gräfliche oder herzogliche Lehensbesitz war erblich, der Verfügungsgewalt des Königs entzogen. So ist lediglich davon die Rede, daß Friedrich dem König von Böhmen einige kleinere Reichsgüter übertrug. Um so mehr war er darauf angewiesen, die weltlichen Fürsten durch Geldgeschenke oder Ehrenämter zu gewinnen.

Im Kräftespiel der Landesherren fiel die Macht der geistlichen Fürsten ungleich stärker ins Gewicht. Ihr realer Landbesitz, voran die rheinischen Erzbistümer und Trier, Salzburg, Bremen, Magdeburg, umfaßte mehr als die Hälfte des deutschen Bodens. Aber noch andere Gründe machten die geistlichen Fürsten den Herzögen von Schwaben, Lothringen, Bayern, Österreich-Steiermark und Sachsen überlegen. Ihre naturgemäße Unabhängigkeit von familiären oder dynastischen Gesichtspunkten gab ihnen als Gruppe eine Geschlossenheit, die den weltlichen Landesherren fehlte. Gewiß half Friedrich das Votum des Papstes, dem ja zunächst die kirchlichen Fürsten folgten. Doch er erkannte sehr bald die eigentliche Machtkonstellation, die Notwendigkeit eines engen Bündnisses mit der stärkeren Gruppe der geistlichen Fürsten. Aus dieser Erkenntnis kam es zu Zugeständnissen, die weit über die den weltlichen Fürsten gewährten Privilegien hinausgingen und zum erstenmal Souveränitätsrechte berührten.

Am Pfingstsonntag 1213, auf einem Reichstag im böhmischen Eger, ließ Friedrich die Goldene Bulle von Eger verkünden, sein erstes bedeutendes Gesetz auf deutschem Boden. Friedrich bestätigte, wohl als Dank gegenüber seinem päpstlichen »Schützer und Wohltäter«, die Territorialrechte des Papstes in Mittelitalien, Rechte, die ihm bereits Otto IV. anläßlich seiner Kaiserkrönung zugestanden hatte. Den deutschen geistlichen Fürsten gewährte Friedrich eine Reihe von Privilegien, die dazu beitrugen, auf Kosten der Kronrechte die kirchliche Souveränität zu stärken. Er verzichtete auf das Regalien- und Spolienrecht und auf die staatliche Einwirkung bei der Bischofswahl. Er sicherte den Kirchenfürsten das Recht der direkten Appellation an den Papst in kirchlichen Fragen zu. Ihre außerordentliche Bedeutung gewann die Goldbulle von Eger, weil sie als Reichsprivileg verkündet wurde und der Zustimmung auch der weltlichen Fürsten bedurfte. Lediglich der mächtige Bayernherzog verweigerte zunächst seine Unterschrift, holte sie jedoch ein Jahr später nach.

In Eger wurde ein Kriegszug gegen Otto IV. vorbereitet, zu dem die Landesfürsten, selbst der König von Böhmen, ihre Heereskontingente stellten. Der Welfe beherrschte noch den Niederrhein, vor allem das Herzogtum Sachsen und sein braunschweigisches Stammland. Tatsächlich bewegte sich im Herbst ein etwas schwerfälliges staufisches Heer nach Norden, durch Thüringen bis Magdeburg. Aber die Heerfahrt verlief ergebnislos. Nach einigen Verwüstungen in Thüringen zog sich Otto ins uneinnehmbare Braunschweig zurück. Zudem verfügte Otto noch über eine starke kampffähige Truppe. Überzeugt von der Aussichtslosigkeit eines weiteren Vorgehens, wurde das staufische Unternehmen abgebrochen.

Es ist nahezu unglaublich, daß die historische Entscheidung zugunsten Friedrichs außerhalb der Reichsgrenzen und ohne seine oder seiner Truppen geringste Beteiligung fiel. Offenbar fühlte sich Otto gestärkt und hatte keinen militärischen Angriff zu befürchten. Im Frühjahr 1214 zog er mit seinem Heer kampflos zum Niederrhein und, verstärkt durch niederrheinische Truppen, nach Flandern. Dort wollte er sich mit der englischen Kampftruppe vereinen, die nach Flandern geschickt worden war, während König Johann mit dem englischen Heer zur gleichen Zeit in La Rochelle landete. Die englisch-französische Auseinandersetzung drängte zum offenen Kampf. In einem Zangenunternehmen sollten die Franzosen und mit ihnen ihre staufischen Verbündeten endgültig besiegt werden. König Philipp August wurde durch die Überlegenheit des Gegners in eine geradezu hoffnungslose Lage versetzt. Er forderte bei Friedrich, seinem Verbündeten, dringend Kampfhilfe an. Der militärisch schwache Staufer aber war auf die Reichsfürsten angewiesen, die seinem Aufruf nur zögernd und unwillig folgten. Und als schließlich ein mühsam zusammengestelltes staufisches Aufgebot im August 1214 von Koblenz moselaufwärts zog, war die Entscheidung bereits gefallen.

Am 27. Juli 1214 war es bei Bouvines unweit von Lille zur Schlacht gekommen. Entgegen allen Vorausberechnungen hatte der verzweifelte König Philipp August einen gewaltigen Sieg erfochten. Es muß eine blutige Schlacht gewesen sein; denn am Ende war Ottos Heer bis auf siebenhundert brabantische Söldner niedergemetzelt. Während Otto ein bunt zusammengewürfeltes Heer befehligte, welfische, niederrheinische, flandrische und englische Aufgebote, fochten im einheitlichen französischen Heer zwölfhundert Ritter, dreitausend Knechte zu Pferd und zwölftausend zu Fuß. Otto selbst soll tollkühn gekämpft haben, bis ihn ein Lanzenstoß vom Pferd warf und er auf dem Pferd seines Knappen flüchtete. Der Sieg des Königs von Frankreich, der wie sein Gegner in den vordersten Reihen kämpfte, bedeutete für den Welfen die totale Niederlage. König Philipp August hatte nicht nur Frankreich gerettet, sondern militärisch die

Entscheidung der deutschen Frage erzwungen. Den politischen Erfolg erntete Friedrich. Dem verlieh König Philipp August dadurch Ausdruck, daß er Friedrich den erbeuteten goldenen Adler der kaiserlichen Standarte Ottos übersenden ließ. Otto floh nach Köln, neben Aachen eine der wenigen Städte, die ihm noch ergeben waren. Sein Machtgebiet schrumpfte von Woche zu Woche. Als Friedrich im Frühjahr 1215 mit einem Heer aus dem Elsaß aufbrach, um die Königsstadt Aachen zu erobern, bedurfte es keines Schwertstreichs. Die Bürger von Aachen verjagten Ottos Vogt und nahmen Friedrich in ihre Stadt auf. Nach Aachen kapitulierte auch Köln. Fast ein Jahr hatte Otto auf Kosten der Stadt gelebt, während seine neue Gemahlin dem Würfelspiel frönte, ohne die Spielschulden zahlen zu können. Die Kölner boten noch Geld an, damit die lästigen Gäste, verkleidet als Pilger, ihre Stadt verlassen und nach Braunschweig fliehen konnten.

Innerhalb von zwei Jahren fiel Stadt um Stadt, Land um Land Friedrich zu, so daß der geschlagene Kaiser Otto nach letzten kümmerlichen Kleinkriegen gegen Friedrichs Verbündete in Norddeutschland zuletzt nur noch in seinen braunschweigischen Stammlanden herrschte. Erbittert und erniedrigt, nach peinigenden selbstauferlegten Bußübungen, starb Otto IV. am 19. Mai 1218 auf der Harzburg, noch nicht sechsunddreißig Jahre alt. Vor seinem Tode hatte er verfügt, die Reichsinsignien, die sich noch in seinem Besitz befanden, seien demjenigen zu übergeben, den die Fürsten einstimmig erwählten oder aber dem, »der jetzt gewählt ist«, sofern die Fürsten sich darüber einigten. Den Namen Friedrichs erwähnte er mit keinem Wort.

10 Königskrönung in Aachen

Der Sieg von Bouvines hatte Friedrich den Weg zur Königskrönung in Aachen geebnet. Sie fand ein Jahr später, am 25. Juli 1215, im Mariendom der Stadt Karls des Großen statt.

Kaiser Karl hatte dem bis zu seiner Zeit »wandernden Hof« mit wechselnden Standorten einen festen Sitz gegeben. Mit dem Bau der Monumentalpfalz war Aachen zum Zentrum des Reichs geworden, zur *nova Roma*. Seitdem war es ungeschriebenes

Gesetz, daß die deutschen Könige in Aachen gekrönt wurden und auf dem Thron des großen Karl die Huldigung der Fürsten entgegennahmen. Der provisorischen Krönung in Mainz mußte die offizielle Krönung in Aachen folgen. Nach Friedrichs eigenen Worten hatte Aachen die Bedeutung, daß »zuerst in dieser Stadt, die nach Rom allen Städten und Landen voranleuchtet, die römischen Könige geweiht und gekrönt werden«.

»Die Aachener schrieben dem König Friedrich«, so heißt es in einer zeitgenössischen Chronik, »er möge friedlich kommen, da sie bereit seien, ihn als Herrn aufzunehmen. So geschah es, daß der König Friedrich, umgeben von Fürsten und Würdenträgern des Reichs, mit großer Pracht und Herrlichkeit nach Aachen kam am Vorabend des Festes des heiligen Jakobus. Am folgenden Tage wurde er in der Kirche der heiligen Maria zum König geweiht und gekrönt und auf den königlichen Thron erhoben durch den Erzbischof von Mainz, da die Kölner Kirche damals keinen Herrn hatte.«

Als Friedrich die sechs Stufen zum Marmorthron des Kaisers Karl emporgestiegen war und ihm der Erzbischof Siegfried von Mainz die silberne Krone Deutschlands aufsetzte, ihm Zepter und Schwert überreichte, wußte er, daß von nun an sein Anspruch auf die römische Kaiserkrone unwiderrufbar war. Von diesem Tag an zählte der nun Einundzwanzigjährige seine Regierungsjahre.

Die Aachener Krönung bildete den ersten Höhepunkt in der reichspolitischen Laufbahn Friedrichs. Im Zusammenhang mit ihr stehen zwei aufschlußreiche Handlungen, die für den persönlichen und politischen Charakter Friedrichs kennzeichnend sind. Erstens stellte er sich bewußt in die Tradition des deutschen König- und Kaisertums. Dieses Sich-Bekennen zur Tradition bleibt nicht auf Deutschland beschränkt, es erfährt später in der Reichs- und Kaiserpolitik und bei der Gestaltung der großen Gesetzeswerke und des sizilianischen Staates eine Ausweitung. Wenn Friedrich Neuerungen einführte, so tat er dies nie voraussetzungslos, sondern stets im Bewußtsein seiner Traditionsgebundenheit, die sich wiederholt auf das römische Caesarentum berief. Die Krönung von Aachen macht Friedrichs Verwurzelung in der Tradition auf ihre Weise deutlich, indem er sich ausdrücklich auf die deutsche Königstradition beruft. Es sei für ihn »angemessen und sinngemäß«, so betonte Friedrich in Aachen,

»dem Beispiel des Herrn und Heiligen Karl und dem der anderen Vorfahren zu folgen«.

Am Tag nach der Krönung wurden die Gebeine des heiligen Kaisers Karl in einen neuen prachtvollen Schrein umgebettet, den niederrheinische Goldschmiede angefertigt hatten. Die Wände des Reliquienschreins, in Gold und Silber gearbeitet, trugen die Bildnisse der deutschen Kaiser bis zu Friedrich selbst. Nach der Umbettung Karls, so berichtet ein Chronist, legte Friedrich den schweren Krönungsmantel ab, »nahm einen Hammer, erstieg mit dem Werkmeister das Gerüst und schlug vor den Augen aller Anwesenden zusammen mit dem Meister die Nägel des Schreines fest«.

Friedrichs zweite Handlung während der Krönungsfeierlichkeiten war auf die Zukunft gerichtet. Mit ihr bürdete er sich selbst eine Hypothek auf, die ihn über dreizehn Jahre lang, zuletzt fast erdrückend, belasten sollte. Zunächst klingt es hochgestimmt und erwartungsvoll, wenn der Chronist berichtet: »Sofort und unerwartet nahm der Gekrönte nach der Messe das Zeichen des heilbringenden Kreuzes und ermahnte sowohl in eigener Person als mit Unterstützung der anwesenden Kreuzprediger alle Vornehmen und Fürsten des Reichs, ein Gleiches zu tun. Also bewog er viele zur Nachfolge. Am nächsten Tag, einem Sonntag, während der König vom frühen Morgen bis zur neunten Stunde in der Kirche saß, beeiferten sich die Prediger, das Wort vom Kreuz zu verkünden. Da wurden durch Gottes Gnade viele mit dem Kreuz bezeichnet, nicht bloß Fürsten, sondern auch Leute niederen Standes.«

Das spontane, völlig unerwartete Gelübde, einen Kreuzzug zu unternehmen und die Heiligen Stätten von den Ungläubigen zu befreien, gehört zu den merkwürdigen Entscheidungen Friedrichs. Schon allein Friedrichs intensive Beziehung zum Islam seit seiner Jugend in Palermo hätte alles andere erwarten lassen. Es bestand nicht der geringste Anlaß, das Kreuz zu nehmen. Infolge des gescheiterten Kinderkreuzzugs hatte die Bereitschaft, ins Heilige Land zu ziehen, sogar merklich abgenommen. Das Verhalten des Papstes läßt den Schluß zu, daß die Kirche offiziell nicht nur keinerlei Einfluß auf die Entscheidung Friedrichs nahm, sondern daß die überraschende Kreuznahme dem Papst sogar ungelegen kam. Innozenz III. reagierte auf das Kreuzzugsgelübde seines früheren Mündels mit keinem Wort. Das spricht gegen die Annahme, zum Kaufpreis der Krone habe die Verpflichtung zum Kreuzzug gehört. Im Gegenteil, Friedrich hatte die Pläne des Papstes durchkreuzt; denn Innozenz selbst trug sich mit dem Gedanken, als oberster Herr der Christenheit einen Kreuzzug zu unternehmen.

So gesehen erweist sich Friedrichs Kreuznahme als Politikum höchsten Grades. Der eben gekrönte König und Kaiser bekundete dadurch nichts weniger als den Anspruch, der höchste Schwertträger und Schützer des Christenreichs zu sein. Indem Friedrich die Initiative zum Kreuzzug an sich riß, stärkte er die Position des Kaisers gegenüber den imperatorischen Bestrebungen Innozenz' III. Der überraschende Entschluß kennzeichnet den festen Willen Friedrichs, seine Pflichten und Rechte als Kaiser selbständig und ohne kuriale Bevormundung wahrzunehmen und sie gegebenenfalls mit aller Schärfe zu verteidigen. Auch wenn die politische Motivation unausgesprochen bleibt und in allen zeitgenössischen Verlautbarungen die hochgestimmte Frömmigkeit Friedrichs in den Vordergrund rückt, allein die Tragweite seines Entschlusses spricht für einen politisch bedingten Schachzug, für einen äußerst raffinierten sogar. Der Überraschungseffekt, der der Initiative des Papstes zuvorkam, hatte sofort eine öffentliche Breitenwirkung und machte Friedrichs Entscheidung unabänderlich.

Es wäre allerdings eine völlige Fehleinschätzung der Persönlichkeit Friedrichs, wollte man das Kreuzzugsgelübde *ausschließlich* unter dem Aspekt politischen Zweckdenkens sehen. Friedrich empfand die Königskrönung, diesen ersten Höhepunkt nach allen voraufgegangenen Schwierigkeiten, als göttlichen Gnadenerweis, dem er sich verpflichtet fühlte. Selbst wenn man die bei derlei Anlässen üblichen Formeln und Redewendungen in Betracht zieht, bleibt ein Rest, der für eine echte religiöse Überzeugung Friedrichs spricht. Das so oft problematische Verhältnis Friedrichs zum christlichen Glauben war zu keiner Zeit aufrichtiger als in den Wochen vor und nach der Aachener Krönung.

Einen Monat nach der Krönung bat Friedrich aus freiem Entschluß, sicherlich noch in der Hochstimmung der Krönungstage und der Kreuznahme, um Aufnahme in die Bruderschaft der Zisterzienser. Sein Schreiben an das Generalkapitel der Zisterzienseräbte ist ein beachtliches Dokument. »Da Wir, wenn Wir auch Sünder sind, durch die unsägliche Barmherzigkeit Gottes das Steuerruder des Römischen Reiches übergeben bekamen, so möge er selbst Uns durch Eure fromme Vermittlung den Geist der Gerechtigkeit und Wahrheit verleihen, auf daß so unter Uns das Reich gelenkt und geordnet werde, daß sich zum Lobe und Ruhme seines Namens seine heilige Kirche an des Friedens erwünschter Ruhe erfreue und Wir nach Ablauf dieses zeitlichen Reiches zusammen mit Euch zu der Herrschaft gelangen, die ohne Ende sein wird.« Dieser Auszug aus Friedrichs Schreiben an die Zisterzienseräbte zeigt klar sein christliches Selbstverständnis, das das Reich und die Kirche mit einbezieht.

Auch die Bitte um Aufnahme in die Betgemeinschaft der Zisterzienser entsprach der Fortführung bestimmter historischer und persönlicher Traditionen. Es handelte sich um einen Brauch der zur Macht gelangten deutschen Herrscher, dem auch Friedrich Barbarossa und Otto IV. gefolgt waren. Außerdem war eine enge Beziehung der normannischen Vorfahren zu den Zisterziensern vorgegeben. Die Normannenkönige hatten in Sizilien zahlreiche Zisterzienserklöster gegründet und gefördert, vor allem darum, weil die Verbindung von kontemplativem und tätigem Leben, die kolonisierende Arbeit der Zisterzienser, der staatlichen Entwicklung zugute kam.

Aber Friedrichs Bitte kann nicht allein als traditionelle oder religiös-dekorative Handlung gewertet werden. Wenn er die Zisterzienser in Deutschland wie in Sizilien mehr förderte und reichlicher beschenkte als seine Vorgänger, wenn er später, 1222, um Aufnahme als Tertiar des Zisterzienserklosters Casamari bei Veroli bat, so bestimmte ihn eine persönliche Neigung, die er keinem anderen Orden, zumal nicht den Bettelmönchen, zuwandte. Dafür lassen sich vor allem zwei Gründe anführen. Einmal die straff zentralisierte und »monarchische Gliederung« des Ordens, die ihn – anders als bei den dezentralisierten Benediktinern oder den Bettelorden – zu einem unabhängigen Machtfaktor ersten Ranges machte. Dann die tätige, urbanisierende und kolonisierende Leistung der Zisterzienser, deren meist auf Zwölfergruppen begrenzte Gemeinschaften nicht nur in Deutschland und Sizilien Neuland erschlossen, sondern ebenso in Pommern und Preußen. Die Zisterzienser galten als »Meister der Wirtschaftsverwaltung«. Darum hat sie Friedrich vielfach zur »Einrichtung und Bewirtschaftung seiner Domänen in Apulien und der Capitanata« herangezogen. Noch als Sterbender im apulischen Castel Fiorentino bezeugte Friedrich seine Zugehörigkeit zur Bruderschaft, indem er sich die graue Kutte der Zisterzienser anlegen ließ.

11 Papst Innozenz III. und das Laterankonzil

Würde das Amt des Papstes ausschließlich nach weltlichen, staats- und machtpolitischen Maßstäben bewertet, so wäre Innozenz III. der größte aller Päpste. Es ist sicher, daß er untadelig, persönlich anspruchslos und asketisch lebte, daß ihn die Leidenschaft für sein Amt und seine Kirche antrieb und verzehrte, so sehr, daß für andere Leidenschaften nur noch Verachtung übrigblieb. Doch die Kirche verlieh ihm keineswegs ihre höchste Ehrung, die Heiligsprechung. Instinktiv scheute sie davor zurück. Allzu deutlich leitete Innozenz aus seinem Amt als geistliches Oberhaupt der Christenheit imperatorische Weltherrschaftsansprüche ab. Er regierte als Papstkaiser in dem Bewußtsein, kraft seines Amtes Statthalter Gottes zu sein, »geringer als Gott, doch mehr als der Mensch«, wie er erklärte, und eben dadurch die *plenitudo potestatis,* die Gesamtfülle der Macht, beanspruchend.

Seine Amtszeit bildete den Höhepunkt einer Entwicklung, die das Papsttum aus der früheren Abhängigkeit von den weltlichen Herrschern befreite und die bereits im elften Jahrhundert von Gregor VII. im »Dictatus Papae« programmatisch formuliert worden war. Demnach beanspruchte der Papst für sich allein die kaiserlichen Insignien und, ohne selbst irgendwem außer Gott zu unterstehen, auch über die Kaiser richten zu dürfen. Es war eine Herausforderung, die notwendigerweise die Auseinandersetzung mit den Kaisern heraufbeschwören mußte; denn die Kaiser nahmen für sich selbst das Gottesgnadentum in Anspruch. Erst Innozenz III. vermochte solche politische Forderungen der Kurie im großen Rahmen durchzusetzen. Die deutschen Thronwirren nach dem Tod Heinrichs VI. waren im dabei zunutze gekommen.

Was Innozenz unter der *plenitudo potestatis* verstand, zeigen seine staatspolitisch klugen und energischen Eingriffe in die weltliche Politik, wie er zum Schiedsrichter über Kaiser und Könige wurde. Innozenz vollendete die hierokratischen Vorstellungen Gregors VII. und verwirklichte wie kein anderer der Päpste den Gedanken einer universalen Lenkung der abendländischen Welt.

Als er, Lothar Graf von Segni, im Januar 1198 die Nachfolge des über neunzigjährig verstorbenen Coelestin III. auf dem Stuhl Petri antrat, war er siebenunddreißig Jahre alt, ein bewährter Jurist und Theologe. Bildnisse zeigen ein großflächiges, blasses Gesicht mit kalten Augen und schmalem, asketischem Mund. Der junge Kardinaldiakon hatte mit seiner Schrift »Über die Verachtung der Welt« Aufsehen erregt – im Menschen sah er eine elende Kreatur, die seinen Abscheu und Ekel erweckt. Kein Hauch von Wärme, Güte oder zu Verständnis fähiger Sympathie mildert den eisigen Fluß der Formulierungen. Nach ihnen ist der Mensch sündhaft in Wollust gezeugt, befleckt von Geburt an in all seinen Wünschen und Handlungen, armselig preisgegeben dem unseligen Zustand einer zum Tode kranken Welt.

Man könnte sagen: dieser weltverachtende Pessimismus bewegte seit der Antike auch andere Denker und Philosophen. Doch bei Innozenz III. hatte er Konsequenzen, die für die Theologie und die Kirche über Jahrhunderte bis in unsere Zeit bestimmend blieben. Da Innozenz die Welt für verderbt und verachtenswert hielt, isolierte er den Priester kraft sakramentaler Weihe von der Welt. Feierte dieser bisher die Messe zum Volk hingewendet, so hatte er sie nun mit dem Rücken zur Gemeinde zu zelebrieren. Das Mysterium, einzig vom begnadeten Priester vollzogen, bedurfte fortan nicht mehr der Mitwirkung der Laien. Ihre Anwesenheit war bedeutungslos; denn das Mysterium wirkte für sich – durch die vermittelnde Kraft des Priesters. Folgerichtig erwirkte Innozenz auf dem Laterankonzil des Jahres 1215 die Bestätigung der Lehre von der »Transsubstantiation«, der sakramentalen Wesensverwandlung von Wein und Brot. Zum Dogma wurde sie allerdings erst auf dem Konzil von Trient im Jahre 1551/1552 erhoben.

Der Aufbau einer völlig unabhängigen Hierokratie, deren führende Kräfte die Bischöfe und Kardinäle, nur noch dem Papst unterstanden, schloß den langen sogenannten Investiturstreit zwischen Päpsten und Kaisern ab. Das sicherte der Kirche unter Innozenz eine Machtposition wie nie zuvor. Innozenz konnte den territorialen Besitz der Kirche in Mittelitalien vermehren, in Sizilien, seinem Lehensstaat, der Kaiserinwitwe Konstanze ein Konkordat abverlangen, das die Rechte der Kirche und der Bischöfe stärkte; er konnte in den deutschen Thronstreit eingreifen; und durch all das verwirklichte er den Anspruch des Papsttums, »über alle zu richten, doch von niemand gerichtet zu werden«.

Innozenz förderte zunächst den Welfen Otto, weil er die imperiale Politik der Staufer, die Vereinigung Siziliens mit dem Reich und damit die Umklammerung des Kirchenstaates fürchtete; außerdem konnte er Otto, der für seine Wahl zum deutschen König und Kaiser auf den Papst angewiesen war, dazu zwingen, in Neuss einen Eid zu leisten, die Besitzansprüche der Kurie in Mittelitalien anzuerkennen und generell auf eine selbständige Italienpolitik zu verzichten. Innozenz salbte Otto IV. in Rom zum Kaiser, aber er ließ ihn sofort fallen, als auch Otto sich anschickte, das Südreich zu erobern und seine Versprechen zu ignorieren.

Während der Amtszeit Innozenz' III., von 1198 bis 1216, entschied sich Friedrichs künftiges Schicksal. Es gehört zu den merkwürdigen Paradoxien der Geschichte, daß ausgerechnet der mächtigste der Päpste Friedrich schützte und ihm zur Krone verhalf, der später zum schärfsten Gegner der »Imperialisierung« des Papsttums wurde, weil er selbst in säkularisierter Form dasselbe Ziel anstrebte wie Innozenz – Herrscher der Welt zu sein.

Wenn aber Innozenz das machtpolitische Kräftespiel zugunsten Friedrichs entschied, so geschah das nicht ohne eigene Hintergedanken. Einmal mußte Sizilien vor dem Zugriff des wortbrüchigen Kaisers Otto bewahrt bleiben, zum zweiten dem gebannten Welfen ein legitimer Herrscher entgegengestellt werden. Da gab es außer dem Staufer Friedrich keine Alternative. Zudem ging Friedrich auf alle Forderungen des Papstes ein, was sich schon in Messina, in Rom und erst recht in Deutschland zeigte. So 1213 in der Goldenen Bulle von Eger, als Friedrich der Kirche und den geistlichen Fürsten ihre Privilegien zugestand, die letztlich das hierokratische Konzept des Papstes sanktionierten. Dreimal, in Messina, in Rom, zuletzt in Straßburg am 1. Juli 1216, nicht lange vor dem Tod Innozenz' III., gelobte Friedrich, nach seiner Kaiserkrönung auf Sizilien zugunsten seines Sohnes Heinrich zu verzichten.

Obwohl Friedrich in Eger den Papst seinen Beschützer und Wohltäter nannte, bestand zwischen ihnen nie ein engeres oder gar herzliches Verhältnis. Es gab genügend Gründe zum gegenseitigen Mißtrauen. Innozenz nutzte die Abhängigkeit Friedrichs rigoros für Zugeständnisse aus. Umgekehrt profitierte Friedrich von den Schachzügen des Papstes; denn diesen vor allem verdankte Friedrich die deutsche Krone.

Wie sehr Innozenz III. seine Mittlerschaft »zwischen Gott und den Menschen« als *verus imperator,* als wahrer Herrscher und oberster Richter der Christenheit verstand, zeigte das Laterankonzil im November 1215. Mit dieser größten Machtdemonstration des Papsttums und der Kirche seit ihrem Bestehen erreichte Innozenz den glanzvollen Höhepunkt seines Pontifikats. Nie zuvor sah ein Konzil, sah Rom, die Führer der Christenheit so vollzählig versammelt. Mehr als siebzig Erzbischöfe und Patriarchen waren gekommen, über vierhundert Bischöfe und achthundert Äbte und Priore, ferner theologische Gelehrte aus allen Ländern. Die Könige und Fürsten, die großen Städte hatten ihre Gesandten geschickt.

In seiner Eröffnungsrede fand Innozenz III. Worte von ergreifender Demut. Er erklärte, er wolle sich jedem Ratschluß des Konzils beugen. Nicht ihm gebühre der Ruhm, sondern allein der Kirche. Aber der Ruhm fiel auf ihn. Alles war so vorbereitet, daß die Konzilsteilnehmer in sämtlichen wichtigen Punkten seinem Willen folgten. Die Gewalt des hochpriesterlichen Richteramts war fest in seiner Hand, er *delegierte* sie nur an die Priester in aller Welt. »Euch also ist geboten, gehet mitten durch die Stadt, folget eurem Führer, eurem Meister, damit ihr schlaget durch Interdikt, Bann und Absetzung, je nach Maßgabe der Schuld. Jeden, welchen ihr nicht bezeichnet findet; den Gezeichneten aber sollt ihr keinen Schaden tun.« So verurteilte Innozenz die ketzerischen Albigenser und Katharer, die in Südfrankreich das Feuer des Irrglaubens legten und schürten. Die »Gezeichneten« aber, die seinen Schutz genossen, denen Steuerfreiheit, Erlaß von Zinsschulden und hoher Lohn zugesichert wurde, waren vor allem diejenigen, die seinem Ruf zur Kreuznahme und Befreiung Jerusalems folgten. Innozenz rief die Fürsten und Völker zur Einhaltung eines vierjährigen Friedens auf. Wer ihn brach, dem drohte päpstlicher Bann.

Obwohl die Würfel längst gefallen waren, kam der Streit um

die Kaiserkrone noch einmal auf die Tagesordnung. Friedrichs Gesandter beim Konzil war Berard, inzwischen Erzbischof von Palermo. Ein Advokat aus Mailand vertrat Otto IV. Als nach der Rede Berards ein heftiger Wortwechsel in eine Schlägerei zwischen den Parteigängern des Welfen und des Staufers auszuarten drohte, erhob sich der Papst und verließ ostentativ den Saal. Nachdem der Streit beigelegt war, verkündete Innozenz, was ohnedies feststand: das alleinige Recht Friedrichs auf die Kaiserkrone.

Das Laterankonzil war der abschließende Höhepunkt von Innozenz' Leben. In den wenigen Monaten, die ihm noch blieben, war er rastlos bemüht, die Konzilsbeschlüsse zu realisieren und für seinen Kreuzzug zu werben. Im Juli 1216, auf dem Weg in die Lombardei, wo er die miteinander zerstrittenen Städte versöhnen und für den Kreuzzug gewinnen wollte, befiel ihn ein tödliches Fieber. Man erinnert sich an seine Worte auf dem Konzil: »Herzlich hat mich verlangt, dies Opferlamm mit Euch zu essen, ehe dann ich leide.« Er starb am 16. Juli 1216 in Perugia. Noch vierzehn Tage vorher hatte er sich von Friedrich erneut versprechen lassen, unmittelbar nach der Kaiserkrönung das sizilianische Königreich dem Sohn Heinrich zu belassen, für den, bis zur Mündigkeit, ein Verweser so regieren sollte, daß die Verpflichtungen gegenüber der Kurie eingehalten wurden; denn Sizilien galt ja als päpstliches Lehen.

Innozenz' Leichnam, gehüllt in die golddurchwirkten päpstlichen Gewänder, wurde in der Basilika aufgebahrt. Der Tote verlor auch noch das letzte Zeichen seiner einstigen Macht. Man fand ihn am Morgen des nächsten Tages nackt auf dem Stein, der Kleider und Grabbeigaben beraubt. Es war wie ein Vorzeichen dafür, daß auch seine politischen Ziele und Absprachen nicht respektiert werden sollten.

12 Friedrich überlistet die Kurie

Nach der Krönung in Aachen und ihrer Bestätigung durch das Laterankonzil war Friedrichs Stellung in Deutschland so weit gefestigt, daß er daran denken konnte, seine Gattin Konstanze und seinen fünfjährigen Sohn Heinrich nach Deutschland zu holen. Ein verständlicher Wunsch nach der vierjährigen Trennung. Allerdings waren weniger familiäre als politische Motive ausschlaggebend. Friedrich plante, seinen Sohn Heinrich zum römischen König wählen zu lassen.

Die Folgen dieses Plans für die Reichspolitik konnten niemand verborgen bleiben. Die Königswahl Heinrichs bedeutete nichts anderes als die Personalunion zwischen Sizilien und dem Reich. Gleichzeitig wäre aufgrund des deutschen Wahlkönigtums die Nachfolge in Deutschland gesichert. Friedrichs Absicht bestand von vornherein darin, das deutsche Königreich Heinrich zu überlassen, um – nach vollzogener Kaiserkrönung – für die Regierung des Reichs und für den Aufbau des sizilianischen Staates freie Hand zu haben.

Friedrichs Taktik stand in krassem Widerspruch zu seinen früheren Versprechungen, die die Trennung Siziliens vom Reich garantierten. In dieser Frage hatte Innozenz III. nie nachgegeben. Aber Innozenz war tot, eine Tatsache, die Friedrich unverzüglich zu nutzen wußte. Außerdem betrafen die Versprechungen erst die Zeit *nach* der Kaiserkrönung. Friedrich verließ sich auf die Frist, die ihm bis dahin blieb. Hatte er erst einmal vollendete Tatsachen geschaffen, so waren sie nicht mehr reversibel. Wie Friedrich in Deutschland sein Ziel erreichte, wie er die päpstliche Kurie überlistete, das war ein staatspolitisches Kabinettstück von höchstem Rang.

Als Konstanze und Heinrich im Herbst 1216 in Deutschland eintrafen, amtierte in Rom bereits der neue Papst Honorius III. Gemessen an der überragenden Persönlichkeit Innozenz' III. mußte jeder Nachfolger schwächer wirken. Doch offensichtlich war den Kardinälen daran gelegen, dem Machtpolitiker Innozenz einen »religiösen« Papst folgen zu lassen. Die Wahl fiel auf Kardinal Cencius Savelli, der sich als Jurist und päpstlicher Kämmerer um die Finanzen der Kirche verdient gemacht hatte. Er war ein älterer, schon gebrechlicher Mann, der seinem Wahlspruch – »Ich will lieber mit Milde verfahren als mit Strenge« – alle Ehre machte. Als päpstlicher Legat in Sizilien hatte der Kardinal Savelli zeitweise den minderjährigen Friedrich betreut, weshalb Friedrich in seinem ersten Schreiben an Honorius III. freudig die Wahl des Mannes begrüßte, »den Wir früher für den liebsten Unserer Freunde hielten«. Nur dauerte es nicht lange, bis die politischen Absichten Friedrichs den Ton des

Briefwechsels mit Honorius III. überschatteten. Außerdem vermied Friedrich von nun an, was gegenüber Innozenz III. selbstverständlich gewesen war – sich »König von Gottes und des Papstes Gnaden« zu nennen.

Der milde und nachgiebige Honorius III. versuchte erst gar nicht, in die Fußstapfen seines Vorgängers zu treten und die imperatorische Politik Innozenz III. fortzusetzen. Vom geistlichen Standpunkt aus war dessen Auffassung vom päpstlichen Amt ohnehin fragwürdig. Einzig den Kreuzzugsplan mit dem Ziel der Befreiung Jerusalems, der Honorius' religiöser Überzeugung entsprach, übernahm er von seinem Vorgänger. Zunächst verzichtete auch Honorius III. auf eine Beteiligung Friedrichs. Er selbst leitete die Vorbereitungen und schickte ein kleineres Kreuzfahrerheer unter Führung eines päpstlichen Legaten nach Ägypten. Erst als die Kreuzfahrer nach anfänglichen Erfolgen und der Eroberung von Damiette in Bedrängnis gerieten, wurde der Ruf nach einer Beteiligung des römischen Königs laut.

Honorius mahnte – und Friedrich erklärte sofort seine grundsätzliche Bereitschaft. Er lastete sogar dem Papst Versäumnisse in Deutschland an, die angeblich seine Kreuzzugsvorbereitungen erschwerten. Man vereinbarte wiederholt Aufbruchstermine, die von Friedrich stets wieder hinausgeschoben wurden. Vor seinem Kreuzzug sollte Friedrich in Rom zum Kaiser gekrönt werden. Aber Friedrich machte sowohl die Romfahrt als auch den Kreuzzug abhängig von der vorherigen Lösung der deutschen und der sizilianischen Frage. Das heißt, er benutzte das Kreuzzugsversprechen als Druckmittel, um die Nachfolge auf den deutschen Königsthron in seinem Sinne zu regeln und die Personalunion Siziliens mit dem Reich durchzusetzen.

Es kam zu erheblichen Spannungen zwischen dem Staufer und der Kurie, die nur darum nicht zum Bruch führten, weil Honorius III. nachgab und sich das Abhängigkeitsverhältnis inzwischen – aufgrund der äußerst geschickten Diplomatie Friedrichs – umgekehrt hatte. Während der Auseinandersetzungen, die sich bis 1220 hinzogen, hinderte nichts Friedrich daran, seine deutsche Politik zielstrebig voranzutreiben. Bereits auf dem Hoftag zu Nürnberg im Dezember 1216 hatte Friedrich seinen Sohn Heinrich den deutschen Fürsten vorgestellt. Im folgenden Frühjahr ernannte er Heinrich zum Herzog von Schwaben; später belehnte er ihn mit dem Rektorat Burgund. Beharrlich stellte Friedrich in Deutschland seinen Sohn in den Vordergrund. Er ergänzte auf den staatlichen Urkunden seinen Namen durch den Namen Heinrichs; hingegen zeichnete auf den sizilianischen Staatsurkunden nicht mehr Heinrich, sondern Friedrich als König von Sizilien.

Friedrichs Verzögerungstaktik verfolgte nicht nur den Zweck, das Mißtrauen der Kurie zu beschwichtigen, sondern auch den keineswegs geringeren Widerstand vor allem der geistlichen Fürsten zu überwinden. So sehr sie Friedrich selbst anerkannten – sein dringlichster Wunsch, die Wahl Heinrichs zum römischen König, stieß auf eine breite Opposition. Begreiflicherweise hegte man Bedenken, daß die Macht des Staufers durch Übertragung auf den unmündigen Sohn erblich werden könnte. Und genau das wollte Friedrich erreichen.

Auf dem Hoftag zu Frankfurt, im April 1220, den Friedrich vor seiner Romfahrt einberufen hatte, konnte er seinen letzten Triumph in Deutschland feiern. Die Fürsten wählten den achtjährigen Heinrich tatsächlich zum römischen König. Wohlbedacht hielt sich Friedrich selbst von der Wahl fern, so daß er später an Honorius III. schreiben konnte, die Wahl sei »in Unserer Abwesenheit und ohne Unser Wissen« spontan erfolgt. In Wirklichkeit hatte er mit dieser legitimen Wahl die Kurie überlistet. Daß er allein der Initiator war, beweist der hohe Preis, den er dafür bezahlte – den Widerstand der geistlichen Fürsten brach er, indem er ihnen das große Privileg der »Confoederatio cum principibus ecclesiasticis« verlieh.

Diese, drei Tage nach der Königswahl bekanntgegebenen Fürstenprivilegien erweiterten und vollendeten die Zugeständnisse von Eger (1213). Der Verzicht auf eine Reihe von Kronrechten bedeutete für die geistlichen Fürsten einen beachtlichen Gewinn. Nicht, daß sich faktisch etwas bedeutend verändert hätte, aber durch das Privileg wurde eine historische Entwicklung zu gültigem Reichsrecht. Dadurch, daß Friedrich nämlich auf alte königliche Hoheitsrechte verzichtete, wurde den geistlichen Fürsten die Landeshoheit zugesprochen. Sie erhielten Münz-, Markt- und Zollrecht sowie die Gerichtshoheit und durften über das Kirchengut frei verfügen. Zusätzlich (und das war von großer militärischer Bedeutung) sicherte Friedrich den geistlichen Fürsten zu, vom Bau von Burgen auf Reichskirchenboden abzusehen, und auf den Kirchenbann sollte in Zukunft stets die Reichsacht folgen, das heißt der Bann wurde reichsrechtlich mit allen Konsequenzen sanktioniert. Die geistlichen Fürsten hatten allen Grund, mit solchen Zugeständnissen zufrieden zu sein. Wie aber würde der Papst auf diesen Vorgang reagieren, in dessen Zusammenhang das deutsche Reich doch mit Sizilien verbunden wurde?

Bereits am 19. Februar 1220 hatte Friedrich dem Papst in aller Offenheit seine eigenen Ansprüche auf Sizilien mitgeteilt. Er hoffe, so schrieb er, Honorius werde »Unser Verlangen, die Herrschaft über Sizilien Unser Leben lang behalten zu dürfen«, erfüllen. Aber Friedrich arrangierte es so, daß der Brief den Papst erst Ende April erreichte, und in der Zwischenzeit konnte die Frankfurter Königswahl ungestört stattfinden. Erst drei Monate danach setzte Friedrich den Papst über die angeblich »überraschende« Königswahl in Kenntnis und äußerte seine Verwunderung über die »so offensichtliche und unverhüllte Beunruhigung, die Ihr wegen der Erhebung Unseres Sohnes zu Schau tragt«. Friedrich beteuerte, die Wahl sei ohne sein Wissen zustande gekommen. Er versicherte Honorius III. seiner ungebrochenen Dankbarkeit und Ergebenheit. »Jederzeit mit allen Kräften«, erklärte er, werde er sich der realen Vereinigung Siziliens mit dem Reich widersetzen. Das war nun leicht gesagt; denn nicht die Real-, sondern die ihm wichtigere Personalunion hatte Friedrich vollzogen, ohne den Buchstaben seiner Verträge und Versprechungen zu verletzen.

Friedrich hatte einen hohen Einsatz riskiert. Um den Papst für seine Pläne zu gewinnen, erneuerte er sein Kreuzzugsversprechen und erklärte, jetzt, nach Beseitigung aller Hindernisse und der Regelung der Nachfolge, werde er seine Romfahrt nicht länger aufschieben. »Eure Aufgabe aber, Herr und Vater, wird es sein, während Unserer Abwesenheit dem Reiche Eure Sorge und Aufmerksamkeit zuzuwenden, damit Euer Sohn an seiner Ehre und Würde keine Einbuße erleide.« Eine derart raffinierte Diplomatie konnte kaum ihre Wirkung verfehlen. Wollte Honorius seinen sehnlichsten Wunsch, den Kreuzzug unter der Führung des Kaisers, verwirklichen, so blieb ihm gar nichts anderes übrig, als auf eine schnelle Ankunft Friedrichs in Rom zu drängen und den Tag der Kaiserkrönung noch für den Herbst zu bestimmen.

In Deutschland überließ Friedrich den achtjährigen König

Heinrich der Obhut eines Kronrats und ernannte ein halbes Jahr danach Erzbischof Engelbert von Köln zum Hüter des jungen Königs und deutschen Reichsverweser. Die Chronisten rühmen die integre Persönlichkeit des Erzbischofs, der als mächtigster der deutschen Fürsten galt, dem Kaiser ein ergebener, rechtdenkender und energischer Verwalter. Friedrich konnte Deutschland und die Erziehung Heinrichs keinem besseren Mann anvertrauen. Unersetzbar war der Verlust, als Engelbert von Köln 1225 ermordet wurde.

Im August 1220 brach Friedrich vom Augsburger Lechfeld aus mit seinem Gefolge nach Süden auf. Jetzt hatte er es in Begleitung von Königin Konstanze nicht mehr nötig, wie vor acht Jahren als ärmlicher und gejagter »Puer Apuliae«, auf Schleichwegen die Alpen zu überqueren. Er nahm den direkten Weg über den Brenner und zog dann über Bozen, Trient, Modena und Bologna nach Rom. Es wurde ein Triumphzug des erwählten Kaisers. Wo immer Friedrich unterwegs die Zelte aufschlagen ließ, fanden sich Fürsten und Bischöfe, die Abgesandten von Venedig, Genua und selbst von Pisa, Abordnungen der lombardischen und italienischen Städte zur Begrüßung und Huldigung ein. Zumal die Städte erwarteten aus der Hand Friedrichs Gunsterweise, und er zeigte sich in der Verbriefung ihrer guten Rechte nicht kleinlich, wovon sogar das ehemals feindliche Pisa profitierte.

Nur bei der Vergabe von Privilegien, die das Königreich Sizilien betrafen, übte Friedrich auffallende Zurückhaltung. Das verärgerte die Genuesen, die für die Hilfe, die sie einst dem »Puer Apuliae« gewährt hatten, die Bestätigung ihrer Handelsrechte in Sizilien erwarteten. Enttäuscht verließen die genuesischen Gesandten das Lager Friedrichs und zogen nicht, wie die anderen Städteabordnungen, mit nach Rom.

Dem Papst ließ Friedrich bereits vom Gardasee eine feierliche Grußadresse übermitteln, die seiner »ständig wachsenden Ergebenheit« Ausdruck gab. Offenbar als Geste gegenüber der Kurie erließ Friedrich im September in San Leone ein Edikt gegen die Häresien und die »ketzerische Verderbtheit« in der Lombardei. Er kam einem grundsätzlichen Anliegen des Papstes Honorius wie auch seines Vorgängers Innozenz entgegen, indem er der Ketzerbekämpfung einen ersten gesetzlichen Anstoß gab und damit zugleich die Ernsthaftigkeit seines Kreuzzugsversprechens bewies. Die Bekämpfung der Ketzer wie der geplante Kreuzzug gegen die Ungläubigen standen unter dem Zeichen des Kreuzes.

In den ersten Oktobertagen schickte Friedrich eine Gesandtschaft zur Besprechung der Krönungsmodalitäten voraus. Der Tag der Kaiserkrönung, die in der Peterskirche stattfinden sollte, wurde auf den 22. November 1220 festgelegt. Der Gesandtschaft gehörte unter anderen Hermann von Salza an, der von nun an als einer der engsten Vertrauten und Ratgeber Friedrich zur Seite stand und jetzt zum erstenmal für ihn tätig wurde.

13 Honorius III. salbt Friedrich zum Kaiser

Noch vor den Toren Roms empfing Friedrich eine päpstliche Gesandtschaft, die von ihm vor der Krönung die Besiegelung letzter, allerdings schon abgesprochener Zugeständnisse forderte. Demnach bestätigte Friedrich noch einmal die staatsrechtliche Trennung Siziliens vom Reich und den päpstlichen Lehensstatus Siziliens. Er verpflichtete sich, im Erbland seiner Mutter Konstanze nur einheimische Beamte einzusetzen und ein eigenes sizilianisches Königssiegel zu führen. Niemals, so versicherte er, werde er als König von Sizilien die Rechte des Lehensherrn verletzen und die Vereinigung mit dem Reich betreiben oder zulassen.

Mehr als diese scheinbaren Zugeständnisse zählte für den Staufer der konkrete Erfolg, der seine kühnsten Wünsche erfüllte. Sein Verzicht auf die staatsrechtliche Realunion bewirkte, daß die Kurie nun offiziell die ihm allein wichtige Personalunion anerkannte.

Wie seine deutschen kaiserlichen Vorgänger schlug Friedrich seine Zelte auf dem Monte Mario auf, dem Hügel an der Westseite des Tiber. Als er in der Frühe des 22. November, des letzten Sonntags vor dem Advent, nach Rom hinabritt, säumten die Römer die alte Via Triumphalis der zur Krönung einziehenden Herrscher. Vor dem Einzug in den Stadtbereich bestätigte Friedrich die Rechte der Römer und befahl den Kämmerern, auf dem Weg zur Peterskirche unablässig Almosen unter das wartende Volk zu verteilen. Friedrich muß über den Jubel des Volkes eine große Genugtuung empfunden haben; denn anläßlich der Krönung seines Vorgängers Otto IV., elf Jahre zuvor, war es zu blutigen Kämpfen zwischen der römischen Bevölkerung und den Deutschen gekommen. Er, dem das Votum der Römer und die Tradition der Cäsaren soviel bedeutete, konnte jedoch nicht ahnen, daß sein zweiter Aufenthalt in der »Stadt der Städte« auch sein letzter sein würde.

An der Porta Collina erwartete der römische Stadtklerus das Herrscherpaar. Dann setzte sich der festliche Zug zum Platz vor der Peterskirche in Bewegung, angeführt vom römischen Präfekten, der das Schwert trug, geleitet von den Klerikern, die Hymnen sangen und Rauchgefäße schwenkten, gefolgt von den Würdenträgern des Reichs.

Der greise Honorius III., umgeben von Kardinälen und Prälaten, empfing den jugendlichen Herrscher mit einer rührenden Geste, die alle vorausgegangenen Spannungen löste und das neugewonnene Vertrauen ausdrückte. Nachdem Friedrich zum Zeichen seiner Ehrfurcht die Füße des Papstes geküßt hatte, zog ihn Honorius an sich, umarmte ihn und gab ihm den Bruderkuß. Danach führte der Papst den König und die Königin in die Kapelle Santa Maria in Turribus. Vor dem aufgeschlagenen Evangelium gelobte Friedrich, den Papst und die Kirche zu schützen. Während Honorius zum Hochaltar ging, um dort zu beten, wurde Friedrich in die Bruderschaft der Kanoniker von St. Peter aufgenommen. Das war ein symbolischer Rest des früheren Zeremoniells, wonach mit der Kaiserkrönung die Aufnahme in den Priesterstand und die Bischofsweihe verbunden war. Als Friedrich durch die Silberpforte in die Basilika eintrat, um als erstes vor dem Grab des Petrus niederzuknien, trug er schon den kaiserlichen Ornat, den goldbestickten Krönungsmantel seines normannischen Großvaters Roger. Auf der Rückenseite des Krönungsmantels war ein stilisierter Dattelbaum eingestickt, zur Seite je ein Kamel, geduckt unter den Pranken zweier gewaltiger Tiger, Zeichen des Sieges über die Ungläubigen. Selbst die Symbole des Krönungsmantels verwiesen auf den wesentlichen Inhalt des Krönungsrituals, die Verpflichtung des Herrschers gegenüber der Kirche.

Vor dem Altar des heiligen Mauritius salbte ein Kardinal Friedrich zwischen den Schulterblättern und am rechten Arm – auch dies eine sakrale Reminiszenz an die frühere Bischofsweihe. Zur eigentlichen Krönungszeremonie stiegen Friedrich und Konstanze die Stufen zum Hochaltar empor. Sie sprachen das Glaubensbekenntnis und empfingen den Friedenskuß des Papstes. Während sie ihre purpur- und goldgestickten Thronsitze einnahmen, verlas ein Diakon die Epistel und der Chor stimmte das Graduale an. Der Zeremoniar führte das Herrscherpaar zur Kathedra des Papstes. Honorius krönte Friedrich mit der Mitra clericalis und der Krone Karls des Großen. Dann empfing Friedrich das Schwert, das er dreimal hob und senkte zum Zeichen dafür, daß er nun der Beschützer der Kirche sei. Der Papst überreichte ihm Weltkugel und Zepter, die Symbole der Macht über den Erdkreis. Es folgte die Krönung der Kaiserin Konstanze.

Nach dem Gesang der Allerheiligenlitanei und der Verkündigung des Evangeliums begann das festliche Hochamt. Der Kaiser legte Krone und Mantel ab, nahm die priesterliche Alba und Dalmatika, um dem Papst bei der Messe zu dienen. Als Friedrich wieder den kaiserlichen Ornat trug, löschten die Diakone die Kerzen, und über die Ketzer und ihre Helfer wurde der Bann ausgesprochen. Dann trat Kardinalbischof Hugo von Ostia, der spätere Papst Gregor IX., vor. Aus seiner Hand nahm der Kaiser das Kreuz und gelobte, im August des nächsten Jahres gegen die Ungläubigen zu ziehen.

Die Feierlichkeiten verliefen ohne Störung. Nachdem Papst und Kaiser die Basilika verlassen hatten und auf dem freien Vorplatz unter dem klaren Novemberhimmel standen, vollzog Friedrich ohne Zögern auch jene eine Geste der Unterwerfung, die frühere Kaiser verweigert oder nur widerwillig geleistet hatten. Während Honorius III. sein Pferd bestieg, hielt ihm Friedrich die Steigbügel. Er nahm das Pferd des Papstes und führte es am Zaum einige Schritte weit, ehe er selbst seinen Schimmel bestieg. Der Papst voran, nach ihm Kaiser und Kaiserin, gefolgt von Kardinälen, Prälaten und den weltlichen Fürsten, ritten sie durch die Gassen zum Tiber. Das römische Volk jubelte dem gekrönten Kaiser zu. Vor der Kirche Santa Maria Transpadina trennten sich Papst und Kaiser. Noch einmal tauschten sie den Friedenskuß.

Die Krönungsfeierlichkeiten gehörten zu den seltenen Augenblicken der Eintracht zwischen Papst und Kaiser. Der Bruderkuß war keineswegs eine leere Geste. Er war Ausdruck der beiderseitigen Bereitschaft zu Frieden und Versöhnung. Eine dauerhafte

Verständigung zwischen Papsttum und Kaisertum schien gewährleistet.

Selbst Innozenz III., wäre er noch am Leben gewesen, hätte die Zugeständnisse des Kaisers mit Befriedigung aufgenommen. Die Gesetze, die Friedrich am Tag nach der Krönung verkünden ließ, erfüllten die Forderungen, die Innozenz auf dem Laterankonzil gestellt hatte: die Verschärfung der Gesetze gegen die Ketzer, die Übernahme des Kirchenbanns in die Reichsacht, die Unabhängigkeit der Kirche von weltlichen Gerichten, die Befreiung des Klerus von Steuern. Hinzu kamen Gesetze zum Schutz der Pilger und Reisenden und zum Schutz der Bauern gegen den Raub von Vieh und Geräten. Das Edikt gegen die Ketzer, das sowohl Honorius III. als auch Innozenz III. gefordert hatten, empfand Friedrich allerdings nicht als Konzession. Es entsprach seiner eigenen Vorstellung von einer einheitlichen Staatsordnung: Die vom rechten Glauben abweichenden Ketzer stellten eine Bedrohung der staatlichen wie der kirchlichen Ordnung dar. Darum wurde Ketzerei als Rebellion aufgefaßt und als Staatsverbrechen geahndet. Zeitlebens, auch während der späteren Auseinandersetzungen mit der Kurie, hielt Friedrich an der harten Verfolgung der Ketzer fest. Hier endete seine oft gerühmte Toleranz, die er zum Beispiel gegenüber den Juden und Sarazenen übte.

Das Ketzeredikt, das Friedrich an die Rechtsschule von Bologna zur Aufnahme in das »Corpus Iuris Civilis« übersenden ließ, richtete sich namentlich gegen die »Chataros, Paterenos, Speronistas, Leonistas, Arnaldistas, Circumcisos et omnes hereticos«. Die vorwiegend in den lombardischen Kommunen verbreiteten Sekten strebten nach einer spirituellen Erneuerung des Glaubenslebens, allerdings außerhalb der Papstkirche, die sie ablehnten. Den Lehren der Katharer und Patarener, der an Mitgliedern stärksten Gruppen, lag ein manichäischer Dualismus zugrunde, der zum radikalen Asketismus führte, zur Abkehr von allem »Weltlichen« und »Fleischlichen«, bis zur Verwerfung der ehelichen Vereinigung. Eine solchermaßen praktizierte Absonderung bedeutete Gehorsamsverweigerung gegenüber Kirche und Staat. Friedrichs autoritäres Staatsdenken, das er nun in seinem sizilianischen Königreich verwirklichen wollte, duldete kein Abweichen von der gesetzten Ordnung, keinen Partikularismus.

Schon wenige Tage nach der Kaiserkrönung ritt Friedrich mit seinem Gefolge durch die Sabina, über Tivoli und Ferentino nach Süden. Nach achtjähriger Abwesenheit kehrte er als Kaiser zurück in sein sizilianisches Erbreich, »mit großer Macht und Herrlichkeit«, wie ein zeitgenössischer Chronist schrieb. Doch die »Macht und Herrlichkeit« reichten gerade soweit aus, daß die Straße bis Capua, dem ersten Reiseziel, gesichert war. Den größten Teil seines Königreichs beherrschten Grafen und Barone, die Friedrichs Rückkehr allenfalls mit Mißtrauen betrachteten. Sie hatten aus der langjährigen Abwesenheit des sizilianischen Königs und der Ohnmacht der palermitanischen Verwaltung ihren Nutzen gezogen. Die Kleinkriege zur Verteidigung oder Erweiterung ihres Besitzes hatten im festländischen Teil Siziliens zu anarchischen Verhältnissen geführt. Das Land war zerrüttet wie zur Zeit der Unmündigkeit des Königs. Keiner der großen selbstherrlich regierenden Barone wollte die eigene Macht zugunsten des Königs und Kaisers aufgeben.

Um so erstaunlicher ist, daß Friedrich ohne Heeresgeleit zurückkehrte. Er kam lediglich mit einem kleinen Gefolge von Hofbeamten, Dienstleuten und seiner Leibwache, begleitet von Konstanze, von seinen vertrauten Ratgebern Berard von Palermo und Hermann von Salza und dem Rechtsgelehrten Roffred von Benevent, den er in Bologna als staatsrechtlichen Berater gewonnen hatte. Aber der Verzicht auf ein Heer war bereits Bestandteil seiner politischen Strategie, die Widerstände durch landeseigene Kräfte zu brechen und den sizilianischen Staat ohne Mitwirkung von Ausländern aufzubauen. Es bedeutete einen völligen Gegensatz zur Handlungsweise seines Vaters, dessen gewaltsames Vorgehen Sizilien so viel Unheil beschert hatte.

Dritter Teil

Das Königreich Sizilien

14 In Capua werden die ersten Gesetze erlassen

Nach Friedrichs Willen sollte Sizilien »Spiegel und Norm jeder Königsherrschaft sein, zum Neid der Fürsten«, wie es in den Konstitutionen von Melfi heißt (»ut . . . sit admirantibus omnibus similitudinis speculum, invidia principum et norma regnorum«). Die wirtschaftlichen und geographischen Voraussetzungen dafür waren im dreizehnten Jahrhundert gegeben. Der natürliche Reichtum der Insel wie auch Apuliens war groß. Die sizilianische Insel war seit der Römerzeit die Kornkammer Italiens. Den Arabern verdankte Sizilien vortreffliche Bewässerungssysteme, blühende Gärten und den Anbau der Dattelpalme, des Johannisbrotbaums, der Maulbeere, des Zuckerrohrs und der Baumwolle. Die Gewinnung von Zucker, die Herstellung und Verarbeitung von Wolle und Seide, ebenso von Hanf und Flachs vermehrten den Reichtum des Landes. Zudem war Sizilien aufgrund seiner geographischen Lage in der Zeit der Kreuzzüge und des wachsenden Orienthandels zum Hauptumschlagsplatz der Waren geworden. Brindisi war der wichtigste Hafen der Kreuzfahrer und des Levantehandels. Die reichen Handelsrepubliken Genua und Pisa unterhielten in Syrakus, Messina, Trapani und anderen Hafenstädten ihre Handelsniederlassungen.

Doch wenn auch die ökonomische Grundlage vorhanden war, so standen die Dinge in politischer Hinsicht für Friedrichs Absichten zunächst keineswegs gut. Als junger König hatte er versucht, die innerstaatliche Ordnung wiederherzustellen, die unter der Gewaltherrschaft seines Vaters zerbrochen war und nochmals während seiner frühen Jahre, als unmündiger König, durch die Eigenmächtigkeit der illoyalen Grafen, Barone und Sarazenen zerrüttet wurde. Doch Friedrichs Bemühungen, so vielversprechend sie angefangen hatten, so Erstaunliches er innerhalb kürzester Zeit erreichte, waren steckengeblieben. Denn erstens hatte Otto IV. auf seinem Anmarsch in Süditalien die Aufsässigkeit des Adels entscheidend verstärkt, und zum anderen hatte Friedrich, achtzehnjährig, Anfang 1212 Sizilien verlassen, um deutscher Kaiser zu werden. In den acht Jahren seiner Abwesenheit aber war Sizilien vollends feudalherrschaftlicher Anarchie anheimgefallen, die königliche Verwaltung zur Farce geworden.

Wie erfolgreich Friedrich aufgrund seiner Gabe, Unnachgiebigkeit mit diplomatischem Geschick zu verbinden, sein konnte, hatte sich einmal schon in Sizilien, stärker noch auf deutschem Boden und in den Verhandlungen mit der Kurie gezeigt. Zwar hatte er die weitere Entwicklung des Landesfürstentums in Deutschland nicht aufhalten können, hatte es allem Anschein nach auch gar nicht versucht; aber er hatte sich nach fast aussichtslosem Beginn und gegen den Widerstand der Welfen durchgesetzt, hatte mit der Krönung seines Sohnes Heinrich ein Stück alter kaiserlicher Ideen vom Erbreich verwirklichen können. Er hatte das Kaiserreich und Sizilien tatsächlich in Personalunion vereint und dem Papst die Initiative abgerungen. Er verfügte über Erfahrungen und ein gestärktes Selbstvertrauen. Er besaß gute Berater: den bereits erwähnten Erzbischof von Palermo, Berard, den Deutschordensmeister Hermann von Salza und den führenden Juristen der Universität Bologna, Roffred von Benevent, der ihm nach Sizilien folgte. Das Erstaunliche war jedoch: Friedrich, der jetzt mit militärischer Macht hätte anrükken können, um jeden Widerstand gegen seine königliche Herrschaft zu brechen, kehrte heim wie er – damals notgedrungen – ausgezogen war, ohne Heer, auf seine Autorität vertrauend. Er wollte Sizilien allein mit der Hilfe landeseigener Kräfte reorganisieren.

Friedrich gründete seine Herrschaft nicht auf Gewalt, sondern auf das Recht. Mit den Assisen von Capua ließ er einen allgemeinen Landfrieden ausrufen. Seine absolute Autorität verbürgte den Schutz der Untertanen. Wer den Landfrieden brach, wer rechtswidrig einem Bürger Schaden zufügte, hatte die Gerechtigkeit und damit den König selbst verletzt und mußte mit schwersten Strafen rechnen. Die neuen Gesetze stabilisierten die Rechtssicherheit in Sizilien. Wo bisher die einzelnen Feudalherren mehr oder weniger willkürlich Recht sprachen, wurde nun einheitlich verfahren, sollten die von Friedrich eingesetzten Justitiare die Rechtsprechung übernehmen.

Nicht umsonst hat Friedrich der Justitia später im Triumphtor von Capua ein steinernes Denkmal gesetzt. Am Anfang der sizilianischen Staatsgründung stehen Recht und Gerechtigkeit, steht die Ordnung der Besitzverhältnisse. Doch wenn Jacob Burckhardt diesen Staat eine »berechnete, bewußte Schöpfung« nannte, so darf nicht vergessen werden, daß es keine völlig originäre Schöpfung war. Friedrich stellte sich mit seinen staatsrechtlichen Vorstellungen bewußt in die normannisch-sizilianische Regierungstradition. Die wichtigsten seiner Gesetze waren bereits in den Assisen seines normannischen Großvaters Roger II. vorgeformt, selbst das Beamtenstatut und der Majestätsbegriff. »Wie der Strahl der Sonne alles erleuchtet wie ein sein Bett füllender Fluß, so verteilt die Macht meiner Majestät an alle Untertanen ihre Gnaden.« So stand es in einer Arenga Rogers aus dem Jahre 1143. Friedrichs besondere Leistung lag darin, daß er Vorgegebenes mit der ihm eigenen Rationalität vollendete und er mit Hilfe einer neuartigen Beamtenhierarchie einen »Modellstaat« schuf, bei dem die Zweckmäßigkeit des Staates und der Wirtschaft über den Prinzipien des Feudalsystems stand.

Als Friedrich mit seinem kleinen Gefolge in der Dezembermitte 1220 in Capua eintraf, dem strategisch wichtigen Mittelpunkt der Terra di Lavoro, war er seit seinem Aufbruch von Augsburg vier Monate unterwegs. Es war eine strapaziöse Reise gewesen. Unterbrechungen hatte es gegeben, Gelegenheit zum Ausruhen kaum, nicht einmal in Rom. Aber der in sein sizilianisches Königreich Zurückgekehrte war vom ersten Augenblick an vorbereitet. Methode hatte sein Vorgehen stets. Bis ins Detail waren die Gesetze zur Neuordnung Siziliens ausgearbeitet. Wahrscheinlich schon in Deutschland konzipiert, hatten die Assisen von Capua ihre endgültige Form unterwegs erhalten, in Besprechungen mit Beratern und Juristen. Seine Anwesenheit im Königreich sollte unverzüglich spürbar werden. Capua lag als erste größere Stadt auf dem Boden des Königreichs. In Capua ließ er ohne Säumen die Assisen verkünden. Es mußte Ordnung geschaffen werden.

Sie war seit dem Tode des letzten normannischen Königs, Wilhelm II., nach und nach aus den Fugen geraten. Seit diesem Zeitpunkt (1189), vor allem jedoch während Friedrichs Minderjährigkeit und zuletzt während seiner Abwesenheit, waren nämlich aufgrund zweifelhafter Schenkungen, durch Gewalt, umstrittene Rechtsansprüche und sogar durch Urkundenfälschungen große Teile des einstmals umfassenden Territorialbesitzes und der Hoheitsrechte in die Hände des Feudaladels und der Kirche geraten. Das bedeutete eine entscheidende Schwächung königlicher Macht. Es galt also, eine dreißigjährige Entwicklung rückgängig zu machen. Friedrich hatte bereits ganz zu Beginn seiner Herrschaft eine Untersuchung der Privilegien durchzusetzen versucht; jetzt wurde das zum Gesetz. Durch die wichtigste Bestimmung der Assisen von Capua, *de resignandis privilegiis*, erklärte Friedrich alle nach dem Jahre 1189 erfolgten Vergaben, Schenkungen und Privilegierungen für ungültig. Alle entsprechenden Urkunden und Dokumente mußten der kaiserlichen Kanzlei zur Prüfung vorgelegt werden, was zur Folge hatte, daß die meisten Lehen rechtmäßig an die Krone zurückfielen. Und Lehen wurden überhaupt nur unter dem Vorbehalt bestätigt oder neu verliehen, daß der König sie jederzeit reklamieren konnte. Die Maßnahme bedeutete eine radikale Einschränkung des Feudalsystems, konnte doch gegen den königlichen Willen kein Besitzrecht mehr geltend gemacht werden. Mit der Selbstherrlichkeit der Adeligen war es zu Ende. Ohne königliche Genehmigung durften die sizilianischen Lehensträger nicht einmal heiraten oder ihren Besitz vererben. Sie standen unter Kontrolle.

Zusätzlich wurde die militärische Macht des Adels beschnitten. Wer königliche Burgen an sich gebracht hatte, mußte sie zurückgeben; abgetreten werden mußten auch Kastelle, die seit Wilhelms Tod errichtet worden waren. Genehmigungspflichtig waren für die Festungen, die den Baronen und Grafen blieben, auch die Besatzungen, sofern sie aus mehr als vier unbewaffneten Männern bestanden. Bedenkt man, daß die Mehrzahl der militärischen Anlagen in königlichen Gewahrsam übergehen sollte und daß durch neue Kastelle ein starkes Verteidigungsnetz aufgebaut wurde, so wird die Übermacht des Staates im Lande deutlich. Besatzung, Versorgung und Instandhaltung der rund zweihundert Kastelle wurden genauestens geregelt.

Aufgrund der Assisen von Capua wurden auch einschneidende wirtschaftliche Reformen in die Wege geleitet. So hob der Widerruf der Privilegien das von den einzelnen Landherren und Städten beanspruchte oder usurpierte Zollrecht auf; denn der Staat beanspruchte die nun einheitlich festgelegten Zölle für sich. Diese Maßnahme kam der staatlichen Zentralisierung zugute, ebenso der handeltreibenden Bevölkerung, die bis dahin einer vielfachen und undurchschaubaren Zollwillkür ausgesetzt war. Doch vor allem beabsichtigte Friedrich mit der Einführung der rigorosen staatlichen Zollhoheit die Ausschaltung der fremden Händler. Die Nutzung des wirtschaftlichen Reichtums sollte dem Königreich selbst zugute kommen.

Schon auf dem Rückweg von Deutschland nach Rom hatte Friedrich sich auffällig zurückgehalten, wenn es um die Vergaben von Privilegien für Sizilien ging. Die Genuesen etwa hatten eine Erneuerung ihrer Vorrechte erwartet und angenommen, ihre Handelkonkurrenz Pisa würde ausgeschaltet; denn Genua hatte Friedrich schließlich tatkräftig unterstützt, als seine Zukunft noch ungewiß war.

Aber die Einlösung der ihnen gegebenen Versprechungen blieb aus. Eine Bestimmung der Capuaner Assisen besagte gar, daß Zölle und Steuern auch »von Fremden in Häfen, Zollstätten und anderen Orten einzufordern seien«. Jetzt hatten die genuesischen, die venezianischen und übrigen Händler für den Export – etwa des begehrten sizilianischen Getreides – eine zehnprozentige Steuer zu entrichten.

Friedrich ging noch einen Schritt weiter, indem er die Handelsniederlassungen der Fremden verstaatlichte. Das traf wiederum besonders die Genuesen, die in Syrakus eine Art Kolonie errichtet hatten. Geschickt die staatliche Desintegration während der Zeit vor Friedrichs Volljährigkeit ausnutzend, hatten sich im Jahre 1204 genuesische Händler und Korsaren der Stadt bemächtigt und ihr den Status einer genuesischen Grafschaft gegeben. Verständlich, daß der sizilianische König die durch einen Piratenstreich eroberte Stadt wieder dem Staat angliederte und die Genuesen unter dem Korsaren Alaman da Costa, der sich Graf von Syrakus nannte, davonjagte; es war eben jener da Costa, der Friedrich einstmals die besondere Verbindung zu Genua verschafft hatte. Um das Königreich wirtschaftlich abzusichern, bediente sich Friedrich zeitweise harter monopolischer Maßnahmen. Im Jahre 1224 verhängte er eine Ausfuhrsperre für die wichtigsten Handelsgüter, Getreide, Lebensmittel und Vieh. Die Preise sanken. Die königlichen Aufkäufer übernahmen die Bestände zu den niedrigsten Kosten. Gleichzeitig wurde eine Verordnung erlassen, die ausländischen Händlern nur noch Käufe aus den königlichen Vorräten erlaubte. Wer im Besitz der Monopole ist, diktiert die Preise. Die Rechnung ging auf, zu Lasten des Privathandels, vor allem aber zu Lasten der Genuesen und Venezianer.

Derartige Maßnahmen blieben zeitlich begrenzt. Im übrigen gestaltete Friedrich seine Wirtschaftspolitik flexibel, vor allem wenn politische Interessen es erforderlich machten oder wünschenswert erscheinen ließen. Im Jahre 1230, während des lombardischen Konflikts, gewährte er Venedig Zoll- und Steuererleichterungen. Er ordnete an, »von allen venezianischen Kaufleuten, die im Königreich wohnen oder dorthin kommen, Käse, Öl, Fleisch und alle ihre Waren, außer Getreide, ausführen zu lassen und nur soviel an Abgaben dafür zu erheben, als sie zur Zeit Wilhelms II. zu zahlen pflegten«. Als Friedrich im März 1232 von Ravenna aus der Lagunenstadt einen Besuch abstattete, bot er dem Dogen sogar einen Handelsvertrag an, der dem venezianischen Handel im ganzen Königreich Sizilien Steuerfreiheit zusicherte. Venedig aber ging auf das werbende Angebot nicht ein und schlug sich auf die Seite der päpstlich-lombardischen Koalition.

Seine innenpolitischen Ziele verfolgte Friedrich mit bewundernswerter Konsequenz. Einen Teil der wirtschaftlichen Gewinne investierte er in den Aufbau einer eigenen Flotte. Sizilien sollte nicht auf fremde oder gemietete Handelsschiffe angewiesen sein, sondern zur Landesverteidigung wie zum Transport der Kreuzfahrer eine eigene Kriegsflotte besitzen. Bereits im ersten Jahr ließ Friedrich staatliche Werften anlegen, wobei er sich wiederum alte normannische Gesetze zunutze machte, denen zufolge verschiedene Lehensträger und Städte verpflichtet waren, den Schiffsbau zu unterstützten und Matrosen zu stellen. Schon Ende 1221 verfügte Sizilien infolgedessen über zwei größere Geschwader und im März 1224 konnte Friedrich dem Papst berichten, in den Häfen Siziliens lägen hundert große Galeeren bereit; außerdem seien fünfzig Lastschiffe im Bau, die zweitausend Ritter und ebenso viele Pferde befördern könnten. In den vierziger Jahren beherrschte die neugeschaffene sizilianische Flotte das westliche Mittelmeer und war der starken genuesischen Flotte ebenbürtig.

Seit Capua vollzog sich in der Verwaltung des Königreichs ein grundsätzlicher Umwandlungsprozeß. Vorher dominierte, zumindest in den Spitzenpositionen, der höhere Klerus. Dem Familiarenkolleg, dem sizilianischen Kronrat, hatten ausschließlich Bischöfe angehört. Einige von ihnen, wie Berard von Palermo und Jakob von Capua, blieben Friedrich zeitlebens eng verbunden. Aber nun trat ein neuer Stand hervor, der die Verwaltung von den niederen bis zu den höchsten Ämtern beherrschen sollte, der Beamtenstand. Das sizilianische Königreich mit seiner abolutistischen und zentralistischen Regierungsform wurde zum Juristenstaat. Das war für die mittelalterliche Welt ein unerhörter Vorgang, weil er zwangsläufig den Einfluß der Kirche abbaute und einen autonomen weltlichen Staat postulierte. Da die Kurie Sizilien als päpstliches Lehen beanspruchte und Innozenz III. der Kirche hier einen besonders starken Einfluß gesichert hatte, mußte Friedrichs Verwaltungspolitik noch drastischer erscheinen – für die späteren Auseinandersetzungen mit dem Papst jedoch war die Unabhängigkeit der Administration vom Klerus entscheidend.

Woher sollten die Beamten und Juristen kommen? Ein Teil der bisherigen Lehensträger, der Barone und Grafen, übernahm staatliche Verwaltungsaufgaben. So wurde etwa der königstreue Graf Landulf von Aquino, der Vater des 1225 geborenen Philosophen und Theologen Thomas von Aquino, Justitiar der Terra di Lavoro. Landulfs älterer Bruder Thomas wurde zum Großjustitiar ernannt und erhielt die Grafschaft Acerra. Einige Juristen, wie der Rechtslehrer Roffred von Benevent, kamen von der Universität Bologna, wo viele Süditaliener studiert hatten, unter ihnen auch der gebürtige Capuaner Petrus de Vinea, der 1221 auf Empfehlung Berards von Palermo als Notar in die kaiserliche Kanzlei eintrat, die übrigens bald über eine Abteilung zur Ausbildung und Schulung des Beamtennachwuchses verfügte.

Im Juni 1224 gründete Friedrich dann nach dem Muster Bolognas die Universität Neapel. Zwar sollten alle Fakultäten vertreten sein, damit die »nach Gelehrsamkeit Hungernden und Dürstenden im Königreich selbst den Ort finden, an dem ihre Begier gestillt werden kann«. Doch die Hauptaufgabe der neugegründeten Universität – der ersten europäischen Staatsuniversität – war die Ausbildung der sizilianischen Verwaltungselite. In der Stiftungsurkunde heißt es: »Gelehrte Männer fordern wir zum Dienste heraus, um ihnen – gebildet durch den Eifer des Studiums von Jus und Justitia – ohne Sorge die Staatsverwaltung anvertrauen zu können.« Die bedeutenden Rechtsgelehrten Roffred von Benevent und Petrus von Isernia standen an der Spitze des Magisterkollegiums.

Ein Schreiben Friedrichs anläßlich der Eröffnung der Universität schildert farbig die Vorzüge der »lieblichen Stadt Neapel« und der Hochschule. Der Brief beschäftigt sich detailliert mit den

Belangen der Studierenden, von der Fürsorge für das leibliche Wohl bis zur Gewährung großzügiger Stipendien und zur Schätzung der Zimmerpreise, die von zwei Bürgern und zwei Studenten vorgenommen werden sollte, wobei nur die Grenze nach oben festzusetzen war. Die Studenten sollten einer eigenen Gerichtsbarkeit unterstehen, von Abgaben befreit sein und von Gläubigern unbehelligt bleiben. Jedoch dekretierte Friedrich auch, daß kein sizilianischer Scholar künftig außerhalb des Königreichs studieren dürfe.

Wie alle Bereiche des öffentlichen Lebens und der privatrechtlichen Beziehungen wurde auch das Bildungswesen unter den ausdrücklichen Schutz des Herrschers gestellt. Ebenso selbstverständlich hatte sich allerdings die Staatsuniversität bedingungslos Friedrichs Vorstellungen zu unterwerfen. In der Stiftungsurkunde forderte er die Heranziehung von »vielen Klugen und Einsichtigen, die durch das Studium beredt in der Beobachtung gerechten Rechtes Gott dienen und Uns gefallen durch den Kult der Justitia«.

15 Alle beugten ihre Nacken

Der Aufbau des sizilianischen Staates wäre in jedem Fall eine außergewöhnliche Leistung gewesen. Doch Friedrichs Anspruch, die Macht im Königreich ungeteilt auszuüben, sein Versuch, dreißig Jahre ungeschehen zu machen und die frühere normannische Staatshoheit wiederherzustellen, provozierten zum Widerstand. Die Barone hatten sich daran gewöhnt, ohne zentrale Reglementierung eigenmächtig zu herrschen, wie es ihnen beliebte: in ihren Lehensgebieten Recht zu sprechen und Zölle zu erheben und über ihre Untertanen nach Gutdünken zu verfügen. Sollten sie da hinnehmen, daß der sechsundzwanzigjährige Herrscher ihnen mit einem Schlag ihre Privilegien nahm, Schenkungen und Belehnungen zurückforderte, einen Großteil ihrer Burgen und Kastelle verlangte, für die verbleibenden Festungen Auflagen machte, die ihnen machtpolitisch das Rückgrat brachen, daß er sie durch neue Gesetze der königlichen Gnade auslieferte?

Einige große Familien hielten an ihrer Königstreue fest.

Andere fügten sich widerstrebend. Viele aber leisteten offen Widerstand, und Friedrich befand sich nicht oft so im Vorteil wie gegenüber dem Grafen Rainer von Manente der sich, nachdem ihn Konstanze während ihrer Regentschaft aus der Toskana nach Sizilien geholt und gefördert hatte, auf Markward von Anweilers Seite schlug und sich dann hemmungslos am Krongut bereicherte. Aufsässigkeit schien ihm zur zweiten Natur geworden. Einen ersten Aufruhr stiftete er an, als Friedrich noch in Deutschland weilte. Das hinderte ihn jedoch nicht, sich dort dem königlichen Hofe zuzugesellen und außerdem noch rüpelhaft und respektlos zu verhalten. Aber Rainer hatte sich im König verschätzt. Friedrich setzte ihn fest und hielt ihn als Geisel, bis Rainer die Krongüter zurückerstattete; und in dem Fall hatte Friedrich auch in anderer Hinsicht eine starke Position. Toskanischen Truppen, die auf Veranlassung Rainers von seinen Verwandten nach Sizilien geschifft wurden, konnte er die Landung verwehren.

Aber das, wie gesagt, war ein ausgenommen glücklicher Fall. Für gewöhnlich hatten Friedrichs neuernannte Justitiare und Großjustitiare die beschwerliche Aufgabe, mit eigenen Truppen gegen die Rebellen vorzugehen. Wie langwierig und mühevoll ein solcher Kampf sein konnte, das zeigt am besten das Beispiel des Grafen Thomas von Celano in den Abruzzen; ihn niederzuzwingen war die Aufgabe des Großjustitiars der Terra di Lavoro und Apuliens, des Grafen Thomas von Aquino.

Nahezu fünfzehnhundert Ritter und Knechte konnte Thomas von Celano aufbieten; seine Länderein waren ausgedehnt, die Abruzzenprovinz Molise, wo er auf seine Unabhängigkeit pochte, unwirtlich und gebirgig. Daß er mit Friedrichs Gunst nicht rechnen konnte, war ihm von vornherein klar, weil er Otto IV. anerkannt hatte, als der Welfe in Süditalien erschienen war, um dem Staufer den Garaus zu machen. Bei Friedrichs Kaiserkrönung in Rom war er nicht erschienen; der stellvertretende Treueid seines Sohnes wurde, trotz einiger päpstlicher Vermittlungsversuche, abgewiesen. Und so verschanzte sich Thomas von Celano mit seinen Rittern in seinen mächtigsten Festungen Roccamandolfi, Bojano und Ovindoli, als Friedrich seine Hand nach den Burgen Apuliens ausstreckte. Die militärischen Auseinandersetzungen begannen im Frühjahr 1221. Obwohl Bojano fiel, war kein Ende abzusehen, denn der rebellische Graf verfügte über viele Burgen, und wenn er eine nicht länger verteidigen konnte, zog er sich in eine andere zurück. Der Feldzug fand nur dadurch ein Ende, daß die Gemahlin des Grafen, während er selbst Ovindoli verteidigte, die Burg Roccamandolfi den Belagerern auslieferte. Die Gräfin vertraute sich und ihren Sohn der königlichen Gnade an. Damit entstand die Möglichkeit, den Konflikt durch Verhandlungen zu lösen. Der Graf, zwar noch auf freiem Fuß und militärisch unbesiegt, übertrug die molisischen Güter seiner Frau und ging in die Verbannung. Seine Söhne kamen unter die Obhut Hermann von Salzas – als Geiseln, um die Einhaltung des Vertrags zu sichern. Als der Graf später wegen einer angeblichen Vertragsverletzung an den Hof gerufen wurde und nicht erschien, ließ Friedrich den gesamten Landbesitz beschlagnahmen.

Celano, die wichtigste Stadt der Molise, war früher schon, als Rache für einen hinterlistigen Überfall, bis auf die Grundmauern zerstört worden. Der Franziskanerbruder Thomas von Celano, der zu jener Zeit in Deutschland predigte, fand bei seiner Rückkehr einen Ort des Grauens und der Verwüstung vor. Vielleicht hatte er seine zerstörte Heimatstadt vor Augen, als er die erschütternde Todes-Sequenz »Dies irae, dies illa« schrieb. Die Überlebenden wurden zu Kriegs- und Frondiensten nach Sizilien deportiert. Erst Jahre später durften sie zurückkehren und ihre Stadt wieder aufbauen.

Persönlich griff Friedrich in die Kämpfe auf dem Festland kaum ein. Doch die Unnachgiebigkeit, mit der jeder Widerstand verfolgt wurde, trug seinen Stempel. Mit stupender Energie, Zähigkeit und List setzte er seinen Willen durch, bis »alle im Königreich ihre Nacken beugten«, wie ein zeitgenössischer Chronist vermerkte.

Schon im Frühjahr 1221 – zur gleichen Zeit, als der molisische Feldzug begann, der sich über zwei Jahre hinziehen sollte – hatte Friedrich die Städte der sizilianischen Insel besucht. Gleich zu Beginn seiner Inspektionsreise erließ er auf einem Hoftag in Messina, gewissermaßen als Nachtrag zu den Assisen von Capua, Verordnungen, die Minderheiten und vor allem ein geregeltes Leben in den Kommunen betrafen. Die Juden, die zwar den Schutz des Staates genossen, mußten in Zukunft einen gelben Fleck auf ihrer Kleidung tragen und sich die Bärte wachsen lassen: so waren sie leichter von der übrigen Bevölkerung abzusondern. Um fahrende Sänger und Spielleute davon abzuhalten, durch unziemliche Lieder Ruhe und Ordnung zu stören, wurden sie – bei Nichtbeachtung der Vorschriften – für vogelfrei erklärt. Huren mußten hinfort außerhalb der Städte wohnen; die öffentlichen Bäder zu besuchen, wenn sich dort ehrbare Frauen aufhielten, war ihnen untersagt. Gotteslästerer sollte die ganze Strenge des Gesetzes treffen. Es mag überraschen, daß Friedrich, der Andersgläubigen Toleranz gewährte, solche Minderheiten hart unter Kontrolle stellte, so wie es zunächst verwundert, daß er als Ketzerverfolger mit unglaublicher Schärfe vorging. Doch wo immer innerhalb seines Reiches Begriff und Wahrung der gesellschaftlichen Ordnung angetastet wurden, kannte er keinen Pardon – ganz abgesehen davon, daß ihn politische Rücksichten gegenüber dem Papst leiteten. Und die Verordnungen des Jahres 1221 waren ganz besonders geeignet, Friedrichs Kirchentreue zu demonstrieren. Sie entsprachen nämlich den Bestimmungen des Laterankonzils von 1215. Einen offenen Konflikt mit der Kurie konnte sich Friedrich zu diesem Zeitpunkt nicht leisten, und so war ein Entgegenkommen in Punkten, die sich mit Friedrichs eigenen Absichten und Vorstellungen deckten, in der Tat geboten. Denn das Verhältnis zu Rom wurde ohnedies von Tag zu Tag gespannter. Im Sinne des staatlichen Aufbaus in Sizilien war es für ihn etwa wichtig, die einundzwanzig Erzbistümer und hundertvierundzwanzig Bistümer mit ihm genehmen Geistlichen besetzt zu sehen – verfügte doch der hohe Klerus über eine zweifache Macht, die geistliche wie die weltliche. Nach dem Konkordat zwischen der Kurie und Sizilien, das Friedrich notgedrungen anerkennen mußte, wurden die kirchlichen Würdenträger vom Domkapitel gewählt; ihre Wahl bedurfte dann der Bestätigung durch König und Papst. Kam keine Einigung zustande, so konnte der Papst nach Ablauf von sechs Monaten einen Kandidaten seiner Wahl ernennen. Friedrich aber suchte den Einfluß des Papstes dadurch zu unterlaufen, daß ihm akzeptable Bischöfe bereits im ersten Wahlgang durchgesetzt wurden.

Einen noch schwerwiegenderen Konfliktstoff bildete Friedrichs Kreuzzugsversprechen vom Jahre 1215. Er hatte die Erfüllung hinausgeschoben, bis er seine reichspolitischen Ziele erreicht hatte. Bei der Kaiserkrönung in Rom 1220 hatte er Honorius III. zugesichert, bald zur Fahrt ins Heilige Land aufzubrechen und sie auf päpstliches Drängen für 1221 zugesagt – doch der Kreuzzug, der die islamische Macht in Ägypten brechen sollte, fand ohne ihn statt. Zwar schickte er zwei Geschwader kaiserlicher Schiffe mit Hilfstruppen unter dem Befehl seines Admirals Heinrich von Malta und des ehemaligen Kanzlers Walther von Pagliara, jetzt Bischof von Catania – aber die Hilfe kam zu spät. Den inzwischen begonnenen Vormarsch nilaufwärts hatten die Mohammedaner vereitelt, indem sie die Nildämme durchstachen und dadurch die Kapitulation des christlichen Heeres erzwangen. Die Hafenstadt Damiette, 1219 von den Christen erobert, mußte den Ägyptern zurückgegeben werden.

Der Papst machte den Kaiser für die Katastrophe in Ägypten verantwortlich. Die Mahnschreiben, endlich selbst aufzubrechen, da ohne ihn ein Erfolg unmöglich schien, wurden schärfer. Friedrich jedoch war noch nicht bereit. Ein Kreuzzug wäre Friedrich teuer gekommen; die Reorganisation des Königreichs war zu dem Zeitpunkt noch nicht vollendet, auch nicht im finanziellen Bereich, und die Staatskasse mußte überhaupt erst einmal wieder aufgefüllt werden. Sodann: hätte Friedrich Sizilien jetzt für eine längere Zeit wieder verlassen, die Feudalherren hätten leichtes Spiel gehabt, das neu Geordnete zu zerstören. Staatsgeschäfte also verlangten, daß Friedrich zu Hause blieb.

Noch war der Krieg gegen den Grafen von Celano nicht abgeschlossen. In Sizilien galt es – nach dem Besuch der Städte Messina, Catania, Caltagirone, Palermo und Girgenti –, die Genuesen aus Syrakus zu vertreiben, das sie zu einer praktisch autonomen Grafschaft ausgebaut hatten, genuesische und pisanische Handelsplätze in den anderen großen Hafenorten unter eigene Regie zu bringen und außerdem gab es ein innenpolitisches Problem, das der Papst als Grund für Aufschub anerkennen mußte: die Sarazenen.

Schon den päpstlichen Vorwürfen anläßlich der Niederlage des christlichen Heeres in Ägypten hatte Friedrich entgegengehalten, er kämpfe auf der Insel genauso wie im Heiligen Land gegen die Ungläubigen. Es war dann tatsächlich im April 1222 im Abruzzenstädtchen Veroli zwischen Papst und Kaiser zu einer gütlichen Übereinkunft gekommen, wonach Friedrichs Kreuzzug bis zum Sieg über die Inselsarazenen Aufschub erhielt.

Der überaus beschwerliche und grausame Kleinkrieg im bergigen Inneren der Insel zog sich fast drei Jahre hin und wurde nur während der Wintermonate unterbrochen.

Nach dem Tod des letzten, toleranten Normannenkönigs hatten sich die unabhängigen Sarazenen in das Bergland zurückgezogen, bald verstärkt durch Flüchtlinge aus Palermo und anderen Städten, die einer blutigen Verfolgung entkamen. Im westlichen und mittleren Teil der Insel gründeten sie Dörfer, errichteten Festungen, bildeten sie, wenn auch dezentralisiert, einen Staat im Staate. Dem unmündigen Friedrich, dem Mündel des Papstes, waren sie feindlich gesonnen. Sie paktierten mit den aufsässigen Baronen, selbst mit Otto IV., als er zum Sprung auf die Insel heranrückte. Aber sie blieben völlig unabhängig, wuchsen im allgemeinen Chaos heran zu einer gefürchteten dritten Macht, deren Raubzüge selbst die Städte bedrohten. Vereinzelte Strafexpeditionen des jungen sizilianischen Königs reichten kaum über Augenblickserfolge hinaus. Während Friedrichs Abwesenheit hatten die Sarazenen zeitweise Girgenti besetzt, den Bischof gefangengenommen und einen Teil der Bevölkerung verjagt. Noch vor der Kaiserkrönung erreichten Friedrich Beschwerden des Erzbischofs von Monreale über die Bergsarazenen, die ihre wiederholten Raubzüge bis Monreale und zu den Dörfern vor den Toren Palermos ausdehnten.

Gelegentliche Strafexpeditionen erwiesen sich als unzureichend. Nur die generelle Unterwerfung der Sarazenen konnte die Sicherheit und Ordnung auf der Insel garantieren. So ernannte Friedrich seinen vom gescheiterten Kreuzzug zurückgekehrten Admiral Heinrich von Malta zum Befehlshaber des Feldzugs gegen die Sarazenen. Friedrich selbst nahm zeitweise an den Kämpfen teil, die darum so beschwerlich wurden, weil die Sarazenen nicht als geschlossene Kampfmacht auftraten, sondern verstreut im Bergland, in zahllosen, hartnäckig kämpfenden Gruppen ihre Freiheit verteidigten. Man mußte jeden ihrer Schlupfwinkel, jedes ihrer befestigten Bergnester einzeln erkämpfen.

Im Sommer des Jahres 1222 erreichte Friedrich mit seinen Truppen einen bedeutenden Anfangserfolg. Nach dreimonatiger Belagerung wurde Jato, die Hauptfestung des rebellischen Emirs Ibn-Abbad, bezwungen. Der Emir lieferte sich und seine Söhne der Gnade des Siegers aus. Im Zelt des Kaisers spielte sich die von einem arabischen Chronisten festgehaltene Szene ab, in der Friedrich seinem Jähzorn freien Lauf ließ. Als Ibn-Abbad zu Füßen des Kaisers lag, stieß Friedrich den um Gnade

Bittenden so heftig mit dem Fuß gegen den Leib, »daß er mit seinem Sporn dem Emir die ganze Seite aufriß«. Eine Woche später endete der Aufrührer mit seinen Söhnen am Galgen. Doch durch Verrat fiel Jato im Winter wiederum an die Sarazenen. Die königliche Besatzung wurde bis auf den letzten Mann niedergemacht. Die Rückgewinnung der Festung Jato stärkte erneut den Widerstand der Muslims. Friedrich, der auf dem Festland weilte, machte seinen sizilianischen Befehlshaber Heinrich von Malta für den Sieg und die erneute Zusammenrottung der Sarazenen verantwortlich. Entschuldigungen ließ er nicht gelten. Heinrich von Malta verfiel der kaiserlichen Ungnade und verlor sein Besitztum Malta.

Über die wieder entbrannten und vereinzelt bis 1224 andauernden Inselkämpfe ist kaum mehr bekannt geworden, als daß sie in zahllose Einzelaktionen zerfielen und äußerst zäh, heftig und grausam von beiden Seiten geführt wurden. Jedoch ist mit der endlichen Besiegung der Sarazenen ein ungewöhnliches Experiment verbunden. Friedrich befahl nämlich nicht die Ausrottung, sondern die Umsiedlung der unterworfenen Sarazenen. So sehr der Papst den »Kreuzzug« gegen die Sarazenen begrüßt hatte, Friedrichs groß angelegtes Experiment der Ansiedlung von Ungläubigen mitten in einem christlichen Land sollte bald die schärfste Mißbilligung der Kirche hervorrufen. Doch zunächst gab es Schwierigkeiten anderer Art. Friedrich ließ die Sarazenen nach Apulien bringen und auf mehrere apulische Dörfer verteilen. Dagegen wehrten sich die Eingesessenen, und häufig tauchten entflohene Sarazenen unvermutet wieder auf der Insel auf. Erst als der Kaiser den Sarazenen feste Wohnsitze zuwies, kamen die Deportierten zur Ruhe. So entstand auf dem schwarzen Hügel von Lucera, der sich unweit von Foggia über den Ebenen der Capitanata erhebt, die große Sarazenenkolonie. Sie nahm rund sechzehntausend sizilianische Sarazenen auf.

Innerhalb weniger Jahre entwickelten die Deportierten, die als Rebellen und Krieger auf der Insel Schrecken verbreitet hatten, enorme Fähigkeiten. Sie kultivierten und urbanisierten das ihnen zugewiesene Land. Sie bauten Häuser, legten Straßen an, machten das öde Land ringsum fruchtbar. Lucera, früher einmal römische Militärkolonie, dann ein verwahrloster, fast entvölkerter Ort, wuchs zu einem blühenden Gemeinwesen heran. Der Gewerbefleiß der Sarazenen wurde gerühmt. Aus ihren Handwerksbetrieben kamen die besten Seidengewebe, die schönsten handgeknüpften Teppiche. In der Herstellung geschmiedeter Waffen wie von Pfeil und Bogen waren sie unübertrefflich. Vom Hof unterstützt, züchteten sie Pferde und Kleintiere und übernahmen bald den Hauptteil des kaiserlichen Tierparks.

Am Anfang war es wohl eher die typisch mohammedanische Schicksalsgläubigkeit, die sie das Unabänderliche ertragen ließ. Aber schon nach kurzer Zeit kam eine entscheidende neue Erfahrung hinzu, die einen radikalen Umschlag bewirkte, die aus den Todfeinden, von Haß und Rache erfüllt, Friedrichs bedingungslos treuesten Anhänger machte. Der Kaiser, den sie bald in Verehrung »Imberadour« nannten, stellte sie unter seinen persönlichen Schutz und garantierte ihnen die Glaubensfreiheit. Ihr eigenes Oberhaupt, der Kâid, unterstützt von Scheichs und Fakihs, war allein dem Kaiser verantwortlich. Sie errichteten Moscheen und Minarette, lehrten und lernten in eigenen Koranschulen. Die Entwurzelten, ihrer sizilianischen Heimat Entrissenen, lebten in Lucera ungestörter, in der Ausübung ihrer Bräuche und ihres Glaubens freier als jemals in den vergangenen dreißig Jahren in Sizilien.

Eine Insel des Unglaubens im Christenland, nicht weit von der Grenze des päpstlichen Patrimoniums entfernt – das allerdings weckte Ärgernis. Papst Honorius protestierte energisch; und solche Proteste gegen Friedrich, den man spöttisch »Sultan von Lucera« nannte, wiederholten sich bis in die letzten Jahre, fanden sogar Aufnahme in das Absetzungsdekret des Konzils von Lyon. Aber Friedrich konnte Honorius' Vorwürfen entgegenhalten, er habe die Insel von den »Heiden und Heidenhäusern« befreit. Zusammengefaßt an einem Ort, seien die Sarazenen wesentlich leichter kontrollierbar. Dem Drängen des Papstes folgend, erlaubte Friedrich einigen Predigermönchen, in Lucera das Evangelium zu verkünden. Ihre Mission blieb erfolglos. In Streitgesprächen mit den Lehrern der Koranschule erwiesen sich die Mönche als schwache Anwälte des Christentums.

Nach dem Gesetz waren die Sarazenen Sklaven des Kaisers; jedoch zog Friedrich aus Lucera einen ganz konkreten Nutzen. Die Sarazenen hatten für die Duldung ihres Glaubens eine Kopfsteuer zu entrichten und ebenso für den Nießbrauch des Bodens Abgaben zu zahlen. In den kaiserlichen Kammern von Lucera wurden Gewebe und Bekleidung für den Hof hergestellt;

die sarazenischen Waffenschmiede lieferten Waffen für die kaiserliche Truppe. Lucera stellte einen Großteil der kaiserlichen Dienerschaft und Friedrichs gefürchtete Leibwache. Vor allem formierte Friedrich die waffenfähigen Sarazenen zu einer stehenden, jederzeit einsatzbereiten Kampftruppe, die sich mit eigenen Waffen und eigenen Pferden versorgen konnte – sie waren keine Söldner, sondern eine von ihm abhängige und ihm verschworene Streitmacht. Daß Lucera bei Friedrichs Tod fünfunddreißigtausend waffenfähige Männer beherbergt haben soll, mag übertrieben sein. Doch sicherlich dürften es zehn- bis fünfzehntausend gewesen sein, wenn man die anfängliche Zahl der in Lucera Angesiedelten und Friedrichs Sarazenenaufgebot in der Schlacht bei Cortenuova zugrunde legt.

Es gehört zu den erstaunlichsten Maßnahmen Friedrichs, wie er aus den rebellischen Todfeinden nicht nur Verbündete, sondern ihm in unverbrüchlicher Treue ergebene Anhänger machte. Er wußte, daß kein Fremder und kein Papst die fanatische Anhänglichkeit der Sarazenen an ihren »Imberadour« stören konnte. Wohlberechnet gewährte er den Sarazenen seinen persönlichen Schutz. Friedrich war sich seiner Sarazenen so sicher, daß er später in dem auf dem schwarzen Hügel erbauten Kastell den Normannenschatz aufbewahrte, den einst sein Vater aus Palermo zum Trifels entführt hatte und den Friedrich in sein Königreich zurückbrachte.

16 Die Erzählung von der Gerechtigkeit

Friedrich liebte es, mit seinen Hofbeamten und Gästen zu disputieren. Viele dieser Streitgespräche galten der Frage nach Recht und Gerechtigkeit; Jus und Justitia waren für Friedrich die beiden Grundpfeiler, auf denen seine Herrschaft beruhte. Er bezeichnete sich selbst nicht als Herr und Diener des Staates, sondern als Herr und Diener der Justitia.

Dieses gekoppelte Bild des Herrn und Vaters, der das Gesetz macht, und des Dieners und Sohnes, der die Justitia verehrt und befolgt, entsprach dem Familienrecht. Es gehörte zur mittelalterlichen Terminologie wie die Vorstellung, daß der »Selbstzweck« der Justitia über den Staat erhaben sei. »Die Justitia diente keineswegs zur Erhaltung des Staates, sondern der Staat war um der Justitia willen da.«

Aufschlußreich in dieser Hinsicht ist eine anekdotische Erzählung über einen Disput an Friedrichs Tafelrunde, die angeblich auf einer wahren geschichtlichen Begebenheit beruht. Friedrich stellt zwei Weisen folgende Fragen: »Kann ich nach eurem Gesetz ohne Begründung dem einen meiner Untertanen etwas wegnehmen und es einem anderen geben? Kann ich tun, was mir gefällt, da ich doch der Herr bin, und was dem Herrn gefällt, seinen Untertanen Gesetz ist?« Der eine der Befragten antwortete: »Herr, wie es dir gefällt, kannst du ohne Schuld mit deinen Untertanen verfahren.« Der andere schüttelte den Kopf und sagte: »Nein Herr, das scheint mir nicht recht zu sein. Das Gesetz ist gerecht und muß gerecht befolgt werden, damit es Gerechtigkeit stiften kann. Gerecht wäre es zu erklären, warum dem einen genommen und einem anderen gegeben wird.« Beide Antworten stimmten mit dem geltenden Recht überein. »Weil beide Weisen die Wahrheit sagten«, heißt es in der Erzählung, beschenkte Friedrich beide. Nur die Belohnung fiel höchst unterschiedlich aus. Der erste erhielt einen scharlachroten Hut und ein weißes Pferd. Dem zweiten räumte Friedrich das Recht ein, nach eigenem Ermessen ein Gesetz zu machen.

Damit ist die Geschichte nicht zu Ende. Es entstand noch ein Streitgespräch darüber, warum die Belohnungen so verschieden ausfielen und welches Geschenk das wertvollere sei. Man einigte sich auf folgende Auslegung: Derjenige, der dem Kaiser nach dem Mund redete, habe Hut und Pferd erhalten und sei wie ein Spielmann belohnt worden. Der andere, dem die Gerechtigkeit als höchster Wert erschien, habe die höhere Ehre verdient und erhalten, nämlich ein Gesetz machen zu dürfen.

So sehr auch die Erzählung die Gerechtigkeit hervorhebt, so sehr in den Gesetzen der Vorrang der Justitia betont wird, in der Praxis hielt sich Friedrich mehr an die Antwort des ersten Weisen. Es existierte für ihn kein Widerspruch zwischen Rechtsstaat und totalitärem Staat. Doch neuzeitliche Begriffe lassen sich nur mit Vorbehalten auf die damalige Zeit übertragen. Ganz im mittelalterlichen Sinne leitete Friedrich seine Berufung und sein Herrscheramt von Gott ab, dem allein er Rechenschaft schuldig war. Kraft dieser Berufung konnte er sich *rex justus* nennen oder noch eindeutiger *lex animata in terris,* »das beseelte, das lebende

Gesetz auf Erden«. Da er »seinen Antrieb aus himmlischem Ermessen« empfing, beanspruchte er, Vater und Sohn der Justitia zu sein, nämlich Gesetzgeber und Vollzieher der Gerechtigkeit.

Im gleichen Sinne formulierte der bedeutende Rechtsgelehrte Roffred von Benevent, der zuerst in Bologna, dann an der sizilianischen Staatsuniversität Neapel lehrte, Friedrichs rechtliche Autorität: »Aus einer vom Himmel gespendeten Gnadengabe gründe der Kaiser sein Recht.«

Wichtiger als die heute nur noch schwer verständliche Theorie der Personifizierung von Recht und Staat sind ihre praktischen Auswirkungen. Friedrichs Zentralisierung der Staatsgewalt und seine neuen Gesetzgebungen beseitigten die Willkürherrschaft der zahllosen Feudalherren und brachten der Bevölkerung den Landfrieden, eindeutige Rechtsverhältnisse und Rechtssicherheit. Seine Person verbürgte den Schutz der Schwachen und die Gleichheit vor dem Gesetz.

Man kann, wie Jacob Burckhardt, den sizilianischen Staat ein »Kunstwerk« nennen; nicht zu übersehen ist aber, daß der wie auch immer begründete Absolutheitsanspruch Friedrichs zwangsläufig zum totalitären Staat führte, der alle Lebensbereiche kontrollierte und der Freiheit des einzelnen kaum noch Raum ließ. Das erschien schon den Zeitgenossen bedenklich und Papst Gregor IX. tadelte deshalb den Kaiser: »In deinem Königreich wagt niemand, ohne deinen Befehl die Hand oder den Fuß zu bewegen.«

Jacob Burckhardt, der Friedrich den »ersten modernen Menschen auf dem Throne« nannte, stellte auch fest: »Friedrichs Verordnungen (besonders seit 1231) laufen auf die völlige Vernichtung des Lehenstaates, auf die Verwandlung des Volkes in eine willenlose, unbewaffnete, im höchsten Grade steuerfähige Masse hinaus.« Das ist die Kehrseite des sizilianischen Ordnungsstaates, den Friedrich selbst als »Mutter der Tyrannis« bezeichnet, wenn auch keineswegs abwertend. Friedrichs totalitärer Anspruch wurde unmißverständlich deutlich, als er in Sizilien »alle Nacken beugte«, als er ihm treue Grafen den Widerstand der mächtigen Barone brechen ließ, um nach dem Sieg skrupellos auch die Ländereien seiner Helfer einzuziehen. Die Umsiedlung der Sarazenen, so beispielhaft sie war, geschah nicht aus humanem Anlaß, sondern wohlberechnet. Unter der alleinigen Befehlsgewalt des Herrschers wurden die völlig abhängigen Sarazenen zum zuverlässigsten Instrument seiner Macht. Konsequent führte der totale Zugriff des Staates später, als sich Friedrich der Untergrundtätigkeit päpstlicher und anderer Agenten erwehren mußte, zu einem weitverzweigten Spitzelsystem, das nicht nur die Beamten, sondern die gesamte Bevölkerung überwachte. Die Frage nach Recht und Gerechtigkeit, wie sie in der Erzählung vorgestellt wurde, war unlösbar gebunden an die absolut herrschende Person Friedrichs, der sich mit seinem Staat identifizierte.

17 Der »Mann aus Apulien«

Palermo war nur noch nominell Hauptstadt des Königreichs. Nach seiner Rückkehr aus Deutschland residierte Friedrich nie mehr in der Stadt seiner Jugend, der normannischen Königsstadt. Nur noch kriegerische Gründe führten ihn jeweils für kurze Zeit auf die sizilianische Insel, zur Bekämpfung der Sarazenen 1222 bis 1225 und zur Niederwerfung eines Aufstandes 1233. Außerdem kam er zu zwei Hoftagen nach Messina, 1221 und 1234, seinem überhaupt letzten Aufenthalt auf der Insel. Die neuen Realitäten machten das Regieren im entlegenen Palermo unmöglich, abgesehen davon, daß der kaiserliche Hof in den ersten unruhigen Aufbaujahren mit dem umherziehenden Herrscher seine Standorte wechselte und keinen festen Sitz hatte. Reichspolitische und strategische Gründe machten die festländischen Provinzen zusehends wichtiger: Apulien mit der nördlichen Capitanata, die Terra di Lavoro (das heutige Kampanien), Lukanien und Kalabrien. Die vortrefflich ausgebauten apulischen Häfen ermöglichten die beste Verbindung mit Norditalien und dem Reich. Von Apulien aus konnte Friedrich jederzeit leicht und ungehindert Mittelitalien und die Lombardei erreichen, die Schauplätze seiner künftigen Auseinandersetzungen. Gut ausgebaute Straßen führten nach Rom.

Doch nicht nur sachliche, sondern sehr persönliche Gründe, die ein bezeichnendes Licht auf den Menschen Friedrich werfen, machten Apulien schon bald zur bevorzugten Region. Die adriatische Küstenprovinz, vom Gargano und dem weitflächigen

Tavoliere im Norden über das waldreiche Bergland um den Monte Vulture bis zu den Murge südlich von Bari, wurde zur Wahlheimat Friedrichs. Kein Land hat er geliebt wie Apulien, das er »seinen Augapfel« nannte und von dem es hieß: »Alle irdische Süße übertrifft die Lieblichkeit seines Landes.« Auf dem Kreuzzug, beim Anblick des Heiligen Landes, soll er in der ihm eigenen Hybris gesagt haben, Gott habe Apulien nicht gekannt, sonst hätte er nicht das Land der Juden gelobt und als Ort seines irdischen Aufenthalts erwählt. Wann immer Friedrich von seinem sizilianischen Erbreich und »seinem Apulien« spricht, sind seine Worte von lyrischem Pathos erfüllt. So bekannte er, »daß Wir, vom Glanze der Caesaren umstrahlt, es dennoch nicht für unrühmlich halten, *Mann aus Apulien* zu heißen; und solange glauben Wir außerhalb des eigenen Hauses gleichsam zu pilgern, als Wir – von des Reiches Pflichten überall hingerufen – fern von den Höfen und Häfen Siziliens segeln«.

Noch Enzio, der älteste uneheliche Sohn Friedrichs, wird später, in seiner lebenslänglichen Haft in Bologna, sein schönstes Lied der Sehnsucht nach Apulien und der Capitanata widmen. Ihm waren die Lieblingsprovinzen des Vaters aus seiner Kindheit vertraut.

Va canzonetta mia a salute messere . . .
E vanne in Puglia piana
La magna Capitana
Là dov'è lo mio core nott' e dia.

Flieg aus, mein Lied, den Herrn zu grüßen . . .
Eile in die apulische Ebene
Zur großen Capitanata
Dorthin, wo mein Herz weilt Tag und Nacht.

Heute vermitteln Apulien und die Capitanata nur noch einen schwachen Eindruck von ihrer früheren bukolischen Schönheit. Die Wälder sind abgeholzt, die Flüsse verkümmert, zahlreiche Seen wie der Lacus Pensilis unterhalb des Kastells Lagopesole ausgetrocknet. Die meisten der einst bewaldeten Kastellhügel sind kahl oder von dürrem Gestrüpp bedeckt. Dort wo früher Rudel von Hirschen und Rehen wechselten, wo Bären und Wildschweine hausten, finden nur noch die genügsamen Ziegen und Schafe Nahrung. Am ehesten erinnern noch der Buchenwald der Foresta Umbra auf dem Monte Gargano und der bewaldete Monte Vulture bei Melfi an die Zeit Friedrichs. Foggia und Lucera waren von dichten Laubwäldern umgeben, mit Eichen, Buchen, Ulmen und Eschen. In der Nähe der Städte, wo das Land kultiviert war, gab es reiche Getreideernten.

Landeinwärts, vom Tavoliere oder der Küstenebene herkommend, erreichte man in einem halben Tagesritt das Hügel- und Bergland mit seinen reichen Wäldern und schattigen, kühlen Tälern. Hier lagen die Jagdreviere des Kaisers. Hier ritt er mit seinen grünberockten Freunden, den *amici Caesaris,* im Morgengrauen aus, um die Leoparden auf das Großwild zu hetzen oder die Jagdfalken aufsteigen zu lassen. An den landschaftlich schönsten Plätzen, auf Hügeln mit weiter Sicht, entstanden die eindrucksvollsten Kastelle und Jagdschlösser: Castel del Monte, noch im Bereich der frischen Meeresbrise, mit dem unvergleichlichen Blick hinab nach Andria und zur Küstenebene, das Hügelkastell Lagopesole mit dem Blick auf den Monte Vulture und das Kastell von Melfi.

Während Lagopesole erst in den letzten Lebensjahren Friedrichs fertiggestellt wurde und es fraglich ist, ob er in Castel del Monte, der Krone seiner Bauwerke, noch Hof gehalten hat, gehört Melfi zu den frühesten Kastellbauten Friedrichs. Auf dem Hügel von Melfi, nahe dem Monte Vulture, ließ er ein bereits vorhandenes normannisches Kastell ausbauen und erweitern. Das erklärt wohl die weniger planvolle Anlage, vergleicht man es mit anderen Kastellen. Allerdings stammt der weitläufige, türmebewehrte Mauerring, der heute so eindrucksvoll die Häuser des Städtchens Melfi überragt, aus nachstaufischer Zeit. Eindeutig staufisch ist der innere Kern des Kastells, ein rechtwinkeliger Bau mit drei erhaltenen Ecktürmen. Doch zweifellos war das staufische Bauwerk größer, denn Melfi diente als Kastell, als Verwaltungszentrum und als Residenz Friedrichs, der bereits Mitte der zwanziger Jahre hier gelegentlich wohnte.

Nicht selten erfüllten die Kastelle – wie Melfi – mehrere Zwecke, als militärische Anlage und Garnison, als Residenz oder Palast und als Jagdschloß – in schönster Vollendung im Castel del Monte verwirklicht (s. Grundriß S. 346). Aufgrund der mehrfachen Bestimmung wechselt in den Quellen der Ausdruck für dasselbe Bauwerk zwischen *kastrum, palatium* und einfach *domus;*

oder das Kastell von Lucera (s. Grundriß S. 347) wird *castellum seu palatium* genannt. Reine Wehrbauten sind die Kastelle wie Trani oder an der sizilianischen Ostküste Syrakus und Catania. Das Beispiel eines *domus,* eines Wohnbaus und Jagdschlosses, kleiner und einfacher in der Anlage und Ausstattung, wäre Gravina di Puglia. Als ersten und prächtigsten seiner Paläste ließ Friedrich 1223 Foggia bauen, und schon bald wurde Foggia im nördlichen Apulien, mitten in der weiten Ebene der Capitanata, Sitz des Großhofs und der königlichen und kaiserlichen Kanzlei. Über ein Vierteljahrhundert liefen die Fäden des Königreichs und des Imperiums in Foggia zusammen, nimmt man die Reisen und Feldzüge des Herrschers aus, auch die zahlreichen Hoftage an wechselnden Orten.

Foggia lag äußerst günstig, denn hier kreuzten sich alte wichtige Heerstraßen, die von Rom und Neapel heraufkamen oder von Venedig her an der adriatischen Küste entlang und weiter zu den apulischen Häfen führten. Als Residenzschloß war Foggia nicht oder nur dürftig befestigt, jedenfalls nicht nach dem Beispiel der Kastelle. So war es kluge Berechnung, daß Friedrich im achtzehn Kilometer entfernten Lucera die Sarazenen ansiedelte, dort also eine ständige Garnison unterhielt. Außerdem befanden sich in Lucera die kaiserlichen Kammern und das Arsenal für die Bedürfnisse des Großhofes. Die Sarazenen arbeiteten für den Großhof und stellten vorwiegend das Dienstpersonal.

Friedrichs Residenzschloß von Foggia muß ein ungewöhnlich prächtiges Bauwerk gewesen sein, dessen reiche und großzügige Ausstattung noch am ehesten an die palermitanischen Schlösser erinnerte. Doch erhalten blieben in Foggia nur ein Brunnen und, eingemauert in eine Hauswand an der Piazza Vincenzo Nigri, ein Torbogen mit zwei stark verwitterten Adlerkonsolen. Mit einiger Geduld läßt sich die untere Zeile der (in der Renaissance erneuerten) Inschrift entziffern: Hoc fieri iussit Fredericus Cesar est urbs sit Foggia regalis sedes inclita imperialis.

Die zeitgenössischen Chronisten sprechen von einem prunkvollen Palast mit Wasserspielen und erlesenem Marmorschmuck, sie berichten von orientalischem Glanz und sagenhaften Hoffesten. »Alle Arten festlicher Freuden einten sich da, und man ward heiter gestimmt durch den Wechsel der Chöre und die purpurnen Aufzüge der Spielenden. Eine Anzahl wurde zu

Rittern gemacht, andere geschmückt mit Zeichen besonderer Würden. Der ganze Tag wurde festlich begangen, und als er sich dem Ende zuneigte, wurde bei flammenden Fackeln, die hier und dort aufleuchteten, unter Wettkämpfen der Spielenden die Nacht zum Tage gewandelt.«

In Foggia vor allem entfaltete Friedrich einen kalifenhaften Luxus, dessen fremdartige, verschwenderische Pracht Anlaß zu Gerüchten und Erzählungen gab. Mitunter sollen Tausende von Gästen aus allen Ländern, Ritter und fremde Gesandtschaften zusammengeströmt sein, für die ein Meer von bunten, seidenen Zelten bereitstand. Aus der nahen Sarazenenkolonie Lucera kamen die Scharen der Bediensteten, aber auch arabische Tänzerinnen, Musikanten und Gaukler.

Die Gäste mögen die Tiergärten des Kaisers bewundert haben, die kaiserlichen Falken und Habichte, alle Arten von Wasservögeln, darunter Pelikane, Kraniche und Reiher. Bei Foggia hatte der Kaiser weite Sümpfe regulieren lassen und Teiche angelegt, wo er einheimische und fremde Wasservögel jeder Art hielt, um sie zu beobachten. Wie seine normannischen Vorfahren hatte Friedrich eine Vorliebe für exotische Tiere. In den Tiergehegen von Foggia und Lucera gab es Elefanten, Kamele und Dromedare, Löwen, Leoparden und Affen. Mochte man Friedrichs Tiergehege noch mit seinen wissenschaftlichen Interessen rechtfertigen – aber wie groß mußte das Aufsehen gewesen sein, wenn der christliche Kaiser mit einem leibhaftigen Elefanten, mit vierundzwanzig Kamelen, fünf Leoparden und anderen wilden Tieren, die von Sarazenen und Negern bewacht wurden, durch Norditalien zog, durch Verona, Parma oder Ravenna. Friedrich liebte dieses spektakuläre Schauspiel. Er sah darin wie ein orientalischer Potentat eine Bestätigung seiner kaiserlichen Majestät.

Es muß schwierig und umständlich gewesen sein, den riesigen kaiserlichen Troß, der Friedrich auf seinen Reisen und Kriegszügen begleitete, zu versorgen. Denn mit dem Kaiser zog der ganze Hof, Berater, Sekretäre, Notare, Ritter und Hofleute, gefolgt von den sarazenischen Leibwachen und zahllosen Bediensteten. Wo immer sich Friedrich aufhielt, in der Capitanata, im apulischen Bergland oder in der Lombardei, wurde regiert, trat die Staatskanzlei in Tätigkeit. Das beweisen die ständig wechselnden Ortsnamen auf den kaiserlichen Schreiben, Dokumenten und

Erlassen. Ein endloses Aufgebot an Packwagen und Maultieren war nötig, um die Zelte und sonstigen Gerätschaften zu transportieren. Zudem verzichtete Friedrich bei längeren Reisen niemals auf seine Jagdfalken, Jagdleoparden und Hundemeuten; oft begleitete ihn die gesamte Menagerie exotischer Tiere.

Foggia war Mittelpunkt dieser aufwendigen und eher orientalischen Prachtentfaltung des christlichen Kaisers. Um so bedauerlicher ist, daß in der heutigen Provinzstadt Foggia – bis auf den genannten Mauerbogen und Brunnen – kein Zeichen und kein Stein erhalten blieb. Andere frühe Bauten wie die Kastelle von Aversa, Gaeta oder Neapel sind uns völlig unbekannt. (Das Castel Nuovo in Neapel ließ Karl von Anjou Ende des 13. Jahrhunderts errichten.) Doch scheint Friedrich in den zwanziger Jahren zur militärischen Sicherung des Königreichs vorwiegend die vorhandenen und requirierten Burgen genutzt zu haben. Seine große und geradezu besessene Bautätigkeit begann nach dem Kreuzzug, Anfang der dreißiger Jahre, und hielt bis zu seinem Lebensende an. Die Notwendigkeit, das Land mit einem Netz von Kastellen zu überziehen, ergab sich aus militärischen und verwaltungstechnischen Gründen.

Verfolgt man die Kastellketten von Norden nach Süden, so zeigt sich der äußerst planvolle Ausbau der militärischen Sicherung des Südreichs. Die apulische Küste sicherten: Monte Sant'Angelo, Manfredonia, Barletta, Trani, Bisceglie, Bari, Brindisi und Otranto. Die zweite Kastellkette, nordwestlich von Foggia mit Lucera und Castel Fiorentino beginnend, führte über Castel del Monte nach Gioia del Colle und Oria. Eine nächste, bereits Lukanien schützende Kastellkette führte über Lagopesole und Melfi, dann weiter nach Benevent, Capua und Neapel. In Kalabrien entstanden die Kastelle von Cosenza, Nicastro, Vibo Valentia und Reggio di Calabria, jenseits der Meerenge fortgesetzt in den Kastellen der sizilianischen Ostküste mit Catania, Augusta und Syrakus. Von vielen der über zweihundert neugebauten oder übernommenen und erweiterten Kastelle wissen wir nur den Namen, oft noch nicht einmal diesen.

Aber nicht nur die militärische Notwendigkeit, sondern persönliche Leidenschaft für das Bauen trieb Friedrich an, seine Kastelle, Paläste und Jagdschlösser zu errichten. Sein starkes Interesse für Architektur und architektonische Planung ist mehrfach belegt. So studierte er, als er auf seinem Kreuzzug in

Jerusalem weilte, die schwierige Kuppelkonstruktion der Omar-Moschee; oder er gab vor dem Verlassen Jerusalems Anweisungen, wie die neuen Stadtmauern zu fundamentieren seien. Es ist auch nachzuweisen, daß Friedrich als Bauherr an der Planung und Ausführung einer Reihe sizilianischer Profanbauten Anteil hatte, daß er persönliche Anweisungen gab oder sich regelmäßig über den Fortgang einzelner Arbeiten unterrichten ließ. Doch fraglich ist, ob er selbst Baupläne entwarf, wie für Capua und Castel del Monte gelegentlich behauptet wird. Für Castel del Monte stützt sich die Behauptung allein auf das Besondere der mathematischen Abstraktion, auf das achteckige Bauwerk als Abbild der Kaiserkrone und des autokratischen Imperators, vage genug. Doch liegt kein auch nur annähernder Nachweis für die Beteiligung Friedrichs am Entwurf vor. Für Capua meldet der Chronist Richard von San Germano, daß Friedrich 1233 den Auftrag gab, am linken Ufer des Volturno ein Kastell zu bauen, »quod ipse manu propria consignavit«. Ob diese Bemerkung den Kaiser als Entwerfer oder Mitentwerfer meint, wird von den Interpreten unterschiedlich beantwortet und vermag keine endgültige Klarheit zu geben. Es bleibt allein die allerdings ziemlich sichere Annahme, daß Capua wie Castel del Monte und andere Kastelle nicht ohne den richtungweisenden Einfluß Friedrichs gebaut wurden.

In der öffentlichen Meinung, soweit sie den Chroniken zu entnehmen ist, löste die enorme Bautätigkeit des Kaisers vielfach Besorgnis und Erschrecken aus, auch darum, weil das Bauen kostspielig war und der ohnedies mit Steuern geplagten Bevölkerung zusätzliche Lasten auferlegte. Hart klagt der Chronist von Santa Justina in Padua den kaiserlichen Bauherrn an; aber es ist merkwürdig, wie in der Anklage ungewollt Bewunderung mitschwingt, wenn der Chronist schreibt, der Kaiser lasse »Paläste von solcher Schönheit und Ausdehnung mit höchstem Eifer errichten, als ob er immer leben würde, und in denen er doch niemals wohnen wollte, und er baute Burgen und Türme auf den Spitzen der Berge und in den Städten, als ob er glaube, täglich von Feinden belagert zu werden. Das alles tat er, um seine Macht zu zeigen, Schrecken und Bewunderung bei den Menschen zu erregen und um den Ruhm seines Namens so tief in den Sinn jedes einzelnen einzuprägen, daß nie und nimmer ihn das Vergessen auslösche«.

Der Haupttypus der Kastelle war ein rechtwinkliger Vierflügelbau, der einen Innenhof fest umschloß, an den vier Ecken runde oder eckige Türme. Das zeigen anschaulich die staufischen Grundrisse von Trani, Barletta, Bari (hier trapezförmig), von Catania und Syrakus. Das rechtwinklige Ordnungsprinzip war keine neue Schöpfung, sondern findet sich bereits im römischen *castrum,* dem kleinen Militärlager der Römer. Andere, näherliegende Anregungen vermittelten die arabischen und byzantinischen Wehrbauten, die der Kaiser auf seinem Kreuzzug kennenlernte. Sogar die Verwandtschaft zu einem »gleichzeitigen Karawansereitypus« wurde nachgewiesen – im Grundriß und in der Zisternenanlage des 1230 gebauten kleinen Jagdschlosses Gravina di Puglia, einem jener Bauten, die Friedrich besonders liebte, die er *loca solatorium,* Orte der Erquickung, nannte. Noch eindeutiger übernahm der kaiserliche Bauherr eine bestimmte normannische Bauform, abgesehen vom Ausbau und der Erweiterung vorhandener normannischer Burgen – wie in Melfi und Bari.

Friedrich vollendete sozusagen den für die Normannen typischen größeren befestigten Wohnturm, den Donjon, in einem seiner großartigsten Bauwerke, im Kastell von Lucera, dessen Konstruktion überliefert ist. Erhalten blieb von dem einstigen *castellum seu palatium,* in der Sarazenenkolonie Lucera 1235 errichtet, nur noch der Sockel eines geböschten quadratischen Baublocks, der turmartig aufragte und im oberen Teil zu einem Achteck wurde. Es handelt sich aber lediglich um die einen Hof mit Brunnen umschließenden Innenwände eines weit größeren Vierflügelbaus. Der Sockel steht in der Nordostecke eines weitläufigen und imponierenden, türmebewehrten Mauerrings, der jedoch erst später von Karl von Anjou um die Hügelkuppe von Lucera gezogen wurde. Das Palatium Friedrichs zeichnete sich nicht nur durch seinen Reichtum an romanisch-gotischen Schmuckformen aus, sondern war äußerst luxuriös ausgestattet. Wir wissen von antiken Statuen und Büsten, die Friedrich aus Neapel herbeitragen ließ auf den Schultern von Sklaven, damit die Kunstwerke unbeschädigt Lucera erreichten. Es gab Badeeinrichtungen wie in anderen Palästen Friedrichs, für das europäische Mittelalter eine Sensation. Es war alles eingerichtet, um dem Kaiser, so oft er nach Lucera kam, die gewohnten Annehmlichkeiten eines »Ortes der Erquickung« zu bieten.

Ähnlich Lucera, aus dem normannischen Donjon entwickelt, weichen drei weitere Kastelle vom Grundtypus des meist quadratischen Vierflügelbaus mit Ecktürmen ab. Aufgrund ihrer Lage und Bauform sind es – neben Lucera – die bedeutendsten und schönsten von Friedrichs Kastellen: Lagopesole, Capua und Castel del Monte.

Capua war eigentlich kein Kastell, sondern ein Brückentor, das den Übergang über den Volturno sicherte, wo die Via Appia in die Stadt führte. Das Brückentor, 1234 begonnen und nach fünf Jahren im Rohbau fertig, bestand aus zwei, die Durchfahrt flankierenden polygonalen und im oberen Teil runden Türmen. Massive Verbindungsmauern bildeten das acht Meter breite Zwischenstück, in dem ein Gemach für den Kaiser bereitstand. Das gesamte Bauwerk, von dem heute nur noch die beiden Turmstümpfe zu sehen sind, wird allenfalls einer zwanzigköpfigen Besatzung Platz geboten haben. Aber besonderen Reiz gewinnt das Capuaner Brückentor erst durch seine wichtigere repräsentative Bestimmung, indem Friedrich hier die Idee des römischen Triumphtors erneuerte. Wir sind durch nachstaufische Berichte und Skizzen gut unterrichtet, um die architektonische und bauplastische Schönheit des Triumphtors zu ermessen. Es war ein reich gegliedertes Baukunstwerk, wechselnd vom Polygonalen zum Runden, von Bossenquadern zu glattgeschliffenen Marmorplatten, im verwendeten Material erlesen und farbig: aus hellem Kalkstein die Turmsockel, aus schwarzem Tuff die oberen Rundtürme, aus leuchtendem gelbweißem Marmor der Tortrakt.

Friedrichs Triumphtor, vor allem die Gestaltung und Ausschmückung der Mittelfassade durch Skulpturen, verweist bereits auf die Renaissance. (Auffallend ähnlich und wahrscheinlich von Capua beeinflußt, entstand in der Mitte des 15. Jahrhunderts die prächtige Portalfassade zwischen den beiden Rundtürmen des Castel Nuovo von Neapel.) Einige der marmornen Skulpturen, die in den Nischen der erst 1247 vollendeten Torfassade standen, sind erhalten und werden im Museo Campano von Capua aufbewahrt: die Büsten der Justitia und der Großhofrichter Petrus de Vinea und Thaddäus von Suessa, während von der Statue des Kaisers nur ein stark beschädigter Torso, ohne Kopf und Glieder, erhalten blieb. Die Skulpturen stammen aus der kaiserlichen Bildhauerschule, von der wir allerdings kaum Näheres wissen. Der plastische Stil der Skulpturen kommt antik-römischen Vorbildern nahe, was darauf schließen läßt, daß der Kaiser, dessen starke Neigung zur Antike bekannt ist – beispielsweise sammelte er antike Plastiken –, auch die Erneuerung der antiken Bildhauerkunst beeinflußte.

Das Castel Lagopesole überragt heute einsam und wenig besucht das rauhe Bergland der Basilikata (früher Lukanien). Wer auf der gewundenen Straße von Melfi herkommt, den Monte Vulture im Rücken, sieht das ferne Ziel auf der Hügelkuppe in unvergleichlicher Lage. Hier, oberhalb eines Sees, der dem Kastell den Namen gab und der heute ausgetrocknet ist, ließ Friedrich anstelle eines Jagdhauses sein größtes Kastell errichten, das die Paßhöhe der Straße von Potenza nach Melfi beherrschte. Das 1242 begonnene Bauwerk wurde wahrscheinlich erst im letzten Lebensjahr Friedrichs vollendet. Im Gegensatz zu den anderen Kastellen erhielt der überlange rechtwinklige Bau (58 m×96 m) keine Ecktürme und besitzt nur drei Flügel; die Südseite wird lediglich von einer Mauer abgeschlossen. Lagopesole war in erster Linie Garnison. Darum die Größe des Kastells und der beiden Innenhöfe. Zugleich diente Lagopesole als Jagdschloß; und die Wohngemächer des Kaisers und seiner Gäste – im Obergeschoß des Bergfrieds und im Nordwestflügel – boten Annehmlichkeiten wie Bäder, Waschnischen und Toiletten. Trotz des Verfalls und der Verwahrlosung sind Reste der Portal- und Fensterbögen und des einstigen bauplastischen Schmuckwerks gut erkennbar, vor allem vielartig skulpturierte Wandkonsolen mit Köpfen, Blattwerk und Tierfiguren. Aber mehr als solche Einzelheiten wirkt Lagopesole als Ganzes, dank der gut erhaltenen Außenmauern, ein das Land beherrschendes Wahrzeichen Friedrichs, das sehr wohl »Schrecken und Bewunderung« erregte.

Nur ein einziges Dokument des Kaisers betrifft Castel del Monte, genannt das Kastell bei Santa Maria del Monte – einer nahegelegenen und schon früh aufgegebenen Benediktinerinnenabtei. Das Dokument vom Januar 1240 fordert die Bereitstellung von Baumaterial für das Kastell, »das Wir dort errichten wollen«. Doch das am besten erhaltene und architektonisch unvergleichlich vollendete Bauwerk spricht so sehr für sich, daß die fehlende Dokumentation kaum ins Gewicht fällt. Allerdings reizte Castel del Monte wie kein anderes Kastell zu Vermutungen und

Behauptungen, die schwerlich nachprüfbar sind. Schon die Frage, ob der Kaiser die Fertigstellung seines schönsten Kastells erlebt hat, ob er hier jemals residierte, kann nicht mit Sicherheit beantwortet werden.

Unter allen Kastellen Friedrichs bildet Castel del Monte die größte Ausnahme: mehr Jagdschloß und Palast als Kastell, aber über die Zweckbestimmung hinaus die bauliche Repräsentation des Herrschers Friedrich, an die kein anderes seiner zahlreichen Bauwerke heranreicht. Castel del Monte wurde mit Recht »als Krönung aller staufisch-süditalienischen Bauschöpfungen« und »als ein Höhepunkt baukünstlerischen Schaffens in der mittelalterlichen Profanarchitektur« angesehen.

Schon die Lage auf der beherrschenden Höhe der Murge, weithin und rundum sichtbar, ob man von Andria, Ruvo, Minervino oder Canosa herkommt, hebt Castel del Monte hervor, macht es zur »Krone Apuliens«. Man hat das Kastell als Abbild der Kaiserkrone gedeutet, deren achteckige Form Symbol der Reichseinheit war. Die geometrische Figur des Achtecks liegt dem gesamten Bauwerk zugrunde und wiederholt sich im einzelnen. Achteckig ist der Gesamtgrundriß, ebenso der Innenhof. Achteckig sind die jeweils an den Außenkanten vorgezogenen acht Türme, oben, in gleicher Höhe wie das Mauerwerk, abgeplattet. Denkt man an Vorbilder dieser in Apulien einzigartigen oktogonalen Bauform, die Friedrich mit eigenen Augen sah, die ihn interessierten und inspiriert haben könnten, so wären zu nennen: die Pfalzkapelle Karls des Großen in Aachen, San Vitale in Ravenna, vor allem die Omar-Moschee in Jerusalem; er hat ja nachweislich arabische Bauanregungen übernommen. Doch über solche möglichen Anregungen hinaus bezeugt Castel del Monte eine schöpferische Unabhängigkeit, eben durch seine logische Klarheit und Einfachheit, durch seine eigene Vollendung als Kunstwerk.

Auch im Inneren, in der Raumeinteilung, wiederholt sich das geometrische Prinzip: zweimal acht trapezförmige Räume; die Räume des Untergeschosses aus Sicherheitsgründen nur teilweise miteinander verbunden, teilweise vom Innenhof her erreichbar. Die Gemächer des Kaisers und seiner Gäste lagen im Obergeschoß, während die Türme das Wachpersonal aufnahmen, außerdem die Badeeinrichtungen und sanitären Anlagen, deren Wasser von den Regenzisternen des Daches durch Bleirohre hergeleitet wurde. Was heute eher karg wirkt, war äußerst luxuriös ausgestattet. Das deuten noch die frühgotischen Fenster und Portale an, sowie Halbsäulen mit herrlichen Blattkapitellen, Kreuzrippengewölbe nach dem Zisterzienserstil, Reste erlesener verschiedenfarbiger Marmorsorten, Reste des einst überreichen Skulpturenschmucks, antik oder der Antike nahe wie die Skulpturen von Capua. Die Wände der Gemächer waren getäfelt mit feinstem Marmor und trugen kostbare Behänge; auf den Marmorböden lagen arabische Teppiche. In den hochgezogenen offenen Kaminen prasselte wärmendes Holzfeuer.

Merkwürdige Widersprüche Friedrichs sind einerseits die mathematische Strenge und Rationalität seiner Architektur und seiner Gesetze, überhaupt seines ganzen Denkens und Handelns, andererseits die Neigung zum Genuß und zur orientalischen Prachtentfaltung. Einerseits der rastlos tätige Realpolitiker und Staatsmann, der seinen sizilianischen Staat bis ins kleinste Detail genau plant; andererseits der zu Kontemplation, zur Kunst und Wissenschaft neigende Mann, der – wie wir noch sehen werden – auf diesen Gebieten Erstaunliches zuwege bringt.

Friedrich vereinigte das offensichtlich Widersprüchliche in seiner Person. Schon in seiner palermitanischen Jugend schien er ohne Schwierigkeiten Aktivität und Kontemplation miteinander verbinden zu können. Er besaß die Fähigkeit, ganz dem Augenblick zu leben, so zu handeln, als gäbe es nichts anderes auf der Welt als das, was die momentane Lage gerade erforderte. (Später, zur Zeit seiner Niederlagen, kann man beobachten, wie er dazu neigt, alles Störende zu ignorieren und mitunter einem irrealen Wunschdenken zu verfallen.) Mit beispielloser Energie ging er an jede Aufgabe heran, weder sich selbst noch seine Mitarbeiter schonend, die körperliche Belastung bis an die Leistungsgrenze treibend. Dieselbe Geduld und Beharrlichkeit, die er dem Aufbau des Staates zuwendete, bewies Friedrich im Umgang mit den Problemen der Wissenschaft und der Künste. Die Gegner warfen ihm vor, er sei ein Epikureer oder ein Sybarit. Doch wie konnte er bei seiner gewaltigen Arbeitsleistung ein Sybarit, ein verweichlichter Schlemmer, gewesen sein? Allenfalls kann man sagen, daß er seiner epikureischen Lebensphilosophie huldigte. Zeiten intensiver körperlicher und geistiger Arbeit wechselten in Friedrichs Leben mit Zeiten der Muße und des Genusses.

Selbst den Genuß unterwarf Friedrich der Kontrolle durch die Vernunft. Er aß zum Beispiel gern die erlesensten Speisen, die oft von weit hergebracht wurden, aber er bevorzugte leichte, bekömmliche Kost und richtete sich nach den Diätvorschlägen seines Hofphilosophen Theodor, dessen geradezu rührenden Hinweise unter anderem vorschrieben: »Meide Rohes, Salziges, Scharfes, Verdorbenes, Hartes, Knorpeliges, Verstopfendes, Unverdauliches, Melancholisches, Cholerisches, Schlüpfriges, Faules und Sumpfiges. Früchte nimm als Arznei.« Er nahm einmal täglich eine volle Mahlzeit und fastete regelmäßig, nicht aus religiösen, sondern aus gesundheitlichen Gründen. Der seinerzeit gewiß ungewöhnliche Brauch Friedrichs, häufig am Sonntag zu baden, brachte ihn in Verruf, gegen die christliche Sitte und die »Vorschriften Gottes« zu verstoßen.

Der Hofphilosoph gab Friedrich auch auf seinen Wunsch Verhaltensregeln für den Beischlaf: »Enthalte dich des Beischlafs, wenn die Natur nicht dazu drängt. Unterliege nicht der Ausschweifung, sondern mache es höchstens einmal in der Woche. Ein solcherart geregelter Beischlaf erwärmt den Körper mäßig, trocknet die überflüssige Feuchtigkeit aus, reinigt das Gehirn und die Nieren und macht den ganzen Körper leichter.« Und weiter: »Die Ausübung des Beischlafs wird am besten sein mit nüchternem und nicht zu vollem Magen, nicht unmittelbar nach dem Essen und nicht vor dem Schlafen, sondern nach bereits erfolgter Verdauung in der Leber, und nachdem die einzelnen Glieder die ihnen zustehende Nahrung erhalten haben. Dann nämlich ist der Körper und sind die Glieder kräftiger, und der Körper verlangt mehr danach.«

Welchen Eindruck machte Friedrich auf seine Zeitgenossen? Der ihm feindlich gesonnene Chronist Salimbene von Parma, der etwas verschämt gesteht, auch er habe Friedrich eine Zeitlang verehrt, schrieb: »Er war ein durchtriebener Mann, verschlagen, geizig, ausschweifend, boshaft und jähzornig. Gelegentlich aber zeigte er auch tüchtige Eigenschaften, wenn er willens war, seine Güte und Freigebigkeit zu beweisen. Dann war er freundlich, fröhlich, voll Anmut und edlen Strebens. Er konnte lesen, schreiben, singen, und Kantilenen und Gesänge erfinden. Er war ein schöner, wohlgebauter Mann, wenn auch nur von mittlerem Wuchse.«

Ein arabischer Chronist sah den fünfunddreißigjährigen Friedrich so: ». . . rotblond, bartlos und kurzsichtig. Wenn er Sklave wäre, hätte man keine zweihundert Drachmen für ihn gegeben.« Der päpstlich gesinnte Chronist Saba Malaspina bezeichnete Friedrich als »kühnen und unerschrockenen Mann, voll Kraft und großer Gelehrsamkeit, von außerordentlicher natürlicher Weisheit. Er war reich, freigebig und liebenswürdig, aber dem Wohlleben ergeben, hielt sich viele Buhlerinnen und Mameluk-ken nach der Art der Sarazenen. Allen leiblichen Genüssen ergab er sich und führte ein geradezu epikureisches Leben, ohne daran zu denken, daß es ein anderes Leben geben könnte«. Ein anderer zeitgenössischer Chronist schrieb: »Es war aber Friedrich nicht groß, von gedrungenem Körperbau, etwas rötlich, übermenschlich klug, sehr gebildet und sprachenkundig, ein erfahrener Künstler in allen mechanischen Künsten, mit denen er sich gern beschäftigte. Am meisten ergötzte er sich an der Falkenjagd. Er war gegen die, die es verdienten, recht freigebig, aber nicht verschwenderisch, obwohl er überreich an Schätzen war. Er war ein besonderer Liebhaber der weiblichen Reize; auch hielt er sich eine ganze Schar schöner Frauen.« Im wesentlichen stimmen diese voneinander unabhängigen Charakterisierungen überein. Was Salimbene mit »boshaft« umschrieb, war wohl die Kälte und Grausamkeit, zu der Friedrich imstande war. Auch Ernst Kantorowicz, einer der großen Bewunderer Friedrichs, weist auf seine »Fähigkeit zum ›Bösen‹«, ja auf seine »Lust am Bösen« hin. Seinen »Jähzorn«, zu dem er schon als Kind neigte, bekam nicht nur der Emir Ibn-Abbad zu spüren, als er den Kaiser um Gnade anflehte und durch einen brutalen Fußtritt schwer verletzt wurde. »Durchtrieben« war Friedrich gewiß. Wenn es um seine herrscherliche Macht ging, war ihm jedes Mittel recht, das zum Ziel führte. Diese Skrupellosigkeit zeigte sich bereits in den ersten sizilianischen Jahren. Salimbenes Vorwurf der »Ausschweifung« bezog sich auf den vielberedeten angeblichen Umgang Friedrichs mit »Buhlerinnen«, »Sarazenenmädchen« und »schönen Frauen«, worauf auch die beiden anderen Chronisten hinweisen.

Von den vielen Gerüchten um die Person Friedrichs wirkten die über sein Liebesleben besonders schockierend. Man erzählte, er habe Foggia bauen lassen, um Gelegenheit zu haben, seine maßlose Sinnlichkeit zu befriedigen. Im nahegelegenen Lucera habe er nach arabischem Brauch einen Harem unterhalten, weshalb man ihn spöttisch den »Sultan von Lucera« nannte.

Unheimlich war vielen der Umgang des Christenkaisers mit Sarazenen. Schon allein die Tatsache, daß es verschleierte Sarazeninnen an seinem Hof gab und er sie auf seinen Reisen mit sich führte, war eine Provokation. Papst Innozenz IV. warf ihm in aller Offenheit vor, er »beflecke sich durch ihren Umgang in schamloser Weise«.

Dafür, daß Friedrich einen Harem hatte, gibt es keine Beweise, lediglich Gerüchte und Vermutungen. Überliefert ist eine Anweisung des Kaisers, die sarazenischen Sklavinnen in Lucera mit bestimmter Kleidung zu versorgen und sie zum Spinnen anzuhalten, »damit sie ihr Brot nicht umsonst essen«. Ähnlich lautet die Aussage des Großrichters Thaddäus von Suessa, der auf dem Konzil von Lyon den Vorwürfen des Papstes entgegentrat: »Die sarazenischen Mädchen aber hält er nicht zum Beischlafe – wer könnte das beweisen? –, sondern wegen ihrer Gewandtheit und einiger anderen weiblichen Kunstfertigkeiten.« Nachweisbar ist der Dienst sarazenischer Sklavinnen im Gefolge der Kaiserin, und daß sie für den Hof Kleidungsstücke, Tücher und Behänge, Schabracken und Wandteppiche herstellten. Da ihre Dienste auch während der Reisen des Großhofs benötigt wurden, sah man die Sarazenenmädchen, nach ihrer Sitte verschleiert und von Eunuchen bewacht, im Gefolge des Kaisers.

Friedrich war dreimal verheiratet. Alle drei Ehen wurden aus politischen Gründen geschlossen. Keine der Frauen hatte er vor der Ehe gesehen. Mit Ausnahme der Aragonesin Konstanze, die ihm den ersten Sohn Heinrich gebar, scheinen die Gemahlinnen Friedrichs in seinem Leben nur eine höchst unbedeutende Rolle gespielt zu haben. Einzig Konstanze wurde zur Kaiserin gekrönt und lebte bis zur Krönung in Rom an der Seite Friedrichs. Die junge Isabella von Brienne, die Mutter des Thronerben Konrad, und Isabella von England, die Friedrich eine Tochter und einen Sohn schenkte, lebten beide während ihrer kurzen Ehejahre abgeschieden und fern vom Hof.

Engere menschliche Beziehungen verbanden Friedrich wahrscheinlich mit einigen seiner zahlreichen Geliebten. Aber außer ein paar Namen weiß man so gut wie nichts von ihnen. Eine deutsche Adelige namens Adelheid gebar um 1216 den Sohn Enzio, den Friedrich »in Wuchs und Antlitz unser Ebenbild« nannte. In den späten zwanziger Jahren wurden die unehelichen

Söhne Richard von Theate und Friedrich von Antiochien geboren. Die Mutter des letzteren war vielleicht eine Orientalin, sehr vagen Gerüchten zufolge die Schwester des Sultans al-Kamil. Eine offenbar leidenschaftliche und längere Zeit anhaltende Zuneigung verband Friedrich mit Bianca Lancia, einer Adeligen aus Piemont. Sie gebar 1232 in Venosa den Kaisersohn Manfred und einige Jahre später die Tochter Konstanze. Bianca Lancia erhielt 1241 durch eine ungewöhnlich großzügige kaiserliche Schenkung mehrere Ländereien. Mehr weiß man auch von ihr nicht.

Friedrich ließ seine unehelichen Söhne und Töchter mit derselben Sorgfalt erziehen wie seine legitimen Kinder. Besonders herzlich war sein Verhältnis zu Enzio und Manfred. Der Kaiser sorgte für die standesgemäße Heirat seiner Töchter, seinen Söhnen überantwortete er hohe Ämter und Aufgaben im Reich. Enzio wurde König von Sardinien und kämpfte als kaiserlicher Heerführer in der Lombardei. Richard von Theate wurde Generalvikar der Mark Ancona und Spoletos. Friedrich von Antiochien übernahm das Generalkapitanat der Toskana. Manfred wurde Fürst von Tarent und nach dem Willen von Friedrichs Testament mit achtzehn Jahren Statthalter des Königreichs Sizilien, dessen Krone ihm nach dem Tod des legitimen Erben Konrad zufiel.

18 Die zweite Heirat bringt das Königreich Jerusalem ein

Seit der Rückkehr aus Deutschland stand dem Kaiser ein Ratgeber besonders nahe: der Deutschordensmeister Hermann von Salza. Der gebürtige Thüringer war 1211 zum Hochmeister des noch jungen, Ende des 12. Jahrhunderts in Akkon gegründeten Ordens gewählt worden. Innozenz III. hatte dem Orden, der nur ritterbürtige Deutsche aufnahm, die Regel der Templer gegeben. Aus einer Spitalbruderschaft hervorgegangen, zählte der Orden schon bald – neben der Krankenpflege – den Kampf gegen die Ungläubigen zu seiner vornehmsten Aufgabe. Wahrscheinlich erschien Hermann von Salza 1216 in Nürnberg zum erstenmal auf einem Hoftag Friedrichs, als der noch unbedeutende Deutschorden einige Schenkungen erhielt. Doch nachweisbar tritt »Bruder Hermann« erst 1220 als Beauftragter Friedrichs in Erscheinung; er gehörte zu Friedrichs Verhandlungsführern vor der Kaiserkrönung in Rom.

Für Friedrich war die Begegnung mit dem fünfundzwanzig Jahre älteren Thüringer ein außerordentlicher Glücksfall. Zwischen beiden muß schnell ein enges wechselseitiges Vertrauensverhältnis entstanden sein; denn der Deutschordensmeister übernahm schon unmittelbar nach Capua die wichtigsten diplomatischen Missionen. Über zwei Jahrzehnte, bis zu seinem Tode 1239, blieb Hermann von Salza der engste und zuverlässigste Ratgeber Friedrichs, vergleichbar nur dem zweiten Vertrauten, dem Erzbischof Berard von Palermo.

Wiederum, wie im Falle Berards, kam Friedrich zugute, daß Hermann von Salza die höchste Achtung der Kurie genoß. Mehr noch – Papst Gregor IX. lobt ihn, den Ratgeber seines Widersachers Friedrich, 1231 in einem Brief an die Lombarden als »Mann von erprobter Treue, dessen Umsicht ihn mit Recht angenehm macht«. Nicht anders rühmt Friedrich 1237 die »gewohnte treu-eifrige Zuverlässigkeit« seines Mannes. Der Deutschordensmeister hatte dem Papst wie dem Kaiser den Treueid geleistet; er wollte, wie er selbst schrieb, für »die Ehre der Kirche und des Reiches wirken«. Während der schärfsten Auseinandersetzungen, jedenfalls bis 1239, war vorwiegend er es, dessen politische Einsicht und diplomatisches Geschick den Ausgleich zwischen Papst und Kaiser herbeiführten.

Die Berichte über den Menschen Hermann stimmen darin überein, daß er »nicht leichtblütig und flink, eher gewichtig und bedacht« auftrat und alle seine Handlungen »Zuverlässigkeit, Rechtlichkeit und Männlichkeit« bewiesen. Gegenüber Friedrichs cholerischem Temperament bildete er den ruhenden und ausgeglichenen Gegenpol. Aber Friedrich, trotz seines ausgeprägten Autoritätsbewußtseins, beugte sich in entscheidenden Fragen den Argumenten seines erfahrenen Beraters, beispielsweise anläßlich der Königskrönung in Jerusalem. Wie kein zweiter aus dem engeren Hofkreis war Hermann rastlos im Sattel, mit höchsten diplomatischen Missionen unterwegs zwischen Foggia und Rom, auf den steinigen Straßen nach Deutschland und zum Heiligen Land. Nur eine zähe Gesundheit konnte die physischen Strapazen ertragen, die Hermann von Salza noch im vorgerückten Alter zwischen fünfzig und siebzig Jahren auf sich nahm. Mit dem Papst und der Kurie verhandelte er in Rom, Anagni, Veroli, Ferentino und San Germano. Auf beschwerlichen Ritten nach Deutschland warb er bei den Fürsten für den Kreuzzug Friedrichs. Später wird er im Konflikt mit Friedrichs aufrührerischem Sohn Heinrich als Vermittler wirken. Er begleitete den Kaiser auf seinem Kreuzzug, übernahm zeitweise die kommissarische Leitung und reiste auch nach dem Kreuzzug wiederholt im Auftrag Friedrichs nach Syrien.

Dem Deutschordensmeister waren die Verhältnisse in Deutschland und im Orient vertraut. Vor allem in Syrien lag die Tätigkeit des Deutschordens; der geplante Kreuzzug, die Befreiung des Heiligen Landes, deckte sich mit dem Auftrag der Deutschritter. Es ist fast unvorstellbar, daß der unablässig im Dienst des Kaisers beanspruchte Hochmeister noch Zeit hatte für die Führung seines Ordens. Und dennoch gewann der Deutschorden unter Hermann von Salza sein höchstes Ansehen und seine stärkste Ausprägung. Friedrichs Unterstützung machte den Deutschorden im Heiligen Land stark, und die Deutschritter standen, zeitweise als einzige der Ritterorden, verläßlich auf der kaiserlichen Seite. Als bedeutendes Privileg erwirkte Hermann von Salza, daß der Hochmeister, wenn er sich am Hof aufhielt, zum Hofstaat gehörte, zur *familia* des Kaisers. Ferner durften zwei Ordensritter ständig am Hofe weilen. Friedrich zog die Deutschritter auch zu höheren Verwaltungsaufgaben heran, so übertrug er dem Ordensbruder Berthold von Tannenrode die Verwaltung des Elsaß. Sind solche Bevorzugungen der Deutschritter ohne den Einfluß Hermann von Salzas undenkbar, so erst recht die größte und zukunftweisende Privilegierung, die Friedrich durch die Goldene Bulle von Rimini 1226 gewährte und die dem Deutschen Ritterorden den Weg nach Osteuropa, in das heidnische Preußen öffnete.

Zunächst, um in unseren geschichtlichen Zusammenhang zurückzukehren, bereitete Hermann von Salza zwei persönliche Treffen zwischen Friedrich und Papst Honorius III. vor, auf denen über das Kreuzzugsunternehmen konferiert wurde, 1222 in Veroli und 1223 in Ferentino. Angesichts der Spannungen und der konträren Standpunkte beider Parteien hatte der Deutschordensmeister bei den Verhandlungen keinen leichten Stand. Der greise, kränkelnde Papst drängte auf eine möglichst schnelle

Erfüllung des Kreuzzugsversprechens. Wie bereits bekannt, erwirkte Friedrich in Veroli einen Aufschub bis zur Besiegung der Sarazenen. Aber in Ferentino mußte er geloben, den Kreuzzug im Sommer 1225 endlich anzutreten. Hermann von Salza, der unterdessen mehrfach in Deutschland weilte, um für den Kreuzzug zu werben, kehrte am Jahresanfang mit schlechten Nachrichten zurück. Die Reichsfürsten zeigten sich unwillig, einem Kreuzzug zum jetzigen Zeitpunkt zuzustimmen; die Finanzierung, die durch wiederholte große Kollekten gesichert werden sollte, war völlig unzureichend. Der Deutschordensmeister mußte Papst und Kaiser von der Notwendigkeit eines weiteren Aufschubs überzeugen. Friedrich wird die erneute Verzögerung, die ja nicht ihm anzulasten war, eher begrüßt haben, denn noch war die Reorganisation des sizilianischen Königreichs nicht abgeschlossen.

Im unmittelbaren Zusammenhang mit dem Kreuzzugsunternehmen rückte nun ein delikates Thema in den Vordergrund, das auch der Deutschordensmeister vermitteln sollte: die Wiederverheiratung Friedrichs. Im Juni 1222, während der Sarazenenkrieg im Bergland seinen ersten Höhepunkt hatte, war in Catania die Kaiserin Konstanze gestorben. Als Hermann von Salza im Frühjahr darauf in Rom weilte, um die Zusammenkunft von Kaiser und Papst in Ferentino vorzubereiten, traf er Johann von Brienne, der für seine zwölfjährige Tochter Isabella einen Gemahl suchte. Der französische Graf Johann von Brienne hatte 1212 Maria von Montferrat geheiratet, die Erbin des Königreichs Jerusalem, das nach der Eroberung Jerusalems 1099 unter Gottfried von Bouillon nach französischem Vorbild gegründet worden war. Durch den frühen Tod der Mutter war die junge Isabella legitime Erbin der jerusalemitischen Krone, während Johann das Erbe kommissarisch verwaltete, jedoch den Königstitel trug. Allerdings gab es nicht mehr viel zu verwalten. Jerusalem und die anderen heiligen Städte hielten die Mohammedaner besetzt. Das Königreich war auf einen schmalen Küstenstreifen mit den Städten Tyrus und Akkon zusammengeschrumpft. Das einzige, was Isabella als Mitgift ihrem künftigen Gemahl mitbrachte, war der Anspruch auf den Thron und den Königstitel von Jerusalem. Doch das genügte Hermann von Salza, Friedrich die eheliche Verbindung mit ihr vorzuschlagen.

Papst Honorius nahm den Eheplan mit Begeisterung auf. Er

versprach sich davon eine Beschleunigung des Kreuzzugsunternehmens. Friedrich, dem Hermann von Salza das Votum des Papstes in San Germano überbrachte, zögerte zunächst, in die Ehe mit der jungen, verarmten Französin in Syrien zu willigen. Schließlich gab die Aussicht auf die Krone von Jerusalem den Ausschlag. Friedrich ließ sich überreden; im Frühjahr 1223, bei der Zusammenkunft von Kaiser und Papst in Ferentino, an der auch der Patriarch von Jerusalem, Johann von Brienne und der Deutschordensmeister teilnahmen, wurde die Hochzeit mit Isabella besiegelt, »um das in Angriff genommene Werk, die Befreiung des Heiligen Landes, noch besser durchführen zu können«.

Nach dem Abschluß der Hochzeitsvorbereitungen forderte der Papst im Juli 1225 im Vertrag von San Germano die endgültige Zusicherung des Kreuzzugs. Die Vertragsbestimmungen machten einen Widerruf unmöglich. Zwar erreichte Friedrich nochmals einen zweijährigen Aufschub, doch er verpflichtete sich, das Kreuzzugsgelübde unwiderruflich bis zum August 1227 zu erfüllen. Andernfalls drohte ihm der päpstliche Bann. Nach dem Vertrag hatte der Kaiser den Unterhalt von eintausend Rittern für zwei Jahre im Heiligen Land zu bestreiten. Er mußte Schiffe für weitere zweitausend Ritter samt Pferden und Gefolge stellen. Als Sicherheit für die Finanzierung des Kreuzzugs hatte er hunderttausend Goldunzen aufzubringen. Im Falle der Nichterfüllung sollten sie verfallen. Die Treuhandschaft für diese hohe Summe übernahm Hermann von Salza.

Friedrichs Verbindung mit der jungen Syrerin gab später reichlich Anlaß zu Legenden. Die wenigen überlieferten Fakten wirken eher ernüchternd. Sie zeigen, wie Isabella zum Spielball der verschiedenen politischen Interessen wurde. Ihr Vater, König Johann, versprach sich die Rückeroberung Jerusalems. Der Kaiser dachte, die Krone Jerusalems und das Erbe des syrischen Königreichs für sich selbst zu gewinnen. Papst Honorius gab bereitwillig den Ehedispens, damit der Kaiser sein Kreuzzugsversprechen bald einlöse.

Im August 1225 liefen vierzehn wimpelgeschmückte Galeeren in den Hafen von Akkon ein, die die kaiserliche Braut nach Apulien holen sollten.

Friedrich hatte unter der Führung seines Admirals Heinrich von Malta ein fürstliches Aufgebot geschickt. Nur daß der Kaiser in Apulien blieb, während in der Heiligkreuzkirche von Akkon die feierliche »Ferntrauung« stattfand, berichteten die Chronisten mit großer Verwunderung.

Ein sizilianischer Bischof steckte der Braut stellvertretend den Ring des Kaisers an den Finger. In Tyrus wurde die erst vierzehnjährige Isabella zur Königin Jerusalems gekrönt und empfing die Huldigung der syrischen Edlen. Als die Schiffe mit der Neuvermählten in Zypern Station machten, besuchte Isabella ihre Tante, die Königin Alice von Zypern. Beim Abschied kam es zu einer ergreifenden Szene. In ihrem hilflosen Kummer brach das Mädchen in Tränen aus.

Die einzigen, von Isabella überlieferten Worte beziehen sich auf diese Szene, als sie, noch einmal ihrer Heimat gedenkend, ausgerufen haben soll: »Ich empfehle dich Gott, mein geliebtes Syrien, das ich niemals wiedersehen werde!«

Für die junge Isabella gab es schon bald noch andere Gründe, ihr Schicksal zu beklagen. Friedrich und Johann von Brienne erwarteten Isabella in Brindisi, wo im November mit gebührendem Aufwand die Hochzeitsfeierlichkeiten stattfanden. Noch während der Festlichkeiten kam es zum Zerwürfnis zwischen dem Kaiser und Johann von Brienne. Friedrich beanspruchte ohne Aufschub den Königstitel für sich. Von seinem Schwiegervater forderte er den Verzicht auf alle königlichen Rechte. Außerdem verlangte er die Herausgabe von fünfzigtausend Silbermark, die der verstorbene König von Frankreich zur Unterstützung des Heiligen Landes dem Titularkönig Johann überlassen hatte.

Johann von Brienne, dem Kaiser bis zur Stunde freundschaftlich verbunden, rechnete offenbar erst in zwei Jahren, nach der Volljährigkeit seiner Tochter und dem Beginn des Kreuzzugs, mit der Abtretung des Königstitels und der Rückzahlung der fünfzigtausend Silbermark. Jedenfalls empfand er Friedrichs Vorgehen als Kränkung. Nach dem offenen Streit floh er nach Rom und fand dort Unterstützung bei der Kurie. Doch Friedrich war nicht der Mann, eine einmal beschlossene Sache rückgängig zu machen. Er ließ sich von den syrischen Baronen als König huldigen. Von nun an trugen die kaiserlichen Urkunden das Siegel des Imperators und des Königs von Jerusalem und Sizilien.

Etwas anderes betraf Isabella persönlich. Angeblich soll Friedrich seine noch kindliche und schüchterne Braut brüskiert haben, indem er nicht sie, sondern ihre etwas ältere Kusine Anais begehrte, die im Gefolge Isabellas nach Brindisi gekommen war. Die Behauptung, Friedrich habe die Hochzeitsnacht nicht mit seiner Braut, sondern mit Anais verbracht, mag übertrieben sein. Doch erscheint es glaubwürdig, daß der in Liebesangelegenheiten freisinnige Mann seine Leidenschaft der reiferen und schönen Syrerin Anais zuwandte. Nach der Überlieferung schrieb Friedrich der geliebten Anais, seiner »Blume Syriens«, als Abschiedslied eine seiner Kanzonen.

Seiner jungen Gemahlin wies Friedrich als Wohnsitz das Schloß Terracina bei Salerno zu. Dort lebte sie einsam und abgeschieden, nach sizilianisch-orientalischem Brauch von Eunuchen bewacht. Eine Herrin im goldenen Käfig, eine Kaiserin ohne Krone, eine Ehegattin ohne Gemahl. Nur zweimal öffnete sich der goldene Käfig, der gewiß außer der Freiheit der jungen Syrerin alle Annehmlichkeiten bot. Einmal besuchte sie an der Seite Friedrichs die Insel Sizilien und wohnte im Königsschloß von Palermo. Im Sommer 1227, vor der ersten mißglückten Ausfahrt der kaiserlichen Kreuzflotte, war Isabella in Apulien in der Nähe Friedrichs. Als in der Augusthitze in der Gegend von Brindisi die wartenden Kreuzfahrer scharenweise an der sich schnell ausbreitenden Ruhr erkrankten und flüchtende Kreuzfahrer die Seuche ins Land schleppten, ließ Friedrich seine schwangere Gemahlin nach Otranto bringen.

Zweieinhalb Jahre nach der Eheschließung in Brindisi starb Isabella, sechzehn Jahre alt, bei der Geburt des Sohnes Konrad am 6. Mai 1228. Der Kaiser ließ ihren Leichnam in der Kathedrale des apulischen Andria beisetzen, nicht in Palermo, wo die erste kaiserliche Gemahlin Konstanze ihr Grab fand. Erlaubte der Kreuzzug, der nun unmittelbar bevorstand, die kostspielige und langwierige Überführung nach Palermo nicht? Oder wollte Friedrich noch der Toten zeigen, wie gering er das Mädchen Isabella schätzte? Offensichtlich spielte die syrische Königstochter, die nicht zur Kaiserin gekrönt wurde, im Leben Friedrichs eine denkbar unbedeutende Rolle.

Aber Isabella gebar dem Kaiser den Sohn, den er »vor allen anderen am zärtlichsten liebte«, König Konrad, und Isabella brachte dem Kaiser den jerusalemitischen Königstitel ein. Aus dieser Sicht hatte die Heirat ihren Zweck erfüllt.

Vierter Teil

Der Kreuzzug des Gebannten

19 Vorbereitungen zum Kreuzzug

Im Juli 1215 hatte Friedrich am Grabe Karls des Großen in Aachen das Kreuzgelübde abgelegt – aus freiem Willen, ohne Drängen des Papstes, Innozenz III., für den die Kreuzzugsankündigung völlig überraschend kam, die sogar seinen eigenen Absichten zuwiderlief. Zehn volle Jahre vergingen, bis im Vertrag von San Germano der Kreuzzugstermin ein für allemal festgelegt wurde. Dann wurde er nochmals um zwei Jahre hinausgezögert.

Wie Friedrich in diesen zwölf Jahren – bis zum tatsächlichen Kreuzzugsbeginn waren es dreizehn – taktierte, wie er den Termin unter allen möglichen Vorwänden immer wieder zu verschieben verstand, ist ein Beweis für seine überlegene, mitunter skrupellos konsequente Diplomatie. Aus der Sicht des Kaisers war die Festigung der politischen und wirtschaftlichen Ordnung im eigenen Land die vordringlichere Aufgabe. Ohne diese Basis fehlten die materiellen und persönlichen Grundlagen, die dem Kreuzzug Aussicht auf Erfolg gaben.

Die Kurie beurteilte Friedrichs Verzögerungstaktik anders. In den ersten Jahren reagierte der milde Papst Honorius III. noch mit zurückhaltendem Groll. So schrieb er Friedrich im März 1220, einige Monate vor der Kaiserkrönung: »Schon dreimal habe ich nach Deinen Wünschen die Frist verlängert, ohne Rücksicht darauf, daß der dreimal Verpflichtete, aber nicht Erfüllende des Versäumnisses wegen zu verurteilen wäre. Ich habe Dein Vorgehen nicht als Widersacher, sondern als Freund angesehen und will auch jetzt die Frist nochmals bis 1. Mai ausdehnen ... Selbst die Geringsten haben bei minderem Anlaß rüstig das Kreuz genommen; in dem Maß aber, als bei Dir die Beweggründe gewichtiger, die Macht bedeutender, die dadurch eintretende Hilfe wirksamer ist, geziemt sich auch weniger Entschuldigung für Lässigkeit und Versäumnis.«

Als Friedrich auch nach der Kaiserkrönung seine Hinhaltetaktik fortsetzte, mußte die Kurie an seiner Aufrichtigkeit zweifeln. Nun reagierte Honorius III. mit zunehmender Schärfe, um so mehr, als zumindest der Verdacht nicht von der Hand zu weisen war, daß Friedrich ihn täuschte. Es besteht ein merkwürdiger Widerspruch zwischen dem, was geschah, und dem, was Friedrich ständig beteuerte. Bereits im Herbst 1221, nachdem päpstliche Kreuzfahrer in Ägypten bei Damiette vernichtend geschlagen wurden, schrieb Friedrich dem Papst: »Wer im christlichen Volke starrt nicht erschüttert auf diesen Zusammenbruch, wenn er sieht, wie der, der das Kreuz verfolgt, über das Kreuz triumphiert? O diese Schmach! Die Söhne der Kirche fliehen vor den Hunden der Synagoge, und über dem Kriege des Herrn erhebt sich der Sieg Mohammeds.« Er versichert wieder einmal, daß »seine Sorge um diese Sache nicht schlafe«, was seine »Rüstungen beweisen«. Man kann nur vermuten, wie zähneknirschend der Papst und die Kurienkardinäle solche Äußerungen hinnahmen.

Es stellt sich die Frage, ob Friedrich überhaupt die Absicht hatte, sein Kreuzgelübde zu erfüllen. War ihm am Ende das Kreuzzugsunternehmen gleichgültig? Läßt sich aus seiner in mancher Beziehung freisinnigen und fortschrittlichen Haltung, aus seiner Neigung zur islamischen Geisteswelt, aus seiner Errichtung eines autonomen weltlichen Staates folgern, daß er den Kreuzzug generell ablehnte? Aber solche Vermutungen beruhen auf einem Mißverständnis. Friedrich war von seiner Rolle als Sohn der Kirche und oberster Beschützer der Christenheit überzeugt. Die mittelalterliche Auffassung von der Einheit der Kirche und des Reichs galt ihm als unabdingbar, was ja auch seine Ketzergesetze bezeugen. Seine spätere Kirchenfeindlichkeit entzündete sich allein an der Interessenkollision zwischen den kaiserlichen Machtansprüchen und der imperialen Politik der römischen Kurie.

Friedrich zog bei seiner durchaus orthodoxen Grundeinstellung sein Gelübde und seine Verpflichtung zum Kreuzzug niemals in Zweifel. Nur wollte und mußte er Zeit gewinnen, was er denn auch durch eine höchst eigensinnige, raffinierte Vertragspolitik erreichte. Erst wenn er im Reich und in Sizilien die Verhältnisse fest und sicher geordnet hatte, so daß seine längere Abwesenheit die Stabilität nicht mehr gefährden konnte, schien es ihm ratsam und möglich, den Kreuzzug durchzuführen. Daß der greise Honorius III., der die Befreiung Jerusalems als sein Lebensziel ansah, die Prioritäten des Kaisers auf die Dauer nicht teilen konnte, ist wiederum begreiflich, zumal die Art des staatlichen Aufbaues in Sizilien ihm in vielem mißfallen mußte.

Friedrichs unwiderrufbare, durch ungewöhnlich hohe Vorauszahlungen bereits wirksame Verpflichtung durch den Vertrag von

San Germano und seine im selben Jahr 1225 erfolgte Heirat mit der Thronerbin Jerusalems bestätigten seine grundsätzliche Bereitschaft zum Kreuzzug, für den inzwischen die materiellen Voraussetzungen geschaffen waren. Nachdem Sizilien für den Kreuzzug gerüstet war, warben kaiserliche Gesandte und Kreuzzugsprediger in Deutschland und Norditalien verstärkt für die Kreuznahme. Hermann von Salza reiste im Herbst 1226 nach Deutschland, um mit sizilianischem Gold und mit Versprechungen des Kaisers für den Kreuzzug zu werben. In Aachen traf er anläßlich der Krönung Margarethes von Babenberg, der jungen Gemahlin König Heinrichs VII., eine große Zahl versammelter Fürsten, Grafen und Ritter. Während der Deutschordensmeister den Herzog von Österreich, den Vater Margarethes, selbst für angebotene zehntausend Silbermark nicht gewinnen konnte, erhielt er die Zusage von zwei Reichsfürsten. Landgraf Ludwig von Thüringen, der Gemahl der heiligen Elisabeth und Vetter des Kaisers, nahm das Kreuz – gegen eine Zahlung von fünftausend Silbermark und das Versprechen, daß ihm künftig die Reichseinnahmen der Mark Meißen zufallen sollten. Herzog Heinrich von Limburg schloß sich an – gegen ähnliche Zusagen und Geldgeschenke. Außerdem gewann Hermann von Salza für den kaiserlichen Kreuzzug siebenhundert deutsche Ritter, die jeweils ein beträchtliches Handgeld erhielten.

In das gleiche Jahr 1226 fallen drei Ereignisse, die über die engere sizilianische Szene hinausweisen. Zumal das erste der drei Ereignisse, mittelbar mit dem Kreuzzugsunternehmen verbunden, läßt Zusammenhänge erkennen, deren Auswirkung auf die gegenwärtige und zukünftige Politik Friedrichs zunehmend an Bedeutung gewinnt.

Noch im selben Monat, in dem der Vertrag von San Germano geschlossen wurde, berief Friedrich einen Reichstag ein, der zu Ostern 1226 in Cremona stattfinden sollte. Geladen waren außer König Heinrich VII. und den deutschen Fürsten und Prälaten vor allem die lombardischen Kommunen. Die norditalienischen Städte wußten sofort Bescheid: Nachdem die sizilianischen Verhältnisse gefestigt waren, drängte Friedrich noch vor dem Kreuzzug auf eine Klärung der Verhältnisse in der Lombardei.

Daran lassen die Wahl des Tagungsortes und die in Cremona auf der Tagesordnung stehenden Themen keinen Zweifel. Es ging um die Wiederherstellung der Reichsrechte in Italien, die

Ausrottung der Ketzer und die Vorbereitungen zum Kreuzzug. Nichts spricht dafür, daß Friedrich die beiden letzten Themen bloß aus opportunistischen Gründen gegenüber der Kurie vorbrachte. Dennoch stand der erste Punkt im Vordergrund. Seine Koppelung mit den Kreuzzugsvorbereitungen und der Ketzerbekämpfung war ein äußerst geschickter Schachzug. Er sicherte Friedrich die volle Unterstützung der römischen Kurie.

Vorläufig war dem Kaiser in der Lombardei nur eine Minderheit von Städten ergeben, darunter Cremona, Parma, Pavia, Modena, Pisa und Lucca. Die meisten Lombardenstädte unter der Führung Mailands, die schon Friedrich Barbarossa getrotzt hatten, verhielten sich gegenüber der kaiserlichen Politik renitent. Die Lombarden bestanden auf ihren Gewohnheitsrechten, ihren Freiheiten als Stadtrepubliken, ihrer ungeteilten politischen und wirtschaftlichen Autonomie. Für den Kaiser bedeutete das einen unerträglichen Zustand. Friedrich mußte das Verbindungsland zwischen Norden und Süden wieder fest in der Hand haben. Er brauchte die Steuern der Lombardenstädte. Er wollte die kaiserlichen Rechte, die sie sich in den Jahrzehnten einer schwachen Reichspolitik angemaßt hatten, dem Reich zurückgewinnen.

Aber gerade bei der Lombardenfrage spielten neben den objektiven Gesichtspunkten des Kaisers auch persönliche Motive eine wichtige Rolle. Er konnte nie vergessen, daß die Mailänder und ihre Verbündeten einst den siebzehnjährigen »Puer Apuliae« auf seinem Weg nach Deutschland gejagt und mit Spott überschüttet hatten. Dies Erlebnis wie die traditionell antistaufische Haltung Mailands überhaupt, weckten in ihm einen leidenschaftlichen Haß, der ihn auch zu anderen Zeiten seine ungewöhnliche staatsmännische Besonnenheit vergessen ließ. Die diplomatische Mißachtung Mailands, vor allem mit der Wahl des Tagungsortes Cremona, schafften von Anbeginn Tatsachen, deren Parteilichkeit nicht zu übersehen war. Angesichts der Rivalität zwischen Mailand und Cremona machte die eindeutige Bevorzugung Cremonas die an sich notwendige Schiedsrichterrolle des Kaisers im Streit beider Städte unmöglich.

Die Lombardenstädte mußten befürchten, daß, was der Kaiser unter der allgemeinen Formel »Wiederherstellung der Reichsrechte« verstand, nach sizilianischem Muster oder ähnlich geplant sein könnte. Das Mißtrauen wurde gestärkt, als im März

1226 der Kaiser von Süden und der junge deutsche König Heinrich von Norden mit einem Heer heranrückten. Um ihre Unabhängigkeit zu wahren, schlossen sich lombardische Städte zu einem Angriffs- und Verteidigungsbund zusammen. Neben Mailand gehörten zu diesem, den kaisertreuen Städten weit überlegenen Bund Turin, Vercelli, Alessandria, Novara, Como, Lodi, Crema, Piacenza, Bergamo, Brescia, Mantua, Verona, Reggio, Bologna, Ferrara, Faenza, dann die Städte Venetiens, Padua, Vicenza und Treviso. Zum erstenmal formierten sich die Gegner des Kaisers zu einer Liga, an deren Geschlossenheit Friedrich in seinen letzten Jahren scheitern sollte.

Bereits die erste Kraftprobe fiel zugunsten der lombardischen Liga aus. Verona sperrte den Klausenpaß, so daß König Heinrich mit seinen Truppen in Trient festgehalten wurde. Bei den sofort aufgenommenen Verhandlungen stellte die Liga dem Kaiser demütigende Forderungen; sie zu erfüllen, wäre einer Kapitulation Friedrichs gleichgekommen. Das Ergebnis: Der Reichstag von Cremona kam nicht zustande.

Ohnedies war die Situation für den Kaiser demütigend genug. Die Sperrung der Paßstraße hinderte ihn daran, seinen Sohn Heinrich nach sechsjähriger Trennung wiederzusehen. Seine Empörung, und die der weltlichen wie geistlichen Fürsten, muß ungeheuer gewesen sein. Das Verhalten der verbündeten Städte kam einer offenen Rebellion gleich, so daß sich, da mit dem Nichtzustandekommen des Reichstags auch die Kreuzzugsvorbereitungen behindert wurden, der Papst zum Handeln genötigt sah, obwohl ihm angesichts der wachsenden Macht Friedrichs die Unabhängigkeit der Lombardenstädte nicht unwillkommen war. Honorius III. bestätigte den vom Bischof von Hildesheim über die verbündeten Städte verhängten Bann, und der Kaiser sprach über die »Frevler wider die kaiserliche Majestät« die Reichsacht aus.

Erst später, als Friedrich nach Sizilien zurückgekehrt war, kam durch päpstliche Vermittlung ein Vergleich zustande. Die lombardischen Städte verpflichteten sich zum Frieden und zum Austausch der Gefangenen. Sie hatten für den Kreuzzug vierhundert Ritter zu stellen. Reichsacht und Bann wurden aufgehoben. Ein erstaunlich milder Kompromiß, der Friedrich nicht mehr einbrachte als den Status quo vor dem geplanten Reichstag. Seine Zustimmung zu dem Vergleich kann man sich nur damit erklären, daß Friedrich die Kreuzzugsvorbereitungen nicht durch einen offenen Konflikt noch weiter gefährden wollte.

Die Verhandlung mit dem Papst hatte wie so oft Hermann von Salza als Delegierter des Kaisers geführt. Als vertrauter Berater gehörte der Deutschordensmeister zur Begleitung des Kaisers in Norditalien. Sicherlich kam sein mäßigender und kluger Einfluß der Beilegung dieses ersten Lombardenkonflikts zugute. Ihn, den Hochmeister und seinen Deutschritterorden, betrifft das zweite Ereignis des Jahre 1226, dessen Bedeutung weit über die sizilianischen Belange hinausgeht, und das zugleich einen für die deutsche Geschichte folgenschweren Prozeß einleitete.

Der Kaiser verbrachte die Ostertage des Jahres 1226, die eigentlich für den Reichstag vorgesehen waren, in Ravenna. Zur gleichen Zeit tagte im nahen Rimini, im zinnengekrönten Palazzo Arrengo, das Kapitel des Deutschritterordens. Es wurde die für die Geschichte des Ordens entscheidendste Versammlung. Der noch junge Orden, dessen vierter Hochmeister Hermann von Salza war, hatte bereits einmal – auf der Suche nach neuen Aufgaben – das Angebot eines fremden Herrschers angenommen. Der ungarische König Andreas II. forderte im Mai 1211 die Deutschritter auf, das siebenbürgische Burzenland von den heidnischen Kumanen zu befreien. Das Unternehmen verlief erfolgreich – so erfolgreich, daß der seit 1212 amtierende Hochmeister Hermann von Salza im Burzenland ein selbständiges Ordensland aufbaute, bis es im Jahre 1225 zu Streitigkeiten über territoriale Abgrenzungen mit der ungarischen Krone kam und der Orden das Burzenland aufgeben mußte. Im Winter des gleichen Jahres aber hatte der polnische Herzog Konrad von Masovien die Deutschritter um Hilfe im Kampf gegen die heidnischen Preußen gebeten und dem Orden das Kulmer Land versprochen. Der Hochmeister Hermann von Salza begriff sogleich, daß dieser Ruf den Deutschrittern eine unvergleichliche Chance bot, an anderer Stelle zu verwirklichen, was eben zuvor in Siebenbürgen gescheitert war. Noch bevor weitere Verhandlungen stattfanden, bevor auch nur ein Ordensritter das ihnen zugedachte Land gesehen hatte, verfaßte der Hochmeister eine Art »Aktionsprogramm«, das den Weg zur Gründung eines Ordensstaates im fernen Nordosten des Reiches sorgfältig vorbereitete. Hermann von Salza gewann den Kaiser für seine Pläne und sicherte sie damit reichsrechtlich ab.

Vor dem versammelten Kapitel der Deutschritter im Palazzo Arrengo ließ der Kaiser die Goldene Bulle von Rimini verkünden, in der dem Orden das Kulmer Land verbrieft wurde. Demnach sollte das heidnische Preußenland, ob geschenkt oder erobert, freier Besitz des Ordens werden; dem Orden wurde für diese Gebiete die uneingeschränkte Landeshoheit zugestanden. Der Hochmeister erhielt alle Rechte eines Reichsfürsten; da er als Angehöriger eines Ordens jedoch nicht Lehnsmann des Kaisers werden durfte, blieb er von allen Abgaben und jeglichen Dienstleistungen gegenüber dem Reich frei. (Daß die Kurie unter Gregor IX. den Orden in diesem autonomen Besitzrecht bestätigte, war ein weiterer Triumph für Hermann von Salza und seine Mittlerstellung.)

Zu dem schwarzen Kreuz auf weißem Feld im Wappen verlieh der Kaiser dem Deutschritterorden den Adler, sein eigenes Wappentier. Der so oft in den sizilianischen Kastellen in Stein gehauene staufische Adler zog nun mit den Deutschrittern von Rimini in das östliche Preußenland. Nach dem Ende des Ordensstaates 1525 übernahm Albrecht von Hohenzollern ihn in sein Wappen. Auf dem Umweg über Preußen wurde der von Friedrich gestiftete Adler zum Hoheitszeichen des Deutschen Reiches und der Bundesrepublik Deutschland. An jenem Ostertag des Jahres 1226 wurde in Rimini jedoch nicht nur ein Emblem gestiftet. Mit der Goldenen Bulle, der Gründungsurkunde für einen autonomen Ordensstaat im fernen Preußen, legte Friedrich den Grundstein für eine folgenschwere Entwicklung, die über Jahrhunderte die preußisch-deutsche Geschichte im Guten wie im Schlechten, und im Extrem bis zur pervertierten Ostland-Mythe, bestimmte.

Das dritte Ereignis des Jahres 1226 führt in eine den imperialen Bestrebungen Friedrichs völlig entgegengesetzte Welt, zu dem Manne, der mit Recht »der größte Zeitgenosse des Staufers« und »Träger der eigentlichen, der geheimen Gegenkraft« genannt wurde (Ernst Kantorowicz). Es war die Gegenkraft der Ohnmacht, der unbedingten Armut, der uneingeschränkten Demut und Liebe, die Franz von Assisi verkörperte. Darf behauptet werden, wie der Historiker Ernst Kantorowicz hervorhebt, daß Friedrich an diesem Franziskus »wachsen sollte«? Aus der Lebens- und Denkart Friedrichs scheint es eher fraglich zu sein, ob er den Menschen Franziskus und erst recht seine dem Augenblick weit vorausgreifende Bedeutung überhaupt erkannte. Was ihm später als »Gegenkraft« bewußt wurde, gehörte schon der politischen Auseinandersetzung mit dem Papsttum an, als die Franziskaner landauf, landab im Dienste des Papstes gegen den exkommunizierten Kaiser agierten.

Zur selben Zeit, als Friedrich in Ravenna und Norditalien weilte, suchte Franziskus bei den Ärzten von Siena Heilung von seinem schweren Augenleiden. Nach einem Blutsturz führten ihn, ein Bündel Elend, zu Tode geschwächt, die Schläfen vom glühenden Eisen ausgebrannt, seine Minderbrüder über Arezzo, Cortona, Gubbio und Nocera nach Assisi. Es war sein letzter Weg über das Hügelland der Toscana und durch das grüne Umbrien. Er starb im fünfundvierzigsten Lebensjahr nach dem Sonnenuntergang des 3. Oktober 1226. Nicht lange vor seinem Tode hatte er seinen Ordensbrüdern sagen lassen: »Sie sollen sich zum Zeichen meines Gedenkens, meines Segens und meines Testamentes lieben, wie ich sie geliebt habe und liebe. Sie sollen unsere edle Herrin, die heilige Armut lieben und bewahren. Sie sollen stets dem Oberhirten und den Priestern der heiligen Mutter Kirche treu und ergeben sein.«

Die von Franziskus begründete religiöse Bewegung stand den gleichzeitigen Erneuerungsbestrebungen der ketzerischen Sekten, der Waldenser, Patarener, Albigenser durchaus nahe. Von ihnen unterschied sich Franziskus wesentlich aber dadurch, daß er die kirchliche Autorität und die Mittlerschaft der Priester achtete – damit aber konnte Papst Honorius die Ordensregel bestätigen, und der Schutz durch den Kardinal Hugo von Ostia hinderte Friedrich zusätzlich daran, gegen die Minderbrüder wie gegen die Ketzer vorzugehen. Doch sind einige Abwerbungsversuche Friedrichs bekannt, während er dem Deutschritterorden neue Mitglieder zuführte.

Ob jemals eine Begegnung zwischen dem Kaiser und Franziskus stattgefunden hat, ist historisch nicht nachzuweisen. Die Legende läßt den Kaiser und den Heiligen im Jahre 1222 im Kastell von Bari zusammentreffen. Friedrich soll in das Gemach des Franziskus eine Kurtisane geschickt und durch ein Guckloch das Verhalten des Heiligen beobachtet haben. Nach der Legende vertrieb Franziskus die schöne Frau mit einem feurigen Schild. Daraufhin sei Friedrich von der Lauterkeit des Mönchs überzeugt gewesen und habe ihn zu einem langen Gespräch empfangen.

Bei Restaurierungsarbeiten im Jahre 1948 wurde über einer

Tür im Kastell von Bari eine Inschrift freigelegt: »Hier hat Franziskus im aschgrauen Gewande eine unkeusche Verführerin, die der raubgierigen Hydra glich, mit Feuer bezähmt ...« Doch die Inschrift stammt aus dem Jahre 1635. So faszinierend die Vorstellung ist, die beiden größten, zugleich konträrsten Männer ihrer Zeit wären einander begegnet, der Imperator und der Heilige, der Anwalt der Macht und der Anwalt der freiwilligen Besitzlosigkeit, der Aufklärer und der Gläubige – greifbar bleibt nur ein Stück Legende.

Als Franziskus starb, war der Kaiser damit beschäftigt, sich für den Kreuzzug zu rüsten. Nichts läßt darauf schließen, daß Friedrich vom Sterben des kleinen Bruders Franz erfuhr, daß er in irgendeiner Weise daran Anteil nahm. In seinen Briefen mahnt Friedrich die Kreuzprediger zum Eifer, beschuldigt er die Lombarden, dem »Werk Gottes« geschadet zu haben. Von Foggia nach Rom trug Hermann von Salza den Wunsch des Kaisers, er überlasse es dem Schiedsspruch des Papstes, die Versöhnung mit den Lombarden herbeizuführen. Und Honorius III. brachte tatsächlich einen Frieden zwischen dem Kaiser und den Lombarden zustande. Es war sein letztes Werk zur Vorbereitung des Kreuzzugs.

20 Der Bannspruch Gregors IX.

Während der elf Jahre seines Pontifikats blieb Honorius III. die Erfüllung seines sehnlichsten Wunsches versagt. Bis zuletzt seinem Ruf als religiöser Papst treu, vermochte er nicht, sich politisch hart durchzusetzen. Aber er hatte den Kaiser durch den Vertrag von San Germano definitiv und für den Spätsommer 1227 zum Kreuzzug verpflichtet. Diese Gewißheit mag der greise Honorius III. als letzte Genugtuung empfunden haben. Er starb am 18. März 1227. Am folgenden Tag wählten die in Rom versammelten Kardinäle den sechzigjährigen Hugo von Ostia, den Freund und Beschützer der Minoriten, zum Nachfolger auf dem Stuhl Petri.

Im ersten Wahlgang war der milde Deutsche Konrad von Urach erkoren worden. Sicherlich befürchteten die Kardinäle, der wohl hochgelehrte und verdienstvolle, aber herrschsüchtige

Kardinal Hugo würde – wie sein Oheim Innozenz III. – autokratisch herrschen und ihre unter Honorius III. gewährten Rechte mißachten. Doch Konrad von Urach lehnte seine Wahl ab und Hugo, der mächtigste der Kardinäle, setzte sich durch. Er war eine willensstarke, machtbewußte, aber zugleich ungemein schillernde Persönlichkeit: einer der gelehrtesten Priester seiner Zeit, Freund und Förderer des Bettelmönchs Franziskus, schwärmerischer Verzückung und mystischer Versenkung zugeneigt, aber auch berüchtigt wegen seiner grenzenlosen Prunk- und Verschwendungssucht. Mehr als einmal mußte ihn, wenn er schwelgerisch seine Geldmittel überzog, Papst Honorius auslösen – und ermahnen. Seine Papstkrönung ließ Hugo in Rom mit solchem Pomp feiern, daß selbst die an solche Anlässe gewöhnten Römer verblüfft waren.

Die Verdienste des Kardinals Hugo um die Kurie hatten ihn unentbehrlich gemacht. Er hatte bereits als der Vertraute des Papstes Innozenz III. während der deutschen Thronwirren nach dem Tode Heinrichs VI. in Deutschland gewirkt. Er war es gewesen, der in Deutschland die von Innozenz III. gewünschte Wahl Ottos IV. beeinflußte, und der ebenso – nach dem Vertragsbruch Ottos – entschieden die Wahl Friedrichs betrieb. Der so kühne und erstaunlich gebildete Friedrich imponierte dem päpstlichen Diplomaten, fand sein höchstes Wohlwollen, allerdings nur so lange, als Friedrich mit den Plänen der Kurie übereinstimmte. Friedrichs selbständige, rigoros durchgesetzte Machtpolitik weckte das Mißtrauen des Kardinals. Der später ungewöhnlich gesteigerte Haß gegenüber Friedrich hat durchaus auch persönliche Gründe; denn der Kardinal war der entschiedenste Befürworter Friedrichs, ihm freundschaftlich verbunden gewesen, – und er fühlte sich durch die nicht vorausgesehene, zunehmend kühner und selbstherrlicher werdende Politik des Kaisers zutiefst verletzt und desavouiert.

Hugo von Ostia brachte alle Voraussetzungen mit, die ihn schon bald zum erbittersten Gegner Friedrichs machten. Bereits die Wahl seines Papstnamens war ein Signal. Er nannte sich Gregor IX. und wies damit bewußt auf Gregor VII. hin, der um die Vormachtstellung des Papsttums vor dem Kaisertum gekämpft und Heinrich IV. zum Bußgang nach Canossa gezwungen hatte. Aus der Hand Hugo von Ostias hatte Friedrich nach seiner Krönung in Rom das Kreuz genommen. Er ahnte wohl nicht, daß dem versöhnlichen Honorius ein Mann folgte, dessen Unbeugsamkeit keine Kompromisse duldete.

Des neuen Papstes Erfahrung als Diplomat der Kurie und langjähriger Legat in Mailand ließen ihn zwei Gefahren erkennen, die der Kirche drohten. Das war einmal die Ketzerbewegung, vor allem in der Lombardei weit verbreitet, die als Antwort auf manche kirchlichen Mißstände eine Erneuerung des Glaubens durch ein unmittelbareres Verhältnis des Menschen zu Gott anstrebte. Es war Hugo von Ostias Werk, daß die Bettelmönche, die Franziskaner und Dominikaner, die aus der antikirchlichen Ketzerbewegung hervorgingen, in den Dienst der Kirche traten. Seine maßgebliche Beteiligung an der Abfassung der endgültigen franziskanischen Ordensregel bot die Gewähr für die volle kirchliche Integration des Ordens. Er selbst, der als Freund und Protektor das charismatische Streben des Franziskus mit der kirchlichen Autorität in Einklang brachte, veranlaßte 1228, im zweiten Jahr seines Pontifikats, die Heiligsprechung Franz von Assisis.

Mehr als sein Vorgänger Honorius empfand Gregor IX. zum anderen die verhängnisvolle Bedrohung durch die wachsende Macht und das gesteigerte Selbstbewußtsein des Kaisers. Er war entschlossen, dem weltlichen Herrscher die Stirn zu bieten und um jeden Preis die Ansprüche der Papstkirche aufrechtzuerhalten. Auch dabei blieb seine frühere Legatur in der kaiserfeindlichen Lombardei nicht ohne Folgen. Wenn auch, um den Kreuzzug nicht zu gefährden, zunächst der Frieden ausgehandelt worden war, so hielt Gregor weiterhin seine engen Beziehungen zu den Lombarden aufrecht; später ging er mit ihnen eine offene Allianz ein. Ähnlich wie sein Onkel, der Papst-Imperator Innozenz III., ohne freilich dessen staatsmännisches Format zu besitzen, suchte Gregor IX. mit unnachgiebiger Härte den Vorrang des Papsttums zu sichern. Das Auftreten des stolzen und noch im hohen Alter schönen Mannes war eher das eines Imperators als eines Priesters.

Schon die ersten Äußerungen des neuen Papstes lassen keine Zweifel an seinem energischen und selbstgewissen Regierungsstil. Gleich zu Beginn seines Pontifikats schrieb er dem Kaiser, wie er über ihn dachte. Es ist höchst bemerkenswert, daß er die erste kirchliche Mißbilligung der Lebensart Friedrichs formulierte: »Gott hat Dir die Gabe der Wissenschaft und der vollkommenen

Vorstellungskraft verliehen, und die ganze Christenheit folgt Dir. Hüte Dich, daß Du Deinen Geist, den Du mit den Engeln gemein hast, nicht tiefer als Deine Sinne stellst, die Du mit Tieren und Pflanzen gemein hast. Dein Geist wird geschwächt, wenn Du der Sklave Deiner Sinne bist.«

Was hier noch als persönliche Warnung erscheint, wird später zum massiven Argument gegen den Kaiser und zu einer kalt berechneten Propaganda gegen ihn ausgewertet. Zunächst war es eher eine väterliche Ermahnung; denn beiden, Kaiser und Papst, stand noch das gemeinsame Ziel des Kreuzzugs vor Augen.

Eingedenk der früheren Verzögerungen forderte Gregor IX. vom Kaiser unmißverständlich die Erfüllung des Kreuzgelübdes: »Wir wollen Dir gerne entgegenkommen, soweit es Unsere Pflichten erlauben, doch erwarten Wir, daß Du Dich und Uns nicht in eine Verlegenheit versetzest, aus der Wir Dich schwerlich befreien könnten, auch wenn Wir wollten.« Es hätte einer solchen Warnung gar nicht bedurft. Die in San Germano vereinbarten Vorbedingungen waren erfüllt. Im Hafen von Brindisi lagen fünfzig Galeeren und Lastschiffe bereit.

Im Hochsommer 1227 strömten Tausende von Pilgern in die apulische Ebene. Rings um Brindisi entstanden Zeltstädte und freie Lager. Die in allen Ländern mit Eifer betriebenen Werbepredigten, kirchliche und weltliche Versprechungen hatten die Zahl der Kreuzfahrer weit über Erwarten anschwellen lassen. Fürsten, Ritter, geistliches und weltliches Fußvolk, Abenteurer und fromme Pilger warteten auf die Einschiffung. Tausende englischer Kreuzfahrer trafen unter der Führung ihrer Bischöfe auf dem Seeweg ein. Der Landgraf Ludwig von Thüringen führte die große Schar der deutschen Kreuzfahrer an. Friedrich, der mit seinem Gefolge im August aus Melfi kam, um die Einschiffung zu überwachen, ernannte den Landgrafen zu seinem Stellvertreter.

Das Verhängnis kündigte sich an, als infolge des alle Erwartungen übertreffenden Zustroms die Nahrungsmittel ausgingen und das Wasser knapp wurde. Die bereitliegenden Schiffe hätten auch längst nicht alle Pilger aufnehmen können. Aber es folgte ein schlimmeres Übel. In der apulischen Augusthitze brach eine fieberartige Seuche aus, die sich in den Lagern rasch ausbreitete. Unter den Kreuzfahrern muß eine Panik ausgebrochen sein. Viele starben, viele Kranke flüchteten landeinwärts und trugen das ansteckende Fieber in die apulischen Dörfer.

Der Kaiser leitete noch die Einschiffung der ersten Kontingente. Dann blieb er, selbst vom Fieber geschwächt, einige Tage auf der kleinen Insel San Andrea außerhalb des Hafens von Brindisi. Er wußte, was für ihn auf dem Spiel stand. Am 8. September schiffte er sich mit dem ebenfalls erkrankten Landgrafen von Thüringen ein, in der Hoffnung, auf See Genesung zu finden. Als sich der Zustand des Landgrafen verschlechterte, mußte die kaiserliche Galeere nach zwei Tagen den Hafen von Otranto anlaufen. Dort starb Ludwig von Thüringen. Vom Tod seines Stellvertreters und nahen Verwandten tief betroffen, folgte der kranke Kaiser dem Rat seiner Ärzte, die Kreuzfahrt bis zu seiner Genesung aufzuschieben.

Friedrich veranlaßte die Ausfahrt einer kleineren, allerdings von vornherein zur Erfolglosigkeit verurteilten Kreuzfahrerflotte. Er beauftragte eine Delegation, dem Papst in Anagni von den traurigen Ereignissen zu berichten. Dann ließ er sich, auf den Rat seiner Ärzte hin, nach Pozzuoli bringen, um dort in den heißen Bädern Heilung zu suchen.

Eine tragische Entwicklung, die den Kaiser schuldlos schuldig werden ließ – jedenfalls juristisch, nach dem Wortlaut des Vertrags von San Germano, der ihn unwiderruflich zum Kreuzzug verpflichtete. Dennoch hätte Gregor IX. angesichts höherer Gewalt nachgeben können, doch lag dem Papst offenbar alles daran, seine Unbeugsamkeit zu demonstrieren, ja Friedrich zu demütigen und durch ein Exempel von größter Tragweite in die Schranken zu verweisen. Gregor IX. empfing weder die kaiserliche Delegation noch ließ er irgendeine Entschuldigung gelten. Am 29. September sprach er in der Kathedrale von Anagni über Friedrich den Bann aus. Wie sehr der Bannfluch von Haß diktiert war, zeigte die päpstliche Enzyklika, in der es hieß, Friedrich habe das christliche Heer im Stich gelassen, das Heilige Land den Ungläubigen preisgegeben und sei zu seinen »gewohnten Schwelgereien« zurückgekehrt.

Der Kaiser reagierte mit erstaunlicher Mäßigung. Er schickte nochmals eine Delegation nach Anagni. Er übernahm die volle Verantwortung für die Nichteinhaltung des Termins und erbot sich, die übliche Kirchenbuße zu leisten. Er wiederholte sein Versprechen, den Kreuzzug im Mai des nächsten Jahres anzutreten. Im Dezember verfaßte er eine ausführliche Rechtfertigungsschrift, in der er ebenso klug wie sachlich argumentierte, ohne seinerseits in haßerfüllte Tiraden wie der Papst zu verfallen – es war eine der rhetorischen Meisterepisteln Friedrichs. Der Senat und das Volk von Rom wünschten die Bekanntgabe des Schreibens. Deshalb verlas es der Rechtsgelehrte und Hofrichter Roffred von Benevent auf dem Kapitol.

Gregor IX. zeigte sich unversöhnlich. Er trug anderes im Sinn als die Rehabilitierung des Kaisers, die Befreiung vom Bann durch Reue und Buße, was nach damaligem Brauch nichts Ungewöhnliches gewesen wäre, da Friedrich ausdrücklich seine Bereitschaft dazu erklärt hatte. Alle Maßnahmen des Papstes deuten darauf hin, daß es ihm um die politische Entmachtung des Kaisers ging. Er hatte bereits Verbindung zu den kaiserfeindlichen Lombarden aufgenommen. Er ernannte nicht nur einige Lombarden zu Kardinälen, sondern er schloß auch ein direktes Bündnis mit den lombardischen Städten, das den Konflikt mit dem Kaiser auf die Reichspolitik ausweitete; denn der Papst paktierte mit den Lombarden, weil er ihre Unterstützung für eine bereits geplante Invasion in Sizilien brauchte. Das erklärt auch die Verschärfung des Bannes, ein halbes Jahr nach seiner Verkündung, wonach jeder Ort, wo sich Friedrich aufhielt, unter das Verdikt fiel. Das Ziel dieser Verschärfung war, den sizilianischen Klerus zum Abfall von Friedrich zu bewegen.

Am Gründonnerstag 1228 – dem im Mittelalter für die Verkündung von Exkommunikationen traditionellen Tag – erneuerte Gregor in Rom den Bann über den Kaiser. Aber längst hatten sich, in Rom wie auch anderswo im Reich, Stimmen erhoben, die das Vorgehen des Papstes mißbilligten. In Rom kam es während der Ostertage zu Unruhen und zu Bedrohungen des Papstes. Während der Messe am Ostersonntag entlud sich die Empörung auf recht eigenartige Weise. Als Gregor den Gläubigen bei der Wandlung die Hostie zeigte, begannen viele der Anwesenden wie Hunde zu bellen – in Anspielung auf Gregors Worte in seinem Bannschreiben, er wolle nicht, stummen Hunden gleich, die nicht bellen können, das Unheil verschweigen, das der Kaiser über das Volk Gottes gebracht habe. Erneute Drohungen zwangen Gregor IX. zur Flucht aus Rom. Die Römer gaben ihm freies Geleit nach Rieti.

Jetzt erst griff Friedrich die Kampfansage des Papstes auf. Er beschuldigte Gregor IX. des »ungebührlichen Vorgehens«, »wodurch Unsere Unschuld angegriffen und das Reich beleidigt wird«. Mit harten Worten verurteilte er die Verwirrung, die Gregor durch sein Paktieren mit den verräterischen Lombardenstädten gestiftet habe, während er selbst »vor den Augen der ganzen Welt« zum Kreuzzug rüste.

Der Bannspruch Gregors IX. war gewiß nicht die Ursache, doch der Anlaß zum offenen Konflikt zwischen Papst und Kaiser, der von nun an das Schicksal Friedrichs bestimmte. Natürlich hatte Friedrich durch sein menschliches wie politisches Verhalten in den voraufgegangenen Jahren die Päpste über die Maßen gereizt. Es wäre müßig, danach zu fragen, ob ein anderer als Gregor IX. anders entschieden hätte. Die ungerechte und starrköpfige Entscheidung Gregors war der Funke, der das Pulverfaß zur Explosion brachte.

Unterdessen gingen die Vorbereitungen für den neuen Kreuzzug zügig voran. Im April, auf dem Hoftag zu Barletta, regelte der Kaiser die Verwaltungsfragen für die Zeit seiner Abwesenheit, ordnete er testamentarisch die kaiserliche Nachfolge für den Fall seines Todes im Heiligen Land. Als Friedrich Ende Juni mit vierzig gutgerüsteten Galeeren aus dem Hafen von Brindisi zum Kreuzzug auslief, erklärte der Papst: »Wir wissen nicht, wessen törichtem Rat er da folgte oder besser, welche teuflische List ihn verführte, ohne Buße und ohne Absolution den Hafen von Brindisi insgeheim zu verlassen, ohne daß man mit Sicherheit wüßte, wohin er ging.«

Allerdings, die unerwartete Ausfahrt des Kaisers war ein Vorgang von unerhörter Kühnheit, höchstens noch vergleichbar dem Königsritt des siebzehnjährigen »Puer Apuliae« nach Deutschland; wie damals, im Jahre 1212, setzte Friedrich alles aufs Spiel. Er mußte gewinnen, sonst lief er Gefahr, die Krone, das Reich, selbst sein Erbland Sizilien zu verlieren. Eine andere Lösung gab es nicht. Ein Entgegenkommen des Papstes war nicht zu erwarten. Friedrich setzte sich bewußt der paradoxen Situation aus, als Exkommunizierter für die Sache der Christenheit gegen die Ungläubigen zu kämpfen und die Heiligen Stätten zu befreien. Er mußte dabei mit der Feindschaft des Papstes und der Anhänger der Kirche rechnen. Schon allein das unterschied ihn von allen Kreuzzugsfahrern, die jemals – aus welchen Gründen auch immer – den Boden des Heiligen Landes betraten.

Friedrich hielt daran fest, sein Gelübde als Kaiser und oberster Schutzherr der Christenheit zu erfüllen. Doch unter den gegebenen Bedingungen bekam sein Kreuzzug – was Friedrich nicht verborgen blieb – eine politische Dimension –, er war riskant, aber er bot auch die Chance für Friedrichs Rehabilitierung. Um solcher Rehabilitierung willen, um den Frieden im Reich wiederherzustellen und die notwendige Aussöhnung mit der Papstkirche herbeizuführen, mußte er alles auf eine Karte setzen. Würde der Papst dem Kaiser, wenn er die heilige Stadt Jerusalem den Christen zurückgewonnen hätte, die Absolution verweigern können? Aber das war pure Spekulation, auch wenn Friedrich selbst gewiß auf den Erfolg seines Unternehmens vertrauend nach seiner Ausfahrt an seine sizilianischen Freunde schrieb, er habe sich »glücklich nach Syrien gewandt und reise mit Eile unter glückhaftem Wind, mit Christus, dem Führer«.

21 Der Kreuzzug des Jahres 1228

Die »eilige Reise« nach Syrien dauerte fast zehn Wochen, selbst für die mittelalterliche Schiffahrt ungewöhnlich lange. Friedrich hatte nämlich ein anderes Unternehmen eingeplant, das eine Unterbrechung auf Zypern notwendig machte. Die Insel, kaiserliches Lehen seit Heinrich VI., der den damaligen zypriotischen Fürsten Amalrich von Lusignan mit der Königskrone belehnte, war infolge der Thronwirren dem Reich verlorengegangen. Friedrich wollte Zypern zurückgewinnen, zumal als Stützpunkt für seinen Kreuzzug. Außerdem war die große Insel reich genug, um beträchtliche Abgaben aufzubringen und ein eigenes Truppenkontingent zu stellen. Zur Zeit regierte, stellvertretend für ihren erst zwölfjährigen Sohn, als Regentin Alice von Zypern, eine Tante der verstorbenen Kaiserin Isabella. Jedoch die eigentlichen Regierungsgeschäfte führte der Vormund des Königs, der syrische Adelige Johann von Ibelin, ebenfalls ein Verwandter Isabella von Briennes, ein berühmter Rechtsgelehrter seiner Zeit und zusätzlich als Herr von Beirut der mächtigste der syrischen Barone. Die enge Verbindung von Zypern und Syrien zeigt nur nochmals die Notwendigkeit, vor dem Beginn des Kreuzzugs die Verhältnisse auf Zypern zu klären.

Friedrich erreichte sein Ziel, wenn auch zunächst gegen den Widerstand Johann von Ibelins und nach einigen abenteuerlichen

Ereignissen, deren Berichte allerdings legendär überzogen sind. So soll der Kaiser während eines Festmahls in Limassol, zu dem Johann von Ibelin und seine Söhne geladen waren, seine bewaffneten Männer zu einem hinterhältigen Überfall angestiftet haben. Ibelin sei entflohen und habe sich mit seiner eigenen Truppe auf seiner nahezu uneinnehmbaren Burg Dieu d'Amour verschanzt. Nach kurzer Belagerung sei es zu einem Vergleich gekommen. Jedenfalls gewann Friedrich das kaiserliche Lehen Zypern zurück und übernahm die Vormundschaft über den zwölfjährigen König. Die Königin-Mutter Alice wurde als Regentin anerkannt. Johann von Ibelin folgte mit einem zypriotischen Aufgebot dem Kaiser ins Heilige Land.

Am 7. September 1228 erreichten die kaiserlichen Kreuzfahrer Akkon. Neben Heinrich von Malta, der die Flotte befehligte, begleiteten Friedrich die Erzbischöfe Berard von Palermo und Jakob von Capua. Als die Galeere des Kaisers in den Hafen einfuhr, waren die Zeltlager vor den Toren Akkons schon aufgeschlagen. Unzählige Pilger, Ritter, Kleriker und die Einwohner von Akkon bereiteten dem Kaiser einen überwältigenden Empfang.

An der Anlegestelle standen die vertrauten Freunde, die Friedrich vorausgesandt hatte, Hermann von Salza, Graf Thomas von Acerra, der kaiserliche Statthalter in Syrien, Marschall Richard Filangieri, der das kaiserliche Vorkontingent von fünfhundert Rittern anführte. Für den Augenblick schienen die mächtigen Orden der Deutschritter, der Templer und Johanniter ihre Rivalität vergessen zu haben. Ihre Oberen knieten nieder und küßten die Knie des Kaisers. Auch schien der Bannspruch des Papstes unwirksam zu sein. Friedrichs glückliche Ankunft vereinte alle in der Hoffnung auf die Befreiung Jerusalems. Selbst der Patriarch Gerold von Jerusalem und die Bischöfe und Kleriker ehrten den Kaiser. Doch sie verweigerten unter Berufung auf ihre schwierige Lage dem Exkommunizierten den Bruderkuß und die Teilnahme am gemeinsamen Mahl.

Der Patriarch Gerold, unterstützt von Hermann von Salza, schlug dem Kaiser vor, die Gunst der Stunde zu nutzen und eilig eine Delegation nach Rom zu senden. Sie sollte Gregor IX. den Willen des Kaisers zur Versöhnung übermitteln und angesichts des glücklichen Auftaktes zur Befreiung der Heiligen Stätten um die Lösung vom Bann bitten. Friedrich sandte Heinrich von

Malta und den Erzbischof von Bari nach Rom. Die Ernüchterung folgte auf dem Fuß. Gregor ignorierte die kaiserliche Botschaft. Im päpstlichen Auftrag kamen zwei Minoriten nach Syrien, die dem exkommunizierten Kaiser das Recht absprachen, die christlichen Ritter anzuführen. Unterstützt durch den Patriarchen von Jerusalem, predigten sie offen gegen den Kaiser. Der Patriarch von Jerusalem, die Templer und Johanniter, zahlreiche Kleriker und Pilger nahmen eine feindselige Haltung gegen den Kaiser ein. Auch der kluge Vorschlag des Deutschordensmeisters, der Kaiser möge Befehle und Verordnungen nicht mehr im eigenen Namen, sondern im Namen Gottes und der Christenheit erlassen, änderte nichts an der Spaltung des christlichen Lagers.

Verläßlich auf der Seite des Kaisers standen die eigenen Truppen, die Deutschritter, ferner kleinere Einheiten von Pisanern und Genuesen, insgesamt an die fünfzehnhundert Ritter und rund zehntausend Mann Fußvolk – ein militärisch völlig unzureichendes Aufgebot; denn abgesehen von den Feinden im eigenen Lager, stand der Gegner, der Sultan Malik al-Kamil, mit einem weit überlegenen Heer bei Nablus (heute Westjordanien).

Die Beschreibung von Friedrichs Gefolge wäre unvollständig ohne einen Hinweis auf die eigene sarazenische Truppe aus Lucera und die gläubigen Mohammedaner in seiner nächsten Umgebung, zu denen sein Logikmagister aus Palermo gehörte. In den Augen vieler orthodoxer Christen war das eine Unmöglichkeit, die ihr Mißtrauen provozierte. Doch spricht vieles dafür, daß Friedrich die mohammedanischen Freunde und Gefolgsleute bewußt mitgenommen hatte, weil er von vornherein nicht auf eine kriegerische Aktion, sondern auf Verhandlungen baute.

Obwohl sich die beiden Herrscher niemals persönlich begegneten, zeigte Friedrich gegenüber Malik al-Kamil ein beinahe freundschaftliches Verhalten, und der Sultan von Ägypten erwiderte das. Friedrichs Sympathieerweise gegenüber dem Sultan brachten ihm den Ruf der Doppelzüngigkeit ein. Aber dieser Vorwurf verkennt, daß der Kaiser sein Ziel, die Befreiung Jerusalems, zu keiner Stunde aus den Augen verlor. Auch den Sultan ließ er darüber nie im unklaren. Seine Botschaften und Verhandlungsaufträge in dieser Hinsicht waren eindeutig. Wie hätte er auch den Erfolgszwang, dem er sich ausgeliefert hatte, vergessen können?

In den ersten Wochen und Monaten, als Friedrich die syrischen Burgen aufbauen und befestigen ließ, schien sich alles gegen ihn verschworen zu haben. Mit wachsendem Erfolg betrieben die Papstanhänger ihre Aufwiegelungskampagne. Die Spaltung im Christenlager, die militärische Schwäche des Kaisers blieben den Mohammedanern nicht verborgen. Zudem wurden Briefe abgefangen, die den Sultan im Namen des Papstes aufforderten, Jerusalem um keinen Preis dem gebannten Kaiser zu überlassen. Der Haß war so groß, daß man auf päpstlicher Seite ein Mißlingen des Kreuzzugs in Kauf genommen hätte. Aus Sizilien kam die Nachricht vom Einbruch päpstlicher Truppen, der sogenannten Schlüsselsoldaten, ins Königreich.

Die Lage des Kaisers wurde noch weiter erschwert, als während der Herbststürme Proviantschiffe mit Nachschub ausblieben und im kaiserlichen Heer eine Hungersnot ausbrach. In ihrer Verzweiflung zogen kleinere Trupps aus, mohammedanische Dörfer zu plündern. Als der Sultan in Nablus davon hörte, schickte er »verärgert und zornig« den Gesandten des Kaisers, der bei ihm weilte, zurück. Um den Sultan zu versöhnen, befahl Friedrich, alle geplünderten Güter zurückzuerstatten. Er selbst schickte Malik al-Kamil seinen Panzer, seinen Helm und sein Schwert, zusammen mit einem Entschuldigungsschreiben, und ließ mitteilen, er lege seine Waffen in die Hände des Sultans.

Das einzige, was Friedrich ausspielen konnte, war sein Verhandlungsgeschick, seine Kenntnis der arabischen Mentalität und seine Vertrautheit mit den Schriften und Wissenschaften der Araber, deren Sprache er fließend beherrschte.

Den Mohammedanern und besonders dem Sultan von Ägypten war Friedrich längst kein Unbekannter mehr. Seit zwei Jahren wechselten zwischen Foggia und Kairo, dem Hof des Sultans, Gesandtschaften. Den ersten Anlaß hatte der Streit der drei Ejjubiden-Brüder um das Erbe ihres Vaters, des großen Saladin, gegeben. Der Ägypter Malik al-Kamil hatte sich mit Malik al-Asraf gegen den dritten der Brüder verbündet. Der aber, Malik al-Moazzim, Sultan von Damaskus, fand bei den Choresmiern Waffenhilfe, so daß al-Asraf hilflos zwischen den Heeren al-Moazzims und der Choresmier eingekeilt war. Der Sultan von Ägypten, der die Niederlage seines Verbündeten befürchtete, kam in dieser Situation auf den sonderbaren Gedanken, den Christenkaiser um Hilfe zu bitten und ihm für einen solchen Beistand die Rückgabe des Königreichs Jerusalem zu versprechen, das noch zum Besitz seines feindlichen Bruders al-Moazzim gehörte.

Das Angebot al-Kamils bestand noch, als im September 1227 die erste Ausfahrt zum Kreuzzug scheiterte. Doch inzwischen hatte sich die politische Szene im Nahen Osten gründlich zuungunsten des Kaisers geändert. Der kriegerische al-Moazzim war im November gestorben und hatte das Sultanat von Damaskus seinem unmündigen Sohn Nasir Daud hinterlassen. Malik al-Kamil hatte die Gelegenheit genutzt und Jerusalem und Nablus erobert. Auf eine Waffenhilfe Friedrichs war er nicht länger angewiesen. Friedrich erschien sogar als höchst ungebetener Gast. Doch einen Schimmer von Hoffnung gab es für ihn. Malik al-Kamil, der neue Herr über Jerusalem, betrachtete ihn aufgrund der vorausgegangenen Beziehungen nicht als Feind, und Friedrich, ohnedies in der schwächeren Position, war klug genug, dem Sultan von Anfang an in gleicher Weise zu begegnen.

»Ich bin Dein Freund«, schrieb Friedrich dem Sultan nach seiner Ankunft in Akkon, um sodann in gebotener Diplomatie den Grund seines Kreuzzugs anzuzeigen. Seine Boten, Thomas von Acerra und Balian von Sidon, überbrachten Malik al-Kamil in Nablus die kostbarsten Geschenke. Nicht weniger freundschaftlich erwiderte der Sultan, er könne Jerusalem nicht aufgeben, ohne den Zorn der Mohammedaner auf sich zu laden. Zugleich schickte er seinen Vertrauten, den Emir Fahr ed-Din, mit Geschenken, deren Wert die des Kaisers weit überstieg, darunter Gold, Silber, kostbare Stoffe und Edelsteine, ein Elefant, Kamele aus der besten Zucht, Bären und Affen.

Offenbar lagen allen Verhandlungen, die sich über Monate hinzogen, die Absichten beider Herrscher zugrunde, keine Gewalt anzuwenden, kein Blut zu vergießen. Das macht Friedrichs Unternehmen zum sonderbarsten aller Kreuzzüge – der geradlinigen und unnachgiebig aggressiven Einstellung der okzidentalen Kreuzfahrer kaum verständlich, weshalb denn auch die Rede von der Doppelzüngigkeit Friedrichs wieder aufkam. Begreifbar wird das Verhalten beider Herrscher allein aus der orientalischen Mentalität, der Friedrich seit seiner palermitanischen Jugend zuneigte. Für Malik al-Kamil war der christliche Kaiser kein Feind, sondern der Ebenbürtige, der in arabischer Dialektik geschulte »Liebhaber der Philosophie, der Logik und Medizin«, wie es in arabischen Chroniken heißt. Seine erstaunlichen Kenntnisse, seine Toleranz, seine Einfühlung in die orientalische Lebensart verschafften ihm die Bewunderung der Araber. Man kann verstehen, daß al-Kamil, als ihn die zur päpstlichen Partei gehörenden Templer zu einem hinterhältigen Überfall auf Friedrich verleiten wollten, angeekelt von diesem Verrat, den Kaiser sofort warnte.

Was seine persönlichen Interessen betrifft, könnte man Malik al-Kamil fast das orientalische Abbild Friedrichs nennen. Auch er war ein Freund der Künste und Wissenschaften, schrieb Verse, liebte gelehrte Dispute über Fragen der Jurisprudenz und Grammatik. An den Abenden, so heißt es, »lagerten fünfzig Gelehrte auf Diwanen um seinen Thron, mit denen er sich unterhielt«. Sein Land regierte er, auch darin Friedrich ähnlich, nach den Maßstäben einer organisatorisch straffen Zentralverwaltung, wobei er die Wirtschafts- und Finanzfragen mit Vorrang behandelte.

Für den Kaiser erwies sich als besonders glücklich, daß der Sultan den ihm nahestehenden Emir Fahr ed-Din zum Führer seiner wiederholten Gesandtschaften machte. Der Emir, ein kluger, hochgesinnter Fürst, war dem Kaiser freundschaftlich verbunden. Er hatte ihn in Foggia besucht, wo Friedrich den gebildeten Emir als Gesprächspartner schätzen lernte. Jetzt, angesichts der machtpolitischen Situation, der Schwierigkeiten im eigenen Lager, entbehrte es nicht einer gewissen Pikanterie, Friedrich in dialektischen Gesprächen mit dem gelehrten Fahr ed-Din zu sehen, wie sie in arabischer Sprache den Problemen der Logik, der Philosophie, der Mathematik, der Medizin oder der Staatskunst nachgingen.

Schließlich war es Fahr ed-Din, der dem Kaiser im entscheidenden Augenblick, nach nahezu fünf Monaten wohlwollender, aber vergeblicher Verhandlungen, den Rat gab, erneut eine Delegation an den Hof des Sultans zu senden. Der Kaiser hatte seine Truppen bis Jaffa vorgehen und die Burg von Jaffa wiederherstellen und befestigen lassen, eine bescheidene militärische Demonstration. Seine Lage verschlechterte sich von Tag zu Tag: Widerstände unter den syrischen Baronen; wachsende Feindseligkeit des Patriarchen von Jerusalem und der Papstanhänger. Und Friedrichs Gegner gewannen immer mehr Anhänger, weil seine ständigen Verhandlungen offensichtlich keinen Erfolg brachten und sein Unternehmen zum Stillstand verurteilt war. Aber der Rat des Emirs ging davon aus, daß auch in seinem Lager die Schwierigkeiten zunahmen. Ergebnislos belagerten die Truppen al-Kamils Damaskus, den Sitz des jungen Nasir Daud. Der Neffe konnte einen Ausfall wagen und den Nachschub des Sultans blockieren. Nun drohten auch noch die feindlichen Choresmier in die Kämpfe einzugreifen.

Die kluge Diplomatie des Emirs half beiden Herrschern. Ende Januar wurden in rascher Folge Geheimbotschaften zwischen ihnen ausgetauscht. Am 11. Februar überreichte Fahr ed-Din die konkreten Vorschläge des Sultans. Sieben Tage später war der Vertrag ausgehandelt. Am 18. Februar 1229 brachte der Emir Eid und Siegel des Malik al-Kamil. In Gegenwart seiner Räte und aller Großen des kaiserlichen Lagers siegelte der Kaiser den Vertrag. Als Zeugen unterzeichneten der Deutschordensmeister und die englischen Bischöfe von Winchester und Exeter. Der Kaiser umarmte Fahr ed-Din, nannte ihn seinen Freund: eher werde er das Fleisch seiner linken Hand essen, als den Vertrag brechen. Dann ließ er Fahr ed-Din mit bemerkenswerter Offenheit wissen, er habe allein darum den Frieden und die Rückgabe der Heiligen Stätten begehrt, weil er befürchtet hätte, sein Ansehen bei den Christen zu verlieren.

Der Vertrag, für dessen Einhaltung Sultan und Kaiser persönlich bürgten, garantierte einen zehnjährigen Waffenstillstand. Jerusalem wurde an die Christen übergeben, mit Ausnahme des Haram-esch-Scharif, des heiligen Bezirks der Mohammedaner. Dort standen die El-Aqsa-Moschee und die mächtige Omar-Moschee mit der goldgleißenden Kuppel, auch »Felsendom« genannt, weil der Zentralbau den Felsen bedeckt, auf dem nach jüdischer Überlieferung Abraham seinen Sohn Isaak opfern wollte. Malik al-Kamil bestand auf dieser Ausgliederung, weil der Ort den Mohammedanern ebenso heilig sei wie den Christen. Doch wurde den christlichen Pilgern zur Verrichtung ihrer Gebete freier Zutritt gewährt. Die Christen erhielten Bethlehem und Nazareth, das Gebiet um Torro, sämtliche Küstenstädte von Sidon bis Jaffa. Die Zugangswege von der Küste hinauf zu den Heiligen Stätten waren gesichert. Die Burgen in diesen Gebieten sowie die Mauern Jerusalems konnten von den Christen ungehindert aufgebaut werden.

Trotz der Kompromisse war das Entgegenkommen des Sultans ungeheuerlich. Kein Wunder, daß der Gebietsverlust unter den

Mohammedanern eine Welle der Empörung auslöste. Nasir Daud, der junge Sultan von Damaskus, verweigerte die Anerkennung des Vertrags. Der Kalif von Bagdad, der Nachfahre des Propheten, erhob gegen die Entscheidungen des Sultans von Ägypten Protest. Es heißt, die Imame und Muezzins von Jerusalem seien klagend vor das Zelt des Sultans getreten und hätten die Mohammedaner zum Trauergebet aufgerufen. Der Sultan aber habe den Versammelten die Teppiche und Kultgeräte wegnehmen und diejenigen, die ihn anklagten, auseinandertreiben lassen. Malik al-Kamil rechtfertigte den Vertrag mit Friedrich, indem er auf die Sicherung des Friedens hinwies. Er sorgte für die strikte Einhaltung der Vertragsbestimmungen, und seine freundschaftlichen Beziehungen zu Friedrich blieben ungetrübt.

Es war vorauszusehen, daß die Gegner des Kaisers im christlichen Lager mit allen Mitteln gegen den Vertrag opponieren würden, zumal Friedrich ohne den ihm feindlich gesinnten Patriarchen von Jerusalem verhandelt hatte. Doch Friedrich hatte erreicht, was überhaupt zu erreichen war. Zum erstenmal seit der Eroberung Jerusalems durch den großen Sultan Saladin waren die Heiligen Stätten wieder frei. Das Bemerkenswerteste an Friedrichs Erfolg war, daß er ohne Blutvergießen zustande kam. Ein solcher Ausgang eines Kreuzzugs wäre ohne die Persönlichkeit Friedrichs undenkbar gewesen.

22 Selbstkrönung in Jerusalem

Wie ein Lauffeuer eilte durch das christliche Lager die Nachricht, der Kaiser rüste zum feierlichen Einzug in Jerusalem; er beabsichtige, sich in der Grabeskirche zum König krönen zu lassen. Die Sizilianer und die Deutschen jubelten, andere reagierten zurückhaltender, warnten, meldeten ihre Bedenken an oder leisteten offenen Widerstand. Selbst unter den Anhängern des Kaisers wurden Stimmen laut, die auf den anhaltenden päpstlichen Bann verwiesen.

Die Templer und Johanniter lehnten es ab, mit dem Kaiser in Jerusalem einzuziehen, weil er den Ungläubigen den heiligen Bezirk überlassen habe, die Stätte, wo einst der Tempel Salomons stand. Die syrischen Barone fühlten sich brüskiert, weil der

Friedensvertrag ohne ihre Mitwirkung zustande gekommen war. Als künftige Verteidiger des Heiligen Landes kritisierten sie die militärische Unsicherheit der neuen Lage. Außerdem machten sie gegen die geplante Krönung geltend, daß Friedrich nur Regent war und die Krone Jerusalems nach dem Tod der Thronerbin Isabella allein ihrem und Friedrichs Sohn Konrad zustand.

Den heftigsten Widerstand, Ausdruck eines kaum zu überbietenden Hasses, leistete der Patriarch Gerold von Jerusalem, der als Legat des Papstes im Heiligen Land das höchste kirchliche Amt bekleidete. Wiederholt, doch vergeblich hatte Hermann von Salza dem Patriarchen die Versöhnung angeboten. Den Friedensvertrag, der gewiß nicht alle Erwartungen erfüllte, nannte der Patriarch »tückisch und trügerisch«, ein »unsinniges Verbrechen«. Er bezichtigte Friedrich der »offensichtlichen Bosheit«, der »Falschheit, Niederträchtigkeit und Betrügerei« – haltlose Beschuldigungen, die nur seine grenzenlose Aversion belegen. Der Patriarch verbot dem exkommunizierten Kaiser, die Heilige Stadt zu betreten und drohte gar, über Jerusalem das Interdikt zu verhängen. Kein christlicher Pilger dürfe mit dem Exkommunizierten in Jerusalem einziehen.

Friedrich dachte keinen Augenblick daran, auf den Einzug und auf den Ruhm zu verzichten, der erste Kaiser zu sein, der in der Heiligen Stadt die Krone Jerusalems trug. Doch es war schon eine denkwürdige und erregende Machtdemonstration, als der aus der Gemeinschaft der Gläubigen ausgestoßene Kaiser am 17. März, dem Tag vor dem Sonntag *Oculi mei,* in die Heilige Stadt der Christenheit einzog. Im Auftrag des Sultans übergab ihm der Kadi von Nablus, Schams ed-Din, die Schlüssel der Stadt. Die meisten Mohammedaner waren dem Aufruf ihrer Imame und Muezzins gefolgt und hatten Jerusalem verlassen. Die christlichen Einwohner blieben in ihren Häusern. Deutsche Pilger hatten die Straßen und Kirchen festlich geschmückt. Der Einzug des Kaisers brachte Leben und Glanz in die fast leere Stadt. Mit dem Kaiser kamen die Erzbischöfe von Palermo und Capua, die sizilianischen und englischen Bischöfe, kamen Hermann von Salza mit den Deutschordensrittern und die kaiserlichen Würdenträger. Entgegen dem Verbot des Patriarchen folgten dem Zug die sizilianischen und deutschen Pilger, zahllose Gläubige, teils aus Neugier, teils aus frommer Überzeugung.

Noch am selben Tag suchte Friedrich die Grabeskirche auf, um dort – wie er in seinem Kreuzzugsmanifest schrieb – »als katholischer Kaiser am Grabe des Herrn ehrfürchtig Unser Gebet zu verrichten«. Offenbar breitete sich unter den Pilgern die Meinung aus, mit der Erfüllung des kaiserlichen Gelübdes sei die Rechtsgrundlage des päpstlichen Banns entfallen, der Befreiung Jerusalems und dem Einzug des Kaisers könne nur die Lossprechung vom Bann folgen.

Im Hochgefühl des Augenblicks verstand Friedrich seinen Triumph als Gottesurteil, das ihn vor den Augen der ganzen Welt rechtfertigte. Er hatte Jerusalem der Christenheit zurückgewonnen. Doch es kam wie bei Friedrichs Ankunft vor sechs Monaten in Akkon: Die einmütige Begeisterung zerstob rasch, als der Patriarch Gerold seine Androhung wahrmachte. Er ließ durch den Erzbischof von Caesarea über Jerusalem das Interdikt aussprechen. Für den Sonntag *Oculi mei* war der feierliche Dankgottesdienst in der Grabeskirche und die Krönung Friedrichs vorgesehen. Sicherlich wird es in der Umgebung des Kaisers genug Ratgeber gegeben haben, die, erschüttert über die Haltung des Patriarchen von Jerusalem, dieses Vorhaben unterstützten und damit den offenen Bruch des Interdikts forderten. Es kam nicht dazu. Wieder einmal bewies der Deutschordensmeister Hermann von Salza Besonnenheit. Wahrscheinlich im letzten Augenblick gelang es ihm, dem Kaiser von der kirchlichen Krönungsfeier abzuraten. Den Exkommunizierten im traditionellen kirchlichen Ritual durch einen der anwesenden Bischöfe zum König zu krönen, das wäre ein nicht wieder gutzumachender Frevel gewesen; ein so rigoroser Bruch des Kirchengesetzes hätte auch die letzte Chance für die Versöhnung mit dem Papst zunichte gemacht. Der Kaiser beugte sich dem Argument. Ihm blieb die Wahl, auf die Krönung zu verzichten oder sie ohne Verletzung der Kirchengesetze zu vollziehen.

So kam es am 18. März in der Grabeskirche von Jerusalem zu jenem denkwürdigen Ereignis – Friedrich krönte sich selbst. An der voraufgegangenen Liturgiefeier hatte er als Exkommunizierter nicht teilgenommen. Als er die Grabeskirche betrat, erstrahlte sie im Glanz zahlloser Kerzen. Versammelt waren die Gefolgsleute des Kaisers, die ihm ergebenen Bischöfe, darunter der treue Berard von Palermo und Jakob von Capua, aber nur wenige Kleriker, keine Templer und Johanniter. Nur die weißen

Mäntel der Deutschordensritter leuchteten beim Schein der Kerzen. Dicht gedrängt standen Pilger und kaiserliche Kreuzfahrer. Eine merkwürdige Krönungsfeier, ohne priesterliche Handlung, ohne Gottesdienst. Während Lobgesänge den Raum erfüllten, wurde die Krone des Königreichs Jerusalem hereingetragen und auf den Altar gelegt. Der Kaiser, in seinem weiten rotseidenen Mantel, trat vor, nahm die Krone, hob sie vor den Anwesenden empor und setzte sie sich selber aufs Haupt.

Dann sprach Friedrich zu den Versammelten. Er rief Gott zum Zeugen an, rechtfertigte sein Handeln, richtete eine versöhnliche Grußadresse an den Papst, versicherte ihn und die Kirche seiner Demut, beteuerte, daß Gott allein ihn erhöht und das Wunder der Befreiung Jerusalems bewirkt habe. Hermann von Salza wiederholte die Rede in deutscher und französischer Sprache.

Die Ansprache, eine der wenigen, die der Kaiser nicht einem Stellvertreter überließ, war erfüllt von Versöhnungsbereitschaft. Sie bewegte die Zuhörer, weil in ihr etwas Ungewohntes anklang, ein Ton, dessen der sonst eher unnahbare Imperator Friedrich kaum fähig zu sein schien, dem er sich sonst zumindest verweigerte oder den er durch pathetische Rhetorik überdeckte. Er sprach wie jemand, der in dieser Stunde in der Grabeskirche aufrichtig den Frieden suchte und »eigene Versehen und alles, was meine Anhänger gegen die Kirche getan haben, wieder gutmachen« wollte.

Am gleichen Sonntag jedoch erließ der Kaiser sein an die ganze christliche Welt gerichtetes Kreuzzugsmanifest. Hier findet sein nach dem Triumph verstärktes Selbstgefühl in der überhöhten Sprache seiner Rhetorik, in biblischen Bildern und Vergleichen seinen vollen Ausdruck. Friedrich schildert die Vorgänge seit der Ankunft in Akkon, die tatsächlichen Erfolge, ohne jede Anklage oder Schmähung seiner Widersacher. Unerwähnt bleibt der Bann, der Streit mit Gregor IX., selbst der Name des Papstes. Das allerdings hatte Methode; denn was Friedrich mit seinem Manifest sagen wollte, bedurfte des Papstes nicht.

»Seht, jetzt ist jener Tag des Heils gekommen, an dem die wahren Christen ihr Heil von ihrem Herrn und Gott empfangen, damit der Erdkreis erfahre und begreife, daß er es ist und kein anderer, der das Heil seiner Diener wirkt, wann und wie er will! . . .

In der besonderen Huld seiner Gnade hat er Uns unter den

Fürsten des Erdkreises wunderbar erhöht, damit es so, während Wir über eine solche Würde beglückt sind, die Uns nach dem Rechte des Königtums gebührt, der Welt mehr und mehr offenbar werde, daß die Hand des Herrn dies alles bewirkte. Und weil seine Werke im Erbarmen über allem bestehen, so sollen die Söhne des wahren Glaubens von nun an erkennen und weit und breit über den Erdkreis verkünden, daß er, der gebenedeit ist in Ewigkeit, sein Volk heimgesucht und Uns als Horn des Heiles im Hause seines Vaters David errichtet hat.«

Man muß dieses Zitat des souverän formulierenden Friedrich genau lesen, um seine ganze Tragweite zu erfassen. Diese auf drei Sätze zusammengedrängte Quintessenz des Kreuzzugsmanifests läßt drei außerordentlich gewichtige Aussagen erkennen. Erstens verkündet Friedrich dem »Erdkreis«, daß »kein anderer« als Gott (also auch nicht der Papst) das Heil wirkt, »wann und wie er will«. Zweitens koppelt er die »besondere Huld« mit seiner Erhöhung und dem »Rechte seines Königtums«. Drittens steigert er seine Erhöhung durch die Berufung auf das Davidkönigtum. Es fällt nicht schwer, in diesen Worten das Bewußtsein eines gottunmittelbaren Königtums zu erkennen. Vielleicht hatte der Kaiser jenes schöne Mosaikbild aus der Martoranakirche in Palermo vor Augen, das zeigt, wie König Roger aus der Hand Christi die Krone empfängt. Aus diesem Bild spricht, ganz im Sinne einer »öffentlichen Dokumentation«, die Grundauffassung der normannischen Könige, nach der ihr Königtum von Gott, nicht vom römischen Papst verliehen wurde. Da Friedrich manche seiner staatsrechtlichen Vorstellungen seinen normannischen Vorfahren verdankt, ist es denkbar, daß er sich auch hier auf ihre Tradition besann. Eine andere Frage ist, ob Friedrichs Selbstkrönung von vornherein als ein Akt geplant war, der die Gottunmittelbarkeit seines Königtums herausstellen sollte.

Schon lange, seit dem Pontifikat Honorius' III., verzichtete Friedrich darauf, sich »König von Gottes und des Papstes Gnaden« zu nennen, wie es unter Innozenz III. üblich gewesen war. Aber jetzt hebt der Kaiser zum erstenmal bewußt seine gottunmittelbare Erwähltheit hervor. Und zum erstenmal bezieht er Worte der Bibel, die Christus meinen, auf sich, indem er sich »als Horn des Heiles im Hause des Vaters David« (Lukas 1, 69) bezeichnet. Jerusalem brachte im Leben des nun fünfunddreißigjährigen Kaisers die entscheidende Wende, die Bestätigung und das Bewußtwerden seiner Erwähltheit, die sich künftig zu wiederholten Malen in biblischen Vergleichen als messianische Sendung begreift.

In den zeitgenössischen Vorstellungen verknüpften sich mit der Krone von Jerusalem bestimmte, vorwiegend eschatologische Weissagungen. Es hieß da, aus dem Westen komme der »Erfüllungskaiser«, der Jerusalem ohne Waffengewalt befreit; mit ihm beginne die Endzeit und die Heraufkunft des Antichrist. Nach einer anderen Prophetie sollte der »Erfüllungskaiser« mit der Befreiung Jerusalems das tausendjährige Reich des Friedens heraufführen, ehe die Weltzeit zu Ende geht. Aus dem Vorrat solcher weitverbreiteten Weissagungen schöpften die päpstlichen wie die kaiserlichen Anhänger um so mehr, als dieser Mann Friedrich die mittelalterlichen Normvorstellungen sprengte und befremdend und undurchschaubar wirkte in seinem Eigensinn, seiner aufklärerischen Freiheit und seiner ungewöhnlichen Denk- und Lebensweise. So entdeckten die einen an Friedrich Züge des »Antichrists«, der den wahren Glauben verhöhnt und Verwirrung stiftet, während die anderen ihn als den »Messiaskaiser« feierten. Diese religiös-mythische »Erhöhung« Friedrichs, gleichgültig ob mit negativem oder positivem Vorzeichen, begann eindeutig mit seiner Selbstkrönung in Jerusalem und seinem Kreuzzugsmanifest.

Soviel Friedrich auch die Krone Jerusalems bedeutete, so sehr er seine Erwähltheit vor aller Welt zur Schau stellte, er konnte nicht übersehen, daß mit großen Worten allein der Realität nicht beizukommen war. Noch war er der Gebannte, der aus der Gemeinschaft der Gläubigen Ausgestoßene. Er war von der Lossprechung des Papstes abhängig. Nur deshalb war er dem Rat Hermann von Salzas gefolgt, hatte er durch den Verzicht auf die kirchliche Krönung den totalen Bruch mit der Papstkirche vermieden. Als Realist, der die Gegebenheiten richtig einzuschätzen verstand, unterließ er noch im Höhenflug seines ungemein ausgeprägten Selbstgefühls jedes Wort, das als direkter Angriff auf den Papst ausgelegt werden konnte.

23 Zwischen Christentum und Islam

Zwei volle Tage blieb der Kaiser in Jerusalem und wohnte im Hause des Kadi Schams ed-Din. Nach der Krönung ließ er seine Ratgeber und die Oberen der Ritterorden zu sich rufen, um mit ihnen über den Wiederaufbau der zerstörten Bauwerke zu sprechen. Nun erklärten auch der Großmeister der Johanniter und der Präzeptor der Templer ihre Bereitschaft zur Mitarbeit bei der Befestigung der Mauern und Tore, und man kam überein, mit dem Wiederaufbau des Davidsturmes und des Stephanstores zu beginnen. Doch mit den Templern endete die Zusammenarbeit überraschend schnell. Friedrich hatte die Absicht, am Tag seiner Abreise mit wenigen Begleitern zu der Stelle am Jordan zu pilgern, wo Jesus getauft worden war. Die Templer rieten dem Sultan, er möge die Gelegenheit nützen und den Kaiser gefangennehmen oder töten lassen. Ein heimtückischer Verrat, noch dazu höchst unklug, denn al-Kamil »verabscheute die Hinterlist, den Neid und die Verräterei der Christen«. Er sandte einen Boten mit dem Schreiben der Templer an Friedrich und versicherte ihn seiner Freundschaft und Vertragstreue. Daß sich danach die guten Beziehungen zwischen Kaiser und Sultan festigten, kann kaum überraschen. Die beiden Herrscher blieben einander bis zum Tode al-Kamils im Jahre 1238 freundlich verbunden, und Friedrich übertrug sein Wohlwollen noch auf al-Kamils Sohn und Nachfolger. Mitte der dreißiger Jahre zeigte der Kaiser seinen Besuchern stolz ein Geschenk des Sultans, von dem er sagte, es sei ihm nach seinem Sohn und Erben Konrad das Kostbarste auf der Welt. Es war ein Astrolabium, ein reichgeschmücktes Zelt mit der Nachbildung des gestirnten Himmels, auf dem Sonne, Mond und Sterne ihre Kreise zogen und den Wechsel der Jahres- und Tageszeiten anzeigten. Als Gegengabe ließ der Kaiser einen weißen Bären und einen Pfau überbringen. Der berühmte kaiserliche Elefant, der über die norditalienischen Straßen trottete, und manche andere exotische Tiere im kaiserlichen Gefolge waren Präsente des Sultans. Später kam das Gerücht auf, die Mutter des natürlichen Kaisersohnes Friedrich von Antiochien sei die Schwester Malik al-Kamils gewesen, doch gehört das ebenso in den Bereich der Legende wie die Behauptung, Friedrich habe die Tochter des Sultans und fünfzig Sarazeninnen geheiratet.

Glaubwürdiger klingen Mitteilungen des Patriarchen von Jerusalem in seinem ausführlichen Bericht an den Papst. »Was wir ferner mit größter Wahrhaftigkeit und brennender Scham berichten, ist, daß der Sultan dem Kaiser, als er hörte, daß dieser nach sarazenischer Sitte lebe, Sängerinnen, die auch Tänzerinnen genannt werden, schickte, sowie Gaukler, Personen also, die nicht nur verrufen sind, sondern von denen man unter Christen überhaupt nicht sprechen sollte. Mit diesen vergnügte sich der Fürst dieser Welt bei abendlichen Gelagen, bei sarazenischen Getränken, in sarazenischen Kleidern und überhaupt in jeder Weise als Sarazene.«

Den Kreuzfahrern, insbesondere solchen aus dem europäischen Norden, mußte es höchst merkwürdig erscheinen, daß so viele Soldaten, Bedienstete und Vertraute aus der Umgebung des Kaisers ihre islamischen Gebetsübungen verrichteten. Auch die offensichtliche Sympathie Friedrichs für die Ungläubigen reizte die Phantasie der Zeitgenossen, gab ständig Anlaß zur Verwunderung oder zum Ärgernis. Einer der christlichen Chronisten sprach sein Erstaunen unumwunden aus: »So große Liebe und so großes Vertrauen hatte er zu den Ungläubigen, und so gut kannte er sie, daß er dieses Volk und seine Einrichtungen mehr als alle anderen ehrte. Er machte ungläubige Mohammedaner zu seinen Kämmerern und seinen vertrautesten Dienern. Und in vielen Dingen hielt er sich an die Sitten und Gebräuche der Sarazenen. Oft schickte er dem Sultan wertvolle und prächtige Gaben, und ebenso ließ ihm der Sultan solche schicken. Deshalb hatten der Papst und alle anderen Christen, die es erfuhren, große Besorgnis und großen Verdacht, daß er zum Glauben Mohammeds übertreten wolle. Alle Leute aber versicherten fest, daß er nichts glaube und daß er nicht mehr wisse, welchen Glauben er vernichten und welchen er wählen und halten wolle.«

So oder ähnlich dachten wahrscheinlich viele Zeitgenossen. Der letzte Satz des Chronisten verdeutlicht, wie sehr die schillernde und undurchschaubare Persönlichkeit Friedrichs die orthodoxen Christen verwirrte, wie wenig sie ihn verstehen konnten. Hätte der Chronist den Kaiser auf seinem Weg durch Jerusalem zu den islamischen Heiligtümern begleitet, er wäre in seiner Meinung bestätigt worden. Friedrich wünschte nämlich ausdrücklich, die Moscheen zu sehen, und wurde vom Kadi Schams ed-Din zum heiligen Bezirk geführt. Die anekdotischen

Berichte mohammedanischer Augenzeugen, wie arabische Chroniken sie festgehalten haben, vermitteln einen höchst plastischen Eindruck vom Verhalten Friedrichs gegenüber den Andersgläubigen.

So wird etwa berichtet, Friedrich habe den Kadi gefragt, warum er in der Nacht den Gebetsruf des Muezzin nicht habe hören können. Der Kadi verwies auf einen Befehl des Sultans, der den Gebetsruf aus Rücksicht und Ehrerbietung gegen den Kaiser untersagte. Woraufhin der Kaiser erwiderte: »Ihr tut Unrecht, wenn ihr meinetwegen eure Gebräuche ändert. Das braucht ihr nicht, selbst wenn ihr in meinem Lande wäret.« Und tatsächlich riefen ja in Lucera die Muezzins die islamischen Gebetsstunden aus.

Mag diese kaiserliche Antwort eine Geste der Höflichkeit gegenüber dem Gastgeber gewesen sein, so lassen andere überlieferte Handlungen Friedrichs an Klarheit nichts zu wünschen übrig. Als der Kaiser die El-Aqsa-Moschee betrat, entdeckte er einen Priester, der mit dem Evangelium in der Hand um Almosen bettelte. Friedrich schlug den Priester mit der Faust zu Boden und fuhr ihn an: »Du Schwein! Der Sultan hatte die Gnade, uns zu erlauben, diesen Ort zu besuchen, und du wagst dergleichen hier. Wenn noch einer von euch zu diesem Zwecke hierherkommt, bei Gott, ich schlage ihn tot.« (Möglicherweise übertrieb dieser arabische Chronist; bei einem anderen steht nichts vom Faustschlag und Schimpfwort; dort heißt es lediglich, der Kaiser habe den Priester »fortgejagt«.)

Der architektonisch interessierte Kaiser bewunderte den großen Zentralbau der Omar-Moschee, die reichen Ornamente der Außenwände, die hohe grüngoldene Kuppel, die funkelnd im Licht aus der Mitte des regelmäßig gefügten Mauer-Achtecks aufstieg. Ob das islamische Oktogon Friedrich zu seinem ein Jahrzehnt später begonnenen achteckigen Castel del Monte angeregt hat? Er ließ sich durch die Moschee führen und stieg die Stufen zur Kanzel empor. Auch hier kam es zu einem Dialog. Friedrich las in der Kuppel die Inschrift: »Saladin reinigte dieses Haus, indem er die Polytheisten vertrieb« und fragte, wer denn diese Polytheisten seien. Er wußte aber genau, daß der Sultan Saladin die Christen aus Jerusalem vertrieben hatte – und weil die Christen an den Vater, den Sohn und den Heiligen Geist glaubten, wurden sie von den Mohammedanern als Polytheisten bezeichnet. Friedrich fragte weiter, wozu die Gitterfenster über dem Eingang dienten, und erhielt zur Antwort: »Um die Sperlinge fernzuhalten.« Darauf soll Friedrich erwidert haben: »Und doch hat Allah die ›Schweine‹ zu euch gebracht« – die »Schweine«, das war das Schmähwort der Mohammedaner für die Unreinen, die Christen.

Falls Friedrich mit solchem Verhalten den Mohammedanern als besonders freidenkend und aufgeklärt erscheinen wollte, so blieb der vielleicht erhoffte Beifall aus. Die frommen Imame zeigten sich entsetzt über die Reden des Königs der Franken, wie sie Friedrich nannten. Sie folgerten: »Aus seiner Redeweise ersah man, daß er ein Materialist war und daß er mit dem Christentum nur ein Spiel trieb.« Nebenbei bemerkt: derselbe arabische Chronist erwähnt, daß auch die körperliche Erscheinung des Kaisers bei den Arabern wenig Anklang fand. Für den »rotblonden, bartlosen und kurzsichtigen Mann« wären auf dem Sklavenmarkt »keine zweihundert Drachmen« gezahlt worden. Die abwertende Charakterisierung ist erstaunlich; denn Friedrich wurde im allgemeinen von den Arabern bewundert. Doch offensichtlich hatte Friedrich seine Gesprächspartner in Jerusalem falsch eingeschätzt.

Etwas völlig anderes war es, wenn er – gewiß nicht ohne Spott und dialektischen Witz – mit dem Emir Fahr ed-Din oder anderen Intellektuellen vom Hofe al-Kamils diskutierte; dann fand er sofort das Verständnis seiner Gesprächspartner. Eines der Gespräche mit Fahr ed-Din handelte von den Kalifen. Als der Emir ihre Abstammung in nie unterbrochener Erbfolge aus der Familie des Propheten erklärte, sagte Friedrich: »Das ist viel besser, als bei den einfältigen Franken, die irgendeinen Mann zu ihrem Papst machen, der keinerlei Verwandtschaft mit dem Messias nachweisen kann. Dieser Mann hat kein Recht, sich einen ähnlichen Rang anzumaßen, während euer Kalif alles Recht dazu hat.« Leider ist in dem kurzen Bericht die Reaktion Fahr ed-Dins nicht überliefert.

Friedrichs Neigung zum Islam kommt vorwiegend in seinen polemischen Bemerkungen und philosophisch-wissenschaftlichen Fragen zum Ausdruck. Den islamischen Glauben anzunehmen, hat er niemals erwogen. Das geht aus seinen eigenen wie auch aus den Äußerungen seiner mohammedanischen Freunde und Gesprächspartner klar hervor. Die Meinung, er wisse nicht,

»welchen Glauben er wählen und halten wolle«, beruht auf einem Mißverständnis, das allerdings durch Friedrichs eigenes Verhalten im Heiligen Land provoziert wurde.

Friedrichs Interesse galt nicht dem Islam als Religion, sondern der Lebensart der Araber. Entsprechend seinen eigenen staatspolitischen Vorstellungen mußte ihn auch die absolutistische Regierungspraxis des Sultans beeindruckt haben, die unumschränkte Gewalt des orientalischen Herrschers über seine Untertanen. Noch mehr faszinierte ihn der unmittelbare Umgang mit den arabischen Gelehrten, die ja das Erbe der antiken Philosophie und Wissenschaften übernommen und auf einzelnen Gebieten, zum Beispiel in der Medizin, der Mathematik oder der Astronomie, weiterentwickelt hatten. Die Araber wiederum lobten Friedrich als den »Mann von scharfem Geist, gelehrt, Liebhaber der Philosophie, der Logik und der Medizin«.

Auch hinsichtlich seiner persönlichen Leidenschaft, der Falknerei, verdankte er den Arabern wertvolle Anregungen. »Als wir im Orient waren, sahen wir, daß selbst die Araber bei der Falkenjagd eine Kappe benutzten«, notierte er später in seinem Falkenbuch. Offensichtlich beschäftigte ihn schon im Orient nicht nur die Praxis, sondern die theoretische Erforschung der Falkenjagd. Den Mohammedaner Moamin, der ein Traktat darüber geschrieben hatte, machte er zu seinem obersten Falkner.

Friedrichs Aufenthalt in Jerusalem und im Heiligen Land, dessen politischer Erfolg bereits schnell wieder zu verblassen drohte, verstärkte die Vorurteile seiner Gegner. Er bekam das in seinen letzten Tagen auf syrischem Boden deutlich zu spüren. Übereilt und wohl auch verärgert über die Hinterlist der Templer und des über Jerusalem verhängten Interdikts, verließ der Kaiser nach zwei Tagen die Heilige Stadt, um mit seinem Gefolge über Jaffa nach Akkon zu reiten. Seinem Admiral, Heinrich von Malta, hatte er die Anweisung gegeben, zu Ostern im Hafen von Akkon die Galeeren zur Überfahrt bereitzuhalten. Nach der Befreiung Jerusalems und seiner Krönung in der Grabeskirche hielt ihn nichts mehr im Heiligen Land. Es drängte ihn, nach Sizilien zurückzukehren; denn die Hiobsbotschaften aus seinem Königreich mehrten sich. Päpstliche Truppen, die sogenannten Schlüsselsoldaten, angeführt von Johann von Brienne, seinem Schwiegervater, waren in Apulien eingedrungen. Das kaiserliche

Heer unter dem Befehl des Herzogs von Spoleto war zusammengeschrumpft auf zwei Abteilungen, die sich in den Abruzzen und im Gebiet um Capua zu behaupten vermochten. Um leichteres Spiel bei der Annektierung des sizilianischen Festlandes zu haben, ließ Papst Gregor das Gerücht verbreiten, der Kaiser sei tot.

Unterdessen hielt sich der Totgesagte auf der Burg Johann von Briennes bei Akkon auf und regelte die Verwaltung des Heiligen Landes. Der Kaiser brauchte dafür in Syrien Männer, auf deren Loyalität er sich verlassen konnte, die aber ebenso das Vertrauen der syrischen Barone genossen. So machte er Balian von Sidon, einen Vetter der verstorbenen Kaiserin Isabella, und den Deutschen Garnier, der in Syrien unter dem einstigen König Johann von Brienne gedient hatte, zu seinen Statthaltern, während Odo von Montbeliard den Oberbefehl über die Truppen erhielt.

In Akkon kam es in dieser Zeit zu wüsten Ausschreitungen. Die Stadt war überlaufen von Pilgern und Kreuzfahrern, die auf ihre Einschiffung warteten. Päpstliche und Kaiserliche gerieten aneinander. Die Hetzkampagne des Patriarchen Gerold, der inzwischen eigene Truppen anwarb, brachte den Päpstlichen mehr Zulauf als erwartet. Bettelmönche predigten öffentlich gegen den gebannten Friedrich, bis kaiserliche Soldaten sie von der Kanzel holten und verprügelten. Schließlich sperrten die kaiserlichen Truppen den Patriarchen und die Oberen der Templer unter Bewachung in ihre Häuser ein. Die Ausfahrt der kaiserlichen Galeeren verzögerte sich wegen des stürmischen Wetters bis zum 1. Mai. Als Friedrich am Morgen seiner Abreise zum Hafen ritt, bewarf ihn und seine Begleiter der aufgehetzte Pöbel mit Kot und Schmutz. So endete der Kreuzzug des Kaisers, wie er begonnen hatte – mit einer beschämenden Demonstration der Uneinigkeit unter den Christen.

24 Rückkehr und päpstliche Anerkennung

Nach einem kurzen Aufenthalt auf Zypern fuhr die Galeere des Kaisers am 10. Juni 1229 in den Hafen von Brindisi ein. Die Nachricht von der Rückkehr des Totgesagten verbreitete sich wie ein Lauffeuer und wurde wie ein Wunder aufgenommen. Die bloße Gegenwart Friedrichs setzte der verworrenen Lage im Königreich ein Ende; es war ein weiterer Beweis dafür, wie sehr der sizilianische Staat auf die Person Friedrichs bezogen war. Ohne Aufschub eilte er nach Barletta und begann von dort aus, im Kastell am Meer, mit der ihm eigenen Energie die von päpstlichen Truppen besetzten oder abtrünnigen Gebiete wieder in die Hand zu bekommen.

Papst Gregor hatte Schwäche der politischen und militärischen Führung im Königreich während Friedrichs Abwesenheit zu nutzen gewußt. Weniger Erfolg hatte der Papst, als er die abendländischen Fürsten und Könige um Unterstützung seines Kampfes gegen Friedrich bat. Sie mißbilligten den unfairen Überfall während des Kreuzzugs des Kaisers. Nur die Lombarden kämpften an der Seite der päpstlichen Truppen.

Die Verhältnisse, die der Zurückgekehrte vorfand, waren schlimm genug. Die Schlüsselsoldaten unter dem Befehl von Johann von Brienne und dem Legaten Pelagius rückten in Apulien und in der Terra di Lavoro vor. Die Reste des kaiserlichen Heeres in den Abruzzen und bei Capua waren in Bedrängnis. Der Papst hatte die Untertanen von ihrem Treueeid entbunden. Durch herumziehende Bettelmönche zur Aufsässigkeit angestachelt, waren zahlreiche Städte und Grafschaften abgefallen. Innerhalb weniger Wochen gelang es dem Kaiser, die äußerste Bedrohung abzuwenden. Seine Rückkehr, seine ungebrochene Fähigkeit zum raschen Durchgreifen verwirrte die Gegner und gab seinen Anhängern Zuversicht und Mut. Und wieder einmal war das Glück auf seiner Seite. Im kaiserlichen Lager vor Barletta sammelte sich ein kampfbereites Heer. Rainald von Spoleto konnte sich mit seiner Truppe aus den Abruzzen durchschlagen. Der Großhofjustitiar führte die Sarazenen aus Lucera und Reste der sizilianischen Armee heran. Aus Palästina heimkehrende deutsche Ritter, deren Schiffe wegen der Meeresstürme apulische Häfen anliefen, kamen in Friedrichs Lager und verstärkten das kaiserliche Aufgebot. So konnte Friedrich seiner bedrängten Streitmacht bei Capua den Grafen Thomas von Aquino mit einer Entsatztruppe schicken. Er versprach, bald selbst mit dem kaiserlichen Heer nachzukommen und mahnte zur Treue. Vor seinem Aufbruch in den letzten Tagen des August schrieb der Kaiser seinem mohammedanischen

Freund Fahr ed-Din einen bemerkenswerten Brief, der in vieler Hinsicht aufschlußreich ist und der zu den schönsten Dokumenten Friedrichs gehört. Das Schreiben, hier gekürzt wiedergegeben, schildert die Lage aus der Sicht des Kaisers. Es ist aber vor allem darum wertvoll, weil es die enge Freundschaft mit dem arabischen Emir belegt und in seiner blumenreichen Sprache Friedrichs Verbundenheit mit der arabischen Kultur erkennen läßt. Umso erstaunlicher angesichts der prekären Lage scheint es, daß Friedrich sich in der Einleitung »Stütze des Priesters von Rom und Helfer der Religion des Messias« nennt.

»Der gefürchtete Caesar, der Imperator Roms, Friedrich, der Sohn Kaiser Heinrichs, des Sohnes Kaiser Friedrichs, siegreich durch Gott, mächtig durch seinen Ratschluß, erhöht von der göttlichen Vorsehung, König von Deutschland, der Lombardei und Toskana, von Italien, Langobardien, Kalabrien, Sizilien und Jerusalem in Syrien, Stütze des Priesters von Rom und Helfer der Religion des Messias: Im Namen des liebenden und gütigen Gottes! . . .

Nicht gedenken Wir den Kummer zu künden, den Uns die Liebe leiden ließ, nicht die schlimme Schwermut, die Uns beschlichen hat, noch, wie sehr Wir die Rückkehr ersehnen zu der beglückenden Gesellschaft des Fahr ed-Din – Gott verlängere seine Tage, vermehre seine Jahre, festige seine Füße im Befehl, erhalte ihm, daß man ihn achte und ehre! Er lasse wandeln seine Gedanken auf dem meisterlichen Wege, regiere sein Gericht und seine Rede, gönne ihm gern von jedem Gute und erfrische sein Befinden jeden Tag und jede Nacht!

Wohl allzuweit haben Wir Uns in diesem Eingang gehen lassen; wohl sind Wir dem Fehler verfallen, Uns von Unserem Vorsatz zu entfernen. Doch wühlt Uns die Verwirrung des Mannes auf, der sich einsam sieht in der Welt nach Zeiten der Stille und der Gemeinschaft . . .

Kommen Wir also zur Sache! Da Wir wissen, daß Eure Herrlichkeit gern die Nachrichten, die Uns betreffen, gereinigt vernimmt, zumal wenn Unsere Taten trefflich geglückt sind, so wollen Wir sie Euch geben. Wie Wir Euch bereits in Sidon erklärten, hat der Papst, Trug und Treulosigkeit wieder aufnehmend, eine Unserer wehrhaftesten Festungen genommen, Monte Cassino, das ihm der Abt dort übergab, nachdem er ihm noch viel mehr zu leisten versprochen hatte; er konnte es jedoch nicht, weil die getreuen Untertanen Unsere Rückkehr erwarteten. So sah sich der Papst genötigt, die Nachricht von Unserem Tode auszustreuen, und ließ die Kardinäle schwören, daß es tatsächlich so sei, und daß Wir unmöglich heimkehren könnten. Mit derartigen Betrügereien fingen sie das Volk ein und fügten hinzu, daß nach Unserem Tode kein anderer als der Papst selbst Unser Königreich gut regieren könne, um es Unserem Sohne zu erhalten ...

Als Wir nun im Hafen von Brindisi – Gott bewache es! – anlegten, fanden Wir, daß der König Johann und die Lombarden um die Wette in Unserem Königreich einfielen. Als sich jedoch die Nachricht von Unserer Landung verbreitete, zweifelte man an dem, was die Kardinäle mit ihrem Eide bekräftigt hatten. Sowie Wir dann schrieben und Boten aussandten, um kundzugeben, daß Wir gesund und heil zurückgekehrt seien, begannen Unsere Feinde verwirrt zu werden und zogen sich, alsbald den Rücken wendend, ungeordnet zwei Tagesmärsche weit zurück. Unsere Getreuen aber stießen gehorsam zu Uns ...

Und so ziehen Wir jetzt, ohne Zeit zu verlieren, wider die Feinde.

Ferner melden Wir Eurer Herrlichkeit den Empfang Eurer Briefe, die Uns von Eurem Ergehen, Eurem Planen und Eurem Wirken berichten. Wollet Unsere Grüße an alle Häupter des Heeres, an Eure eigenen Knaben, an die Mamelucken und an das ganze Gesinde Eures Hauses überbringen! Eurer Herrlichkeit aber wünschen Wir Heil und Erbarmen und Segen von Gott.

Gegeben zu Barletta – Gott bewache es! – am 23. August 1229.«

Der Kaiser hat in seinem Schreiben die Ereignisse und die vom Glück begünstigte neue Situation nicht übertrieben. Als er mit seinem Heer durch die apulische Ebene, dann durch das Bergland, den Flußtälern des Cercaro, des Miscano, des Calore und Volturno folgend nach Capua zog, kam es nicht einmal zu Kämpfen. Schon die Nachricht von seinem Heranrücken trieb die Schlüsselsoldaten und die Lombarden in die Flucht. Mit ihnen floh ihr Befehlshaber Johann von Brienne über die Grenze auf päpstliches Territorium. Nur in der Bergfestung Monte Cassino, von jeher eine hartnäckig umkämpfte Bastion, verteidigte sich der päpstliche Legat Pelagius, bis auch er zuletzt aufgab und ihm ein ehrenvoller Abzug gewährt wurde. Die abtrünnige Stadt Sora war erobert und eingeäschert, die ganze Einwohnerschaft getötet worden. Nach diesem grausamen Exempel sollen innerhalb weniger Tage an die zweihundert Städte ihre kampflose Übergabe erklärt haben.

Im allgemeinen verfuhr der Kaiser milde mit den abtrünnigen und nun reuig um Gnade bittenden Städten. Doch es gab Ausnahmen. So bestrafte er treulose Beamte und Verräter mit unnachsichtiger Härte. Kaum verständlich erscheint ein an die apulischen Sarazenen gerichteter schriftlicher Befehl, der ein unglaublich grausames Strafgericht über die aufrührerische Stadt Gaeta verhängte. Nach der Zerstörung der Weinberge und Obstgärten, heißt es in dem Schreiben, sollen die Sarazenen »die Angehörigen der höheren Stände und des Adels blenden, der Nasen berauben und nackt und bloß aus der Stadt jagen. Den Frauen sollen sie die Nasen abschneiden zur Schande, dann abzuziehen erlauben. Den Knaben hingegen sollen sie die Hoden abschneiden und sie in der Stadt bleiben lassen. Die Mauern der Stadt, ihre Häuser und Türme sollen sie völlig zerstören, außer Kirchen und Pfarrhäusern . . .«

Es ist nicht bekannt, ob dieses drastische Strafgericht tatsächlich ausgeführt wurde. Vermutlich unterblieb es, sonst wäre es in irgendeiner der antikaiserlichen Chroniken oder Berichte festgehalten. Möglicherweise sollte der Befehl nur ein Abschreckungsmittel sein; denn am Ende heißt es: »Wenn die Kunde von einem derartigen Strafgericht sich über den Erdball verbreitet, wird jeder Verräter bis ins Innerste erschüttert und angstvoll erbeben.« Oder handelte es sich um eine von der kaiserlichen Kanzlei vorgefertigte Anweisung, die im Falle besonders krasser Verräterei zur Verfügung stand? Weder diese Möglichkeit noch die Tatsache der generell üblichen maßlosen Brutalität der damaligen Zeit ändern etwas an der Grausamkeit des Befehls. Allerdings muß erwähnt werden, daß auch die päpstlichen Truppen scheußliche Racheakte verübten.

Nach drei Monaten, Ende Oktober, beherrschte Friedrich das gesamte sizilianische Königreich, kehrten geordnete und friedliche Verhältnisse zurück. Der Kaiser hatte seinen Truppen befohlen, die Schlüsselsoldaten nicht über die Grenzen hinaus zu verfolgen, um die territorialen Rechte des Kirchenstaates nicht zu verletzen. Dieser Mäßigung lag schon die Einsicht zugrunde, daß er mit dem Papst zum Frieden kommen müsse.

Acht Monate lang schleppten sich die Verhandlungen hin. Die Hauptlast trug wieder einmal der erfahrene Deutschordensmeister Hermann von Salza, der für den Kaiser vermittelte, ohne dabei die Achtung des Papstes und der Kurie einzubüßen. Der greise Gregor IX. war sich trotz der militärischen Niederlage seiner geistlichen Macht bewußt und blieb halsstarrig.

Als im Frühjahr 1230 die Verhandlungen stockten, schlug Hermann von Salza vor, die deutschen geistlichen und weltlichen Fürsten als Bürgen für den Kaiser einzubeziehen. Dank der Vermittlung des Deutschordensmeisters erklärten sich die Reichsfürsten bereit, dafür zu bürgen, daß Friedrich den Frieden nicht bräche – andernfalls verfiele er dem Bann erneut. Erst nach dieser Erklärung und zusätzlich von mehreren Kardinälen gedrängt, gab der Papst seinen Widerstand auf. Er forderte aber, der Kaiser müsse allen Papstanhängern Straffreiheit gewähren; der sizilianische Klerus müsse von allgemeinen Steuern befreit werden und dürfe nicht mehr den weltlichen Gerichten unterstehen; bei der Wahl der sizilianischen Bischöfe sollten die Rechte des Kaisers eingeschränkt werden; ferner sollten beschlagnahmte Kirchengüter, auch diejenigen der Templer und Johanniter, an ihre rechtmäßigen Besitzer zurückfallen.

Teil des Vertrags wurde auch, daß Friedrich einige Burgen an der Grenze zwischen Königreich und Kirchenstaat als Pfand setzte. Allerdings blieb in diesem Vertrag die Lombardenfrage ungelöst, ein Konfliktstoff, der zwangsläufig weitergärte. Die Frage, ob Gregor IX. die Lombardenstädte absichtlich unberücksichtigt ließ, ist nicht eindeutig zu beantworten. Für Friedrich kam alles darauf an, Frieden mit dem Papst zu schließen und dadurch auch sein weiteres Paktieren mit den kaiserfeindlichen Lombarden zu verhindern.

Friedrich nahm die Bedingungen an. Ihm blieb kein anderer Weg, wollte er wieder als Kaiser, frei vom Bann und versöhnt mit dem höchsten Priester der Kirche, das Reich regieren.

So vorbereitet, konnte Ende August in San Germano der Frieden besiegelt werden. In Rocca d'Acre, jenseits des Garigliano, der die Grenze zwischen dem Königreich und dem Kirchenstaat bildete, erwartete der Kaiser die Rückkehr seiner Abgesandten, der Bischöfe von Reggio, Modena, Mantua und Winchester. Dann ritt er in Begleitung Hermann von Salzas und seines kaiserlichen Gefolges nach Ceprano, wo er am 28. August

1230 öffentlich und feierlich durch die päpstlichen Legaten, den Kardinalbischof Johannes von Sabina und den Kardinalpriester Thomas, vom Bann losgesprochen wurde.

Den Höhepunkt dieser Tage bildete die Begegnung mit Gregor IX., der in Anagni residierte, seiner und des großen Innozenz III. Geburtsstadt. Das kaiserliche Gefolge lagerte im Tal unterhalb der Mauern der Stadt. Am 1. September, einem Sonntag, betrat Friedrich, von wenigen Getreuen begleitet, ohne allen kaiserlichen Prunk, den Palast des Papstes. Gregor IX., an Jahren dem Kaiser um ein Lebensalter voraus, empfing seinen Gast väterlich und mit dem Friedenskuß. Sie sprachen lange miteinander und speisten gemeinsam im päpstlichen Privatzimmer, wobei nur der Deutschordensmeister zugegen war. Später teilten sie ihren Getreuen mit, wohl hätten sie die voraufgegangenen Ereignisse bedacht und keine Einzelheit vergessen, aber wichtiger sei ihnen das Gute gewesen, das aus dem Verzeihen und dem Frieden hervorgeht.

Unmittelbar nach der Zusammenkunft gebot Papst Gregor dem Patriarchen Gerold von Jerusalem, den Vertrag des Kaisers mit dem Sultan Malik al-Kamil in allen Punkten zu akzeptieren und zu erfüllen. Den Hochmeistern der Templer und Johanniter gingen mahnende Briefe zu, die sie zur strikten Einhaltung des Waffenstillstandes mit den Mohammedanern verpflichteten. Der Papst selbst hob feierlich das Interdikt auf, das der Patriarch über Jerusalem verhängt hatte.

Eineinhalb Jahre nach dem Einzug Friedrichs in Jerusalem fanden der Kreuzzug des Gebannten und die Befreiung der Heiligen Stätten die volle kirchliche Anerkennung. Gregor IX. aber nannte den noch vor kurzer Zeit als »Schüler Mohammeds« geschmähten Kaiser vor aller Welt »unseren geliebten Sohn der Kirche«.

Fünfter Teil

Gesetze, Wissenschaften und Künste

25 Von Friedensjahren und vielfältigen Interessen

Mit siebenunddreißig Jahren stand der Kaiser auf der Höhe seiner Erfolge. Der Kreuzzug war anerkannt, Papst Gregor IX. versöhnt. Zunächst war von außen keine Störung zu befürchten. Im Königreich herrschte nach der Umsiedlung der Sarazenen und der Unterwerfung der abtrünnigen Städte und der rebellischen Barone Frieden.

Politisch gesehen begann eine Zeit der Ruhe, der Muße, der Entspannung, doch keine Zeit des Müßiggangs. Was, so könnte man fragen, interessierte Friedrich eigentlich nicht? Er verfolgte eine Vielfalt von Interessen, von denen jedes für sich genommen einen gebildeten Mann ganz ausgefüllt hätte. Gewiß verdankte er viel seinen Ratgebern, den Juristen, Prälaten, Naturwissenschaftlern und Mathematikern, den Astrologen und Übersetzern, den Medizinern und Philosophen. Aber der Ehrgeiz des Kaisers darf nicht unterschätzt werden. Er ertrug es nicht, weniger als seine Untergebenen zu wissen. Er war nicht nur der Mittelpunkt seines Hofes, dieses für seine Zeit ungeheuer aktiven Gravitationsfeldes, sondern selbst der wichtigste Initiator. In allen Bereichen, theoretisch wie praktisch, dominierte seine anerkannte hohe Intelligenz.

Nach dem Kreuzzug nahm Friedrich seine Bautätigkeit wieder auf. Die Sarazenenkolonie von Lucera erhielt ihr wehrhaftes Kastell. Im steinigen Hügelland der Murge, südlich von Bari, entstanden die Jagdschlösser von Gioia del Colle und Gravina di Puglia. Um 1233 wurde im Hochland zwischen Tarent und Brindisi das Kastell von Oria vollendet und das von Bari auf normannischen Fundamenten begonnen. Ebenfalls in diesen Jahren ließ Friedrich die Kathedrale von Altamura errichten, seinen einzigen Sakralbau neben einer Zisterzienserkirche bei Lentini, die allerdings nicht vollendet wurde.

Während der Kaiser in einem Jahrzehnt mehr als zweihundert profane Bauwerke und Kastelle neu bauen und bestehende unablässig erweitern oder erneuern ließ, entstand also nur eine einzige Kirche. Man warf ihm vor, er lasse zwar Kirchen zerstören, baue aber keine neuen. Thomas von Gaeta, ein altgedienter sizilianischer Justitiar, richtete einen rührenden Appell an den Kaiser: »Um Gotteswillen, Herr, legt eine Pause ein, und errichtet Eure Bauten im Königreich nicht alle gleichzeitig! Bringt zunächst einmal ein Gott wohlgefälliges Werk, wie es die allerchristlichen Könige von Sizilien, Eure Vorfahren, gehalten haben, die sogar mitten im Kriege Kirchen und Klöster errichteten!« Der Appell des Thomas von Gaeta blieb ohne Erfolg. Der kaiserliche Bauherr richtete sich nur nach den Notwendigkeiten der Landesverteidigung und seinen und seines Hofes Bedürfnissen. Allerdings brachte jeder Krieg die Zerstörung der Burgen und Profanbauten mit sich. Sie mußten neu aufgebaut werden, während die Kirchenbauten überdauerten. Sonst wären nicht die herrlichen apulischen Kathedralen aus dem zwölften und frühen dreizehnten Jahrhundert, aus der Zeit vor Friedrich, bis heute erhalten: Ein Kranz von Kathedralen und Abteikirchen zwischen Bari und Foggia, großartige Denkmäler normannisch-romanischer Baukunst unter dem südlichen Himmel, in Bari, Bitonto, Molfetta und Trani, in Ruvo, Venosa, Andria, Canosa und Barletta, in Troia und Foggia, in Siponto und Monte Sant'Angelo, dem alten Michaelsheiligtum auf dem Gargano.

Der Kaiser residiert in Foggia. In den Sommermonaten zieht er mit seinem Hof nach Melfi im waldreichen, kühleren Bergland. Die Staatsgeschäfte laufen reibungslos weiter. Wie immer versteht es Friedrich, seine persönlichen Interessen mit dem Interesse des Allgemeinwohls zu verbinden. Er verfolgt das Abrichten der Jagdfalken und Jagdleoparden, beobachtet mit wissenschaftlichem Eifer das Verhalten der einheimischen Vögel und Wildtiere – in allem auf die Nutzanwendung bedacht. Er setzt Schonzeiten für die Jagd fest, kümmert sich um die Bekämpfung von Tierkrankheiten und Plagen. Als er hört, daß Straußeneier von der Sonne im Wüstensand ausgebrütet werden, läßt er in Apulien entsprechende Versuche durchführen. Er läßt künstliche Brutöfen bauen, um das Ausschlüpfen der Kücken aus dem Ei zu beobachten. Bei Foggia werden künstliche Teiche und Sümpfe angelegt, als Reservate für viele Arten von Wasservögeln und Sumpftieren. Zuchtversuche mit eingeführten Berberpferden sind erfolgreich.

Am Hof Friedrichs entsteht ein Handbuch über Pferde, die »erste abendländische Veterinärkunde«, die über Jahrhunderte vorbildlich bleibt. Das sechsteilige Werk enthält alles Wissenswerte über Geburt, Aufzucht und Pflege der Pferde, über ihre

Körperfunktionen und ihre Krankheiten, von denen siebenundfünfzig genau beschrieben und die jeweiligen Heilmethoden und Arzneien angegeben werden. Ausdrücklich erklärt der Verfasser, der Marstallmeister Giordano Ruffo, ein kalabresischer Adeliger, »daß er über alle beschriebenen Dinge in hohem Maße vom Kaiser selbst Belehrung empfangen habe, der auch auf diesem Gebiete Experte gewesen sei«.

Der Kaiser reformiert das Studium der Medizin und die Krankenpflege. Danach muß der werdende Arzt drei Jahre Logik und fünf Jahre Medizin studieren, wobei das Studium des Hippokrates, der Nachweis anatomischer und chirurgischer Kenntnisse unerläßlich ist. Das kaiserliche Gesetz ordnet eine kostenlose Behandlung der Armen an, schreibt die Zahl der Hausbesuche vor und regelt die Gebühren, die der Arzt berechnen darf. Streng sind die Anweisungen für die Herstellung von Arzneien. Auf Betrug und Giftmischerei steht die Todesstrafe. An seiner berühmten medizinischen Hochschule in Salerno läßt Friedrich beim Anatomieunterricht Leichen sezieren, und er läßt – für die damalige Zeit eine Sensation – Narkoseverfahren erproben. Die Initiative zu Neuerungen geht immer von ihm aus. Er gibt medizinische Abhandlungen in Auftrag, aber auch ihm selbst werden Arzneien und Rezepte zur Wundbehandlung zugeschrieben.

Er erläßt Gesetze zur Reinhaltung der Luft und der Gewässer, bestimmt, in welcher Entfernung von Ansiedlungen Flachs und Hanf gewässert werden dürfen, was mit Abfällen und Kadavern geschehen soll. Er verfügt, wie Grabstätten anzulegen und Schlachthäuser zu errichten seien.

Auffallend ist seine Neigung, wissenschaftliche Erkenntnisse sogleich zum praktischen Nutzen aller anzuwenden. Genauso reizen ihn einzelne Erscheinungen, sofort nach den Gründen zu fragen, Erklärungen für die Ursachen zu suchen. Er will wissen, wie es zu der Seuche kam, an der der erste Kreuzzug scheiterte, und welche Vorsorgen zur Verhütung von Seuchen zu treffen sind.

Friedrich war kein methodischer Wissenschaftler, eher ein spontan reagierender scharfsinniger Beobachter, dessen Wissensdrang unablässig nach vernünftigen Erklärungen suchte. In allen seinen vielfältigen Wissensbereichen ging er nicht von der Theorie, vom Allgemeinen aus, sondern von seiner eigenen

Erfahrung, vom Sichtbaren und Greifbaren, von den einzelnen Erscheinungen. Das erinnert an einen Zeitgenossen des Kaisers, den großen universalen Gelehrten und Heiligen Albertus Magnus, der in Köln und Paris wirkte. Albertus Magnus schrieb: »Alle unsere Erkenntnis beginnt mit Sinnfälligem« oder an anderer Stelle: »Es genügt nicht, ein Wissen im allgemeinen zu haben, sondern wir suchen von jedem einzelnen Ding zu wissen, wie es sich in seiner eigentümlichen Natur verhält. Das ist nämlich die beste und vollkommene Art des Wissens.« In Friedrichs Falkenbuch heißt es: »Unsere wahre Absicht ist, sichtbar zu machen die Dinge, die sind, so wie sie sind.« – *Intentio vero nostra est manifestare ea quae sunt sicut sunt.*

Er beschäftigt sich mit mathematischen, physikalischen und philosophischen Fragen. Auf seine Veranlassung werden am Hofe logische und mathematische Schriften aus dem Griechischen und Arabischen übersetzt. 1232 schickt er sie mit einem persönlichen Begleitbrief an die Professoren der Universitäten. Er selbst, so teilt er den Gelehrten mit, habe von Jugend auf die Mühe des Studiums freudig auf sich genommen und die Werke des Aristoteles und anderer Philosophen gelesen und durchdacht. Selbst auf Reisen und Kriegszügen, so berichten zeitgenössische Chronisten, nahm Friedrich seine Bücher mit; für ihren Transport standen Packtiere zur Verfügung.

Es war noch nicht genug mit den eigenen Büchern und der unmittelbaren Gesellschaft von lateinischen, arabischen und jüdischen Wissenschaftlern. Der Kaiser korrespondiert mit den führenden Gelehrten seiner Zeit, oder er beauftragt seinen Hofphilosophen, sie nach der Lösung bestimmter Probleme zu fragen. So steht der Hofphilosoph Theodor im Briefwechsel mit dem Mathematiker Leonardo Fibonacci. Diesen Leonardo Fibonacci, den größten Mathematiker des Mittelalters, der das Rechnen mit arabischen Zahlen und die Null in Europa einführte, hat Friedrich bereits 1226 in Pisa kennengelernt. Offenbar schätzte der Gelehrte, der nach jahrelangen Studien in Ägypten, Griechenland und Spanien in seiner Heimatstadt Pisa lebte, Friedrich als Mathematiker. Er widmete dem Kaiser sein Buch »Liber quadratorum«.

Neben den juristischen und politischen Ratgebern genossen die Philosophen am Hofe Friedrichs höchstes Ansehen. Vier sind namentlich bekannt: der Magister Johannes von Palermo,

Michael Scotus, der bereits erwähnte Magister Theodor und der Spanier Dominicus. Es waren illustre Herren, universal gebildet, deren Herkunft und Beziehung zu den Kulturkreisen der damaligen Welt noch einmal den internationalen Charakter des kaiserlichen Hofes bezeugt. Ein Beispiel: Der Magister Theodor, vermutlich aus Antiochien stammend, kam durch Vermittlung des befreundeten Sultans Malik al-Kamil an den Hof. Er übersetzte im Auftrag Friedrichs aristotelische Schriften und ein arabisches Falkenbuch. Er war Philosoph, Mathematiker, Astrologe und Mediziner, er stellte die Horoskope des Kaisers und arbeitete auf Wunsch Friedrichs diätetische Ernährungsvorschriften aus. Als einmal der Großhofrichter Petrus de Vinea erkrankte, schickte er ihm ein heilsames Veilchenkonfekt, das er selbst hergestellt hatte. Die bedeutende Rolle Theodors läßt sich auch daran erkennen, daß er die arabischen Korrespondenzen betreute und für den Kaiser in Tunis diplomatische Verhandlungen führte.

Allem voran steht in diesen Jahren Friedrichs Bemühung, Recht und Verwaltung im Königreich zu festigen. Er vollendet das vor elf Jahren in Capua begonnene Gesetzeswerk mit den Konstitutionen von Melfi. Sie setzen im Jahre 1231 der Macht der einzelnen Landesherren endgültig ein Ende. Die Konstitutionen legten den staatsrechtlichen Grundstein für die zentrale Verwaltung und sind mit Recht die »Geburtsurkunde der modernen Bürokratie« genannt worden. Justitiare und Beamte regieren die Provinzen, sprechen Recht im Namen des Kaisers und Königs. Die zentrale Kanzlei bestimmt die Steuern und Zölle und besorgt rigoros ihre Eintreibung. Die gesamte Wirtschaft unterliegt der staatlichen Kontrolle: Auf die wichtigsten Produkte wie Weizen, Wolle und Salz hat der Staat ein Monopol. Die übrigen Landeserzeugnisse werden einheitlich besteuert. Der Handel der Ausländer, die nun Zölle entrichten mußten, wurde gelenkt und überwacht.

All das geschah in wenigen Jahren und zeigte einen außerordentlichen Realitätssinn und Weitblick. Vieles war zukunftweisend. Man denke nur an den Umweltschutz oder an die medizinischen Neuerungen, welche von den üblichen europäischen Praktiken abwichen und den Kurpfuschern und Quacksalbern das Handwerk legten. Friedrich verfügte die kostenfreie Rechtsberatung von Witwen und Waisen. Nach seinem Gesetz sollte allen

Untertanen gleiches Recht widerfahren. Die Unterdrückung der Armen durch die Reichen nannte der Kaiser hassenswert.

Aber alle fortschrittlichen Neuerungen können nicht darüber hinwegtäuschen, daß Vernunft und Toleranz in ein System eingebettet waren, das dem absoluten Diktat des Staates und des Herrschers diente. Man darf ferner nicht übersehen, daß die aufklärerische Freiheit, die Friedrich für sich und seinen Hofkreis beanspruchte, häufig zur Regierungspraxis in Widerspruch stand. Der Staat konnte sich jederzeit aus pragmatischen Gründen oder auch willkürlich über seine humanen Gesetze hinwegsetzen. Zum Nutzen des Staates wurden die Armen erbarmungslos ausgebeutet. Allzu nachsichtige Steuereinnehmer wurden mit dem Tode bestraft. Zur Überwachung der Bevölkerung diente ein ausgeklügeltes Spitzelsystem. Aber diese »Geheimpolizei« war selbst nur ein Zeichen dafür, daß die Zwänge des »totalitären« Staates Bestechungen, Erpressungen und Korruption jeder Art eher förderten als verhinderten. Friedrich konnte jähzornig sein, aber auch aus kalter Berechnung übte er gelegentlich teuflische Rache, mißachtete er menschliche Rechte. Er schaffte das sogenannte Gottesurteil ab, führte aber für Ketzer den Feuertod ein, und zwar nicht aus religiösen Gründen, sondern aus Gründen der Staatsräson. »Die ganze Toleranz des Kaisers hörte im Augenblick auf, wenn dadurch dem Staat ein Schaden erwuchs.«

26 Die Gesetze und der Aufstieg des Petrus de Vinea

Den Vulkanhügel von Melfi hinauf, einem Seitenkrater des erloschenen Vulture, ziehen heute die Häuser einer Kleinstadt. Das von Friedrich ausgebaute Normannenkastell auf der Hügelkuppe wurde mehrfach durch Erdbeben schwer beschädigt, zuletzt 1688 und 1851. Wiederaufbau und Umbauten ließen wenig von der ursprünglichen Architektur übrig. Der äußere Mauerkranz mit sieben eckigen Türmen stammt aus nachstaufischer Zeit. Doch einer Überlieferung zufolge soll der Kaiser im größten der Säle, der »Sala delle tre scodelle« im inneren staufischen Block, umgeben von seinen geistlichen und weltlichen Würdenträgern, das Gesetzeswerk der Konstitutionen von Melfi verkündet haben.

Man muß sich vorstellen wie im August 1231 Bischöfe, Prälaten, Fürsten, Barone, die hohen Beamten des Königreichs, in einzelnen Trupps mit ihrem berittenen Gefolge, über die kurvenreichen Bergstraßen nach Melfi kamen. Das entlegene Kastell wurde zum Zentrum des Königreichs. In seinen grauen Mauern entfaltete der kaiserliche Hof seine ganze Pracht. Der Kaiser liebte bei derlei Anlässen das prunkhafte Zeremoniell, um so mehr bei dieser Gelegenheit, als ihm und den Beteiligten die außerordentliche Bedeutung der neuen Gesetze bewußt waren.

Friedrich residierte seit Mai in Melfi, nicht bloß eines angenehmen Sommeraufenthaltes wegen, sondern um die Ausarbeitung der Konstitutionen zu überwachen und den entscheidenden Texten seine eigene Prägung zu geben. Seit dem Oktober des Vorjahres waren vierzig Juristen, aus jeder Provinz vier der ältesten und erfahrensten, damit beschäftigt, die geltenden Gesetze und die Gewohnheitsrechte, die normannisch-sizilianischen Konstitutionen, die kanonischen und altrömischen Gesetzesvorlagen zusammenzutragen und zu überprüfen. Die Fäden dieses Mammutunternehmens liefen in Melfi in der Hand des Mannes zusammen, den der Kaiser im gleichen Jahr zu seinem Großhofjustitiar ernannte, Petrus de Vinea. Ausdrücklich bezeichnet der letzte Abschnitt der neugeschaffenen Konstitutionen Petrus de Vinea, den »obersten Richter Unseres Hofes«, als den Verantwortlichen.

Von Anfang an verstand sich Friedrich in seinem sizilianischen Königreich als gesetzgebender und gesetzbewahrender König. Jus und Justitia, Recht und Gerechtigkeit waren die oft zitierten Grundpfeiler seiner Macht. Friedrichs erste Handlung nach seiner Krönung zum Kaiser, noch bevor er sein sizilianisches Erbland militärisch zurückerobert hatte, war ein Akt der Gesetzgebung gewesen: die Verkündung der Assisen von Capua, die die vorläufige Rechtseinheit herstellten. Das Rechtsprinzip durchdringt die ganze Struktur des »Modellstaates« Sizilien. Die Gouverneure der zehn Provinzen hießen Justitiare. Sie sprachen Recht im Namen des Kaisers, waren aber auch zugleich die Chefs der Provinzverwaltungen. Die Justitiare unterstanden zwei Oberjustitiaren, von denen der eine den festländischen Teil des sizilianischen Königreichs und der andere die Insel regierte. Der

Großhofjustitiar war nicht nur der oberste Richter des Großhofs, sondern als höchster Beamter auch Chef der Staatskanzlei und der gesamten Verwaltung. Die unteren Funktionen in diesem hierarchisch gegliederten Beamtenstaat, am Hof und in den Provinzen, übernahmen zahlreiche Juristen, Notare, Sekretäre und die Bajuli, die Ortsvorsteher und Kastellane. Das Finanz- und Steuerwesen überwachten der Oberkämmerer und seine Untergebenen.

Die persönlichen Rechte der Justitiare und Beamten wurden durch die Konstitutionen von Melfi stark eingeschränkt. Justitiare durften nicht aus ihren eigenen Provinzen stammen. Es war ihnen untersagt, eine Frau aus ihrem Verwaltungsgebiet zu heiraten oder dort für sich oder ihre Kinder Land zu erwerben oder private Verträge abzuschließen. Auf Korruption und Rechtsbeugung standen schwere Strafen. Zweimal im Jahr konnten die Untertanen gegen die kaiserlichen Beamten Beschwerde führen. Die Rechtsprechung war an das Gesetz gebunden und hatte keine Unterschiede in Ansehung der Person zu machen. Erstaunlich »modern« mutet die Formulierung an, daß jedem Untertan, Kläger wie Angeklagtem, gleiches Recht widerfahren müsse.

Die Konstitutionen von Melfi fassen eine Fülle solcher Einzelgesetze zusammen. Sie sind das erste staatliche Gesetzbuch des Abendlandes, das alle Bereiche des gesellschaftlichen Lebens erfaßt. Auch wenn der Kaiser Vorgegebenes aufnehmen ließ, aus dem normannisch-sizilianischen und dem kanonischen Recht, aus dem Prozeßrecht der Bologneser Schule, so bleibt doch die große Leistung der Rechtsvereinheitlichung; denn vorher war das Rechtswesen zersplittert, ja nicht selten chaotisch.

Wie hoch der Kaiser selbst sein Gesetzeswerk einschätzte, zeigt, daß er sich dabei auf den römischen Kaiser Augustus und den byzantinischen Kaiser Justinian berief. Er eiferte den Vorbildern des Friedenskaisers Augustus und des Gesetzgebungskaisers Justinian nach. Was diese beiden Männer für Friedrich verkörperten, Pax und Justitia, Frieden und Gerechtigkeit, durchzieht als roter Faden die Konstitutionen von Melfi. Wie der Codex Justinianus aus dem sechsten Jahrhundert, beginnen sie mit Gesetzen gegen die Ketzerei. Aber das Vorbild Justinian wirkt weniger inhaltlich als formal, in der Systematik und Geschlossenheit des Gesetzeswerkes nach. Den Namen des

Augustus, in dessen Reich für eine Weltstunde Frieden herrschte und der Erlöser geboren wurde, wandte Friedrich selbst auf sein Gesetzbuch an, das er »Liber Augustalis« nannte. Obwohl die Gesetzessammlung nur für das Königreich Sizilien bestimmt war, machte sich Friedrich im Titel der Konstitutionen, nach dem Beispiel des Codex Justinianus, die Sprache der römischen Imperatoren zu eigen.

Imperator Fridericus Secundus
Romanorum Caesar Semper Augustus
Italicus Siculus Hierosolymitanus Arelatensis
Felix Victor Ac Triumphator

Auf den in diesen Jahren geprägten Goldmünzen des Kaisers, die er Augustalen nannte, erscheint das Porträt Friedrichs, auf dem Haupt den Lorbeerkranz der Caesaren, um die Schultern den Caesarenmantel. Die Umschrift IMP/ROM/CESAR/AUG und der römische Adler auf der Rückseite der Münze sind den römischen Augustusmünzen angeglichen. Auch hier war nicht die bloße Nachahmung maßgebend, sondern das Bewußtsein der Gleichstellung mit dem Caesar Augustus als Friedens- und Erfüllungskaiser. Wie sich in den Regierungsjahren des Augustus »die Zeit erfüllte«, wie durch die Geburt des Gottessohnes die Welt erneuert wurde und die neue Weltzeit begann, so wollte auch Friedrich der Kaiser einer neuen und »erfüllten« Weltzeit sein, in der Pax und Justitia herrschten.

Nirgendwo tritt die Staatstheorie, genauer die metaphysische Begründung des Herrscheramtes, wie sie Friedrich verstand, klarer hervor als in der Einleitung seiner Konstitutionen. Dort heißt es: »Und so unter dem Zwang der Dinge selbst und nicht minder auf Antrieb der göttlichen Vorsehung wurden die Fürsten der Völker gewählt, damit durch sie die Freiheit zu Verbrechen eingeschränkt werden konne; sie sollten als Richter über Leben und Tod den Völkern das ihnen gebührende Schicksal, Los und Leben gleichsam als Vollstrecker der göttlichen Vorsehung begründen.«

Der Ursprung des Herrscheramtes in Gott, seine Aufgabe »als Vollstrecker der göttlichen Vorsehung«, das entsprach der kirchlichen Tradition und der auf der Heilsgeschichte beruhenden Staatstheorie des Augustinus. Von revolutionärer Neuheit jedoch war die hinzugefügte Begründung des Herrscheramtes aus der »rerum necessitas«, dem »Zwang der Dinge selbst« oder der »Naturnotwendigkeit«. Es leuchtet ein, daß Friedrich damit »keine Kampfansage gegen die kirchliche Weltanschauung« beabsichtigte. Die Ergänzung ordnet sich in einen Kontext ein, der keinen Zweifel an der christlich-mittelalterlichen Integrität des Verfassers aufkommen läßt. Aber der Zusatz der »rerum necessitas«, der innerweltlichen Begründung des Herrscheramtes, setzte einen neuen Akzent. Nicht mehr in Gott allein gründete die Herrschaft, sondern auch im »Zwang der Dinge selbst«. Damit war allerdings bereits im christlichen Mittelalter die Grundlage für den autonomen weltlichen Staat geschaffen und wohl auch, so müssen wir hinzufügen, für eine autoritäre Diktatur des Staates.

Vermutlich galt dieser Einleitung die erste überaus scharfe Reaktion des Papstes Gregor IX., als er dem Kaiser noch vor der Veröffentlichung der Konstitutionen schrieb: »Es kam Uns zu Ohren, daß Du aus eigenem Antrieb oder verführt durch die übel beratenen Räte Verderbter neue Gesetze herauszugeben im Sinne hast, aus denen notwendig folgt, daß man Dich einen Verfolger der Kirche und Umstürzer der staatlichen Freiheit nennt, der Du solchermaßen Dir selbst entgegen gegen Dich mit Deinen Kräften wütest ... Wahrlich, wenn du etwa von Dir aus dazu bestimmt wardst, so fürchten Wir sehr, Dir sei die Gnade Gottes entzogen, da Du so offen den eigenen Ruf verwirkst wie das Heil.« Ebenso scharf waren die Vorwürfe des Papstes gegen den Erzbischof Jakob von Capua, der bei der Ausarbeitung der Konstitutionen mitgewirkt hatte. Aber ihm und dem Kaiser gelang es, den Papst zu beschwichtigen, obwohl – nicht ohne Grund – ein Rest von Mißtrauen blieb.

Wenn der Papst an Jakob von Capua schrieb, so wohl darum, weil der Erzbischof an jenen Gesetzen beteiligt war, die kirchliche und kirchenrechtliche Fragen berührten. Doch nicht er, sondern Petrus de Vinea, der Erste der Hofjuristen, der eben zum Großhofjustitiar ernannt worden war, war für die Konstitutionen verantwortlich und zu einem Großteil auch ihr geistiger Urheber. Auf ihn gehen die Formulierungen der in den »Liber Augustalis« aufgenommenen Gesetze zurück, ein von den Zeitgenossen und der Nachwelt gerühmtes Meisterwerk lateinischer Prosa.

Petrus de Vinea war die interessanteste, vielleicht genialste Persönlichkeit unter nicht wenigen bedeutenden Männern in der Umgebung des Kaisers. Bis zu seinem tragischen Ende genoß Petrus de Vinea das absolute Vertrauen und in gebotenen Grenzen die Freundschaft Friedrichs. Neben Männern vom Schlage eines Hermann von Salza oder Berard von Palermo stieg er zum einflußreichsten Berater des Kaisers auf. Mehr noch, er wurde zum Logotheten, »der die Worte setzte«, zum »Sprachrohr« und Mund des Kaisers, der das Denken Friedrichs mündlich und schriftlich formulierte. Den Titel Logothet, aus dem Byzantinischen übernommen, vergab Friedrich nur einmal. Er war auf Petrus de Vinea zugeschnitten.

Am Triumphtor von Capua ließ Friedrich neben seinem eigenen Bildnis und der weiblichen Justitia die Porträtbüste seines Großhofjustitiars in eine Mauernische stellen. Während von der Sitzstatue des Kaisers nur der kopflose Torso wiederentdeckt wurde, fand man einige guterhaltene Büsten, darunter ein überlebensgroßes Porträt, das wahrscheinlich Petrus de Vinea darstellt. Ein wuchtiger bärtiger Kopf auf breitem Nacken, mit ernstem Ausdruck, kraftvoll gespannt, von überlegenem Geist, die Mundwinkel leicht herabgezogen – das Bild eines Denkers, eines antiken Philosophen. Dem entspricht die Charakterisierung, die Ernst Kantorowicz dem Großhofjustitiar widmet. Kantorowicz nennt Petrus de Vinea »unter noch Wenigen (in seiner Zeit) der Bedeutendste, der einerseits das ganze Späte, Formale der Zeit völlig beherrschte: die kanonische und zivile Rechtskunde, Scholastik und alte Philosophie, kirchliche und antike Autoren, Briefkunst, Rhetorik und Dichtkunst ... und der andererseits trotz der Späte mit einer ungebrochenen urwüchsigen Kraft, die feurig und leidenschaftlich aus den Schreiben spricht, für alles zu brauchen war: als Gelehrter und Richter, Philosoph und Künstler, Stilist, Diplomat und Hofmann, als Gesandter und Unterhändler, ja selbst als Krieger, der gelegentlich die Schlachtreihen ordnet, wohl gar am Kampfe selbst teilnimmt.«

Laufbahn und Aufstieg des Petrus de Vinea sind bemerkenswert, weil er nicht als privilegierter Adeliger, Kleriker oder zum höheren Dienst Berufener an den Hof kam. Es ist nur bekannt, daß er 1221 an Erzbischof Berard von Palermo ein Bittgesuch richtete, dessen stilistische Formulierung wohl Gefallen fand.

Zuvor hatte Petrus de Vinea an der damals berühmtesten Rechtsschule von Bologna die kanonischen und bürgerlichen Rechte studiert. Er stammte aus Capua und wurde 1190 als Sohn des dortigen Stadtrichters geboren. Einunddreißigjährig, um vier Jahre älter als der Kaiser, trat er, nachdem Berard von Palermo seine Anstellung empfohlen hatte, in den Hofdienst. Er begann in der kaiserlichen Kanzlei auf der untersten Stufe, als Schreiber und Notar. Offenbar waren es seine juristischen und philosophischen Kenntnisse, seine rasche Auffassungsgabe, sein rhetorisches Talent, vor allem seine stilistisch vollendeten Diktate, die ihn im Laufe eines Jahrzehnts die Stufen zum höchsten Hofamt hinaufführten. Petrus de Vinea vertrat genau jenen Typus des gebildeten Laienjuristen, den Friedrich sich für den Dienst in seinem laizistischen Staat wünschte.

Petrus de Vineas größte Leistung, die seinen Ruhm begründete, war literarisch, sprachschöpferisch. Nicht weil er Bücher geschrieben hätte – es gibt kein einziges Buch von ihm –, seine Verdienste erwarb er sich als Briefliterat und Verfasser nahezu aller wichtigen kaiserlichen Botschaften, Erlasse, Dokumente und Gesetzestexte. Petrus de Vinea war der erste »Dictator« und literarische Leiter der kaiserlichen Kanzlei. Er kam aus der Capuaner Stilistenschule, die am Anfang des 13. Jahrhunderts einen starken Einfluß auf die kuriale Rhetorik ausübte. Er war außerdem von Bologna und dem dort herrschenden Einfluß der neueren lateinischen Literatur aus Frankreich geprägt. Am Hof setzte er die Tradition der sogenannten Stilisten- oder Dictatorenschule fort, indem er die Kanzlei zu einer Übungsstätte der Stilkunst, der *ars dictandi,* machte.

Die Hauptsprache am Hof und in der Kanzlei war das Lateinische. Petrus de Vinea beherrschte es so formvollendet, daß man ihn den bedeutendsten Lateiner seiner Zeit und letzten sprachschöpferischen Meister des Lateinischen nannte. Aber es war eine späte, schon übersteigerte Kunstsprache, prunkend im rhetorischen Glanz der Satzperioden, feierlich in der Verwendung des ganzen biblischen und antiken Bildungsvorrates, gelegentlich auch schwer verständlich und dunkel in ihren metaphorischen Anspielungen. Das zeitbedingte hohe Pathos entsprach dem Geschmack des Kaisers. Er wird es als selbstverständlich empfunden haben, wenn ihn sein Logothet in den letzten Lebensjahren mit solchen Worten pries: »Wahrlich, es verehren ihn Erde und Meer, es bejubeln ihn die Lüfte, ihn, der, der Welt als wahrer Kaiser von der göttlichen Gnade verliehen, als Freund des Friedens und Schützer der Liebe, als Begründer des Rechts und Bewahrer der Gerechtigkeit, als Sohn der Macht die Welt in beständiger Einwirkung verwaltet. Dieser ist es, von dem Ezechiels Worte sagen: ›Der gewaltige Adler mit großen Flügeln, mit langen Fittichen, geschmückt mit bunten Federn.‹ Dieser ist es, von dem Jeremias kündet: ›Ich will Dich mit Menschen füllen wie mit Weinbeeren, die sollen Dir ein Liedlein singen.‹«

Die Frage ist berechtigt, wie weit Petrus de Vinea, eben durch seine Sprache, dazu beitrug, das Bild des Kaisers ins Maßlose und Messianische zu steigern. Aber es wäre undenkbar, daß der Logothet gegen den Willen des Kaisers gesprochen hätte, wie es auch keinen Beweis für die gelegentlich aufgestellte Vermutung gibt, Petrus de Vinea habe Friedrich beherrscht oder bevormundet. Der hohe und formvollendete Prunkstil der kaiserlichen Kanzlei, der in der gleichzeitigen kurialen Rhetorik eine gewisse Entsprechung findet, ist freilich nur aus seiner mittelalterlichen Zeitgebundenheit verständlich. Auch die Formulierkunst Petrus de Vineas kann nicht vergessen machen, daß der Politik und der Gesetzgebung Friedrichs in seinem »Liber Augustalis« zunächst rationale und höchst nüchterne Antriebe zugrundelagen, daß Friedrich durch seinen Logotheten die »Staatstheorie des gottgewollten Absolutismus« begründen ließ. Der Sprachstil des Hofes, vor allem des Petrus de Vinea, die »sakrale Weihe« durch Worte, entsprach völlig Friedrichs spätem Versuch, sein profanes Herrschertum zu sakralisieren – mit dem »Endziel« der »Schaffung einer *Ecclesia imperialis,* wie es im Kreise des Petrus de Vinea erörtert wurde«.

27 Der Kaiser als Fragender

Für den scharfzüngigen Gilbert Keith Chesterton war Friedrich »keineswegs ein Philosoph in einem Zeitalter von Mönchen. Er war ein Weltmann« – schreibt Chesterton – »im Zeitalter des Mönches Thomas von Aquin und hat in die Philosophie hineingepfuscht. Er war zweifellos ein kluger und sogar schillernder Geist, doch wenn er irgendwelche Notizen über die Natur des

Seins und des Werdens oder über andere philosophische Probleme hinterlassen hätte, so kann ich mir nicht vorstellen, daß diese Notizen jetzt Oxforder Studenten oder Pariser Literaten aufregen würden.« Chesterton mag recht haben oder nicht – eins aber darf nicht übersehen werden. Bis ins 13. Jahrhundert stützte sich die christliche Philosophie auf Augustinus und die Kirchenväter, auf die untrennbare Einheit von Theologie und Philosophie, von Glauben und Vernunft, von Offenbarung und natürlicher Erkenntnis. Die Auseinandersetzung mit dem Rationalismus des Aristoteles, auch mit seinen mißverständlichen averroistischen Interpretierungen, leitete einen Umwandlungsprozeß ein, der dem abendländischen Denken eine neue Richtung gab. Es gehört zu den Besonderheiten der abendländischen Geistesgeschichte, daß diese neue rationale Denkrichtung über das arabische Spanien und schließlich durch die arabisch-lateinischen Übersetzungen und Kommentierungen der Gelehrten um Friedrich an die europäischen Universitäten gelangte.

Friedrich beanspruchte niemals, ein Philosoph zu sein. Und doch war er mehr als nur der aufgeschlossene Förderer der seinerzeit fortschrittlichsten Denkbewegung, der aristotelischen Philosophie, die nach der »Reinigung« durch Thomas von Aquin in die christliche Scholastik überging. Er ließ nicht nur durch seine Hofgelehrten und die Professoren seiner Universität Neapel die Schriften des Aristoteles und seines spanisch-arabischen Vermittlers Averroes übersetzen, kommentieren und verbreiten. Er selbst geriet in den Bann jener philosophischen Fragestellungen, die vor allem durch Averroes aufgeworfen wurden.

Wie eng die Beziehung Friedrichs zu Averroes gesehen wurde, zeigt eine Legende, nach der Averroes (Ibn Rushd) am kaiserlichen Hof gelebt haben soll. Aber das war schon darum unmöglich, weil der arabische Philosoph 1198 zweiundsiebzigjährig in Marokko gestorben war, im selben Jahr, als der vierjährige Friedrich in Palermo zum sizilianischen König gekrönt wurde. Averroes stammte aus Córdoba, lebte dort und in Sevilla als oberster Richter, später als Leibarzt des islamischen Fürsten. Seine große, die damalige Welt bewegende Leistung war die Neuentdeckung des Aristoteles, dessen Werke er ins Arabische übersetzte und ausführlich kommentierte. Vordem beriefen sich islamische wie christliche Philosophen auf Platon, dessen Ideenlehre und sinnbildhafte Vorstellung von den geschaffenen Dingen eine orthodoxe Auslegung ermöglichte. Daß Aristoteles auf dem Umweg über einen arabischen Philosophen, der wiederum in Toledo und am Hof Friedrichs ins Lateinische übersetzt wurde, in das christliche Abendland gelangte, war nicht verwunderlich angesichts der damals hohen Bedeutung islamischer Wissenschaftler und ihrer engen Verbindung mit lateinischen Gelehrten. (An der Übersetzerschule von Toledo wirkten der Deutsche Hermannus Alemannus und der Schotte Michael Scotus.)

Aber sogleich setzte gegen die neue Philosophie ein leidenschaftlicher Kampf ein, der sich an der These des Aristoteles entzündete, die Bewegung und die Welt seien ewig, Gott sei der »unbewegte Beweger« der Materie. Diese von den Philosophen der Pariser Artistenfakultät aufgegriffene Lehre stand im Widerspruch zur biblischen Schöpfungsgeschichte, der Welterschaffung durch Gott, und führte 1210 und 1215 zu kirchlichen Verboten der Schriften des Aristoteles. Averroes ging in seinem »Großen Kommentar« weit über Aristoteles hinaus, indem er nicht nur die »Ewigkeit der Welt« bejahte, sondern zugleich die »Unsterblichkeit der Seele«, die individuelle Unsterblichkeit, verneinte. Der Philosoph geriet damit auch in Widerspruch zur islamischen Lehre und wurde deswegen einige Jahre vor seinem Tode nach Marokko verbannt.

Der Kampf um den averroistischen Aristotelismus erfüllte das ganze 13. Jahrhundert, besonders heftig ausgetragen zwischen Thomas von Aquin und Siger von Brabant in den Jahren 1269 bis 1272. Die Gelehrten der Pariser Artistenfakultät unter Führung Sigers verfochten die Berechtigung einer rationalen, vom reinen Offenbarungsglauben gelösten Philosophie; sie bejahten, unbekümmert um das Schöpfungsdogma, den Averroismus. Der von Thomas mit zunehmender Schärfe bekämpfte Averroismus wurde 1270 und 1277 kirchlich indiziert. Hingegen gelang es Thomas von Aquin, die Werke des Aristoteles neu und »gereinigt« zu kommentieren und die von ihm abgelehnte aristotelische These von der »Ewigkeit der Welt« zumindest zu mildern, indem er sie als nicht apodiktisch, endgültig beweiskräftig, sondern als dialektisch, als einen begrenzten Denkversuch, bezeichnete.

Es fällt schwer, sich heute vorzustellen, wie sehr die Auseinandersetzung um den averroistischen Aristotelismus im 13. Jahrhundert die Menschen erregte. Die Auseinandersetzung war keineswegs nur ein spekulativer Gelehrtenstreit, sondern betraf den unmittelbaren Lebensbereich. Das zeigen besonders deutlich die Vorwürfe, die gegen Friedrichs Lebensführung erhoben wurden. Der von den kaiserlichen Gegnern oft wiederholte Vorwurf, Friedrich sei ein Epikureer – worauf bereits hingewiesen wurde –, meint im Grunde den »Averroisten« Friedrich, der epikureisch lebe, weil er nicht an die »Unsterblichkeit der Seele« glaube und die ewige Dauer der Welt für wahr halte. Unmißverständlich schreibt Salimbene, dessen Chronik für diesen Zusammenhang ergiebig, wenn auch nicht immer glaubwürdig ist: »Denn er war ein Epikureer; und so suchte er jede Stelle auf, die er selbst oder die seine Gelehrten in der Heiligen Schrift finden konnten, wenn sie nur dem Beweise diente, daß es nach dem Tode kein zweites Leben gebe.« Ein anderer Chronist schreibt: »Dieser Friedrich führte ein geradezu epikureisches Leben und glaubte nicht an ein anderes Leben.« Ein Mohammedaner nannte den Kaiser einen »Aeternisten«, was wohl heißt, »daß er an die Ewigkeit der Welt, aber nicht der Seele glaubte«.

Aufschlußreich für Friedrichs eigenes Denken wie für die Gespräche in seiner Umgebung sind jene berühmten Fragebriefe, die er an lateinische und arabische Gelehrte sandte. Friedrichs Denken und Fragen verlief nicht in spekulativen Bahnen. Es ging von seinen Erfahrungen und Beobachtungen aus, von dem, was er sah und was ihn bewegte. Das zeigt deutlich bereits der erste Fragebrief, den er 1227, nach dem Scheitern des ersten Kreuzzugs, aus Pozzuoli an den Gelehrten Michael Scotus richtete. In den heißen Bädern von Pozzuoli suchte der Kaiser Genesung. Also fragte er, wie die heilenden, übelriechenden Wasser entstehen. Am sizilianischen Ätna und am Stromboli sah er, wie das Feuer aus der Erde hervorbrach, und er fragte nach der treibenden Kraft. Oder er fragte, warum es heiße Quellen, salzige und süße Gewässer gibt. Er wollte die Ursachen der Strömungen, der Winde wissen, die ein Schiff bald in diese, bald in jene Richtung treiben. Es waren Naturerscheinungen, die jedermann kannte, die jedoch entweder als selbstverständlich hingenommen wurden oder zu absonderlichen Deutungen verlockten. Oder Friedrich stellte, wiederum vom Sichtbaren ausgehend, eine Reihe erstaunlicher Fragen nach dem Jenseits.

Das für die damalige Zeit Ungewöhnliche war, daß der Kaiser sich nicht mit dem Anblick der Erscheinungen zufrieden gab, sondern nach den der Vernunft zugänglichen Ursachen fragte. Der Fragende hat etwas von einem Kind, das staunt und neugierig wissen will, was sich hinter den Erscheinungen verbirgt. Gerade den ersten Fragebrief durchzieht jenes Sichverwundern und Staunen, das nach Sokrates der Anfang jeglichen Philosophierens ist.

So schrieb Friedrich an Michael Scotus, den er »Mein teuerster Meister« anredet:

»Oft und mannigfach haben Wir von dem einen und anderen Fragen und Antworten vernommen betreffs der überirdischen Körper, nämlich Sonne, Mond und Fixsterne des Himmels, und über die Elemente, über die Weltseele, über heidnische und christliche Völker und andere Geschöpfe, die gemeinsam auf und in der Erde sind, wie zum Beispiel Pflanzen und Metalle. Noch niemals haben Wir etwas gehört von jenen Geheimnissen, die dem Ergötzen des Geistes wie der Weiheit dienen, nämlich von Paradies, Fegefeuer und Hölle, von den Grundlagen der Erde und ihren Wunderbarkeiten. Daher bitten Wir Dich, Du mögest Uns die Grundlagen der Erde erklären, nämlich wie hoch ihr fester Bestand über der Raumtiefe steht, und wie diese Raumtiefe unter der Erde, und ob da etwas anderes ist, was die Erde trägt, als Luft und Wasser, ob sie etwa auf sich selbst ruht oder auf den Himmeln, die unter ihr sind; wie viele Himmel es gibt, und wer ihre Lenker sind. Und wie weit nach wahrem Maß ein Himmel entfernt ist vom andern, und was da noch außerhalb des letzten Himmels ist. In welchem Himmel Gott seinem Wesen nach ist, das heißt, in seiner göttlichen Majestät, und wie er auf dem Himmelsthron sitzt, wie er umringt ist von Engeln und Heiligen, und was die Engel und Heiligen beständig tun im Angesicht Gottes.«

»Ferner sag Uns, wie viele Raumtiefen es gibt, und welchen Namens die Geister sind, die da weilen, wo denn die Hölle sei und das Fegefeuer und das himmlische Paradies: unter der Erde, in der Erde oder über der Erde? Und was für ein Unterschied besteht zwischen den Seelen, die täglich dort hinabfahren, und den Geistern, die vom Himmel herabgefallen sind? Und ob eine Seele im jenseitigen Leben die andere erkennt, und ob irgendeine zu diesem Leben zurückkehren kann, um zu sprechen oder sich jemandem zu zeigen; und wie viele Höllenstrafen es gibt ...«

»Sag Uns weiter das Maß dieses Erdkörpers, die Dicke und Länge, und wie weit es ist von der Erde zum höchsten Himmel, und von der Erde hinab in die Tiefe, und ob es eine einzige Tiefe gibt oder mehrere Tiefen, und wenn es mehrere Tiefen gibt, wie weit dann eine von der anderen entfernt ist. Und ob diese Erde leere Räume hat oder nicht, so daß sie also ein fester Körper wie ein Feuerstein wäre.«

»Ferner sag Uns, wie es kommt, daß die Wasser des Meeres so bitter sind, und daß es an vielen Stellen Salzwasser, an anderen aber Süßwasser fern vom Meer gibt, da doch alle Wasser aus dem lebendigen Meer hervorgehen. Sag Uns auch von den süßen Wassern, weshalb sie unablässig herausströmen aus der Erde, bisweilen auch aus Steinen und aus Bäumen, zum Beispiel aus Weinstöcken, wie man im Frühjahr sehen kann, wenn sie beschnitten werden . . .«

»Wir möchten weiter wissen, woher die salzigen und bitteren Wasser entstehen, die, wie man findet, an manchen Orten emporgetrieben werden, und die übelriechenden Wasser, wie in manchen Bädern und Weihern, ob sie aus sich selbst entstehen oder anderswo. Ähnlich auch jene Wasser da, die stellenweise lau oder ganz warm oder auch heiß hervorquellen, als wären sie in einem Topf über brennendem Feuer. Wir möchten auch wissen, wie es mit jenem Wind steht, der von vielen Gegenden der Erde ausgeht, und mit dem Feuer, das aus der Erde hervorbricht, sowohl in der Ebene wie im Gebirge; ebenso auch, wie es mit dem Dampfe steht, der bald hier, bald dort erscheint; von wo er gespeist wird, und welche Kraft es ist, die ihn emportreibt, wie in manchen Gegenden Siziliens und bei Messina ersichtlich ist, zum Beispiel am Ätna, Vulcan, Lipari und Stromboli. Wie erklärt es sich ferner, daß flammendes Feuer nicht nur aus der Erde sichtbar hervortritt, sondern auch an gewissen Stellen des Indischen Meeres . . .«

Dieser Fragebrief zeigt einen nüchternen und sachlich nach »Aufklärung« verlangenden Geist, der über die dogmatischen Fixierungen seiner Zeit hinauswollte. Aufschlußreich für die innere Haltung Friedrichs sind die im ersten Teil vorgebrachten Jenseitsfragen, die Fragen nach »Paradies, Fegefeuer und Hölle«. Während solche Fragen seine Zeitgenossen, Theologen wie Gläubige, leidenschaftlich erregten, dienten ihm jene

Geheimnisse »dem Ergötzen des Geistes wie der Weisheit«.

Michael Scotus, dem der Kaiser seinen Fragebrief vorlegte, war um diese Zeit etwas über fünfzig Jahre alt und als Philosoph, Mathematiker, Astrologe und Übersetzer anerkannt. Im selben Jahr 1227 holte ihn der Kaiser als Hofphilosoph und Hofastrologen in seinen Dienst. Volle acht Jahre, bis zu seinem Tode 1235 während der zweiten Deutschlandreise des Kaisers, blieb Michael Scotus in der Nähe Friedrichs. Er stammte aus einer schottischen Adelsfamilie und hatte in Oxford und Paris Philosophie und Mathematik studiert. Ein Jahrzehnt, bis 1220, gehörte er der berühmten toledanischen Übersetzerschule an. In Toledo übertrug er aus dem Arabischen zwei umfangreiche Werke ins Lateinische, die auf das naturwissenschaftliche Denken des Abendlandes eine heute kaum noch vorstellbare Wirkung ausübten: die *Sphaera* des Astronomen Alpetragius und die von Avicenna zusammengefaßten zoologischen Schriften des Aristoteles *De animalibus,* dazu eine Reihe der Aristoteles-Kommentare des Averroes. Vor seinem Hofdienst hielt sich Michael Scotus in Bologna auf und stand einige Jahre im Dienst der päpstlichen Kurie.

Im Gelehrtenkreis um Friedrich war Michael Scotus die bedeutendste, einflußreichste und zugleich schillerndste Persönlichkeit. Einerseits war er der Übersetzer und Verfasser von naturwissenschaftlichen und philosophischen Schriften, vor allem Vermittler der aristotelisch-arabischen Philosophie des Averroes, andererseits ein Mann, der die magischen Künste, die Alchemie und Sterndeuterei pflegte und zur Scharlatanerie neigte. Dante läßt ihn im XX. Gesang seines Inferno als Verdammten mit verkehrtem Kopf einhergehen, weil er »einst das Gaukelspiel der Hölle« trieb. Aber Dante, der selbst den Sternen Bedeutung für das menschliche Geschick beimaß, stand der Astrologie des Michael Scotus nicht fern. Der Hofastrologe behauptete nämlich, er sehe in den Bewegungen der Himmelskörper nicht die Ursache der Geschehnisse, sondern deren Zeichen, wie das Schild vor einem Gasthaus anzeige, daß Wein ausgeschenkt werde. Am Hof verfaßte Michael Scotus ein dreiteiliges astrologisches Handbuch, das bis ins sechzehnte Jahrhundert weit verbreitet war. Es enthält neben einer rechtgläubigen Gottes- und Engellehre eine Fülle abergläubischer Praktiken aus obskuren östlichen Quellen.

Zahllose Legenden und Geschichten um diesen Magier beziehen den Kaiser mit ein. Er stellte als Hofastrologe die Horoskope und erkundete aus den Gestirnen den günstigen Augenblick für persönliche und politische Handlungen Friedrichs. Auf Wunsch des Kaisers soll er an einem heißen Tag Gewitterwolken gesammelt und künstlichen Regen erzeugt haben. Er empfahl dem Kaiser, einen wichtigen Rat nur bei zunehmendem Monde einzuholen. Einmal soll der Kaiser den Astrologen befragt haben, wie weit der Sternenhimmel vom Boden seines Palastsaales entfernt sei. Nachdem Scotus die Maße berechnet hatte, schickte Friedrich ihn für mehrere Monate fort und befahl, den Boden des Saales zu senken. Nach der Rückkehr des Astrologen stellte Friedrich die gleiche Frage und erhielt zur Antwort, entweder habe sich der Himmel erhöht oder die Erde gesenkt. Daran erkannte der Kaiser, so heißt es, den wahren Astrologen. Man erzählte auch, Michael Scotus habe, seine eigene Todesart vorausahnend, eine Eisenkappe getragen und sei dennoch durch einen herabfallenden Stein getötet worden.

Mehrfach stellte Friedrich, dem oben genannten Beispiel ähnlich, seinen Astrologen auf die Probe. Aber zumal sein enger Umgang mit Michael Scotus zeigt, wie sehr er gelegentlich an Sterndeuterei, Alchemie und Weissagungen aus dunklen Quellen glaubte. In dieser Hinsicht war er durchaus ein Sohn seiner Zeit, in der beispielsweise Astrologie und Astronomie noch nicht geschieden waren und das lebhafte Interesse für Mathematik zum großen Teil auf ihrer Notwendigkeit für astrologische Berechnungen beruhte. Andererseits beeinträchtigte Friedrichs Empfänglichkeit für abergläubische oder zumindest leichtgläubige Praktiken nicht seine wohl doch stärkere Neigung zu einem empirischen Rationalismus, der ja durch die Übersetzer der neuen Philosophie und durch Friedrich selbst am Hof viel diskutiert wurde.

Daß Friedrich die durch Michael Scotus und seine Übersetzergehilfen vermittelte averroistische Philosophie beschäftigte, zeigen vor allem jene berühmten »Sizilianischen Fragen«, die er nach dem Tode seines Hofastrologen mohammedanischen Gelehrten vorlegte. Überhaupt war Friedrich ein äußerst beflissener Fragensteller, und die Art seines Fragens bezeugt seine philosophischen und naturwissenschaftlichen Interessen. Die Fragen des Kaisers sind nur in Aufzeichnungen der befragten

Araber erhalten. Sicherlich gab es eine Reihe weiterer Fragen, die unbekannt oder unveröffentlicht blieben, darunter auch jene, die Friedrich – arabischen Chronisten zufolge – während des Kreuzzugs dem Sultan Malik al-Kamil und seinen Gelehrten stellte. Nur einige dieser Fragen sind in dem Traktat über Optik des Gelehrten Schihab ed-Din Ahmed ibn Adrisi al Qarafi erhalten.

Wiederum fällt die ungemein scharfe Beobachtungsgabe Friedrichs auf. In der Einleitung seines Falkenbuches schrieb er: »Gewißheit erhält man nicht durch das Ohr.« Ansatz seines Denkens war das Sichtbare, das mit den Augen Wahrnehmbare, und in seiner empirischen Denkweise stand er den arabischen Naturwissenschaftlern nahe. So fragte er den Schihab ed-Din: »Warum sieht man Ruder, Lanzen und alle geraden Körper, von denen ein Teil in klares Wasser taucht, nach der Wasserfläche zu gekrümmt? Warum sieht man den Kanopus bei seinem Aufgang größer als an seiner höchsten Stelle (am Südhimmel), obwohl im Süden sich keine Feuchtigkeit findet, die bei der Sonne zur Erklärung herangezogen wird, denn die südlichen Gegenden sind trockene Wüsten? Warum sieht der, bei dem der Dunst zum Gehirn aufsteigt, und der, bei dem der Star beginnt, schwarze Fäden wie Fliegen und Mücken außerhalb des Auges, obwohl sich nichts außerhalb des Auges befindet und der Betreffende vollkommen bei gesundem Verstande ist? Wie kann man etwas in der Pupille sehen, während man doch das, was der Pupille nahe ist oder ihr gar anhaftet, nicht sieht?«

Die sogenannten »Sizilianischen Fragen« schickte Friedrich in den Jahren zwischen 1237 und 1242 in Abschriften an mohammedanische Gelehrte in Ägypten, Syrien, dem Irak, Darub und Jemen. Es waren philosophische Fragen, deren Kühnheit Aufsehen erregte, zumal Friedrich nach den Feldzügen gegen die Lombarden 1239 zum zweitenmal exkommuniziert worden war. Als wichtigste Dokumentation Friedrichs innerer Beziehung zum Averroismus besitzen die »Sizilianischen Fragen« einen unschätzbaren Wert. Offenbar ließen den Kaiser die ersten Antworten unbefriedigt; denn er wandte sich nochmals an den Sultan al-Raschid von Marokko, der seinem Statthalter in Ceuta befahl, dem berühmten Gelehrten Ibn Sabin mit dem Beinamen »Polarstern des Glaubens« die Fragen des christlichen Kaisers vorzulegen.

Ibn Sabin stammte aus Murcia und hatte sich – wie auch andere islamische Gelehrte und Sufis – in die Einsamkeit der marokkanischen Berge zurückgezogen. Erstaunlich war seine Wahl zum Gesprächspartner Friedrichs immerhin; denn er zählte erst zwanzig Jahre und galt in islamischen Kreisen als Aufklärer, der von der orthodoxen Lehre abwich. Ibn Sabin starb, noch nicht dreißigjährig, durch Selbstmord – wie es heißt – »in Konsequenz seiner negativistischen Philosophie«.

Der junge Gelehrte erklärte sich lächelnd bereit, die Antworten abzufassen. Die Geldgeschenke des Kaisers lehnte er ab. Aber er antwortet mit der ganzen Überlegenheit des orientalischen Gelehrten, der sich im Besitz der Erkenntnis weiß. »O liebenswerter Fürst, der Du zu wissen und auf dem besten Wege zu wandeln begehrst – Allah lasse Dich das Gute finden und mache Dich würdig, es aufzunehmen! Er zeige Dir mit seinem Lichte den Weg der Wahrheit. Er wende Dich ab von der Lehre eitler Gedanken, um Dich zu der Gewißheit dessen zu führen, was notwendig ist. Und er schenke Dir die Fähigkeit, das Wahre vom Falschen zu unterscheiden. Du stellst Fragen, über die die großen Geister aller Zeiten und die Gelehrten aller Jahrhunderte gestritten haben ...«

Was die Fragen angeht, die teilweise wörtlich in Ibn Sabins ausführlichen Antworten und nur in dieser Form erhalten sind, so rügt der Gelehrte ziemlich respektlos die »Unerfahrenheit« des Kaisers, »spekulative Dinge zu behandeln und Forschungen anzustellen«. Auf die Frage nach der Zahl der Kategorien reagiert er geradezu ärgerlich und wirft dem Fragenden »Schwäche an Fassungskraft, geringe Übung in den Wissenschaften und Unzulänglichkeit des Nachdenkens« vor.

Die schulmeisterliche Zurechtweisung läßt sich wohl so erklären, daß der Gelehrte die »als Eitelkeit verstandene Wißbegier des Kaisers« zu dämpfen suchte. Außerdem ging bei den Arabern auch die Meinung um, der Kaiser stelle schwierige Fragen, »um die Muslims zu prüfen«, was ihren Ärger weckte. Wenn der aufklärerische Ibn Sabin einer solchen »Prüfung« unangreifbare orthodox-islamische Antworten gab, so vielleicht aus der »Vorsicht des Ungläubigen, der sich verpflichtet sieht, seine wahre Ansicht zu verhehlen« – wie Ernest Renan feststellte –; oder er betonte seine Orthodoxie, um sich öffentlich gegenüber Vorwürfen aus den eigenen Reihen zu rechtfertigen.

Die erste, von Ibn Sabin wiederholte Frage des Kaisers lautet: »Der weise Aristoteles bezeichnet in allen seinen Schriften die Existenz der Welt einfach mit ›von Ewigkeit her‹; kein Zweifel, daß er dieser Ansicht war. Indessen welches sind, falls er es bewiesen hat, seine Beweisgründe? und wenn er es nicht bewiesen hat, welcher Art ist seine diesbezügliche Überlegung?« Nach weitläufigen Ausführungen über die unterschiedliche Bedeutung einzelner Begriffe wie Welt, Sein oder Schöpfung, hebt Ibn Sabin hervor, die Interpreten hätten Aristoteles falsch verstanden, indem sie ihm die absolute These von der Ewigkeit der Welt zugeschrieben hätten. Er lehnt auch die aristotelische Beweisführung ab und kommt zu einem Schluß, der – ähnlich der Feststellung Thomas von Aquins – die aristotelische These nicht apodiktisch, sondern dialektisch wertet.

Die zweite Frage des Kaisers heißt: »Welches ist das Ziel der theologischen Wissenschaft, und welches sind die unumgänglich notwendigen Voraussetzungen zu dieser Wissenschaft, wenn sie überhaupt Voraussetzungen hat?« Ibn Sabin führt seinen Beweis anhand der logischen, naturwissenschaftlichen und metaphysischen Schriften des Aristoteles und schließt mit aller Vorsicht nach orthodoxer Meinung: »Wenn Du aber von der Wissenschaft vom Göttlichen in seiner gesetzlichen Bedeutung sprichst, so wisse, daß seine Voraussetzungen vor allem die Lehre und das Werk sind und daß der Gegenstand solcher Voraussetzungen das erhabene Buch des Korans ist . . .«

Zur dritten Frage Friedrichs nach den Kategorien und ihrer »wahren Zahl« gibt Ibn Sabin nur einen verärgerten Kommentar; denn dies sei »eine triviale und jedermann geläufige Sache«. Es handelt sich um die in der aristotelischen Logik herausgestellten zehn Kategorien – Grundbegriffe des Seins: Substanz, Qualität, Quantität, Relation, Ort, Zeit, Lage, Haben, Tun und Leiden. Aber so abwegig war die Frage des Kaisers keineswegs. In jüngster Zeit wies ein italienischer Interpret darauf hin, daß Friedrich »schon danach strebte, das Kantische Problem des Wertes und der Grenzen des wissenschaftlichen Intellekts aufzustellen. Sind seine Kategorien ein absolutes System der Natur und des Wissens oder stellen sie nur die Relativität und die Willkür des menschlichen Geistes dar? Sind es zehn, wie nach Aristoteles, oder zwölf, wie nach der ›Kritik der reinen Vernunft‹ (Kant), oder fünf, wie die höchsten Ideen Platons?«

Die vierte Frage, die Ibn Sabin nur teilweise wiedergibt, bezog sich wie die erste auf die averroistische Lehrmeinung, die der orthodoxe Islam wie das christliche Lehramt verwarfen: »Welches ist der Beweis für die Unsterblichkeit der Seele? Und ist sie überhaupt unsterblich? Und wo befindet sich der weise Aristoteles im Gegensatz zu Alexander von Aphrodisias?« Die Frage nach Alexander von Aphrodisias, der am Anfang des dritten Jahrhunderts in Athen lehrte, war verständlich; denn der griechische Philosoph galt wegen seiner Verneinung der persönlichen Unsterblichkeit als Vorläufer des Averroismus. Er gehörte zu den bedeutenden Kommentatoren des Aristoteles. Ibn Sabin wies nach, daß Alexander in seiner Seelenlehre den Aristoteles falsch verstanden habe und zählte die von Aristoteles abweichenden Stellen in den Schriften Alexanders auf. Die Fragestellung des Kaisers rügte Ibn Sabin wiederum; er wisse nicht, welcher Art der Seele die kaiserliche Frage gelte, der »vegetativen, animalischen, rationalen, philosophischen oder prophetischen – der erhabensten von allen Arten«. Unbeirrt von Friedrichs zweifelnder Frage hält sich Ibn Sabin an die orthodoxe Lehre, beruft er sich auf die Bibel und den Koran, um dem Kaiser seine Auffassung von der Unsterblichkeit der Seele zu beweisen.

Die fünfte und letzte Frage betrifft die Worte Mohammeds: »Das Herz des Gläubigen ruht zwischen den Fingern des Barmherzigen«, und Ibn Sabin verweist auf den metaphorischen Sinn des Ausspruchs. Bedenkt man die seinerzeit durch den averroistischen Aristotelismus ausgelösten Grundfragen, den Einbruch des rationalen Denkens in eine vom Glauben getragene Seinsordnung, so könnte der metaphorische Sinn auf den Dualismus von Vernunft und Offenbarung verweisen. »Das sind die beiden Finger, zwischen denen Gott unser Herz hält.« Möglicherweise lag hier die symbolhafte Deutung der Frage; denn die auseinanderbrechende Einheit von Denken und Glauben, von Philosophie und Theologie bewegte islamische wie christliche Gelehrte, und sie suchten nach einer Synthese.

Es ist nicht bekannt, wann der Kaiser die Antworten des islamischen Philosophen erhielt und wie er reagierte. Als ein Bruder Ibn Sabins im Jahre 1243 Papst Innozenz IV. aufsuchte, erfuhr er, daß der Papst die Fragen des Kaisers und die Antworten des Gelehrten bereits kannte. In einem bemerkenswert selbstbewußten arabischen Bericht heißt es, der Papst habe

»in der Barbarensprache seiner Umgebung versichert, daß es bei den Muselmanen niemanden gäbe, der Gott besser kennt als der Bruder dieses Mannes«.

Gewiß haben auch die »Sizilianischen Fragen« dazu beigetragen, die rechtgläubige Haltung des Kaisers zweifelhaft erscheinen zu lassen. Es war doch eine Ungeheuerlichkeit, daß der christliche Kaiser diese Fragen stellte, daß er sie einem ungläubigen Philosophen vorlegte, wobei zumindest die vierte Frage als skeptisch empfunden wurde. Nicht wenige Zeitgenossen urteilten wie Salimbene, der kurzerhand über Friedrich schrieb: »Glauben an Gott hatte er nicht«. Doch bleibt zu berücksichtigen, daß solche Urteile aus dem Mund der Kaisergegner kamen und von einer gezielten, politisch begründeten Propaganda beeinflußt waren. Die »Sizilianischen Fragen« allein genügen nicht, um zu beweisen, Friedrich sei »den Lehren des Christentums ungläubig gegenübergestanden«, er habe die »persönliche Unsterblichkeit« verneint und die »Ewigkeit der Welt« bejaht. Ein so bedeutender Kenner und Erforscher der geistigen Bewegung des dreizehnten Jahrhunderts wie Martin Grabmann kommt zu dem Ergebnis: »Indessen lassen sich aus dem lebhaften Interesse Friedrichs II. an dem neuen Aristoteles und an der arabischen Philosophie keine sicheren Schlüsse auf eine antichristliche Weltanschauung ziehen.« Dennoch kann Friedrichs Erfaßt- und Ergriffensein von der neuen Philosophie des Aristoteles, den er den »Denkerfürsten« nennt, und seines Kommentators Averroes nicht geleugnet werden. Sonst hätte der Kaiser schwerlich die Übersetzungen ihrer Schriften gefördert und verbreiten lassen und seine »Sizilianischen Fragen« verfaßt.

28 Von merkwürdigen Experimenten

Die naturwissenschaftlichen und philosophischen Fragen, die der Kaiser den berühmten islamischen und lateinischen Gelehrten seiner Zeit stellte, sind authentisch. Es kursierten jedoch zusätzlich zahllose Gerüchte über ihn, die weit verbreitet waren und die Friedrich als einen Mann charakterisierten, der danach strebte, »alle Dinge im Himmel und auf Erden zu erforschen«. Solche Gerüchte verstärkten den Eindruck vom undurchsichtigen, dämonischen Wesen dieses Mannes, dessen Wißbegier vor keiner Grenze zurückschreckte. Der Franziskanermönch Salimbene von Parma berichtet in seiner Chronik von einer Reihe merkwürdiger Experimente, die Friedrich durchgeführt haben soll. Salimbene zählt sie zu den »Wahnideen« Friedrichs. In der Tat waren Versuche aus wissenschaftlichen oder bloß neugierigen Gründen »dem Mittelalter wie jede Versuchung ein Greuel oder Wahnwitz«.

Aber Salimbenes überaus reichhaltigen und lebendig geschriebenen Berichten haftet auch etwas von einer mittelalterlichen Klatschchronik an. Völlig unkritisch mischen sich wildwuchernde Gerüchte und wirkliche, nachprüfbare Ereignisse. Salimbene gesteht zwar, er habe den Kaiser selbst »gesehen und eine Zeitlang auch verehrt«, aber er schreibt auch, der Kaiser habe einmal versucht, ihn dem Franziskanerorden abzuwerben; und er ist überzeugt, daß Friedrich ein ungläubiger und verruchter Mann sei. Die antikaiserliche Haltung des papsttreuen Chronisten färbt natürlich auf seine Berichte ab. Dennoch und trotz der notwendigen Vorbehalte bereichert Salimbenes Chronik das zeitgeschichtliche Bild des Kaisers um eine Reihe anekdotischer und aufschlußreicher Details.

Obwohl die von Salimbene aufgeführten Experimente des Kaisers sonst nirgendwo belegt sind und aufgrund der Eigenart dieser historischen Quelle fraglich bleiben, wird zumindest deutlich, was die Zeitgenossen Friedrich zutrauten. Und immerhin *könnten* solche Experimente in der von Salimbene beschriebenen oder in ähnlicher Form durchgeführt worden sein; ein Körnchen historischer Wahrheit enthalten Salimbenes Ausführungen sicherlich. Möglicherweise mischen sich auch in die Erzählungen über die kaiserlichen Experimente andere ältere Berichte über solche Versuche; zum Beispiel hat bereits Herodot einen ähnlichen Versuch wie den folgenden, die Ursprache der Menschheit zu finden, dem Pharao Psammetich von Ägypten zugeschrieben.

Eines Tages, so berichtet Salimbene, wollte der Kaiser durch ein Experiment ergründen, »welche Art Sprache und Sprechweise Knaben nach ihrem Heranwachsen hätten, wenn sie (vorher) mit niemandem sprächen«. Zu diesem Zwecke ließ er etliche neugeborene Kinder ihren Müttern wegnehmen und Ammen und Pflegerinnen übergeben. Dann befahl er den Ammen und Pflegerinnen, »sie sollten den Kindern Milch geben, daß sie an den Brüsten saugen möchten, sie baden und waschen, aber in keiner Weise mit ihnen schöntun und zu ihnen sprechen. Er wollte nämlich erforschen, ob sie die hebräische Sprache sprächen, als die älteste, oder die griechische oder lateinische oder arabische oder aber die Sprache ihrer Eltern, die sie geboren hatten. Aber er mühte sich vergebens, weil die Kinder alle starben«. Mit rührenden Worten kommt Salimbene zu dem Schluß: »denn sie vermöchten nicht zu leben ohne das Händepatschen und das fröhliche Gesichterschneiden und die Koseworte ihrer Ammen und Nährerinnen«. Ob von Friedrich gewollt oder ungewollt, beweist das Experiment zur Erforschung einer Ursprache auch die zum Leben der Kinder notwendige Sprache und Ansprache.

Einem anderen Erkenntniszweck diente ein Experiment, zu dessen Ausführung Friedrich zwei Männern ein reiches Mahl vorsetzen ließ. Dann schickte er den einen zur Jagd aus, dem anderen verordnete er einen Ruheschlaf. Er wollte nämlich wissen, ob die Tätigkeit oder die Ruhe der Verdauung besser nütze. Am nächsten Abend, schreibt Salimbene, ließ Friedrich in seinem Beisein die Bäuche der Männer entleeren. Es ist anzunehmen, daß die beiden Männer vor der Magenoperation getötet wurden, obwohl Salimbene dies nicht erwähnt. Er resümiert: »Und die Ärzte fällten das Urteil, daß der, dem der Schlaf verordnet war, eine bessere Verdauung gehabt habe.«

Ein anderes, allerdings nicht von Salimbene berichtetes Experiment führt nach Deutschland. Dort, in einem Weiher bei Heilbronn, wurde im Jahre 1497 ein Karpfen gefangen, in dessen Kiemen ein Kupferring befestigt war. Eine griechische Inschrift auf dem Ring besagte, Friedrich II. habe 1230 den Fisch eigenhändig in den Weiher ausgesetzt. Angeblich wollte der Kaiser mit diesem Experiment die Lebensdauer der Fischart erforschen. Doch im Jahre 1230 befand sich Friedrich nicht in Deutschland. Es mag sein, daß hier Legendäres mitspielt, denn die Berichte über den Fund geben dem Fisch ein Alter von zweihundertsiebenundsechzig Jahren – und ebenso viele Jahre sollte Kaiser Friedrich II. nach der Prophetie des Merlin leben.

Ein weiteres, wiederum von Salimbene aufgeführtes und als »Wahnidee« bezeichnetes Experiment sollte den Beweis erbringen, daß die Seele nicht unsterblich sei. Der Kaiser soll einen Mann lebendig in ein Faß gesperrt haben, »bis er darin starb, um damit zu zeigen, daß auch die Seele gänzlich zugrunde gehe«. Offenbar wollte der geschwätzige Salimbene auch die menschenverachtende Grausamkeit des Kaisers dokumentieren; denn auf ihn geht auch die Geschichte zurück, die durch Friedrich Schillers Gedicht »Der Taucher« unsterblich wurde. Danach soll Friedrich einen Mann mehrere Male auf den Meeresgrund geschickt haben, einen hinabgeworfenen goldenen Becher heraufzuholen – bis der Taucher nicht mehr heraufkam. Das angeblich durchgeführte Faß-Experiment erwähnt Salimbene nur kurz, um dann um so ausführlicher sein Lieblingsthema zu erörtern, den Epikureismus des Kaisers. Salimbene folgert: »Friedrich und seine Gelehrten glaubten, es gebe kein anderes Leben als das gegenwärtige, um dann um so freier ihren fleischlichen Bedürfnissen und Jämmerlichkeiten frönen zu können. Wie nämlich die Stoiker das Glück der Menschen nur in die Tugend der Seele legen, so die Epikureer nur in die fleischliche Lust.«

Eine derartige Zeichnung von Friedrichs Charakter war weit verbreitet und wurde noch von Dante übernommen, der den »zweiten Friedrich« im Inferno (X. Gesang) unter den verdammten Epikureern, den Jenseitsverächtern, büßen läßt. Wie schon gesagt, boten Friedrichs Lebensführung, seine Neigungen, sein Umgang ständig Anlaß zu solchen Vermutungen. Ohne Zweifel sprengten sein persönlicher Freisinn und seine maßlose Neugier die christlichen Normvorstellungen seiner Zeit. Aber man muß auch sehen, daß die Propaganda seiner päpstlichen Gegner alles unternahm, das Bild Friedrichs als das eines Ungläubigen zu zeichnen und zu verbreiten; aus den Fakten läßt sich dieses Bild eindeutig nicht gewinnen.

Kennzeichnend für den Versuch des »Rufmordes« ist die Geschichte des mysteriösen Ausspruchs von den drei Betrügern oder gar die Behauptung, Friedrich habe eine Schmähschrift »de tribus impostoribus« verfaßt. Papst Gregor IX. behauptete in seiner Anklageschrift zur zweiten Exkommunikation Friedrichs im Jahre 1239: »Dieser König der Pestilenz hat offen erklärt, daß – um seine eigenen Worte zu gebrauchen – die ganze Welt von drei Betrügern: Christus, Moses und Mohammed getäuscht worden sei; zwei seien in Ehren, Jesus selbst aber am Holze gestorben.« Doch für diese Unterstellung fehlt jeder Beweis; sie wird sogar in allen späteren Anklagen, auch auf dem Konzil von Lyon (1245) anläßlich der Absetzung des Kaisers, nicht mehr

Friedrich II., Marmorbüste eines unbekannten italienischen Künstlers.

Friedrich II. hat selbst ein Buch über die Falknerei verfaßt. Auf dem abgebildeten Titelblatt ist er mit seinem Falkenmeister zu sehen.

Hermann von Salza, Hochmeister des Deutschen Ritterordens, war einer der wichtigsten und treuesten Gefolgsleute Friedrichs II.

Friedrich II. gewährt Asti die Stadtrechte.

Castel del Monte wurde um 1240 als Jagdschloß Friedrichs II. erbaut und gehört zu den schönsten Zeugnissen der Baukunst dieser Epoche.

Das Relief an der Kanzeltreppe der Kathedrale in Bitonto (Apulien) zeigt Friedrich I. (Barbarossa), Heinrich VI., Friedrich II. und seinen Sohn Konrad IV.

Otto IV.

Friedrich Barbarossa mit seinen Söhnen Heinrich (dem Vater von Friedrich dem Staufer) und Friedrich (rechts) in der Fuldaer Handschrift der Welfenchronik (um 1180).

Friedrich II. empfängt eine arabische Gesandtschaft, die Geschenke darbringt; neben dem Kaiser seine beiden bedeutendsten Gefolgsleute, rechts der Kanzler Petrus de Vinea, links Deutschordensmeister Hermann von Salza (Gemälde von Arthur von Ramberg).

Papst Innozenz III., Vormund Friedrichs II., übergibt eine Bulle. Wandgemälde in der Grotte des Heiligen Benedikt in Subiaco.

vorgebracht. Lediglich in einer haßerfüllten Flugschrift aus dem Jahre 1245 taucht der angebliche Ausspruch Friedrichs ein zweitesmal auf. Wäre auch nur das geringste Indiz für den Ausspruch vorhanden gewesen, die offiziellen Kläger hätten sich ein derartig gravierendes Beweisstück nie entgehen lassen.

Martin Grabmann weist darauf hin, daß »die ersten Ursprünge dieses Ausspruchs bei der arabischen Sekte der Quarmaten im 10. Jahrhundert und seine definitive Fassung bei Nizam al Molk um 1080 nachgewiesen« wurde. »In lateinischer Sprache läßt sich dieser Satz von den drei Betrügern zuerst bei dem Spanier Thomas Scotus, einem abgefallenen Ordensmann, um 1335 nachweisen.« Aber der ketzerische Satz wurde auch Averroes oder dem frühen Aristoteliker Simon von Tournai, der schon um 1200 in Paris lehrte, zugeschrieben. Es handelte sich wahrscheinlich um eine »irgendwie im Umlauf befindliche Ketzeranklage, die dem Kaiser nur von seinen Gegnern in den Mund gelegt wurde«. Es scheint auch psychologisch höchst fragwürdig, daß Friedrich die grobschlächtige Blasphemie, die Christus, Moses und Mohammed betraf, »offen erklärt« oder zitiert haben soll. Bei allem Freisinn hätte ihn allein Klugheit von einer solchen Gotteslästerung abgehalten.

Die Frage nach der Ungläubigkeit oder Rechtgläubigkeit Friedrichs geriet durch Verleumdungen, Unterstellungen, Mißverständnisse und besonders durch Wiederholungen seiner Gegner in ein kaum mehr durchschaubares Dunkel. Daß Friedrich selbst Anlaß zum Ärgernis oder zum Zweifel an seiner Rechtgläubigkeit bot, wurde mehrfach erwähnt. Es mag auch sein, daß ein Unterschied zwischen den öffentlichen Äußerungen des Kaisers und seinem persönlichen Denken bestand. Doch blieben diejenigen, die auf der Behauptung von Friedrichs Ungläubigkeit bestanden, letztlich ihre Beweise schuldig.

In diesem Zusammenhang scheint mir ein Zeugnis des Kaisersohnes Manfred beachtenswert, geschrieben nach dem Tode Friedrichs, das einiges über die geistliche Erziehung am Hofe und über die väterliche Fürsorge Friedrichs aussagt. Das Zeugnis hat besonderes Gewicht, weil Manfred von allen Söhnen Friedrich persönlich am nächsten stand und wohl auch die meiste Zeit in seiner unmittelbaren Nähe lebte. Manfred wurde 1232 geboren, ein Jahr nach der Verkündigung der Konstitutionen von Melfi, und zwar in Venosa, eine Reitstunde von Melfi entfernt. Seine

Mutter war Bianca Lancia, die Friedrich zwar nicht offiziell heiratete, da sie dem niederen Adel entstammte, doch er blieb Bianca Lancia auch in den vierziger Jahren noch eng verbunden. Schon als Junge begleitete Manfred den Vater zur Falkenjagd und zeigte ähnliche Interessen. Friedrichs Falkenbuch ist Manfred gewidmet. Der Kaiser schreibt, Manfred habe ihn zur Niederschrift seiner Beobachtungen und Erfahrungen über die Kunst, mit Vögeln zu jagen, gedrängt. Von allen Söhnen stand allein der achtzehnjährige Manfred am Sterbelager des Kaisers. Als einziger unehelicher Sohn wird er im Testament Friedrichs genannt und bedacht.

Manfred wurde nach dem Tod des legitimen Thronerben Konrad IV. 1254 sizilianischer König. Und noch einmal, für zwölf Jahre, entfaltete er den ganzen Glanz des sizilianischen Großhofs. Um ihn sammelten sich Gelehrte und Künstler. Die Übersetzertätigkeit am Hof nahm einen neuen Aufschwung. Zu einer dieser Übersetzungen ins Lateinische, der pseudo-aristotelischen Schrift *De pomo sive de morte,* schrieb Manfred eine Einführung. Er schildert, wie ihn eine schwere Krankheit befallen habe, so daß die Ärzte seinen Tod befürchteten. Während seine Umgebung den Kranken bedauerte und erwartete, er würde nun in Todesangst verfallen, verhielt sich Manfred so, wie es ihn seine Erzieher gelehrt hatten. Manfreds Bericht läßt es als unwahrscheinlich erscheinen, daß Friedrich ein überzeugter Materialist und »Aeternist« war, der an die Ewigkeit der Welt glaubt und die Unsterblichkeit der Seele leugnet:

»Wir aber hielten uns an die theologischen und philosophischen Dogmen, die uns von vielen großen Doktoren der Theologie und Philosophie im Palast des erhabenen Kaisers, unseres Herrn und Vaters, gelehrt worden waren über die Natur der Welt, die Auflösung der Körper, die Erschaffung der Seele, ihre Unsterblichkeit und ihre Fähigkeit, zur Vollkommenheit zu gelangen, und über die Verwandelbarkeit der Materie und darüber, daß ihr nicht alles in die Verwesung und Auflösung folgt. So trauerten wir nicht, wie sie meinten, um unseren Tod, da wir hinsichtlich des künftigen Lohns unserer Vollkommenheit nicht auf die Gerechtigkeit, sondern auf die Gnade des Schöpfers vertrauten.

Um diese Zeit lasen wir die Schrift *De pomo sive de morte,* die Aristoteles am Ende seines Lebens schrieb und in der bewiesen wird, daß die Weisen über die Zerstörung der irdischen Hülle nicht trauern, sondern mit Freuden auf den Lohn der Vollkommenheit zueilen, zu deren Erlangung sie nicht Zeit noch Mühe gescheut, sondern sich in tiefgründige Studien versenkt und die Sorgen um das materielle Leben gemieden haben.

Unseren freundlichen Wärtern rieten wir, dieses Buch zu lesen, weil sie daraus erfahren würden, warum wir uns nicht fürchteten, aus diesem Leben zu gehen. Da wir das Buch in einer hebräischen Übersetzung aus dem Arabischen gelesen hatten und es in keiner christlichen Sprache fanden, übersetzten wir es nach unserer Genesung aus dem Hebräischen ins Lateinische, auf daß es vielen zugute kommen möge.«

29 Das Falkenbuch

Entgegen der Meinung des Gelehrten Ibn Sabin bei der Beantwortung der »Sizilianischen Fragen« war Friedrich durchaus in den Wissenschaften und im Nachdenken geübt. Außer den allgemeinen wissenschaftlichen Gesprächen, Fragen, Anregungen Friedrichs gibt es ein überzeugendes Dokument, das methodisch und inhaltlich keinen Zweifel an der wissenschaftlichen Qualifikation des Kaisers läßt, sein Falkenbuch, genauer gesagt sein Werk *De arte venandi cum avibus,* Von der Kunst, mit Vögeln zu jagen. Wieder taucht bei der Abfassung des Falkenbuches auf, was schon in der Jugend Friedrichs zu beobachten war: die Verbindung von praktischer Tätigkeit mit theoretischem Forschen und Fragen. Friedrich war ein leidenschaftlicher Falkenjäger, und nicht weniger leidenschaftlich drängte es ihn, mit unendlicher Geduld das Verhalten der Vögel zu erforschen. Der Abfassung des Falkenbuches gingen jahrzehntelange Beobachtungen, Erfahrungen, Verhaltensforschungen vorauf. Am Anfang des 13. Jahrhunderts lagen bereits einige Lehrbücher zur Falkenjagd und Falkenzucht vor, arabische und altfranzösische. Der Araber Moamin, der oberste Falkner am kaiserlichen Hof, hatte ein solches Buch geschrieben. Außerdem kannte Friedrich die von Michael Scotus ins Lateinische übersetzten zoologischen Schriften des Aristoteles.

Friedrich kompilierte nicht das vorhandene Wissen, sondern

gelangte durch seine eigene, ganz auf der Empirie fußende Methode zu neuen Kenntnissen und Erkenntnissen, die das bisher Bekannte weit übertrafen. Das begründet den hohen Rang seines Werkes, das für die spezielle Falknerei wie für die allgemeine Ornithologie zu einem Standardwerk wurde. Mit Recht zählen neuere Historiker wie Kantorowicz und Kurt Pfister das Falkenbuch »zu den frühesten Urkunden abendländischer empirischer Wissenschaft«. Das Falkenbuch verdrängte nicht nur die ältere Literatur, sondern soll »bis zum 18. Jahrhundert maßgeblich für alle Fragen der Falknerei« gewesen sein. Zahlreiche der allgemeinen ornithologischen Erstbeobachtungen Friedrichs, von denen im folgenden einige beschrieben werden, haben noch heute Gültigkeit.

Von besonderem Interesse ist die Einleitung, in der Friedrich seine empirische Methode darlegt und einige ihm bekannte Bücher »lügenhaft und ungenügend« nennt oder den von ihm als Philosophen verehrten Aristoteles korrigiert. »Beim Schreiben sind Wir auch, wenn es erforderlich war, dem Aristoteles gefolgt; in manchen Dingen scheint er jedoch, wie Wir aus Erfahrung lernten, besonders bezüglich der Natur bestimmter Vögel, von der Wahrheit abzuweichen. Deshalb folgen Wir dem Fürsten der Philosophen nicht in allem; denn selten oder niemals hat er die Jagd mit Vögeln ausgeübt. Wir aber haben sie immer geliebt und immer betrieben. Bei vielem aber, was er in seinem Buche über die Tiere erzählt, sagt er, so hätten es andere berichtet; das aber, was andere so sagten, sah er weder selbst, noch haben es seine Gewährsmänner gesehen; eine sichere Gewißheit erlangt man nicht durch Hörensagen (durch das Ohr).« Mit berechtigtem Stolz erläutert Friedrich: »Unsere Absicht ist aber in diesem Buch über die Falknerei, das, was da ist, auch so zu zeigen, wie es ist, und als zuverlässige Kunst darzustellen; denn bisher fehlte es dabei sowohl an der Wissenschaft wie an der Kunst.«

Natürlich holte Friedrich auch den Rat Sachverständiger, besonders aus dem nahen Orient, ein und verwertete, was sie »besser wußten«. Nicht alle Vogelarten konnte er in natürlicher Umgebung oder in seinen apulischen Gehegen beobachten, obwohl ihm Raubvögel aus Arabien, Spanien und Indien, aus Island und anderen nordischen Ländern zugesandt wurden. So ließ er sachkundige Gelehrte von weither kommen oder schickte Boten aus, bestimmte Informationen zu beschaffen. Er ließ aus dem hohen Norden faules Schiffsholz holen; denn er wollte wissen, ob aus den daran haftenden Muscheln oder Würmern die Bernikelgans auskrieche, wie behauptet wurde. Aus Ägypten ließ er Straußeneier kommen, um selbst zu erproben, ob die Eier im heißen Sand von der Sonne ausgebrütet werden. Nicht wenige Experimente, so die äußerst präzisen Beobachtungen der Zugvögel, erstreckten sich über Jahre.

Bitten seines Sohnes Manfred, so schreibt Friedrich, hätten ihn veranlaßt, das Falkenbuch zu schreiben. Da Manfred 1232 geboren wurde, kann die endgültige Abfassung nicht vor Mitte der vierziger Jahre erfolgt sein. Das widerlegt die Annahme, der Hofphilosoph Michael Scotus, der bereits 1235 starb, sei an der endgültigen Abfassung beteiligt gewesen oder er habe die »Umformung zu einem wissenschaftlichen Lehrbuch besorgt«. Daß sich Friedrich in der wissenschaftlichen Methodik an Aristoteles oder Michael Scotus anlehnte, mindert nicht die Originalität seiner Beobachtungen und Erkenntnisse.

Das Werk umfaßt in der uns bekannten Form sechs Bücher. Wahrscheinlich sind einige Abschnitte, wie die über Krankheiten der Falken und deren Heilung, verlorengegangen. Darauf verweist ein Schreiben, mit dem fünfzehn Jahre nach dem Tod Friedrichs eine zweibändige, mit Gold und Silber verzierte Luxusausgabe Karl von Anjou angeboten wurde. Es handelte sich dabei um das persönliche Exemplar des Kaisers, das beim Überfall auf Friedrichs Lager Victoria bei Parma im Jahre 1248 von seinen Feinden erbeutet wurde. Dieses zweibändige Exemplar wurde bis heute nicht wiedergefunden.

Das erste Buch enthält eine allgemeine Ornithologie, ausgehend von der Einteilung der Vögel in Land-, Wasser- und Sumpfvögel. Genau werden die Gewohnheiten der einzelnen Arten geschildert, das Nisten, Brüten, die Nahrungssuche und die Aufzucht der Jungen. Eingehend wird die Anatomie des Vogelkörpers beschrieben, des Knochenbaus wie der inneren Organe; ausführlich werden die Funktionen etwa der Krallen oder der Schwungfedern untersucht, wird die Flugtechnik dargestellt. Besonders interessant sind Friedrichs Beobachtungen der Zugvögel. Er erkannte »des Nachts an der Stimme, ob Kraniche, Reiher, Gänse oder Enten ziehen« und beschäftigt sich mit dem wiederholten Wechsel des Leittiers, das infolge von Ermüdung einem anderen Vogel die Spitze überläßt. Mit dieser Beobachtung widerlegt er die Meinung des Aristoteles, der vom anführenden Vogel sagte, er allein kenne das Ziel. Friedrich sah die Aufgabe des Führungsvogels darin, daß er Gefahren erspähen und die anderen Vögel durch Rufe oder Ausweichmanöver warnen soll. »Es ist nicht wahrscheinlich, was Aristoteles schreibt; denn wenn das wahr wäre, würde der Führer nicht wechseln, sondern immer ein und derselbe führen.«

In langwierigen Experimenten untersuchte Friedrich den Geruchssinn der Vögel. So beobachtete er, daß Raubvögel ein Aas nicht mit dem Geruchssinn aufspüren, wie behauptet wurde, sondern sichten. Im Nest eines Zeisigs fand er unter den Jungen ein mißgestaltetes. Er nahm das Nest »unter sorgfältiger Obhut« auf und entdeckte nach einiger Zeit, wie aus dem Fremdling ein Kuckuck wurde. Daraus folgerte er, daß der Kuckuck sein Ei in fremde Nester lege. Immer beruft er sich auf seine eigenen Beobachtungen. So sah er »einen Geier in sein Nest ein einziges Ei legen und es ausbrüten«, und schreibt weiter: »Wir haben diese Beobachtung mehrfach gemacht, obgleich Aristoteles in seinem Buch über die Tiere behauptet, daß man niemals Nester und Junge der Geier gesehen habe.«

Erst das zweite Buch handelt von den Arten der Jagdfalken, von ihren Eigenheiten, vom Fang und der mühevollen Gewöhnung an ihren Umgang mit den Wächtern. Die Hilfsmittel und ihre Handhabung werden genau beschrieben, so der Gebrauch der Falkenhaube, den Friedrich von den Arabern übernahm, das Auf- und Abhauben. Oder er schildert das damals auch noch übliche Zunähen der Augenlider, das Anlegen des Geschühes und der Schelle, den Gebrauch der Langfessel oder des Falkensacks. Bei der Zubereitung der Nahrung und überhaupt im Umgang mit den Falken hatte der Falkner auf peinlichste Sauberkeit zu achten. So mußte der Falkner seinen Mund dreimal ausspülen, bevor er, zur Beruhigung des Falken, mit dem Mund frisches Wasser auf das Gefieder sprühte. Junge Falken sollten kleine Stückchen von rohem Fleisch oder auf mäßigem Feuer gekochte Milch mit Eiern erhalten.

Im dritten Band wird die spezielle Abrichtung zur Beizjagd und der Gebrauch der Lockmittel, vor allem des Federspiels, geschildert. Die weiteren Bücher behandeln die verschiedenen Arten der Falkenjagd; das vierte die Jagd mit dem Gerfalken nach Kranichen, das fünfte die Jagd mit dem Sakerfalken nach

Reihern, das sechste die Jagd mit kleineren Falkenarten nach Wasservögeln.

Einen einzigartigen Kunstwert erhält das Falkenbuch durch zahlreiche Miniaturen, die jedoch nur in den ersten beiden Büchern überliefert sind. Ungeklärt blieb, ob das originale kaiserliche Werk, dessen Luxusfassung, wie erwähnt, im Jahre 1248 vor Parma verlorenging, durchgehend bebildert war. Die früheste erhaltene Handschrift (heute im Besitz der Vatikanischen Bibliothek) ließ König Manfred in den Jahren zwischen 1258 und 1266 anfertigen. Man kann nur vermuten, »daß es sich – bei den Miniaturen – um Kopien der kaiserlichen Prachtausgabe handelt«. Eine weitere Fassung (heute im Besitz der Pariser Nationalbibliothek) veranlaßte der französische Edelmann Jean Dampierre um 1308 nach Manfreds Ausgabe, allerdings in altfranzösischer Übersetzung. Auch diese Fassung enthält kostbare Miniaturen, die inhaltlich den Miniaturen der Manfred-Handschrift entsprechen.

Über den wissenschaftlichen Ertrag und die erstaunliche Vielfalt originaler Beobachtungen hinaus vermittelt das Falkenbuch bestimmte persönliche Ansichten des Kaisers, den Menschen und sein Verhältnis zur Natur betreffend. Der ideale Falkner entsprach dem »Bild des vollkommenen Menschen, wie sich Friedrich ihn dachte«. Er hatte sich ganz der Jagdkunst zu widmen und dieser seinen Hunger, seinen Durst, selbst seinen Schlaf unterzuordnen. Neben den erforderlichen praktischen Kenntnissen sollte er sich vollkommen in der Gewalt haben, sollte er über scharfen Verstand und gutes Gedächtnis verfügen, mutig, geduldig und ausdauernd sein. Es waren dies Eigenschaften, die den Falkner für den höheren Staatsdienst geeignet machten, wie denn auch viele hohe Beamte in ihrer Jugend durch die harte Schule der Falknerei gingen. Für den Falkner müsse »alles aus der Liebe hervorgehen, die er zur Kunst haben wird«, schreibt Friedrich.

Wiederholt nennt Friedrich die Falkenjagd eine Kunst und fordert die kunstgerechte Ausübung. Er versteht darunter das Vermögen und die Notwendigkeit, die Raubvögel, die freiesten und beweglichsten Tiere, kraft der Überlegenheit des menschlichen Geistes zu zähmen. Eben diese Voraussetzung macht die Kunst, mit Vögeln zu jagen, »adliger und würdiger«, *nobilior et dignior,* als die anderen Jagdarten. Nicht durch Gewalt, sondern durch die Überlegenheit seines Geistes, seines Ingeniums, kann der Mensch den Raubvogel so abrichten, daß er in Freiheit nach Beute ausfliegt und auf die Hand des Falkners zurückkehrt. »Raubvögel, die das Gesicht des Menschen und den Umgang mit Menschen scheuen, lernen durch diese Kunst zum Bedarf des Menschen etwas zu tun, was sie bisher auf eigenen Antrieb zu ihrem Bedarf getan haben.« Aber Friedrich spricht nicht nur von der Änderung der Gewohnheiten, sondern von einer zweiten Natur. » Diese erworbenen Eigenschaften werden im Verlauf der Zeit durch Härte und Beständigkeit den Vögeln zur Eigenart, zur Gewohnheit und zu einer zweiten Natur.« Es ist der Triumph des menschlichen Geistes, daß er die Natur des Raubvogels verwandeln und zu einer neuen Natur umformen kann. Aus dieser Begründung erhält die Falkenjagd einen Sinn, der nach den Worten Friedrichs über das Vergnügen oder die Erholung hinaus als Kunst verstanden wird, als die Kunst, mit Vögeln zu jagen.

30 Die sizilianische Dichterschule

Der Franziskaner Salimbene von Parma, der in seiner Chronik sonst ein negatives Bild des Kaisers zeichnet, schreibt bewundernd, Friedrich habe »singen und Kantilenen und Gesänge erfinden« können. Allerdings sind nur vier Gedichte unter dem Namen des Kaisers überliefert, und für drei dieser Gedichte gilt als sicher, daß er sie wirklich verfaßt hat. Bei vorurteilsfreier Betrachtung wird man sagen müssen, daß sein poetisches Vermögen mit seiner ungewöhnlichen naturwissenschaftlichen, mathematischen und philosophischen Begabung nicht Schritt hielt. Ein paar Jahre vor den Gedichten Friedrichs, im Herbst 1225, entstand im umbrischen Dialekt der Sonnengesang des Franz von Assisi. Die den Sonnengesang bewegende Kraft der dichterischen wie der religiösen Inspiration darf man von den Gedichten Friedrichs nicht erwarten. Sie wirken eher klischeehaft und unverbindlich, erschöpfen sich in der höfisch-galanten Kunstübung und sind wohl auch aus diesem Anlaß entstanden.

Die Gedichte handeln – in Anlehnung an die Troubadourlyrik – vom Preis der edlen Herrin, der schönsten aller Frauen, von der Süße der Liebe oder ihren Qualen, vom Schmerz des Abschieds.

Doch es bleibt bei Typisierungen; Situationen und Charaktere nehmen keine individuellen Züge an. Eines der Gedichte beginnt sehr eindrucksvoll »Poi che ti piace Amor«, in der Übersetzung:

Da es, o Liebe, dir gefällt
Daß ich ein Lied soll singen,
So gib es auch in meine Macht,
Daß es mir glückt und ichs vollende.

Ein zweites Gedicht, das beginnt »Oi lasso, non pensai«, läßt eine persönliche Beziehung des Verfassers ahnen und strahlt eine gewisse menschliche Wärme aus. Seine Abschiedsklage gilt der »Blume Syriens«, vermutlich der Syrerin Anais, die im Gefolge Isabellas von Brienne nach Apulien kam. Der Verfasser bekennt, er müsse sterben, wenn er sein Schiff nicht in den Hafen und zur Geliebten zurücktreibe. Das Gedicht beginnt:

Weh mir, denn ich vermag es nicht zu fassen,
Daß es mir brächte solche Herzensnot,
Von meiner Herrin Abschied zu erbitten,
Denn kaum, daß meine Süße ich verlassen,
Da schien mir wünschenswert nur noch der Tod.

Die oft hervorgehobene Bedeutung Friedrichs für die italienische Dichtung beruht weniger auf dem poetischen Rang seiner eigenen Verse, als darauf, daß er Initiator und Mittelpunkt jenes Kreises von Dichtern war, der seit Dante die *scuola poetica siciliana,* die sizilianische Dichterschule, genannt wird. Länger als in den anderen europäischen Ländern hielt sich in Italien das Lateinische als Poesiesprache. Das Volk sprach zwar die jeweiligen heimatlichen Dialekte, doch die höfische und gehobene Sprache blieb Lateinisch. Während die französische wie die deutsche Dichtung in der Volkssprache ihren ersten glanzvollen Höhepunkt erreichte, schrieben die italienischen Dichter noch immer in der Sprache Ciceros und Vergils. Friedrich und seine Hofleute aber dichteten zum erstenmal im Volgare, in der Volkssprache, der altsizilianischen Mundart. Das jedoch bedeutet nichts weniger als: am Hof Friedrichs nahm die italienische Dichtung ihren Anfang.

Die Frage, wie diese Dichtung im Volgare am sizilianischen

Hof entstehen konnte, hat manche Philologen beschäftigt. Arabische, vor allem provenzalische Einflüsse waren in Sizilien bis ins 13. Jahrhundert wirksam. Friedrich selbst sprach provenzalisch und arabisch. Mit seiner ersten Gemahlin Konstanze von Aragon, an deren Heimathof die Lyrik besonders gepflegt wurde, werden provenzalische Lieder und Troubadoure nach Palermo gekommen sein. Früh ist die Dichterkrönung eines fahrenden Sängers bezeugt. Sie muß zur Zeit der Konstanze in Palermo erfolgt sein; denn der heitere Sänger nahm 1213 als Bruder Pacificus das Ordenskleid der Franziskaner. Aber auch der höfische Dichterkreis um den Kaiser, der sich nach 1231 entfaltete, hielt enge Kontakte zu den provenzalischen Sängern. Ohne Zweifel übernahmen die Dichter der sizilianischen Schule inhaltliche und formale Elemente von provenzalischen Vorbildern. Doch Friedrich und seine Hofdichter schrieben ihre Verse nicht provenzalisch, sondern eben im sizilianischen Volgare, und diese epochale Neuerung kann nur aus der Persönlichkeit Friedrichs und der Atmosphäre seines Hofes erklärt werden.

Auch Friedrichs Vater Heinrich VI. umgab sich mit Dichtern und galt selbst als bedeutender Minnesänger. Von ihm hieß es sogar, er habe seine höchste Begabung, das Dichten, der Politik geopfert. Offensichtlich war den Staufern eine starke poetische Begabung zu eigen, die noch den letzten Staufer, den jungen Konradin, auszeichnete. Und wie sehr die sizilianische Volgaredichtung an die Person Friedrichs und seines Sohnes Manfred gebunden war, zeigt die Tatsache, daß sie nach dem Untergang der Staufer verstummte und keine nennenswerten Nachfolger fand. Mehr als ein halbes Jahrhundert verging, bis Dante in der Toskana, auf der sizilianischen Schule aufbauend, wieder in der Volkssprache zu dichten begann und ihr zum endgültigen Durchbruch in der italienischen Literatur verhalf.

In seiner Abhandlung *De Vulgari Eloquentia* schreibt Dante: »Dieser (dichterische) Ruhm Siziliens aber scheint nur zur Schmach der italischen Fürsten geblieben, die nicht nach Heldenart, sondern wie Plebejer dem Eigendünkel folgen. Weil aber die erlauchten Helden Kaiser Friedrich und sein Sohn Manfred, ihren Adel und ihre Rechtheit erweisend, wahrhaft menschlich gelebt und das Gemeine verachtet haben: deshalb zogen sie die ihnen nachstrebenden Edlen und Begnadeten an ihren Hof, so daß dort zuerst die Dichtung ihrer Zeit aufkeimte. Und weil der königliche Thron in Sizilien stand, ist es geschehen, daß alles, was unsere Vorgänger im Volgare hervorgebracht haben, sizilianisch genannt wird: und das behalten auch wir bei, und unsere Nachfolger werden es nicht ändern können.« Auch Francesco Petrarca erkennt den schöpferischen Rang der sizilianischen Schule an, indem er schreibt, »in kurzer Zeit habe die Art zu dichten, die bei den Sizilianern neu geboren wurde, sich über ganz Italien und weiter verbreitet«.

Nach der Meinung Dantes sind Friedrich und Manfred dem »wahrhaft Menschlichen gefolgt«, begründete dies ihre Vobildlichkeit, der die Hofdichter nacheiferten. Eine bemerkenswerte Feststellung, wenn man bedenkt, daß Dante in der Göttlichen Komödie Friedrich zu den verwerflichen Epikureern zählt und ihn darum im Inferno büßen läßt. Aber es war tatsächlich so, daß nicht wenige Dichter, so wie der junge Manfred, am Großhof aufwuchsen. Sie gingen sozusagen aus der Schule Friedrichs hervor und folgten seinem Vorbild. Von einigen sagte er später selbst, er habe sie wie seine Söhne aufgezogen und ihnen sei nichts verborgen geblieben. Rainald von Aquino, Jakob von Morra, Jakob Mostacci, Roger de Amicis, Folco Ruffo kamen in ihrer Jugend als Edelknappen, kaiserliche Valets oder Falkner an den Großhof. Später bekleideten sie hohe Staatsämter und gehörten zu den bekannten Hofdichtern.

Die Renaissancefürsten beriefen Dichter und Künstler an ihre Höfe, übertrugen ihnen hin und wieder Staatsämter. Am sizilianischen Großhof war es genau umgekehrt. Die höchsten Staatsbeamten und adeligen Würdenträger begannen in den Jahren nach dem Kreuzzug, sich als Dichter zu betätigen. Sie waren keine Berufspoeten. Den fahrenden Sängern begegnete Friedrich eher mißtrauisch. Das lose Mundwerk der Fahrenden störte sein autoritäres Ordnungsdenken. Er unterwarf sie bereits bei seiner ersten Gesetzgebung einem strengen Reglement. Friedrich und die Dichter seines Kreises verstanden ihr eigenes Dichten als Unterhaltung und höfisches Spiel, dem sie selbst wahrscheinlich kaum den Wert beimaßen, den später die Literaturgeschichte der sizilianischen Dichterschule zuwies.

Die Thematik ihrer Gedichte blieb ganz dem höfischen und ritterlichen Leben verhaftet, dem Minnedienst. Man hat darauf hingewiesen, daß diese Gedichte »so gut wie keine Beziehungen zur rauhen Wirklichkeit des öffentlichen Lebens« haben, obwohl viele Dichter in die tragischen Ereignisse ihrer Zeit verstrickt waren. In ihrer Dichtung »fehlte auch gänzlich die politische und poetische Publizistik, die in der provenzalischen Literatur einen so bedeutenden Platz einnimmt, und die auch in Deutschland hervorragende Vertreter fand, wie Walther von der Vogelweide, um nur den größten zu nennen«. Man kann aus dieser zweifellos zutreffenden Feststellung aber schwerlich einen Vorwurf ableiten. Die Dichter um Friedrich beanspruchten keine publizistische Wirkung; ihre Verse verfolgten keinen Zweck, sondern waren Kunstübung.

Neben Friedrich beteiligten sich an den poetischen Kunstübungen seine Söhne, die Adeligen des Hofes, aber auch die hohen bürgerlichen Beamten. Der sizilianischen Dichterschule gehörten weit mehr Poeten an als die überlieferten Namen vermuten lassen, und auch die erhaltenen Gedichte sind nur ein Bruchteil dessen, was geschrieben wurde. Da die Gedichte als Manuskripte meist nur einmal aufgezeichnet wurden, muß angenommen werden, daß das meiste verlorengegangen ist. Selbst von der kaiserlichen Familie, von Friedrich, seinen Söhnen und dem Enkel Konradin, blieben insgesamt nur elf Gedichte erhalten.

Kein Gedicht ist von Friedrichs erstgeborenem Sohn Heinrich VII. überliefert, obwohl er als deutscher König von Minnesängern umgeben war und selbst Verse schrieb. Es heißt von ihm, in der Kerkerhaft nach dem Bruch mit dem Vater habe er »morgens gesungen und abends geweint«. Verloren sind die Lieder Manfreds, bis auf eines, dessen Zuschreibung unsicher ist. Als sizilianischer König eiferte Manfred, den Dante »blond, schön und ritterlich« nannte, in den Künsten und Wissenschaften seinem Vater nach und liebte den höfischen Glanz. Sein alter Diener soll in der Schlacht von Benevent, in der er den Tod fand, zu ihm gesagt haben: »Wo sind nun eure Geiger, wo eure Dichter, die ihr mehr liebtet als Ritter und Knechte, daß sie versuchten, ob auch der Feind nach ihren süßen Tönen tanzen möge?« Wenigstens ein Gedicht gibt es von dem liebenswürdigen Friedrich von Antiochien, der in der Toskana regierte und 1256 im Kampf um Foggia starb. Als einziger von den Kaisersöhnen bekam er im Dom von Palermo in der Nähe des Vaters sein Grab.

Der als Dichter berühmteste ist der älteste uneheliche Kaisersohn Enzio, schon darum, weil seine Lieder einen unbekannten, unverwechselbaren Ton anschlagen. Sie erschöpfen sich nicht in poetischer Konvention, sondern entstanden aus der Erschütterung des persönlichen Schicksals. König Enzio geriet 1249 bei Fossalta in bolognesische Gefangenschaft. Sein Gesang im Kerker von Bologna, so heißt es, erheiterte und rührte seine Wächter. Seine Gedichte fanden bei den Adeligen der Stadt begeisterte Aufnahme. Doch mit den Jahren schwanden Fröhlichkeit und Hoffnung. Er blieb bis zu seinem Tode im Jahre 1272 eingekerkert. Die dreiundzwanzigjährige Kerkerhaft machte aus dem tapferen, strahlenden und heiteren Enzio mit den langen blonden Haaren, der auf seinem Weg zum Gefängnis in Bologna die Frauen bezauberte und für dessen Freilassung sein kaiserlicher Vater einen Ring aus Silber um Bologna legen lassen wollte, einen grüblerischen, verbitterten und schließlich gebrochenen Mann. Zur Tatenlosigkeit verurteilt, mußte er das furchtbare Ende der Staufer erleben. Von seinen Liedern, die er in Heften sammelte, als seinen Schatz hütete und in seinem Testament erwähnte, sind nur vier übriggeblieben. In dem vermutlich frühen Gedicht »Amor mi fa sovente«, mit den schon zitierten Versen: »Flieg aus, mein Herz, den Herrn zu grüßen«, ist die Heimwehklage des Gefangenen noch von einem Hoffnungsschimmer erfüllt. Aus den späteren Gedichten spricht die reine Verzweiflung und Trostlosigkeit Enzios, der sich ohne jede Hoffnung seinem gnadenlosen Schicksal ausgeliefert sah. »S'eo trovasse pietanza«, »Ist für mich Armen Mitleid noch zu finden«, beginnt ein Gedicht, das die Zeilen enthält:

O sieh, wie Schmerz und Qualen aus mir blühen.
Sie überströmen meines Herzens Ränder
Und überfluten mich mit solcher Macht,
Daß ich es nicht bezwing, ich bin nicht stärker.
Und ruhelos dahin die Tage ziehen,
So wie des Meeres ewge Wellenbänder.
War dir, mein Herz, denn so viel zugedacht?
Entflieh der Not, verlasse deines Körpers Kerker.

Von den adeligen Dichtern am Hof entstammten drei aus der Grafenfamilie der Aquino, die mit Friedrich verschwägert war und zu seinen treuesten Anhängern gehörte. Als einziger der Aquinos entzog sich der begabteste, der später heiliggesprochene

Philosoph Thomas, dem Einfluß des Kaisers. Sein Bruder Rainald zählt zu den berühmtesten der jüngeren sizilianischen Dichter, während seine ebenfalls dichtenden Vettern Jakob und Monaldo von Aquino weniger bekannt blieben. Jakob von Morra, der Sohn eines Großhofjustitiars, schrieb von den Jüngeren unter seinem Dichternamen Giacomino Pugliese die anmutigsten und schönsten Lieder. Er genoß das Vertrauen Friedrichs und war zuletzt Generalvikar der Mark Ancona. Er gehörte zu jenen, von denen der Kaiser sagte, er habe sie wie Söhne aufgezogen. Jakob von Morra nahm wie ein anderer der adeligen Hofdichter, Roger de Amicis, der zuletzt das hohe Amt des Kapitäns oder Großjustitiars von Sizilien bekleidete, aktiv an der Verschwörung gegen den Kaiser im Jahre 1246 teil. Von einem der jüngeren Dichter, von Folco Ruffo, ist bekannt, daß er in den späten Jahren dem Kaiser nahestand und die letzten Tage und den Tod Friedrichs miterlebte. Folco Ruffo entstammte einer kalabresischen Adelsfamilie und war ein Verwandter des kaiserlichen Marstallmeisters Giordano Ruffo, der das Handbuch über die Pferdekunde verfaßte.

Die namhaftesten der adeligen Dichter, zu denen außer den bereits erwähnten noch eine Reihe anderer wie Jakob Mostacci, Rainald von Montenero oder Percival Doria gehörten, waren dem Kaiser von Jugend auf verbunden und begannen unter seinem Einfluß zu dichten. »Ein in der Geschichte wohl einziger Vorgang zeigt sich hier: daß einer der größten Staatsmänner und Gesetzgeber nicht nur die Dichtungssprache eines ganzen Volkes vorbereitet, sondern dazu noch zwei, drei Generationen hindurch die Dichter eines ganzen Landes gezeugt hat.«

Der überwiegende Anteil der Adeligen an der Dichtung entsprach dem Vorrang der ritterlichen Kultur. Diese Vormachtstellung spiegeln auf gesellschaftlicher Ebene auch die Konstitutionen von Melfi, in denen dem Stand der Ritter eine Sonderstellung – besondere Rechte und Pflichten, selbst eigene Gerichtstribunale – eingeräumt wird. In der Vorstellung Friedrichs und seines Hofes beruhte die Besonderheit der Ritterschaft auf ihrer Würde. Er bezeichnet in den Konstitutionen die Ritterschaft ausdrücklich als *das Fundament jeglicher Würde (dignitatis cuiuslibet fundamentum)*. Von einer eigenen Würde der bürgerlichen Stände, etwa der Juristen, Kaufleute, Handwerker oder Ärzte, wird nicht gesprochen. In der jüngeren Forschung ist darauf hingewiesen worden, daß dieses Ordnungsbild Friedrichs keineswegs ein fortschrittliches oder gar revolutionäres Moment für seine Zeit darstellt. In dieser Hinsicht war er eher »Repräsentant einer dem Ende sich zuneigenden Epoche«.

Unter solchen Voraussetzungen verdient die Zugehörigkeit von bürgerlichen Juristen zum sizilianischen Dichterkreis besondere Aufmerksamkeit. Es sind nur wenige Namen bekannt, wie Petrus de Vinea, der Großhofjustitiar und Logothet, Giacomo da Lentini, der Notar aus Catania, der sich um 1233 am Hof aufhielt, oder Guido delle Colonne, der Richter aus Messina. Aber vor allem die beiden Erstgenannten gehörten nicht nur beiläufig dem Dichterkreis an. Ihre Gedichte machten Schule und beeinflußten viele der junden Adcligen. Offenbar spielten Standesunterschiede im Bereich der Kunst und überhaupt des geistigen Lebens am Hof eine wesentlich geringere Rolle als sonst.

Nach den erhalten gebliebenen Versen zu urteilen, war Giacomo da Lentini der fruchtbarste und vielleicht auch bedeutendste Dichter des Kreises um Friedrich. Dante ehrte den Notaro als Wegbereiter des *dolce stil nuovo,* der dann in seiner eigenen Dichtung zur vollen Entfaltung gelangte. Es heißt von Giacomo da Lentini, unter den bekannteren jüngeren Dichtern sei kaum einer gewesen, »auf den er nicht eingewirkt und mit dem er nicht in Tenzonen über die Liebe und andere Probleme, teils ernsthaft philosophisch, teils auch nur leichthin und spöttisch, diskutiert, gelegentlich auch spintisiert hätte«. Seine Verse zeichnen sich aus durch thematische Vielfalt und große Kunstfertigkeit, die mitunter zur bloßen Manier erstarrt, aber ebenso innige und kühne Liebeslyrik zustande bringt.

Giacomo da Lentini schrieb virtuose Dialoggedichte, aber vor allem ist sein Name mit der Erfindung des Sonetts verbunden, der vierzehnzeiligen Gedichtform, die in der Geschichte der europäischen Lyrik über Jahrhunderte einen bevorzugten Rang einnahm. Dante und Petrarca vollendeten ihre Kunst im Sonett. Das Sonett wurde zur nahezu klassischen Gedichtform, der die namhaftesten Lyriker Italiens, Spaniens, Portugals, Frankreichs, Englands und Deutschlands verpflichtet waren. Eines der schönsten Sonette Giacomos endet mit den beiden dreizeiligen Strophen:

Wer hat auch Augen je, wie diese schön,
Und jemals so verliebter Blicke Zier,
Solch Lächeln je um einen Mund gesehn?

Da ich es sage, sterbe ich vor ihr,
Und gleich scheints mir ins Paradies zu gehn . . .
Kein Liebender ist mehr vergleichbar mir.

Die Erfindung des Sonetts gehört zu den bedeutenden schöpferischen Leistungen des Kreises um Friedrich. Auch Petrus de Vinea schrieb Sonette; und einige Historiker vertreten die Meinung, er habe das Sonett erfunden; denn er zählte zu den frühesten Dichtern im Volgare. Möglicherweise hatte er schon vor seinem Hofdienst in Bologna die provenzalischen Dichtungen kennengelernt. Bologna war ein lebhaftes Vermittlungszentrum. Doch eigene Dichtungen von ihm sind erst nach 1231 bezeugt. Am Hof genoß Petrus de Vinea nicht nur als oberster Beamter der Verwaltung und Sprecher des Kaisers höchstes Ansehen, sondern ebenso wegen seiner stilistischen Fähigkeiten. Seine Dichtungen stehen seiner oft gerühmten lateinischen Prosakunst nicht nach.

Petrus de Vineas sprachliche Meisterschaft, seine Stellung als einflußreichster Berater des Kaisers machten ihn zwangsläufig zu einer Art Präzeptor der jüngeren Dichter. Man hat die Vermutung ausgesprochen, er sei »der Mittelpunkt der eigentlichen Schule gewesen«. Denn viele der jüngeren Dichter tauschten mit ihm ihre Gedichte aus oder führten mit ihm Gespräche über stilistische Probleme. Doch gilt als sicher, daß mindestens zwei Gedichte Friedrichs wahrscheinlich Ende der zwanziger Jahre entstanden sind, zu einer Zeit, als Petrus de Vinea noch ein kleiner, kaum beachteter Hofjurist war. Mögen die eigenen Gedichte Friedrichs auch den poetischen Rang der Dichtungen des Petrus de Vinea, Giacomo da Lentini, Giacomino Pugliese oder des glücklosen Enzio nicht erreichen, der sizilianische Dichterkreis wäre ohne die überragende Persönlichkeit des Kaisers und seine Anregungen undenkbar.

31 Bildnisse des Kaisers

Die Frage nach einem authentischen Bildnis Friedrichs wurde oft gestellt. Es wäre auch seltsam, wenn von ihm, der die Repräsentation liebte, der seine Kastelle mit plastischen Bildwerken schmücken ließ, kein Porträt geschaffen worden wäre. Friedrich soll, außer der Dichterschule, auch eine Bildhauerschule ins Leben gerufen haben. Doch sind die Auskünfte zu diesem Unternehmen unvergleichlich dürftiger. Als gewiß gilt eine richtungweisende Einflußnahme des Kaisers auf die Arbeiten der Bildhauer und ebenso auf die Entwürfe der Architekten. Seinen eigenen Neigungen folgend, regte er die Künstler zum Studium der antiken Plastiken an, die zum Vorbild der kaiserlichen Bildhauer wurden.

In einem König Manfred (gelegentlich auch Friedrich selbst) zugeschriebenen Brief an die Studenten von Paris heißt es, die *amici Caesaris,* die Freunde des Kaisers, verstünden es, »aus alten Brunnen neues Wasser heraufzuholen«. Die Formulierung kennzeichnet eine im geistigen und künstlerischen Bereich sichtbare Grundhaltung, die schon auf die Renaissance hindeutet.

Die antike Plastik war für ihn Ausdruck jener erfüllten Größe und Vollkommenheit, die er für sich als der neue Caesar Augustus beanspruchte. Die Wiederentdeckung der antiken Kunst entsprach der Wiederentdeckung des römischen Caesarentums, die sich für ihn vor allem mit der Gestalt des Kaisers Augustus verband. Der Anspruch, die Nachfolge des römischen Kaisers anzutreten, zeigt sich am deutlichsten im Titel des großen Gesetzeswerkes, des *Liber Augustalis* und der wahrhaft caesarischen Nomination »Imperator Fridericus Secundus / Romanorum Caesar Semper Augustus ...« Auch die seit 1231, dem Veröffentlichungsjahr der kaiserlichen Gesetze, geprägten Goldmünzen bestätigen die caesarischen Intentionen Friedrichs. Interessant ist in dem Zusammenhang nicht nur, daß er seine Münzen Augustalen nannte und einer augusteischen Münze nachprägen ließ oder daß sie auf der Kopfseite die Umschrift trugen: IM/ROM/ /CESAR/AUG. Der auf der Münze abgebildete Kopf des Kaisers trägt nicht die Krone, sondern den Lorbeer der Caesaren. Um die Schultern ist der Caesarenmantel geworfen.

Eine Porträtähnlichkeit auf den Münzen ist fraglich. Zwar

kann nicht ausgeschlossen werden, daß sie von den Stempelschneidern angestrebt wurde, wahrscheinlicher aber ist eine starke Stilisierung nach antikem Vorbild.

Noch stärker stilisiert sind die im Falkenbuch enthaltenen Miniaturen. Der thronende Kaiser, in der erhobenen Rechten die Lilie, hat ähnlich wie auf dem Münzbild ein großes, offenes und bartloses Gesicht, wie es auch durch Beschreibungen verbürgt ist. Aber das Gesicht wirkt – anders als auf dem Münzbild – zarter, mit schmalerem Mund und vollem Kopfhaar. Auf einer anderen Miniatur des Falkenbuches unterweist der thronende Kaiser seine Falkner. Doch hier trägt er einen gestutzten Bart. Offensichtlich dienten allein die äußeren Zeichen, Krone, Thron, Ornat und Insignien, nicht die persönlichen Gesichtszüge, zur Kennzeichnung des Herrschers.

In der Kathedrale von Bitonto, als Basrelief am Kanzelaufgang, befindet sich eines der besterhaltenen und schönsten Werke der apulisch-staufischen Bildhauerkunst. Es entstand 1229, nach der Unterwerfung Bitontos, das während des Kreuzzugs zu den abtrünnigen Städten gehörte. Auf dem Relief sind vier Herrscherfiguren dargestellt, die zu den merkwürdigsten Deutungen Anlaß gaben. Die neuere Forschung hat überzeugend nachgewiesen, daß die Figuren die staufische Herrscherfolge zeigen, von links nach rechts: der auf dem Thron sitzende Kaiser Friedrich I. Barbarossa, Heinrich VI., Friedrich II. und sein Sohn Konrad IV. Die Figur Friedrichs II. hat der Bildhauer am stärksten hervorgehoben. Doch die physiognomische Ähnlichkeit war für ihn unwichtig. Die Gesichter sind durchweg stilisiert.

Die eindrucksvollsten erhaltenen Skulpturen, die Friedrich nach antik-römischem Vorbild schaffen ließ, sind jene, die das Triumphtor von Capua schmückten und die heute im Museo Campano in Capua aufbewahrt werden. Die Skulpturen, vorwiegend Porträtbüsten, entstanden nach 1239 und wurden spätestens 1247 gleichzeitig mit dem Triumphtor vollendet. Sie standen in Nischen des Verbindungstraktes zwischen den beiden Rundtürmen, in der Mitte die marmorne Sitzstatue des Kaisers, flankiert von den Büsten der Großhofrichter Petrus de Vinea und Thaddäus von Suessa. Die Statue der Justitia stand vermutlich oberhalb dieser Gruppe. Die restlichen der heute noch vorhandenen Büsten und Figuren sind nicht mehr zu identifizieren. Im Gegensatz zu dem gut erhaltenen Kopf des Petrus de Vinea blieb von der durch die napoleonische Soldateska 1799 zerstörten Statue Friedrichs nur ein glieder- und kopfloser Torso übrig.

Vom Kopf der kaiserlichen Sitzstatue wurde Mitte des 18. Jahrhunderts ein Abguß hergestellt und – nach diesem Abguß – von einem venezianischen Steinschneider eine Gemme. Doch die Reproduktionen gingen verloren – bis kurz vor dem Zweiten Weltkrieg auf einem Landgut bei Caserta der Abguß wiederentdeckt wurde, der aber während des Krieges einem Luftangriff zum Opfer fiel. Ein inzwischen angefertigter zweiter Abguß ist erhalten, doch seine Authentizität wird begründet angezweifelt. Auch die verschollene Gemme wurde wiedergefunden; sie kann aber wegen einer starken Stilisierung nicht als vollgültiges Porträt gelten. Bemerkenswert ist allerdings eine gewisse Ähnlichkeit des Siegelabdrucks der Gemme, eines Profilschnitts, mit dem Kopfbild auf der kaiserlichen Augustale.

Eine Ähnlichkeit mit späteren Prägungen der Augustalen zeigt auch ein Marmorkopf aus Lanuvio, den der Archäologe Guido von Kaschnitz-Weinberg im Jahre 1948 als mögliches Porträt Friedrichs entdeckte. Doch die allzu sichtbare Stilisierung nach antiker Art steht einer eindeutigen Identifizierung im Wege. Angeregt durch den in Lanuvio entdeckten Kopf, durchforschte Adriano Prandi von der Universität Bari die Bestände der apulischen Museen. Prandi entdeckte schon bald im Museum von Barletta eine bisher wenig beachtete, als römisch geltende Büste und kam zu dem sensationellen Ergebnis, daß diese Büste aus dem 13. Jahrhundert stamme und Friedrich darstelle.

Den Kopf umrahmt der Caesarenkranz, und der kurze faltenreiche Umhang wird auf der rechten Schulter von einer Scheibenfibel gehalten. Aber die bei den anderen Bildwerken auffallende antikisierende Stilisierung weicht einer markanten individuellen Prägung. Die Arme fehlen, die Nase ist abgeschlagen, der Mund an der rechten Seite beschädigt. Löcher und Absplitterungen in der Stirnmitte und am Kinn wurden wohl durch Kugeleinschüsse hervorgerufen. Der magere und straffe Kopf deutet auf die letzten Lebensjahre des Kaisers. Er ist von Schmerzen und bitteren Erfahrungen gezeichnet, aber ungebrochen, gespannt von einer kühlen intellektuellen Überlegenheit.

Guido von Kaschnitz-Weinberg, der wie Prandi in der Büste von Barletta ein authentisches Bildnis Friedrichs sah, gab dem Kopf die beste Charakterisierung: »Wie das magere, muskulöse, aber schon welkende Fleisch knapp über das Schädelgerüst gespannt ist, so daß Backenknochen, Kinnbacken und das energische, wohlgeformte Kinn deutlich unter den durch Krankheit und Kummer abgezehrten Formen hervortreten, die dem Kopf, besonders von der linken Gesichtshälfte her gesehen, einen fast mumienhaften Charakter verleihen, verrät eingehendes und erfolgreiches Naturstudium. Dieser Eindruck wird noch verstärkt durch die in ihre Höhlen zurückgetretenen Augen, über deren erloschenes Feuer auch die gewaltsam aufrecht erhaltene Energie des hoheitsvollen Blicks nicht hinwegzutäuschen vermag. Je drei tief eingegrabene Falten markieren Krähenfüße, die als typische Alterszeichen ebenso wie die plastisch hervorgehobenen Tränensäcke dem genau beobachtenden Auge des Bildhauers nicht entgangen sind. Der Blick fixiert in einer für die Mitte des Dugento erstaunlich sicheren und intensiven Weise sein Objekt . . . Tiefe Falten ziehen sich von den Nasenflügeln zum Kinn hinab und schließen einen leicht geöffneten, ehemals wohlgeformten Mund ein. Die eingesunkenen Wangen und die tief in die Stirn eingegrabenen Falten vervollständigen das Bild eines Todkranken, dessen Blick jedoch trotz aller Müdigkeit, Enttäuschung und Resignation nichts von seiner wahrhaft kaiserlichen Hoheit verloren hat.«

So wäre denn doch ein authentisches Bildnis des Kaisers greifbar, das zudem wiederum dem Münzbild ähnlich ist? Die Beweisführung stützt sich wesentlich auf die fragmentarische Sockelinschrift DIVI CAE, die allerdings erst in der Renaissance angebracht wurde. Wen anders als Friedrich könnte die Inschrift bezeichnen, wenn der Steinmetz oder sein Auftraggeber die Herkunft der Büste aus dem 13. Jahrhundert kannte? Aber das kann nur vermutet werden. Auch hier, für das Kaiserbildnis von Barletta, fehlt ein letzter und schlüssiger Beweis, der alle Bedenken ausräumte. Allein für das Kaiserbildnis spricht, daß es nach Abwägung aller Möglichkeiten und dem Vergleich mit überlieferten Beschreibungen am ehesten der Persönlichkeit Friedrichs in seinen letzten Lebensjahren nahekommt und als sein Bildnis gelten kann.

Sechster Teil

In der Lombardei fällt die Entscheidung

32 Die ungelöste Lombardenfrage

Zweifellos hat Maurice Latey recht, wenn er in Friedrichs sizilianischer Politik »erste Zeichen für den modernen säkularisierten Staat, ja sogar die moderne totalitäre Diktatur« entdeckt. Aber die Auswertung und Wertung dieser Feststellung ist weitaus komplizierter als das rasche, emotional gefärbte Urteil wahrhaben möchte. Eine annähernd gültige Wertung, im Falle Friedrichs wie generell, kann nicht von den jeweiligen historisch-politischen Bedingtheiten absehen.

Wenn eine »ungemein gesteigerte staatliche Intensität« und ein »ungemein gesteigertes staatliches Bewußtsein« die »Frühform des modernen Staates« kennzeichnet, so trifft das auf Friedrichs bereits geschilderten sizilianischen Staat zu. Wir sahen auch, daß der Kaiser sein Herrschertum in einen bestimmten römischen und hellenistischen Traditionszusammenhang stellte, etwa in der Wiederaufnahme des von Justinian geprägten Begriffs vom Herrscher als der *lex animata,* der darauf gründete, daß »Gott den Herrscher als das *beseelte Gesetz* zu den Menschen herabgesandt hat«. Friedrichs hoher, ja autokratischer Anspruch, der ohne den historischen Hintergrund unverständlich bliebe, verbürgte allerdings auch einen verstärkten Schutz jedes einzelnen Untertanen und des individuellen Besitzes. Nach einem in die Konstitutionen von Melfi aufgenommenen Gesetz konnte sich jeder unrechtmäßig Angegriffene wehren, indem er den Namen des Kaisers anrief, *per invocationem nostri nominis.* So mußte der Angreifer als Verächter des kaiserlichen Namens und damit der *lex animata* mit schwerster Bestrafung rechnen. Es ist ein Beispiel aus einer Reihe positiver Konsequenzen, die sich aus dem absoluten Herrschaftsanspruch Friedrichs ergaben. Wenn in Sizilien vordem wechselnde Usurpatoren chaotische Zustände hinterließen und Grafen und Barone, an der Aufrechterhaltung des Chaos interessiert, auf eigene Faust und nach eigenem Recht regierten, so waren nun durch Friedrichs autoritäres Vorgehen Frieden und Rechtssicherheit hergestellt.

Doch die Konstitutionen von Melfi betrafen ausschließlich Sizilien. Die politische Entwicklung in Deutschland verlief anders. Sie verlief sogar entgegengesetzt: die Dezentralisierungstendenzen nahmen zu. Der erste Versuch, wenigstens in der Lombardei, dem Verbindungsland zwischen Sizilien und

Deutschland, die Rechtshoheit des Reiches durchzusetzen, war im Jahre 1226 gescheitert. Durch päpstliche Vermittlung kam es wenigstens zum Frieden, dem Friedrich mit Rücksicht auf den Kreuzzug zustimmen mußte. Doch die Zwischenlösung blieb für ihn unbefriedigend, sie war ein wunder Punkt in seinem Gesamtkonzept.

Der Papst sah in den Lombarden seine natürlichen Verbündeten gegen die wachsende Macht Friedrichs. Zwar herrschten nach außen zwischen Papst und Kaiser Eintracht und Frieden, doch schwelte der Konflikt weiter. Das zeigte schon der zitierte erste päpstliche Einspruch gegen die Konstitutionen. Es war, jedenfalls zunächst, eine einfache Rechnung. Die Unterwerfung der mit dem Papst verbündeten Lombarden würde zugleich die Einflußnahme und weltliche Macht der Kurie schwächen. Hinzu kamen nicht zu unterschätzende persönliche Beweggründe Friedrichs, die sein Verhältnis zur Lombardei belasteten. Er verheimlichte nicht, daß er die Lombarden, besonders Mailand, wegen ihrer oft bekundeten antistaufischen Haltung haßte.

Schon gegenüber Kaiser Friedrich Barbarossa verhielten sich die Lombardenstädte renitent, gründeten sie einen Verteidigungsbund, gegen den Barbarossa mehrere Feldzüge führte. Auf seinem zweiten Feldzug wurde er vor Mailand verwundet, ließ er Mailand zerstören (1162). Bei Legnano bereiteten ihm die Lombarden 1176 eine vernichtende Niederlage. Im Frieden von Konstanz 1183 mußte er auf die vorher geforderten Regalienrechte der Lombardenstädte verzichten, erlangte jedoch endlich die Anerkennung der kaiserlischen Oberhoheit. Das volle Besitzrecht der Städte innerhalb ihrer Mauern wurde garantiert, ebenso das Recht zur Befestigung und zur Erneuerung ihres Bundes, »so oft sie nur wollen«. Ihrerseits verpflichteten sich die Städte zum Treueeid gegenüber dem Kaiser, auch zum Treueeid der gewählten Konsule, ehe sie eingesetzt wurden. Und sie verpflichteten sich, die kaiserlichen Rechte außerhalb des Bundes zu wahren und dem Kaiser, so oft er die Lombardei besuchte, die herkömmlichen Hilfsdienste zu leisten.

Drei Jahre nach dem Frieden von Konstanz ließ Barbarossa die festliche Hochzeit seines Sohnes Heinrich VI. mit der normannischen Konstanze in Mailand feiern. Heinrich VI., belastet durch Auseinandersetzungen mit den Welfen und vor allem durch die Kämpfe um Sizilien, hinderte nur sein früher Tod daran, die nie ganz gelöste Lombardenfrage aufzugreifen. Das Autonomie beanspruchende Selbstbewußtsein der Lombarden, ihre antistaufische Haltung, diese Probleme übernahm Friedrich als schwere Hypothek. Er äußerte später unmißverständlich, er verfolge »das gegen Unseren Großvater begangene Unrecht« und wünsche, »die Keime der verhaßten Willkür auszurotten«.

Friedrich ahnte nicht, daß ihn das lombardische Problem sein Leben lang nicht mehr loslassen und daß es ihm in seinen letzten Jahren zum Verhängnis werden würde. Verglichen mit der späteren Eskalation war der Anfang verhältnismäßig harmlos. Auf dem Hoftag in Ravenna, der 1231 stattfand, standen lombardische und deutsche Fragen auf der Tagesordnung. Geladen waren König Heinrich VII. mit den deutschen Fürsten und die Vertreter der lombardischen Städte. »Der Ehre Gottes, der Kirche und des Reiches und dem Wohlergehen der Lombardei« sollte der Hoftag dienen. Vermutlich bewog der Papst Friedrich, ohne Heeresgeleit nach Oberitalien zu ziehen und versprach, seinen Einfluß auf das Wohlverhalten der Lombarden geltend zu machen. So zog Friedrich bereits im September nach Ravenna, ohne Heer, doch mit großem, prächtigem Gefolge, dessen exotischer Aufzug die Norditaliener das Staunen lehrte.

Vergebens aber wartete Friedrich in Ravenna auf die geladenen deutschen Fürsten und die Lombarden. Wie fünf Jahre zuvor beim Hoftag von Cremona schlossen sich die Lombardenstädte zu einer antikaiserlichen Liga zusammen, sperrten sie die Veroneser Klausenstraße und verweigerten den Deutschen den Durchzug. Der Einfluß des Papstes blieb wirkungslos. Möglicherweise vermuteten die Lombarden ein gemeinsames Vorgehen von Papst und Kaiser, was ihren Widerstand nur noch verstärkte. Auch die Hinausschiebung des Hoftages auf Weihnachten brachte keinen Erfolg, obwohl eine größere Zahl deutscher Fürsten auf dem Umweg über Venedig nach Ravenna kam.

Interessant ist, daß Friedrich seine offensichtliche Niederlage mit erstaunlicher Gelassenheit hinnahm. Er mag erkannt haben, daß die Lombarden ohne eine militärische Intervention nicht zu bezwingen waren. Aber die kampffähige Truppe stand ihm nicht zur Verfügung. Das einzige, was er tun konnte, war, über die feindlichen Städte die Reichsacht auszusprechen. In Ravenna erließ er ein neues Ketzergesetz, wohl auch, um den Papst an die Ketzerzentren in Mailand und anderen Lombardenstädten zu erinnern. Gerade diese Ketzerordnung vom März 1232 betont nicht nur die Sorge um die Einheit der Kirche, sondern spricht deutlich von den »Beleidigern Unseres Namens«, von den »der Majestätsbeleidigung Schuldigen«. Der Ketzer war ein Rebell, der gegen die Einheit des Staates und gegen die kaiserliche Gewalt verstieß.

Acht Monate blieb der Kaiser in Ravenna und Oberitalien. In der ersten unfreiwilligen Wartezeit scheint er sich wie üblich wissenschaftlichen Studien gewidmet zu haben. Nach Ravenna ließ ihm der Sultan Malik al-Kamil jenes kostbare Astrolabium schicken, das den Lauf der Gestirne anzeigte und astrologischen Berechnungen diente. Der freundschaftliche Austausch von Gesandtschaften und Geschenken mit dem Sultan riß nie ab und wird gerade zum jetzigen Zeitpunkt willkommen gewesen sein. Weiterhin melden die Chronisten, Friedrich habe antike Bildwerke und Steine von verfallenen Bauwerken sammeln lassen. Er ließ die Funde auf seine Schiffe bringen, um sie nach Apulien zu schaffen, zum Schmuck der neuen Kastelle. Ein betagter deutscher Ritter namens Richard erzählte dem Kaiser, er wäre einst als Schildknappe in Ravenna gewesen und wisse von einem Kloster außerhalb der Stadt. Dort befinde sich eine von der Kaiserin Galla Placidia erbaute Kapelle mit antiken Mosaiken. In der Kapelle würde der Kaiser drei alabasterne Grabstätten mit den Gebeinen der Galla Placidia, ihres kaiserlichen Vaters Theodosius und des Propheten Elias finden. Der Kaiser ritt zu dem bezeichneten Ort und fand die Kapelle von Geröll und Anschwemmungen des Meeres verschüttet. Er veranlaßte die Ausgrabung und überwachte selbst die Arbeiten, bis das heute als Mausoleum der Galla Placidia bewunderte älteste Bauwerk Ravennas freigelegt war.

Eines Tages, im März, verließ der Kaiser mit einem kleinen Gefolge den Hof, ritt zum Seehafen Classis und schiffte sich auf einer Galeere ein. Nur die engsten Mitarbeiter waren unterrichtet. Zwei päpstliche Unterhändler, die am selben Tag in Ravenna eintrafen, mußten die rätselhafte Abreise als Brüskierung empfinden. Doch Friedrich hatte Wichtigeres im Sinn als die päpstlichen Gesandten anzuhören. Er schien auch den Beziehungen des Papstes zu den Lombarden nicht ganz zu trauen. In Loreto ging er an Land und eröffnete den rasch herbeigeeilten Gesandten der Republik von San Marco, er habe den Wunsch, Venedig zu besuchen und den Schutzheiligen der Stadt zu ehren. Der Große Rat der Venezianer willigte ein. Auf der prunkvollen Staatsgaleere, begleitet von zahlreichen anderen Galeeren und Booten, fuhr der Doge Jacopo Tiepolo über den Canale Orfano dem Kaiser entgegen. Venedig bereitete dem Gast einen würdigen Empfang, wenn auch ohne die sonst bei hohen Staatsbesuchen übliche Prachtentfaltung. Aber der kaiserliche Gast war überraschend und ohne Einladung gekommen.

Die angeblich beabsichtigte Ehrung des heiligen Markus, dessen Schatz Friedrich durch Geschenke von Gold und Edelsteinen bereicherte, war ein Vorwand. Angesichts des Widerstandes der lombardischen Städte und der erneuten Feindschaft mit den Genuesen, die einen Mailänder zu ihrem Podestà gewählt hatten, suchte der Kaiser das Bündnis mit Venedig.

Nach der festlichen Begrüßung im Palazzo Ducale vor dem versammelten Großen Rat entbot der Kaiser der Serenissima seinen Gruß. Er sprach kurz, schien seine Worte allein der unter dem Segen des heiligen Markus gewachsenen Stadt zu widmen, ihrer nach innen und außen gefestigten Macht, ihrem Wohlstand, ihren weitverzweigten Handelsunternehmungen. Nur allgemein und nebenbei erwähnte er, daß der völkerverbindende Handel von jeher aus friedlichen Beratungen der Mächtigen Nutzen ziehe. Erst die nachfolgende Rede des Deutschordensmeisters Hermann von Salza machte die Absicht des Besuchers deutlicher. Ein Bündnis mit dem Kaiser brächte den Venezianern im gesamten sizilianischen Königreich Handelsfreiheiten wie nie zuvor. Ohne Abgaben bis auf die geringe eineinhalbprozentige Umsatzsteuer, sollten venezianische Händler ihre Waren kaufen und verkaufen können. Der Handel mit Geld, Gold und Silber sollte völlig frei sein. Im Osthandel, bei dem es eine erhebliche Rivalität mit Genua gab, würde der Kaiser Venedig unterstützen und durch seine guten Beziehungen Handelsgarantien erwirken können.

Das ungewöhnlich großzügige Angebot Friedrichs kam entweder zu spät, oder es weckte das Mißtrauen der Venezianer. Sie, die sonst, wenn es darum ging, Handelsvorteile zu erkaufen, keine Skrupel kannten, schlugen das Geschäft aus: der politische Preis war ihnen zu hoch. Nach kurzer Beratung teilte der Doge dem Kaiser mit, die hohe Signoria von San Marco müsse die besondere Lage Venedigs und seiner friedlichen Verbindungen bedenken. Die Stadtrepublik könne eine Verpflichtung in der angesprochenen Weise nicht eingehen. Jedoch übergebe der Hohe Rat von San Marco dem Kaiser als Zeichen der Ehrerbietung einen Holzsplitter vom Kreuz des Herrn. Auf dem schnellsten Weg, ohne Zwischenlandung in Chioggia oder Loreto, kehrte Friedrich nach Classis und Ravenna zurück. Die kostbare Reliquie schenkte er Hermann von Salza.

Der Versuch, Venedig als Bündnispartner zu gewinnen, war mißlungen. Die Lombardenfrage blieb ungelöst. Abgesehen von einer kleineren Zahl kaisertreuer Städte, verweigerten die lombardischen Kommunen den Gehorsam. Zudem stellte die lombardische Liga in Eile ein Heer von beträchtlicher Stärke auf, eine zusätzliche Provokation. Friedrich blieb nichts anderes übrig, als das fehlgeschlagene Unternehmen in Kauf zu nehmen.

Ein weiteres ungeklärtes Problem war die deutsche Frage. Verständlicherweise drängte Friedrich auf einen politischen Erfolg, der seinen Aufenthalt in Oberitalien rechtfertigte. Eine Reihe von Mißhelligkeiten hatte das Einvernehmen zwischen ihm und seinem erstgeborenen Sohn, dem deutschen König Heinrich VII., getrübt. Wäre Heinrich der Einladung zum Hoftag in Ravenna gefolgt, hätte er zumindest den Vorwurf des Ungehorsams vermieden. Heinrich berief sich auf die Sperrung der Paßstraßen. Der Kaiser ließ die Entschuldigung nicht gelten – schließlich waren viele von den deutschen Fürsten über die freien östlichen Alpenstraßen und Venedig nach Ravenna gekommen. Der Kaiser befahl seinem Sohn, auf einem erneut einberufenen Hoftag zu Ostern in Aquileja zu erscheinen. König Heinrich beugte sich dem Befehl und kam. Er mußte mit seinem Gefolge in Cividale Quartier nehmen.

Die Härte Friedrichs gegenüber seinem zwanzigjährigen Sohn war nicht unbegründet. Heinrich trug die Verantwortung für die Situation in Deutschland, die offensichtlich durch sein eigenmächtiges Handeln, im Widerspruch zur kaiserlichen Politik, entstanden war. Im Charakter seinem Vater ähnlich, duldete Heinrich seit seiner Volljährigkeit und der Übernahme der Regentschaft mit achtzehn Jahren keine Bevormundung. Er war aufgewachsen im Kreise schwäbischer und pfälzischer Ministerialen, Trägern alter staufischer Reichsgesinnung, denen das deutsche Königtum mehr bedeutete als das in ihren Augen abstrakte Kaisertum. Die Ministerialen beeinflußten Heinrichs eigenwillige, auf die Mehrung der Königsmacht gerichtete Politik, die unweigerlich zum Konflikt mit den Reichsfürsten führte.

Bereits 1229 zog der junge König, ohne Beratung mit den Fürsten, mit einem schwäbischen Ritterheer gegen Herzog Ludwig von Bayern, als dieser im Begriffe stand, sich auf die päpstliche Seite zu schlagen, Kaiser und König zu verraten. Den Wittelsbacher Ludwig hatte Friedrich vordem, als Nachfolger des ermordeten Erzbischofs Engelbert, zum Reichsverweser und Vormund Heinrichs ernannt. Nach Heinrichs Regierungsantritt verfolgte der bayerische Herzog eine eigene Politik mit dem Ziel einer Blockbildung Bayerns, Österreichs und Böhmens gegen die schwäbische Vormacht. Heinrich siegte und erzwang die Königstreue des Herzogs; aber er hatte die Reichsfürsten übergangen, die zudem in der Demütigung ihres Standesgenossen ein Signal für die künftige Machtpolitik des Königs sahen.

Nicht ohne Grund hatte Friedrich den Fürsten weitgehende Rechte zugestanden. Er war bereits bei der Wahl Heinrichs zum deutschen König auf sie angewiesen gewesen. Er hatte dank ihrer Vermittlung und Bürgschaft 1230 in San Germano den Frieden mit Gregor IX. schließen können. Es war ein Mangel des jungen Königs an Realitätssinn und politischer Weitsicht, ohne Verständigung mit dem Kaiser eine fürstenfeindliche Politik einzuleiten. Heinrich bevorzugte das Bündnis mit dem städtischen Bürgertum und den Ministerialen, dem niederen Adel; das mag zunächst fortschrittlich erscheinen, aber Heinrich fehlte die politische Erfahrung und Energie seines Vaters, so daß er in Widersprüche geriet und sein trotziges Handeln zur Planlosigkeit führte.

Zu diesen politischen Unstimmigkeiten kamen persönliche, die eine Aussprache notwendig machten. Offenbar zeigte Heinrich mehr Vorliebe für Vergnügen und ein leichtes Leben, als es mit den Pflichten des deutschen Königs vereinbar war. Doch nicht dies stand zur Debatte, sondern seine Absicht, sich von seiner sieben Jahre älteren Gemahlin, Margarethe von Österreich, zu trennen, um seine Jugendgeliebte, Agnes von Böhmen, zu heiraten. Auch Heinrichs Ehe war wie üblich eine politische. Der Kaiser hätte die Scheidung niemals erlaubt. Allerdings, bevor es in dieser Frage zur Auseinandersetzung kam, entschied die junge Agnes von Böhmen auf ihre Weise. Sie trat in ein Kloster ein.

Friedrich verhandelte von Aquileja aus mit seinem nach

Cividale befohlenen Sohn kühl und sachlich. Erst als Heinrich seinen Ungehorsam eingestand und die kaiserlichen Bedingungen anerkannte, wurde der Hoftag nach Cividale verlegt. In Gegenwart seiner fürstlichen Widersacher schwur der deutsche König, die kaiserlichen Erlasse zugunsten der deutschen Fürsten zu achten und künftig den Anordnungen des Kaisers zu gehorchen. Die Demütigung Heinrichs ging so weit, daß er in einem urkundlichen Schreiben die deutschen Fürsten bitten mußte, ihn im Falle eines neuen Ungehorsams als Rebellen zu behandeln. Ein ähnliches Schreiben richtete König Heinrich an den Papst. Darin bat er Papst Gregor, über ihn ohne vorherige Ermahnung den Kirchenbann auszusprechen, falls er die in Cividale beschworenen Gesetze des Kaisers je mißachten würde.

33 Der Verrat des Königs Heinrich

Im Mai 1232 kehrte Friedrich nach Apulien zurück. Die in Cividale geregelten deutschen Angelegenheiten schienen ihn mit Zuversicht zu erfüllen. Er widmete sich ausgiebig arabischen Gästen, die ihn nach Melfi begleiteten, und ging in der Sommerresidenz seinen höfischen und persönlichen Interessen nach. Erst später erwies sich die zwangsweise Unterwerfung des deutschen Königs als trügerisch. Aber daran dachte in diesem Sommer niemand, vielleicht noch nicht einmal König Heinrich. In der Lombardei war es für Friedrich von Vorteil, daß er Ezzelino da Romano, der in der Trevisaner Mark herrschte, für sich gewann. Durch einen Handstreich bemächtigte sich Ezzelino der Stadt Verona. Damit wurde endlich die Klausenstraße frei, die wichtigste Verbindung nach Deutschland.

Den Schiedsspruch in der Lombardenfrage überließ der Kaiser dem greisen Papst, wohl wissend, daß das Recht auf seiner Seite stand, weil die Lombarden den Zugang zu einem kaiserlichen Hoftag gesperrt hatten. Der mit den Lombarden sympathisierende Gregor befand sich in der prekären Lage, gegen die Lombarden entscheiden zu müssen. Überhaupt begann nun ein delikates diplomatisches Spiel zwischen Kaiser und Papst, bei dem Friedrich seine besten Berater ins Feld führte, wiederum Hermann von Salza, dann den Großhofjustitiar Heinrich von

Morra und, zum erstenmal in höchster Mission, Petrus de Vinea. Ihren Höhepunkt erreichte die kaiserliche Diplomatie, als Friedrich Anfang Dezember Heinrich von Morra und Petrus de Vinea zu Verhandlungen mit dem Papst nach Rom sandte; sie überbrachten ihm ein Schreiben, das noch in seinem versöhnlichen Ton eine unübertreffliche politische Raffinesse verriet. So schrieb Friedrich: »Also, heiligster Vater, wollen Wir beide, die Eines sagen und Eines für gewiß halten, einmütig für das Heil des gemeinsamen Glaubens sorgen, die unterdrückte kirchliche Freiheit wieder beleben; und indem Wir die Rechte sowohl der Kirche wie auch des Reiches wiederherstellen, schärfen Wir Unsere Schwerter gegen die Verderber des Glaubens und die Empörer wider das Reich.«

Reichlich spät, im Juni 1233, sprach der Papst sein Urteil über die Empörer. Die den Lombarden auferlegte Buße, im Heiligen Land zwei Jahre lang fünfhundert Ritter zu unterhalten, empfand Friedrich als ungenügend. Doch er stimmte zu und hob die Reichsacht auf. Immerhin wird es für ihn eine Genugtuung gewesen sein, offiziell aus dem Mund des Papstes die Verurteilung der Lombarden zu hören. Mit seinem Schiedsspruch hatte sich der Papst festgelegt. Eine Wiederholung des Friedensbruchs oder der Sperrung der Paßstraßen würde sich auch gegen den Papst richten und entsprechende Sanktionen zur Folge haben.

Inzwischen hatte sich die allgemeine politische Szene radikal geändert. Die verhältnismäßig ruhigen Jahre gingen schlagartig zu Ende. Nach kleineren sizilianischen Unruhen im Vorjahr, erschütterten während des ganzen Jahres 1233 Aufstände Sizilien und Italien. Nicht rivalisierende Machthaber gaben den Anstoß, sondern das Volk selbst. Irgend etwas, ein ansteckender Virus, schien in der Luft zu liegen. An verschiedenen Orten, aus verschiedenen Anlässen brachen Empörungen aus, die sich mit ungeheurer Gewalt ausbreiteten, und schließlich doch wieder von der Gegengewalt der Regierenden niedergeschlagen wurden.

In Rom standen die Bürger gegen den Papst auf, an und für sich nichts Besonderes angesichts der im Mittelalter häufig ausbrechenden Konflikte zwischen Papst und Römern. Aber Gregor geriet dermaßen in Bedrängnis, daß er den Kaiser um Hilfe bitten mußte. Friedrich sagte Hilfe zu, griff aber selbst nicht ein; denn er wollte sein eigenes Verhältnis zu den Römern nicht aufs Spiel setzen. Außerdem erforderten die Aufstände im eigenen Land sein persönliches Eingreifen. Zuerst rebellierte Messina, dann erhoben sich auch andere Städte der Insel wegen der Beschneidung ihrer Rechte durch die Konstitutionen von Melfi. Zur gleichen Zeit trafen aus Syrien Hiobsbotschaften ein. Die syrischen Barone hatten einen Aufstand gegen den kaiserlichen Statthalter angezettelt und diesen im offenen Kampf besiegt. Der nach Syrien entsandte Hermann von Salza und der päpstliche Legat vermittelten zwar und stifteten Frieden, aber die Situation in Syrien blieb gespannt und schon nach einem Jahr verlor Friedrich die Insel Zypern, die er erst vor seinem Kreuzzug als kaiserliches Lehen zurückgewonnen hatte.

Eine völlig anders geartete, eine friedliche Rebellion brach in Ober- und Mittelitalien aus, mit Zentren in den lombardischen Städten. Niemand wußte, wer oder was den konkreten Anlaß gab. Mit einemmal zogen Bußprediger durch die Städte und durchs Land, merkwürdige Gestalten, vorwiegend Mönche aus dem Minoriten- und Predigerorden, Glaubensfanatiker mit gelegentlicher Neigung zur Scharlatanerie. Sie entfesselten einen unvorstellbaren religiösen Rausch, eine radikale Bußbewegung. Sie verkündeten den allgemeinen Frieden, forderten zur Buße auf, wirkten hin und wieder Wunder. Tausende liefen ihnen zu. Ganze Städte machten sich den Predigern untertan. Jedermann glaubte, die Zeit des ewigen Friedens sei angebrochen. Eingekerkerte wurden freigelassen, langjährige Fehden beigelegt. Manche Gemeinden gaben sich neue Statuten, die milde Schuldgesetze enthielten und den Frieden zum obersten Gebot machten.

Als in Parma der Bruder Benedikt erschien, strömten aus den Pfarreien und den umliegenden Dörfern Scharen in Prozessionen herbei. Sie trugen Fahnen, hielten grüne Zweige und brennende Kerzen in den Händen. Singend zogen sie durch die Straßen und sammelten sich auf dem Stadtplatz. Mit einer kleinen Kupfertrompete, der er bald schaurige, bald heitere Töne entlockte, gab Bruder Benedikt das Zeichen zum Predigtanfang. Er war schwarzbärtig und trug eine hohe armenische Mütze auf dem Kopf. Seinem schwarzen Mantel, eine Art Soldatenumhang, der bis zur Erde reichte, war auf der Vorder- und Rückseite je ein riesiges rotes Kreuz aufgemalt. Wenn er predigte, lobte er zuerst Gott, und die Zuhörer fielen in den Lobpreis ein und sangen dreimal Halleluja. Darum nannte man die gesamte Bußbewegung das Große Halleluja. Dann blies Benedikt wiederum in seine Trompete und begann mit kräftiger Stimme von Gott, der heiligen Jungfrau und vom himmlischen Frieden zu sprechen.

Einige, wie der Bruder Gerardo, der auch in Parma predigte und sich zum Stadtoberhaupt machte, gehörten zu den Bewunderern des Kaisers. Andere, wie Bruder Petrus in Mailand und Bruder Giovanni, der in Bologna als Heiliger verehrt wurde, zählten zur kaiserfeindlichen Partei. Aber das fiel nicht ins Gewicht; denn die Prediger verkehrten freundlich miteinander und riefen zum Frieden auf. Den meisten Zulauf hatte Bruder Giovanni, der in Bologna, dann in Vicenza, Padua und Verona predigte, oft dreimal am Tag. In seiner Heimatstadt Vicenza machte ihn das Volk zum Herzog und obersten Schiedsrichter. In Verona mußte der gewaltsame Ezzelino da Romano die Herrschaft an den Predigerbruder abtreten. Auch hier führte Giovanni den Titel eines Herzogs und Rektors der Stadt. Bei der Machtübergabe soll der sonst rüde Ezzelino geweint haben, und selbst der Papst gab dem Bruder Giovanni seinen Segen. Für eine kurze Zeitspanne war Utopia realisiert, regierten Mönche die der Obrigkeit entglittenen Kommunen. »Eine Zeit der Freude und des Jubels brach an, Ritter und Volk, Bürger und Bauern stimmten ein in Hymnen und Lieder zum Preise Gottes, weinend fiel man sich in die Arme, kein Zorn war mehr, keine Wirrnis, kein Streit: es herrschten nur Frieden und Güte.«

Aber ebenso rasch wie das Große Halleluja entstanden war, verschwand es wieder unter dem Ansturm der alltäglichen Realität. Nach dem bewegten Sommer des religiösen Friedenstaumels enttäuschten die Predigerführer. Einige wurden eingekerkert oder ermordet wie der Bruder Petrus. Andere flohen oder verbargen sich in Klöstern. Die weltliche Ordnung war wieder hergestellt, und sogleich begann zwischen den lombardischen und trevisanischen Städten der alte Haß und Krieg.

Nach Sizilien drang die Bußbewegung nicht. Dort, auf der Insel, war Friedrich zur gleichen Zeit mit der Niederwerfung der rebellierenden Städte beschäftigt. Mit barbarischer Härte ging er gegen Messina, Catania, Syrakus, Nicosia und andere Rebellenstädte vor. Aufstände provozieren die Härte der Gegengewalt, verlangen die Bestrafung der Rädelsführer nach dem Gesetz. Das werden die Aufrührer gewußt haben. Doch Friedrich brach rücksichtslos auch gegebene Versprechen. Er ließ Aufrührer, die sich im Vertrauen auf das Versprechen der kaiserlichen Gnade selbst auslieferten, martern, hängen oder auf dem Scheiterhaufen verbrennen. Die Gründe, die sich für das Verhalten des Kaisers anbieten, reichen nicht aus, um das grausame Verfahren zu rechtfertigen. Centorbi (Centuripe) und andere Orte ließ Friedrich bis auf den letzten Stein zerstören. Die überlebenden Einwohner wurden als kaiserliche Leibeigene in der neugegründeten Stadt Augusta angesiedelt.

Nach Abschluß der Strafexpedition verbrachte Friedrich den auf der Insel milden Winter in den unterworfenen Städten. Er straffte die Verwaltung, um künftigen Aufständen vorzubeugen. In Syrakus, auf der schmalen Landzunge von Ortygia, veranlaßte er den Bau eines Kastells. Er ließ ein Gesetz verkünden, das den Sizilianern die Heirat mit Ausländern verbot – eines der merkwürdigsten Gesetze des sonst eher übernational denkenden und handelnden Kaisers. Glaubte er, Sizilien durch das Ausschalten fremder Einflüsse auf diesem Wege sicherer in den Griff zu bekommen? Sein tyrannisches, im Grunde kurzsichtiges Verhalten deutet darauf hin, daß ihn der Aufstand zutiefst verletzt, ja verwirrt hat. In solchen Situationen konnte etwas in ihm aufbrechen, das nur noch die primitive Rache suchte und jeder Vernunftkontrolle entglitt. Aber ihm blieb keine Zeit, die Auswirkungen seiner Maßnahmen zu erfahren; denn jetzt, Anfang des Jahres 1234, zwangen ihn neue Krisenherde im Norden, zuerst in Rom und bald darauf in Deutschland, die Insel zu verlassen.

Mittel- und Oberitalien war von einer Naturkatastrophe heimgesucht, einem der furchtbarsten Winter der Geschichte. Die Flüsse froren zu und zahlreiche Straßen wurden unpassierbar. Dörfer und ganze Städte, von der Außenwelt abgeschnitten, blieben ohne Versorgung, dem bittersten Elend ausgesetzt. Kälte und Hungersnöte lösten ein Massensterben aus. Man sprach von einem Strafgericht Gottes, wobei es nur fraglich war, wen das Strafgericht richten sollte und wen es traf. Die Römer, vom Hunger getrieben, plünderten die Paläste der Kardinäle und machten vor dem Lateran nicht halt. Papst Gregor floh nach Rieti. Er appellierte an den Kaiser und die christlichen Könige um Hilfe; denn der Hungeraufstand wurde zum antipäpstlichen Aufruhr. Die Römer wählten einen Senator, der die päpstlichen Territorien zum Volkseigentum erklärte, Gebiete des Patrimonium Petri und die römische Festung Rispampani besetzen ließ.

Jetzt bot Friedrich dem Papst seine Hilfe an. In Sizilien waren Ruhe und Ordnung wiederhergestellt. Friedrich hatte den Rükken frei, um mit einem Heeresaufgebot in die päpstlichen Gebiete einzuziehen. Nun konnte Friedrich aller Welt und besonders dem Papst zeigen, daß er seine Pflicht als oberster Schutzherr der Kirche ernst nahm. Er zog persönlich mit seinen Truppen in Viterbo ein und belagerte die von den Rebellen besetzte Festung Rispampani. Der längeren Belagerung überdrüssig, kehrte Friedrich zwar nach Apulien zurück, doch seine Truppen kämpften an der Seite der päpstlichen Soldaten und trugen entscheidend zum Sieg und zum Friedensschluß mit den Römern bei.

Friedrichs Unterstützung des Papstes im Frühjahr und Sommer 1232 besitzt eine auffallende innere Logik, die dennoch nur unzureichend sein Eingreifen erklärt. Erst die politischen Hintergründe machen deutlich, daß die Hilfe keineswegs uneigennützig war. Aus Deutschland mehrten sich die Nachrichten über ein zunehmend aufsässiges Verhalten des Königs Heinrich VII. Trotz der kaiserlichen Ermahnungen mißachtete Heinrich die in Cividale gegebenen Versprechen, verfolgte er wiederum eine fürstenfeindliche Politik, die in Deutschland bürgerkriegsähnliche Zustände hervorrief. Um gegen den deutschen König vorgehen zu können, brauchte Friedrich den Beistand des Papstes – so wie dieser zuvor seinen Beistand benötigt hatte. Bereits bei ihrer Unterredung am Pfingstsonntag in Rieti, bei der die kaiserliche Waffenhilfe im Vordergrund stand, bat Friedrich den Papst, entsprechend der Vereinbarung von Cividale, den deutschen König zu exkommunizieren. Friedrich bot seinen sechsjährigen Sohn Konrad dem Papst als Geisel an, als Garantie für die Lauterkeit seiner Absichten. Gregor honorierte das Angebot, nahm aber das Pfand nicht an.

Die Bitte des Kaisers, seinen eidbrüchigen Sohn Heinrich betreffend, fand willige Aufnahme. In den Augen des Papstes hatte sich der junge deutsche König der Mißachtung der Ketzergesetze schuldig gemacht. Auch in Deutschland grassierte das religiöse Fieber, zu dessen Begleiterscheinungen eine fanatische Ketzerverfolgung gehörte. Es kam zu Übergriffen, willkürlichen Beschuldigungen und absurden Verurteilungen. Konrad von Marburg, der Beichtvater der frommen und heiligen Elisabeth von Thüringen, wurde nach dem Tod der Landgräfin 1231 päpstlicher Inquisitor und schürte die allgemeine Hysterie, derzufolge Tausende unschuldiger Bürger den Flammen übergeben wurden. Der größere Teil ihres Besitzes fiel den Landesherren zu, den restlichen Teil erhielten Denunzianten und Richter. Jede geringe Denunziation genügte zur Verurteilung, so daß zumal die rheinischen Städte diesem entfesselten Irrsinn wehrlos ausgeliefert waren. Nach zwei Jahren fanatisierter Inquisition wurde Konrad von Marbach auf offener Straße erschlagen.

Als selbst hochstehende Adelige wie die Grafen von Arnsberg, Solms und Sayn der Ketzerei bezichtigt wurden und die Erzbischöfe von Köln und Mainz in Rom vergeblich gegen die Übergriffe protestierten, griff der deutsche König ein. Er schickte einen Beschwerdebrief nach Rom, trat für den Abbau der Ketzergerichte ein und forderte Milde. Im Februar 1234, auf einem Hoftag in Frankfurt, erließ er ein Gesetz, das die »ungerechte Verfolgung« verurteilte. Für den Papst war dies nichts Geringeres als die Verwerfung der kirchlichen wie der kaiserlichen Ketzergesetze. So traf Friedrich in Rieti einen Papst, der ohnedies gegen den deutschen König aufgebracht und von Zorn erfüllt war. Schon am 5. Juli verhängte Gregor über Heinrich VII. den Kirchenbann und gebot den deutschen Fürsten, nicht mehr dem deutschen König, sondern allein dem Kaiser zu gehorchen.

Zumal in der Ketzerfrage erkannte und handelte der König richtig. Aber Politik, die etwas bewirken soll, erschöpft sich nicht im Erkennen und Handeln schlechthin, sondern verlangt das Erkennen des Machbaren und das Handeln im richtigen Augenblick. Dem zwanzigjährigen König fehlte das politische Augenmaß, und er handelte zur falschen Zeit, so daß sein Handeln nicht der Sache, sondern seinen Widersachern diente. Hinzu kamen persönliche Schwächen, ein Mangel an zielbewußter Härte und Energie. Sein Trotz verwickelte sich in Ungeschicklichkeiten und Widersprüche. So blieb denn auch seine Politik gegen die Fürsten und zugunsten der Städte halbherzig und wirkungslos. Für die innerdeutsche Entwicklung, für die Entfaltung des städtischen Bürgertums, der aufkommenden Stände und des niederen Adels wäre diese Politik zukunftweisend gewesen. Man kann sogar sagen, daß Heinrich »vielleicht mehr instinktiv als bewußt, klarer als der Vater das zukunftsträchtige Element, das die städtische Kultur, Zivilisation und Wirtschaft bedeutete, erkannt hat«.

Doch im Endergebnis stärkte Heinrich VII. durch seine Schwäche und Ungeschicklichkeiten gegen seine Absicht die althergebrachte Vormacht der Fürsten.

Als Heinrich VII. nach seinem Sieg über den bayerischen Herzog mit seinem Heer Straßburg belagerte, die Bischofsstadt wegen ihrer Parteinahme gegen den Thron zu strafen, erhob eine größere Zahl vor allem geistlicher Fürsten schärfsten Einspruch. Zum erstenmal drohten die Fürsten, ihn vor dem Kaiser anzuklagen; und er gab unsicher und ängstlich die Belagerung auf und entließ sein Schwabenheer. Anläßlich einer Bischofswahl in Regensburg versuchte Heinrich VII., gegen die Entscheidung des Domkapitels einen Freund der Ministerialen durchzusetzen. Der Kaiser mußte in die »erschlichene Wahl« eingreifen, und der Papst verfügte die Absetzung des von Heinrich »Erkorenen«.

Ein Beispiel für Heinrichs nahezu sträfliche Schwäche und Unsicherheit war der Streit zwischen Bischof und Bürgerschaft in Verdun. Der König ermahnte die Bürger zum Gehorsam und schickte den Erzbischof von Trier in die Stadt. Die Bürger jedoch legten ein königliches Schreiben vor, das ihre städtischen Privilegien voll bestätigte und ihnen in jeder Hinsicht recht gab. Daraufhin richtete König Heinrich an die Bürgerschaft von Verdun ein neues Schreiben, dessen beschämende Deutlichkeit die Situation anschaulich macht: »Ihr Bürger habt ein in Aachen erhaltenes Privileg vorgewiesen, in dem Euch städtische Rechte, die Euer Bischof und seine Vorgänger besaßen, zugesprochen, diese Rechte also Unserem lieben Fürsten durchaus verringert und entzogen werden, was Wir doch keineswegs bezweckten. Da Wir jetzt erkannt haben, daß ein solches Privileg nur infolge der Zudringlichkeit der Bittsteller und Unserer Überbürdung durch Geschäfte wider die Ehre des Reiches und wider die Treue, durch die Wir Unseren Fürsten verbunden sind wie Uns selbst, verliehen wurde, übersandten Wir Euch eine Urkunde, durch die jenes Euer Privileg, insofern es verdient, ein Privileg genannt zu werden, deutlich widerrufen wird.«

Solche Vorgänge untergruben die Autorität des jungen Königs auch beim städtischen Bürgertum und den Ministerialen, deren Bündnis Heinrich gegen die Fürsten suchte. Eine fürstenfeindliche Entscheidung traf Heinrich anläßlich eines Streites der Bürger von Lüttich mit ihrem Bischof. Das geschah 1230, als die Reichsfürsten in Italien weilten und dem Kaiser zum Frieden von

San Germano verhalfen. Man kann sich vorstellen, daß die Fürsten, selbstbewußt und politisch gestärkt durch die Ereignisse von San Germano, nach ihrer Rückkehr auf Gegenmaßnahmen sannen. Ein unmittelbarer Anlaß war gegeben, als Heinrich verbindlich durch königlichen Erlaß einigen Städten in Flandern den Zusammenschluß in Eidgenossenschaften gestattete – Schutzbündnisse gegen ihre bischöflichen Herren. Auf einem Fürstentag zu Worms im Januar 1231 zwangen die Fürsten den König zur Rücknahme seiner Entscheidung, ja zum generellen Verbot von Einungen, Eidgenossenschaften und Bündnissen der Städte. Der König selbst verpflichtete sich, bereits erlassene Stadtprivilegien als nichtig zu betrachten und künftig keiner Stadt ohne Zustimmung ihres territorialen Herrn Vergünstigungen zu gewähren.

Diese Verpflichtung war die Vorstufe zu einem folgenschweren Gesetz, das die Fürsten dem deutschen König abnötigten und mit dem Heinrich VII. beurkundete, was er verhindern wollte: die territoriale Hoheit der Landesherren im deutschen Reich. Auf einem Hoftag zu Worms, am 1. Mai 1231, erließ der König das *Statutum in favorem principum,* das den Fürsten weitaus mehr Privilegien einräumte, als der Kaiser ihnen jemals vorher zugestanden hatte. Friedrich hatte mit der *Confoederatio* im Jahre 1220 ausschließlich den geistlichen Fürsten die territorialen Hoheitsrechte zugebilligt. Da die geistlichen Ämter nicht erblich waren, bedeutete die *Confoederatio* nur eine verhältnismäßig geringe Schwächung der Reichsgewalt. Jetzt jedoch, durch die Privilegierung auch der weltlichen Fürsten, wurde die königliche und kaiserliche Gewalt auf unabsehbare Zeit geschmälert. Ausdrücklich nennt das *Statutum* den Verzicht des Reiches zugunsten der Landeshoheit auf die Gründung und Befestigung von neuen Städten und Burgen. Den Landesherren fiel das Münzrecht, Zollrecht und die uneingeschränkte Gerichtsbarkeit zu. Bemerkenswert sind die Bestimmungen gegen die Städte, die zugleich gegen den König als Förderer des städtischen Bürgertums gerichtet waren. Die Städte durften der fürstlichen Territorialbildung nicht durch Markt- oder Straßenzwang entgegenwirken; sie durften die städtische Gerichtsbarkeit nicht auf das flache Land ausdehnen, nicht die Landbewohner als »Pfahlbürger« in ihre Rechtsgemeinschaft aufnehmen.

Auf dem Hoftag von Cividale im Mai 1232 mußte der Kaiser

das bereits in Kraft getretene *Statutum in favorem principum* notgedrungen bestätigen. Friedrich konnte das Geschehene auch darum nicht rückgängig machen, weil er die Unterstützung der Fürsten zur Lösung der Lombardenfrage brauchte. Die Vorgänge zeigen, daß es unsinnig wäre, die städtefreundliche deutsche Politik Heinrichs VII. gegen die fürstenfreundliche Politik Friedrichs auszuspielen. Aber gerade die Bewertung des *Statutum in favorem principum* löste unter den Historikern im Hinblick auf die Deutschlandpolitik Friedrichs kontroverse Meinungen aus.

Für Friedrich lag in der Bestätigung des *Statutum* eine besondere Tragik. In den Anfängen seiner deutschen Politik war er durch die voreiligen, wenn dann auch zynisch nichtbeachteten, Versprechen Ottos IV. zu Konzessionen gegenüber den geistlichen Fürsten gezwungen, wodurch der Aufbau einer zentralen Reichsgewalt eine erste Einbuße erlitt. Nun mußte er, gezwungen durch das politische Fehlverhalten seines Sohnes Heinrich, erneut Zugeständnisse bestätigen, deren Folgen für die deutsche Staatsbildung von größter Tragweite waren ...

Aber die Machtstellung der Fürsten war eine gegebene Tatsache. Ohne die Unterstützung der Fürsten hätte Friedrich weder seine noch seines Sohnes Heinrich Wahl zum deutschen König erreicht, hätte er in Deutschland nicht regieren und das sizilianische Reich nicht aufbauen können. Vom Standpunkt des Machbaren aus, war seine Deutschlandpolitik realistisch, während Heinrichs unrealistische Versuche im Endergebnis nur Schaden stifteten. Der Kaiser war auch keineswegs weniger städtefreundlich gesinnt als der deutsche König, wofür zahlreiche Städtegründungen und Begünstigungen der Städte sprechen. Allerdings sah Friedrich die deutschen Belange nicht isoliert, sondern im Zusammenhang mit seiner gesamten Reichspolitik. Dem widerspricht nicht, daß Friedrichs Vorliebe Sizilien galt und er »den Süden als seine wahre Heimat empfinden mußte«. Der Vorwurf, Friedrich habe in Italien seine eigentlichen, nämlich die deutschen Aufgaben verantwortungslos vernachlässigt, beruht auf einem Mißverständnis; der Kaiser darf nicht an einer nationalen Idee gemessen werden, die jener Zeit fremd war. Auch der Versuch, Friedrichs nur zweimaligen Aufenthalt in Deutschland durch »die schweren Kämpfe, die ihn länger als beabsichtigt im Süden festhielten«, entschuldigen zu wollen, ist eine unstatthafte Konstruktion.

Eher umgekehrt hielt ihn der erste, achtjährige Aufenthalt in Deutschland (1212–1220) »länger als beabsichtigt« fest. Und Friedrichs zweite, zweijährige Deutschlandfahrt (1235–1237) war rein zweckbestimmt; sie war notwendig geworden durch den Verrat Heinrichs und die in Unordnung geratenen deutschen Zustände.

Auf dem Hoftag in Cividale sah es einen Augenblick so aus, als schwenke Heinrich auf die realistische Politik seines Vaters ein. Immerhin bestätigte ja der Kaiser das von Heinrich VII. erlassene *Statutum in favorem principum,* verlangte nun aber auch den Gehorsam in der Befolgung dieses Gesetzes und der kaiserlichen Weisungen.

Bereits im folgenden Jahr schien sich Heinrich VII. genügend sicher zu fühlen, um erneut nach eigenem Gutdünken zu handeln. Im Sommer 1233 griff er den Herzog von Bayern und den Markgrafen von Baden an und unterstützte Metz, Straßburg und andere Städte in Auseinandersetzungen mit ihren Bischöfen. Die Verstöße gegen die Abmachungen von Cividale mehrten sich. Die Nachrichten, die den Kaiser in Sizilien erreichten, führten zu wiederholten Ermahnungen, die auf taube Ohren stießen. Nach seiner Exkommunizierung schien König Heinrich, geradezu besessen von seinem Trotz, den endgültigen Bruch mit dem kaiserlichen Vater zu suchen. Er schloß im September 1234 in Boppard ein Bündnis mit einer Gruppe kaiserfeindlicher Städte und Ministerialen, dem auch einige Bischöfe beitraten. Sein glückloses Taktieren löste in Deutschland den Bürgerkrieg aus. Er wußte, daß der Kaiser kommen würde, um ihn zu bestrafen und die Ordnung wiederherzustellen, und er versuchte das in einem letzten, schon wahnwitzigen Unternehmen zu verhindern. Im Dezember 1234 verbündete er sich mit den Lombarden, den Todfeinden Friedrichs. Das war in den Augen des Vaters unverzeihlich. Heinrichs anfänglich törichtes und unreifes Handeln war in offenen Hochverrat übergegangen. Dem konnte nur das persönliche Eingreifen und das Strafgericht des Kaisers folgen.

34 Das Strafgericht des Vaters

Es ist nicht nachprüfbar, wieviel sizilianisches Geld im Mittelalter nach Deutschland gelangte. Nicht zuletzt der Reichtum Siziliens war es, der das Land für die Deutschen und die anderen Eroberer über nahezu zwei Jahrtausende begehrenswert machte. Auch Friedrich verwendete sizilianisches Geld und Gold, um die deutschen Fürsten zu kaufen, sich beispielsweise ihre Teilnahme an seinem Kreuzzug zu sichern. Im Frühjahr 1235 ließ er von seinen Steuerbeamten in Sizilien eine hohe Geldsumme eintreiben. Er kannte die deutschen Fürsten. Volle Schatztruhen bewirkten mehr als ein ganzes Heer, dessen Unterhalt zudem teurer war.

Ohne Heeresgeleit, aber mit prächtigem Gefolge brach Friedrich Anfang Mai von Foggia auf. Ab Rimini nahm er den Seeweg nach Aquileja. Über Cividale, wo ihn Abgesandte der deutschen Fürsten und Städte erwarteten, zog er durch die Steiermark und gelangte Mitte Juni nach Regensburg. Obwohl sein Markgraf Ezzelino die Veroneser Klausenstraße überwachte, mied Friedrich die Lombardei. Er wollte allen Komplikationen aus dem Wege gehen. Aber er besaß gegenüber den Lombarden einen unschätzbaren Trumpf. Ihr Pakt mit dem hochverräterischen deutschen König entzog ihnen die Unterstützung des Papstes. Gregor IX. konnte den Verbündeten des von ihm gebannten Königs Heinrich nicht mehr beistehen. So schwer es ihm gefallen sein mag, er sprach in einem Schreiben an die deutschen Kirchenfürsten von »ruchloser Verschwörung«, erklärte die dem König geleisteten Eide für nichtig und bekannte sich zu »Unserem geliebten Sohn Friedrich«.

In Regensburg vereinbarte Friedrich mit dem Bayernherzog Otto II. die Verlobung des siebenjährigen Kaisersohnes Konrad mit der gleichaltrigen Tochter des Wittelsbachers.

Otto hatte die Nachfolge seines herzoglichen Vaters Ludwig angetreten, nachdem Ludwig 1231 in Kelheim auf mysteriöse Weise ermordet worden war. Eine unbewiesene Vermutung ging um, der Kaiser sei an dem Mord beteiligt gewesen; denn der ehemalige Reichsverweser Ludwig zählte ja zu den Abtrünnigen. Nun sollte die angebotene Verlobung die Treue des Sohnes und herzoglichen Nachfolgers sichern.

Die offizielle Verlobung fand erst acht Jahre später statt.

Trotzdem war bereits jetzt ein Akzent zu Friedrichs künftiger Deutschlandpolitik gesetzt. Der junge Konrad, der mit seinem Vater nach Deutschland gekommen war, sollte nach der Absetzung Heinrichs deutscher König werden. Die folgenden Ereignisse gaben Friedrich in seiner Voraussicht recht. Er benötigte kein Heer. Wie der Bayernherzog stellten ihm auch andere Fürsten ihre Truppen zur Verfügung. Doch zum Kampf mit den Anhängern des aufrührerischen Königs Heinrich kam es nicht. Verwirrt und erschrocken flohen sie, zogen sich auf ihre Burgen zurück oder unterwarfen sich dem Kaiser.

Auf die Deutschen muß das Gefolge des Kaisers einen merkwürdigen Eindruck gemacht haben. Aber sie zeigten sich überaus empfänglich für die exotische, ihnen völlig fremde Prunkentfaltung, die Friedrich möglicherweise bewußt für seine Zwecke einsetzte. Sie erregte Bewunderung und Staunen, wie der Bericht des Ebersbacher Chronisten zeigt: »Er zog einher in großer Pracht, wie es der kaiserlichen Würde geziemt. Ihm folgten Wagen, beladen mit Gold und Silber, mit Byssusgeweben und Purpur, mit Gemmen und kostbarem Gerät. Er kam mit vielen Kamelen und Dromedaren, mit Affen und Leoparden, er führte zahlreiche, vieler Künste kundige Sarazenen und Aethiopier mit sich, die sein Gold und seine Schätze bewachten. Also kam er und gelangte mit großem Gefolge von Fürsten und Herren nach Wimpfen ... Da wurden alle Anhänger Heinrichs verwirrt, Schrecken und Entsetzen brach über seine Spießgesellen herein wegen des gewaltigen Ruhmes und der Macht des Kaisers.«

In der Ebersbacher Chronik heißt es, Heinrich VII. sei von Stadt zu Stadt, von Fürst zu Fürst gezogen und habe »durch Geld, Drohungen und Geschenke die Teilnahme am Widerstand gegen den Vater« erreichen wollen. Aber vergeblich sammelte der König seine schwäbischen, pfälzischen und elsässischen Ritter und Gefolgsleute. Vergeblich versuchte er, die rheinischen und elsässichen Städte für sich zu gewinnen; selbst die von ihm oft begünstigte Stadt Worms entzog sich, und ein Handstreich gegen Worms mißglückte ihm.

Von seinen Anhängern im Stich gelassen, erklärte Heinrich dem kaiserlichen Unterhändler Hermann von Salza seine Bereitschaft zur Unterwerfung und bat den Deutschordensmeister um Fürsprache. In der Kaiserpfalz von Wimpfen, am 2. Juli 1235, gab sich Heinrich in die Hand des kaiserlichen Vaters. Der Empörer wurde gefangengesetzt und durfte vorläufig noch nicht vor dem Kaiser erscheinen. Er scheint sich anfangs geweigert zu haben, die Burg Trifels mit den Reichskleinodien zu übergeben. Friedrich zog mit seinem Gefolge durch das Neckartal den Rhein entlang nach Worms. Die Stadt, die den hohen Gast besonders festlich empfing, gehörte zu den kaisertreuen Städten, obwohl ihr Bischof Landulf zur Partei des rebellischen Königs zählte. Als der Kaiser den Bischof unter den zum Empfang erschienenen geistlichen Fürsten vor dem Domportal stehen sah, befahl er Landulf, ihm aus den Augen zu gehen. Landulf wurde von den Bürgern seines bischöflichen Ornats beraubt, doch es wurde ihm gestattet, sich in das Haus seines Kaplans zurückzuziehen.

Friedrich wollte die deutsche Frage rasch bereinigen. Noch in der ersten Juliwoche rief er die Fürsten und den Hof zum Gerichtstag zusammen. Die Gerichtsszene war für den Kaiser und für alle Anwesenden peinlich. König Heinrich VII. lag weinend und bejammernswert vor seinem Vater auf dem Boden. Friedrich schwieg, und der König wagte nicht, sich zu erheben. Erst als nach einiger Zeit beherzte Fürsten den Kaiser baten, die beschämende Erniedrigung zu beenden, befahl Friedrich seinem Sohn, sich zu erheben. Heinrich »stand verwirrt und ängstlich da und übergab sich der Gnade des Kaisers, indem er auf seine königlichen Insignien und all sein Gut verzichtete, und es in die Hände des Kaisers gab«. Friedrich hielt seinem Sohn mit erregten und harten Worten seinen folgenschweren Verrat vor und sagte: Wo sind nun diejenigen, die dir geraten haben, gegen uns aufzustehen? Heinrich nannte ihm alle Namen. Doch auf die kaiserliche oder väterliche Gnade konnte er nicht mehr hoffen. Die vorbehaltlose Unterwerfung rettete ihn wenigstens vor der Todesstrafe. Er wurde zu lebenslanger Haft verurteilt.

Das mitleidlose Urteil wog um so schwerer, als Heinrich durch eigene Schwächen, seinen unglücklichen Trotz, aber auch durch vernünftige politische Motive in eine Situation geraten war, die ihn unausweichlich zum Empörer werden und scheitern ließ. Man muß bedenken, daß der 1211 geborene Heinrich als Fünfjähriger nach Deutschland kam, daß er dort ohne seine Eltern aufwuchs und von Kindheit an enger mit den deutschen Verhältnissen vertraut war als sein Vater.

Es wurde schon erwähnt, daß Heinrich im Kreis von Reichsministerialen aufwuchs, denen alles daran lag, das staufische Königtum und die schwäbische Hausmacht zu stärken. Heinrichs gegen die Fürsten gerichtete städte- und bürgerfreundliche Politik hatte ihn beim Volk und niederen Adel beliebt gemacht, wenn man auch bald seine mangelnde Standfestigkeit, seine Unreife und Leichtfertigkeit beklagte. Das wog um so schwerer, weil er sich selbst überschätzte. Walther von der Vogelweide tadelte scharf das »selbstbewußte Kind« und den »unerfahrenen Mann«. Die Ehe mit der sieben Jahre älteren Margarethe von Österreich, der Heinrich als Vierzehnjähriger verbunden wurde, verlief äußerst unglücklich. Dazu mag auch das verschwenderische und schwelgerische Leben am schwäbischen Hof beigetragen haben. Der verwöhnte junge Mann liebte das leichte Leben, den Umgang mit wechselnden Frauen, mit Sängern und Gauklern. Die heitere, diesseitsgewandte Lebensart der Staufer schlug bei ihm gehörig über die Stränge, so daß ihm die »schlechten Sitten« wiederholt zum Vorwurf gemacht wurden. Allerdings sahen die ritterlichen Dichter, die ihm nahestanden, keinen Anlaß zum Tadel. Sie lobten in ihm ihren Förderer und Freund, seinen Sinn für das Schöne, für die Dichtung. Er sang zur Laute und dichtete selbst, obwohl von seinen Liedern nicht eines überliefert ist. Viele Eigenschaften, auch die Liebe zur Dichtung, verbanden Heinrich mit seinem kaiserlichen Vater. Doch sie blieben ungezügelt, unausgereift; und schließlich war es die charakterliche Schwäche des jungen Königs, die ihn persönlich und politisch scheitern ließ.

Der Kaiser konnte nicht anders urteilen, wollte er das zerrüttete Deutschland wieder in die Reichspolitik einbeziehen und den Frieden sichern. Wahrscheinlich hatte auch Heinrich VII. für die Anstiftung zur offenen Rebellion, die wiederholten Eidbrüche und den schweren Hochverrat kein anderes Urteil erwartet. Während der Kaiser mit den Anhängern seines Sohnes auffallend milde verfuhr, auch dem Bischof Landulf verzieh, begann für Heinrich der Leidensweg der Gefangenschaft. Vom ersten Tag der Kerkerhaft erzählt ein französischer Troubadour, Heinrich habe morgens, als er das Königsgewand ablegen mußte, noch gesungen; als man ihm abends das Essen gab, habe er geweint. Bis zum Jahresende blieb er unter der Bewachung des Herzogs von Bayern, der ihn von Worms nach Hildesheim, später in die Nähe von Nördlingen brachte. Im Januar 1236 erwartete im

Auftrag des Kaisers der Markgraf Lancia den Gefangenen in Venedig, um ihn auf einer Galeere nach Apulien zu bringen.

Vier Jahre verbrachte Heinrich auf der Burg Rocca San Felice in Venosa, nicht weit von Melfi, in strenger Haft, die wohl durch gelegentliche Besuche von Freunden gemildert wurde. Dafür spricht eine Anweisung des Kaisers, der die vernachlässigte Kleidung Heinrichs rügte und befahl, »Unserem Sohne anständige Kleider anfertigen zu lassen«. Ob die Verlegung nach Nicastro, einem entlegenen kalabrischen Bergkastell, die Haftbedingungen verbesserte oder verschärfte, ist schwer zu sagen. Jedenfalls muß ein Mann von der Gemüts- und Lebensart Heinrichs die Verbannung aus der Nähe des Hofes und des Kaisers als Verschlimmerung seiner hoffnungslosen Lage empfunden haben.

Als Heinrich nach zwei Jahren wiederum an einen anderen Ort gebracht werden sollte, geschah etwas, was nie ganz aufgeklärt wurde und worüber die Chroniken widersprüchlich berichten.

Heinrich ritt mit seinen Bewachern von Nicastro nach Martirano. Auf einem der abgelegenen, wenig begangenen steil abfallenden Bergpfade stürzte er mit seinem Pferd. Die Bewacher bargen den Sterbenden und trugen ihn nach Martirano. Niemand vermag mit Sicherheit zu sagen, ob der einunddreißigjährige Kaisersohn, von Verzweiflung und Depressionen geplagt, selbst den Tod gesucht hat. Die Möglichkeit ist nicht auszuschließen. Heinrich starb am 10. Februar 1242. Er wurde auf Anordnung des Kaisers im Dom von Cosenza, in einen Königsmantel gehüllt, mit allen Ehren beigesetzt. Ein Minorit predigte über den Vers: Abraham ergriff das Schwert, um Gott seinen Sohn zu opfern.

Die Schreiben, mit denen Friedrich den Tod Heinrichs bekanntgab, lassen noch in ihrer Rhetorik die Ergriffenheit des Vaters über das tragische Ende seines unglücklichen Sohnes erkennen. An die sizilianische Geistlichkeit schrieb Friedrich: »Das Leid des liebenden Vaters hat die strenge Stimme des Richters verstummen lassen. Tief müssen Wir das Geschick Unseres erstgeborenen Sohnes Heinrich betrauern, und die Natur trieb eine Flut von Tränen aus Unserem Innersten, die bisher der Schmerz über die Kränkung und die Starre der Gerechtigkeit zurückgehalten hatten. Vielleicht werden sich harte Väter wundern, daß der von öffentlichen Feinden unbesiegte Caesar von häuslichem Schmerze hat besiegt werden können. Aber eines jeden Fürsten Sinn, sei er noch so starr, ist dem Gebote der allmächtigen Natur unterworfen; sie, die ihre Macht über jeden ausübt, anerkennt weder Könige noch Kaiser. Wir gestehen es, daß Wir, der Wir durch des lebenden Königs Übermut nicht gebeugt werden konnten, durch den Sturz dieses Unseres Sohnes gerührt sind. Wir sind jedoch weder die ersten noch die letzten, die durch die Übergriffe von Söhnen Schaden erlitten und nichtsdestoweniger an ihrem Grabe weinen.

So wollen und können Wir beim Hingang Unseres teuren Sohnes nicht unterlassen, was des Vaters Pflicht ist.

Wir befehlen daher durch dieses Schreiben, allen Geistlichen und Unseren übrigen Getreuen aufzuerlegen, daß sie seine Totenfeier in aller Ehrfurcht feierlich begehen, und seine Seele mit Meßgesängen und den anderen Sakramenten der Kirche der göttlichen Barmherzigkeit empfehlen, sowie durch offenbare Zeichen beweisen, daß sie, ebenso wie sie bei den Festlichkeiten Unserer Freuden heiter und froh sind, auch in Unseren Schmerzen getreulich mit Uns fühlen.«

Als König wurden Heinrich VII. in Deutschland wegen seines leichtfertigen und verschwenderischen Lebenswandels manche Vorwürfe gemacht. Und doch löste sein unglückseliger Tod Betroffenheit und Anteilnahme aus. Vor allem die ritterlichen Dichter und Minnesänger, seine Freunde aus glücklichen Tagen, von denen mancher dem König über seinen Sturz hinaus verbunden blieb, beklagten den Tod Heinrichs. Die wohl bewegendste Klage schrieb der schwäbische Dichter Ulrich von Türheim:

Des kuniges tôt
schuof mir die nôt
daz mir vröude kunde entwîchen
ich meine kunik Heinrichen.

35 Zum zweitenmal in Deutschland

In den Julitagen 1235 in Worms war nicht vorherzusehen, welches schreckliche Ende Heinrich erwartete. Aber noch in den Briefen Friedrichs anläßlich des Todes klingt an, daß er das

Wormser Urteil über die »Herrscherbegierde« und »des lebenden Königs Übermut« als gerecht empfand. Bereits vor Worms war die Verurteilung und Absetzung des deutschen Königs eine beschlossene Sache. Das zeigen die im voraus geplanten und unmittelbar auf das Straftribunal folgenden Ereignisse. Heinrichs nicht zum erstenmal gezeigte Reue und Unterwerfung änderten nichts an der harten Entscheidung des richtenden Kaisers, die in der Tat an die Bereitschaft Abrahams, »seinen Sohn zu opfern«, erinnerte.

Zur gleichen Zeit, als Heinrich VII. vor seinem Richter stand, rüstete sich Worms zur festlichen Hochzeit des Kaisers mit seiner dritten Gattin, der englischen Prinzessin Isabella; denn Friedrich hatte nach Konstanze im Jahre 1228 seine zweite Gattin Isabella von Brienne verloren. Die Vermählung fand bereits am 15. Juli statt. Der Gefangene wird davon gehört und nicht vergessen haben, daß ihm selbst vor zehn Jahren Isabella zugedacht war. Nicht nur englische Chronisten bewundern die Schönheit Isabellas, die bei ihrer Vermählung einundzwanzig Jahre, also halb so alt wie der Kaiser war. Friedrich erwartete von der jungen Engländerin männliche Nachkommen, um die Thronfolge zu sichern. Nach dem Verrat Heinrichs war ihm als legitimer Erbe allein der siebenjährige Konrad geblieben. Doch ausschlaggebend für die Hochzeit waren politische Gründe, nämlich die Verbindung mit dem englischen Königshaus. Da England dem Welfenhaus nahestand, konnte das immer noch gespannte Verhältnis zu den Welfen gelöst und die endgültige Aussöhnung herbeigeführt werden. Die englische Heirat kam durchaus der innerdeutschen Politik zugute.

Den Vorschlag zu dieser Verbindung hatte der Papst bei der Unterredung mit dem Kaiser in Rieti gemacht. Seit dem vorausgegangenen Herbst liefen die Eheverhandlungen. Der als »Unser lieber Freund« bezeichnete Petrus de Vinea reiste mit einigen Begleitern nach London. Als offizieller Brautwerber handelte er eine sehr hohe Mitgift aus, nämlich dreißigtausend Silbermark, während Friedrich seiner Braut als Morgengabe Ländereien auf Sizilien und in der Capitanata Monte Sant'Angelo mit allen Städten, Burgen und Besitzungen übereignete. Petrus de Vinea erhielt die Vollmacht, im Namen des Kaisers den ehelichen Eid zu schwören und der »schönen Prinzessin, prangend im Schmuck der Jungfräulichkeit und geziert mit königlichen Kleidern und

Sitten«, den kaiserlichen Verlobungsring an den Finger zu stecken.

Der englische König Heinrich III. schenkte seiner Schwester Isabella eine prachtvolle Ausstattung, darunter eine Krone aus feinstem Gold, goldene Ringe und erlesenen Schmuck, Festkleider aus Seide, Wolle und Leinwand, ein Brautbett mit teuerstem Zubehör, kostbare Gefäße für den Haushalt und sogar Kochtöpfe »aus Silber«. Ausführlich und höchst anschaulich schildert der Chronist Roger von Wendower die Zurüstung und die Ereignisse bis zur Vermählung. »Es fehlte nicht an Tränen, als der Bruder von der Schwester, der König von der Kaiserin Abschied nahm.« Im Mai, nach dreitägiger Schiffsreise, kam Isabella über Antwerpen nach Köln. »Als man daselbst ihr Herannahen erfuhr, zogen ihr an zehntausend Bürger aus der Stadt mit Blumen und Palmzweigen und in festlichen Kleidern entgegen. Sie saßen auf spanischen Pferden, die sie zu hastigem Lauf antrieben, indem sie Lanzen und Rohrstäbe, die sie in den Händen trugen, gegeneinander brachten. Es kamen auch Schiffe, die scheinbar auf dem Trockenen ruderten, und durch versteckte, von Seidendecken verhüllte Pferde gezogen wurden. In diesen Schiffen spielten Geistliche auf wohlklingenden Instrumenten zur Freude der Hörenden liebliche, bisher nicht gehörte Weisen. Unter solchen Freudebezeugungen führten sie die Kaiserin durch die vielfach geschmückten Hauptstraßen der Stadt. Da Isabella aber bemerkte, daß alle, und besonders die edlen Matronen, die auf ihren Söllern saßen, ihr Antlitz zu sehen wünschten, nahm sie Hut und Kopftuch ab, so daß alle sie ungehindert anschauen konnten. Darob lobte man sie nicht wenig, labte sich an ihrem Anblick und pries ihre Schönheit wie ihre Herablassung aufs höchste.«

Die Kölner sorgten für einen angenehmen Aufenthalt der Prinzessin, bis der Kaiser sie nach Worms rief. Sieben Tage dauerte die Reise von Köln nach Worms, wo sie am Tag vor der Hochzeit eintraf. Dem Kaiser, so schreibt der Chronist, »gefiel sie über alle Maßen, als er sie anschaute«. Zu den Hochzeitsfeierlichkeiten waren in Worms vier Könige, elf Herzöge, dreißig Grafen und Markgrafen, die Kirchenfürsten und zahllose Ritter versammelt. Es wurde ein großes und prachtvolles Fest, auch darum, weil die Rebellion des deutschen Königs überwunden war und sich alles zugunsten des Kaisers gewendet hatte.

Dem Rat seiner Astrologen folgend, vollzog Friedrich die Ehe mit Isabella erst am Tage nach der Hochzeit. Angeblich soll Friedrich seiner Gattin in der Stunde der Zeugung gesagt haben, sie werde einen Knaben zur Welt bringen; doch tatsächlich gebar Isabella als erstes Kind die Tochter Margarethe. Bis zu ihrem frühen Tode Ende 1241, im Wochenbett ihres dritten Kindes, lebte Isabella nahezu fortwährend in der Nähe Friedrichs, in Deutschland, in der Lombardei und zuletzt in Foggia. Allerdings vertraute der Kaiser seine Gemahlin der Obhut von Eunuchen an, was auf Isabella sicherlich befremdend wirken mußte. Der englischen Isabella erging es kaum anders als ihrer gleichnamigen Vorgängerin. Auch sie trat nie an der Seite Friedrichs oder offiziell als Kaiserin in Erscheinung. Ihr königlicher Bruder beanstandete das mit Recht. Offensichtlich fehlte Friedrich der Wille oder die Fähigkeit, zu seinen legitimen Frauen nach Konstanze über ihre Geburtspflichten hinaus in engere Beziehung zu treten.

Einen Monat nach der Vermählung, am 15. August 1235, begann in Mainz ein glanzvoller Reichstag. Vor den fast vollzählig versammelten deutschen Fürsten erreichte Friedrich seinen ersten, für die deutsche Einheit außerordentlich bedeutenden Erfolg, der durch seine Heiratspolitik vorbereitet war. Ihm gelang die endgültige Aussöhnung mit den Welfen, den härtesten innerdeutschen Widersachern der Staufer, deren Anspruch auf die Königs- und Kaiserkrone während der Regierungszeit Friedrichs nie verstummt war.

Durch die Wahl Ottos IV. zum König und Kaiser und seine Absetzung war die Geschlechterfehde zwischen Welfen und Staufern zu einer Reichsangelegenheit geworden. Wenn Friedrich auch seinen legitimen Sieg über den »ehemaligen Kaiser« Otto feiern konnte und die Welfen auf ihr Herzogtum zurückgedrängt wurden, so zählten sie doch zu den mächtigsten Fürsten des Reiches. Um so bedeutender war die endgültige Versöhnung.

Otto von Lüneburg, der Enkel Heinrichs des Löwen und Neffe des Kaisers Otto, übergab Friedrich seine eigenen lüneburgischen Güter und schwor dem Kaiser den Treueeid. Friedrich belehnte den Welfen mit dem nun reichseigenen Lüneburg und gab ihm noch Braunschweig dazu, so daß Otto als Herzog von Braunschweig-Lüneburg Lehensträger des Kaisers wurde.

Als wichtigstes Ergebnis der Reichsversammlung verkündete

der Kaiser das Mainzer Landfriedensgesetz. Seine große Bedeutung für die deutsche Rechtsgeschichte ergibt sich schon daraus, daß es als erstes Reichsgesetz außer in lateinischer auch in deutscher Sprache abgefaßt ist. Die neunundzwanzig Kapitel des Gesetzeswerkes zeigen Friedrich sehr wohl willens und fähig, als Gesetzgeber die deutschen Belange zu ordnen. Soweit das aufgrund der bestehenden Hoheitsrechte möglich war, stärkte er die Rechte der Krone und damit die Einheit. So setzte er nach sizilianischem Vorbild einen von den Fürsten unabhängigen Reichshofjustitiar ein, in Vertretung des Kaisers der höchste Richter, dem ein Notar assistieren sollte, der ein Laie sein mußte. Ein wichtiges Gesetz erinnert unverkennbar an den Verrat des Kaisersohnes Heinrich, dessen Verurteilung genau sechs Wochen zurücklag. In der Mainzer Bestimmung heißt es: »Welcher Sohn seinen Vater von seinen Burgen verstößt oder von anderem Gut oder es brennt oder raubt, oder wider den Vater zu seinen Feinden schwört, so daß er auf des Vaters Ehre oder Verderbnis geht . . ., der Sohn soll Eigen und Lehen und fahrende Habe verlieren und alles Erbgut von Vater und Mutter auf ewige Zeiten.«

Die Einzeltitel des Mainzer Landfriedens bestätigen noch einmal in der Form eines allgemeinen Gesetzes die im *Statutum* von 1232 gewährten Rechte der Fürsten, die Privilegien der Gerichtsbarkeit, des Münz-, Zoll- und Geleitrechts. Aber bemerkenswert ist doch, »daß der König sich noch die Kompetenz zur Gesetzgebung über diese Materialien beilegte«; das heißt, die Fürsten als Hoheitsträger »erscheinen gleichsam als Treuhänder der Regalien, die sie im Interesse des Reiches zu verwalten haben«. Ferner wurden ungerechte Zölle aufgehoben und wurde Hehlerei unter Strafe gestellt. Selbsthilfe in Rechtsstreitigkeiten wurde verboten, Notwehr ausgenommen; jedermann sollte sein Recht vor einem ordentlichen Richter suchen. Landfriedensbruch führte zur Ächtung, im Falle eines Totschlags zum Verlust von Ehre und Leben. Wie in den sizilianischen Konstitutionen wurde der Zweikampf als Rechtsmittel verboten. Die hohe Bedeutung des Mainzer Landfriedens lag darin, daß hiermit der erste Ansatz zu einer schriftlichen Rechtsordnung für Deutschland gegeben wurde und daß die den Fürsten überantworteten einzelnen Rechte »doch wieder als Gegenstände der Reichsgesetzgebung behandelt« wurden.

Mit dem Mainzer Landfrieden, überhaupt mit der so ereignisreichen Fürstenversammlung von Mainz hatte Friedrich den richtungweisenden Anfang einer reichsbezogenen Politik in Deutschland gemacht, die unter dem kaiserlichen Gesetzgeber stabile politische Verhältnisse garantieren sollte. Für Deutschland muß man es als bedauerlich empfinden, daß Friedrich nach 1237 in die tragischen Auseinandersetzungen mit der Lombardei und dem Papsttum geriet. In seinem letzten Lebensabschnitt konnte er kaum noch die politische Entwicklung Deutschlands nach seinen Maßstäben bestimmen. Auf Veranlassung des Kaisers beschlossen die Fürsten, im kommenden Jahr den Feldzug gegen die aufrührerischen Lombarden zu beginnen und in der Lombardei die Reichsrechte zu erneuern.

Den Winter verbrachte Friedrich in der Reichspfalz Hagenau im Elsaß, der ihm liebsten deutschen Landschaft. Dort hatte er schon auf seiner ersten Deutschlandreise vorzugsweise geweilt. Die umliegenden Wälder boten reiche Gelegenheit zu Jagdausritten. Die junge Gemahlin Isabella und der siebenjährige Kaisersohn Konrad befanden sich in Friedrichs Gesellschaft. Vor allem wirkten sich die ruhigeren Monate ohne Ortswechsel auf den Großhof positiv aus. Die überragende Persönlichkeit Friedrichs läßt leicht vergessen, welche ungeheuere Leistung dem Großhof seit der Anreise aus Apulien abverlangt wurde. Es müssen hervorragende Organisatoren gewesen sein, die das fahrende Unternehmen leiteten. Feste Termine mußten eingehalten werden, obwohl die Wagen über unbekannte und oft schlechte Straßen fuhren. Die Versorgung von Menschen und Tieren mußte gewährleistet sein. Und nie wurde die Arbeit der Kanzlei unterbrochen.

Es war eine ruhige Zeit im elsässischen Hagenau, aber nicht frei von Staatsgeschäften, Anordnungen, Audienzen. Die diplomatischen Beziehungen zur römischen Kurie waren wieder lebhafter geworden. Der Papst erhob, als er vom Beschluß des Reichskriegs gegen die Lombarden erfuhr, Einspruch und bat um eine Frist, in der er mit den Lombarden verhandeln wollte. Der Lombardenkrieg, fürchtete er, könnte einen neuen geplanten Kreuzzug gefährden. Petrus de Vinea verhandelte in Rom, und bald übernahm Hermann von Salza die Vermittlung zwischen Papst und Kaiser; denn die bis Weihnachten gesetzte Frist verstrich ergebnislos. Die Lombarden lehnten es ab, sich zu unterwerfen. Schon in Hagenau mußte Friedrich zur Überzeugung gelangen, daß die Vorwände des Papstes, auch der Hinweis auf den Kreuzzug, kaum noch verschleiern konnten, daß er sich auf die Seite der Lombarden geschlagen hatte. Darauf hatte er sich einzustellen.

Ein völlig anderes Ereignis verdient besondere Aufmerksamkeit, weil es Friedrichs Verhältnis zur jüdischen Minderheit kennzeichnet. In der religiös überhitzten Atmosphäre des 12./13. Jahrhunderts, der Zeit der Kreuzzüge, der aufkommenden Sekten und Ketzerverfolgungen, der Bußbewegungen und Ordensgründungen, verschärfte sich die Lage der europäischen Juden von Tag zu Tag. Religiöser Fanatismus, ebenso handfeste wirtschaftliche Gründe oder die Suche nach einem Sündenbock für bestimmte Mißstände führten zu Bedrohungen, Anschuldigungen und nicht selten zu Pogromen und grausamen Morden. Sizilien blieb von solchen antijüdischen Exzessen verschont. Seit Jahrhunderten hatte sich in Sizilien das friedliche Zusammenleben von Volksgruppen verschiedener Herkunft und Glaubenszugehörigkeit bewährt. Wie die Normannenkönige, so garantierte Friedrich den Schutz der Minderheiten. In den Konstitutionen von Melfi werden Christen, Sarazenen und Juden gleichgestellt. Jüdische Berater, Gelehrte und Übersetzer gehörten zum vertrauten Kreis um Friedrich. Auch ihre wissenschaftlichen Leistungen trugen zu dem Ruf des sizilianischen Hofs als einer Art höfischer »Gelehrtenrepublik« bei.

In Hagenau wurde Friedrich mit der Judenfrage in einer Weise konfrontiert, wie sie in Sizilien undenkbar gewesen wäre. Christen aus Fulda behaupteten, ihre jüdischen Mitbürger hätten anläßlich des letzten Passahfestes an christlichen Knaben Ritualmorde verübt. Die Behauptung hatte in Fulda und anderen Städten Pogrome ausgelöst. Als die Christen dem Kaiser zum Beweis ihrer Anklage die Knabenleichen zeigten, soll er gesagt haben: Wenn die Kinder tot sind, dann begrabt sie. Zu was anderem taugen sie nicht mehr. Friedrich kannte die Juden, ihre Glaubensbräuche und Gesetze gut genug, um die Unschuld der jüdischen Angeklagten zu erkennen. Aber die eigene Erkenntnis genügte ihm nicht. Er veranlaßte eine umfassende Untersuchung, ließ Fürsten, Adelige, Bischöfe und Äbte nach Hagenau kommen, um sie zu befragen. An die christlichen Könige sandte er Boten mit dem Wunsch, man möge bekehrte Juden, denen die mosaischen Gesetze und Übungen vertraut sind, an den kaiserlichen Gerichtshof schicken. Angesichts der weiten Reisewege, der aufwendigen Versammlungen und Beratungen war es ein beachtliches Verfahren, das Friedrich zur Klärung der angeblichen Ritualmorde anstrengte. Aufwand und Ergebnis zeigen, daß er mehr suchte als die Bestätigung seines Urteils in einem lokalen Rechtsstreit. Alle Befragten, darunter die aus vielen Ländern Neugetauften, bezeugten, daß die jüdischen Gesetze jedes Blutopfer untersagten, und nicht *ein* Ritualmord konnte von irgendeinem der Befragten nachgewiesen werden. Als Resultat der langwierigen Untersuchungen erließ der Kaiser eine Verordnung, die jede Beschuldigung der Juden in der vorgebrachten Weise unter härteste Strafe stellte.

Friedrichs Verhalten entsprach kaum der allgemeinen antijüdischen Stimmung unter den deutschen Christen seiner Zeit. Aber die Gründlichkeit seiner Untersuchung machte das Urteil unanfechtbar. Trotz aller Vorbehalte gegenüber der Toleranz Friedrichs kennzeichnet dieses aus spontanem Anlaß hervorgegangene Verfahren sein Rechtsdenken und sein persönliches Verhältnis zur jüdischen Minderheit. Es ist eine der aufschlußreichsten und bemerkenswertesten Rechtshandlungen Friedrichs.

Seit langem vorbereitet und in seiner innersten Motivation kaum eindeutig zu erfassen, verlief das letzte große Ereignis in Deutschland, der Auftritt Friedrichs Anfang Mai 1236 in Marburg am Grabe der heiligen Elisabeth. Nach seinen eigenen Worten hatte sich Friedrich nach Marburg begeben, um nicht nur die Verwandte und Fürstin, sondern die Heilige zu ehren. Er nahm an der feierlichen Umbettung der vor fünf Jahren gestorbenen und heiliggesprochenen Elisabeth in einen kostbaren Schrein teil. Landgraf Ludwig von Thüringen, ein Vetter und Freund des Kaisers, war neun Jahre zuvor in Brindisi jener Seuche erlegen, die den ersten Kreuzzug Friedrichs verhindert hatte. Nach dem Tod ihres Gatten hatte Elisabeth die Wartburg verlassen und sich in franziskanischem Geiste den Armen, Kranken und Aussätzigen gewidmet. Die junge Fürstin ungarischer Herkunft wählte die Armut und teilte ihr landgräfliches Vermögen mit den Armen und Leidenden. In ihrer aus Lehm und Holz erbauten Hütte pflegte sie aussätzige und blutflüssige Kinder. Sie starb vierundzwanzigjährig, und schon bald wurden der Verstorbenen Wunder zugeschrieben, entstanden zahllose Legenden um ihr Leben.

Der Tag von Marburg zeigte überwältigend, wie sehr das Volk die Heilige verehrte. Ein Kölner Chronist spricht von zwölfhunderttausend, die sich am ersten Maitag in Marburg versammelten, darunter geistliche und weltliche Fürsten, Bischöfe, Äbte und Ritter. Die Bischöfe von Mainz, Trier und Hildesheim legten den Leichnam in den mit Gold überzogenen, reich geschmückten Eichenschrein. Der Kaiser setzte der Heiligen eine goldene Krone aus seinem Besitz auf und gab ihr seinen eigenen goldenen Trinkbecher mit ins Grab. Bei der Prozession zur neuen Grabstätte folgte Friedrich barfuß und in der grauen Zisterzienserkutte den Sargträgern.

Es ist viel darüber gerätselt worden, ob Friedrich in Marburg aus religiöser Ergriffenheit handelte, aus Ehrfurcht gegenüber der Heiligen, oder ob er bewußt und berechnend als rechtgläubig frommer Kaiser auftrat. Möglicherweise wollte er vor aller Welt und besonders vor dem Papst seine gläubige, kirchentreue Haltung bezeugen. Auf alle Fälle kam ihm öffentliche Legitimation höchst gelegen. Friedrichs Verhältnis zum Papst hatte sich verschärft. Gregor hielt seinen Einspruch gegen den Lombardenkrieg aufrecht, da ein solcher Krieg den Kreuzzug verzögere. Auch ohne den geplanten Feldzug gegen die Lombarden wäre Friedrich nicht bereit gewesen, den mit dem Sultan al-Kamil vereinbarten zehnjährigen Waffenstillstand vorzeitig zu brechen. Da kein konkreter Anlaß für einen Kreuzzug gegeben war, liegt es nahe, Gregors Kreuzzugspläne allein aus seiner Parteinahme für die Lombarden zu erklären. Gegen den Willen des Papstes liefen in Deutschland die militärischen Vorbereitungen zur Unterwerfung der Lombarden. Nach der religiösen Demonstration in Marburg zog Friedrich mit seinem Gefolge nach Wetzlar, dann nach Augsburg, dem Sammelort der deutschen Truppen, um bald nach Süden aufzubrechen und noch in der günstigen Jahreszeit die Alpen zu überqueren.

36 Erste Kämpfe in der Lombardei

Nachdem Friedrich schon auf dem Mainzer Hoftag die Fürsten schwören ließ, an einem Feldzug gegen die lombardischen Rebellen teilzunehmen, waren die Vorbereitungen zum Zug in die Lombardei angelaufen. Im Mai und Juni 1236, von Wetzlar aus, legte Friedrich in ausführlichen Schreiben an die christlichen Könige, die Untertanen und den Papst seine Ansprüche dar und rechtfertigte den Lombardenkrieg als »Exekution des Rechts« und Wiederherstellung des Friedens. Wie so oft zeigen seine oder die von ihm inspirierten Briefdiktate eine hohe stilistische und diplomatische Meisterschaft. Mit äußerster Klugheit vertritt Friedrich gegenüber dem Papst Gregor seinen Standpunkt. »Italien ist mein Erbe, das weiß die ganze Welt. All seine Kraft an Fernliegendes setzen und das Eigene darüber vernachlässigen, wäre ehrgeizig und töricht zugleich, besonders da der Übermut der Italiener und vor allem der Mailänder Mich durch Beleidigungen herausgefordert hat, indem sie Mir in keinem Stücke die schuldige Ehrfurcht erweisen. Außerdem bin Ich ein Christ und als ein, wenn auch unwürdiger Diener Christi, gerüstet, die Feinde des Kreuzes zu bekämpfen. Weil nun also so viele Ketzereien in Italien nicht nur hervorsprossen, sondern auch ins Kraut schießen und dieses Unkraut in den italienischen Städten, besonders in Mailand, die gute Saat zu ersticken droht, so hieße es, wollte man die Sarazenen angreifen und jene ungebessert zurücklassen, eine tiefe Wunde mit oberflächlichen Pflastern verkleben und statt der Heilung eine häßliche Narbe hervorrufen.«

Dieser Brief war eine äußerst geschickte propagandistische Gegenmaßnahme des Kaisers gegenüber den päpstlichen Initiativen; denn Gregor IX. hatte – um Friedrich von der Lombardenfrage abzulenken – ihn zu einem neuen Kreuzzug aufgefordert. Ferner hatte der Papst im Gegenzug zu Friedrichs Lombardenplänen verlangt, Hermann von Salza, ausgerüstet mit kaiserlicher Vollmacht, zur Kurie zu entsenden, damit der Deutschordensmeister die päpstliche Entscheidung in der Lombardenfrage uneingeschränkt entgegennehmen könne. Und weiter hatte Gregor IX. die Lombardenstädte ermuntert, ihren Bund gegen den Kaiser zu erneuern. Die Regsamkeit des Papstes zeigt nur, wie sich im Hintergrund des Lombardenkonflikts erneut der Kampf zwischen Papst und Kaiser zuspitzte.

Aus der Sicht der Lombardenstädte, unter der Führung Mailands, war die Abwehr gegenüber den kaiserlichen Hoheitsansprüchen, der ja von Friedrich offen ausgesprochenen »Erneuerung der Reichsgewalt«, verständlich. Sie beriefen sich auf den bereits erwähnten Frieden von Konstanz im Jahre 1183, auf die reichsrechtlichen Zusicherungen Kaiser Barbarossas, die ihnen – unter Anerkennung der allgemeinen kaiserlichen Oberhoheit – die volle Regalienfreiheit und faktisch eine weitgehende kommunale Autonomie zugestanden. Die Lombardenstädte verfügten über eigene Verwaltung, eigene Gerichtsbarkeit, eigenes Zoll- und Steuerwesen, über eigene Truppen. Sie waren frei von jeglicher Abgabe. War schon in Deutschland unter anderen Rechtsverhältnissen die im dreizehnten Jahrhundert aufbrechende Städte- und Ständebewegung in Konflikt mit den Landesherren geraten, wie erst mußten die rechtlich abgesicherten, mächtigen Lombardenstädte ihre Freiheit und Autonomie verteidigen. In Deutschland hatten die fürstlichen Landesherren dank der Ungeschicklichkeiten König Heinrichs im *Statutum* erreicht, daß die Entwicklung des Städtewesens blockiert und bereits gewonnene Rechte eingeschränkt wurden. Das war den Lombarden nicht entgangen; und sie hatten darüber hinaus das Beispiel des rigoros zentralisierten sizilianischen Staates vor Augen.

Andererseits war es für den Kaiser in seinem Bestreben, die Reichsgewalt wiederherzustellen, unerträglich, zwischen Italien und Deutschland die Zusammenballung einer so mächtigen unabhängigen, ihm mißtrauisch und feindlich begegnenden Macht, wie sie die lombardische Liga darstellte, zu dulden. Und weiter gewann die Lombardenfrage ihre außerordentliche Brisanz, weil die Lombardenstädte einen entscheidenden Faktor im Kampf zwischen Papst und Kaiser bildeten.

Die Einberufung zu einem Reichstag, der am 25. Juli 1236 in Piacenza stattfinden sollte, kennzeichnet die Zuspitzung des Konflikts. Noch vor seinem Besuch in Marburg hatte Friedrich zu diesem Reichstag eingeladen und die Könige Europas offen aufgefordert, ihre Gesandten zu schicken und die Abwehr der päpstlichen Einmischungspolitik als ihre eigene Sache zu betrachten. Geladen waren vor allem die Delegierten aller Städte nördlich von Rom. Noch einmal sollten die Lombardenstädte Gelegenheit haben, sich unter die Reichsgewalt zu beugen. Aber der Reichstag kam nicht zustande. Längst waren die Lombarden zum Waffengang mit dem Kaiser gerüstet, und Piacenza schlug sich bald auf die Seite der Liga.

Doch vorher ereignete sich in Piacenza etwas, das für den wachsenden Nimbus Friedrichs, den seine Anhänger eifrig förderten, kennzeichnend ist. Der Großhofrichter Petrus de Vinea predigte vor den Bürgern der Stadt über die Messiasweissagung des Jesaias, um dem Volk die Vorstellung vom Kaiser als herannahendem Retter nahezubringen: Das Volk, das in der Finsternis wandelt, sieht ein großes Licht; die im Lande des Dunkels wohnen, über ihnen strahlt ein Licht auf (Jes. 9,2). Die Vorstellung vom Messiaskaiser, die früher nur vereinzelt, so im Zusammenhang mit der jerusalemitischen Selbstkrönung aufgekommen war, tritt nun voll zu Tage und hält sich von nun an bis zum Ende Friedrichs. Bereits hier zeigt sich, wie sehr Petrus de Vinea, der Rhetoriker und Meister des feierlichen Prunkstils seiner Zeit, an der messianischen Überhöhung des Kaisers beteiligt war. Aber natürlich war auch diese »Überhöhung« Teil der propagandistischen Auseinandersetzung zwischen Friedrich und dem Papst. Sie gehörte zu den von nun an gesteigerten Bemühungen, den Kaiser vermittels biblischer Vergleiche, unabhängig vom Papst, als sakralen Weltherrscher darzustellen und damit die weltpolitischen Ansprüche des Papstes abzubauen.

Die wirklichen Ereignisse sahen nüchterner aus. Der Kaiser kam mit den deutschen Rittern über den Brenner und durch die Klausenstraße nach Verona, wo ihn Markgraf Ezzelino und seine Anhänger erwarteten. Das vereinigte Truppenaufgebot, durch sizilianische Steuergelder und das Gold aus der Mitgift der englischen Isabella finanziert, war mit etwas mehr als zweitausend Rittern kleiner als ursprünglich geplant. Die bayerischen und böhmischen Ritter fehlten. Sie kämpften gegen den Herzog von Österreich, der dem Kaiser den Gehorsam verweigert hatte und der Reichsacht verfallen war. In der Lombardei gelang es den kaiserlichen Truppen, Verona und die Trevisaner Mark, außerdem die Verbindungsstraße nach Cremona in die Hand zu bekommen. Darüber hinaus erschöpfte sich das kaiserliche Unternehmen in planlosen Einzelgefechten, ohne nennenswerte Erfolge. Lediglich Vicenza konnte erobert werden, und Bergamo unterwarf sich dem Kaiser. Ein merkwürdiger Anfang des so wortgewaltig angekündigten Feldzuges gegen die Lombarden, ohne genügende Truppenstärke, sicherlich auch ohne einen klaren strategischen Plan. Als der Herbst mit Regen und Stürmen einsetzte, war es gewiß, daß in diesem Jahr keine Entscheidung fallen würde.

Wie immer bei größeren Kriegszügen war Friedrich auch im

Lombardenkrieg auf Hilfstruppen angewiesen. So erstaunlich das sein mag, er verfügte über kein eigenes größeres Heer und scheint auch niemals die Absicht gehabt zu haben, eines zu unterhalten. Seine sarazenische Truppe aus Lucera, vorwiegend Bogenschützen, beritten und zu Fuß, war zwar gefürchtet, zählte aber kaum mehr als achttausend Krieger. Die sarazenische Truppe bewährte sich in Sizilien und in der Lombardei; ein begrenztes Aufgebot begleitete Friedrich während des Kreuzzugs. Bei raschen kleineren Einsätzen wirkten die Sarazenen als eine Art Polizeitruppe. Doch selbst bei sizilianischen Aufständen waren Hilfstruppen eingesetzt. Für die Lombardenkriege stellten die deutschen Fürsten begrenzte Kontingente. Zusätzliche kleinere Einheiten schickten die christlichen Könige, nachdem Friedrich sie um ihre Unterstützung gebeten hatte. Was sich gleich zu Beginn des Krieges in der Lombardei zeigte, gilt im Grunde für die ganze mehr als zehn Jahre währende Auseinandersetzung, trotz der siegreichen Schlacht von Cortenuova. Der Kaiser, der nur über eine kleine Kerntruppe verfügte, war militärisch den Lombarden unterlegen, sobald zusätzliche fremde Truppen ausblieben.

Noch etwas anderes wirkte sich militärisch nachteilig aus, und auch das machten die ersten lombardischen Kämpfe deutlich. Obwohl Friedrich im Spätherbst 1237 bei Cortenuova siegte – es war seine einzige größere Schlacht –, war er kein geborener Heerführer und Kriegsstratege. Seine Fähigkeiten lagen auf anderen Gebieten. Seine Siege errang er als Gesetzgeber, als Staatsgründer und -organisator, als kluger Diplomat oder auch im Bereich der Wissenschaften und Künste. Vermutlich fehlten Friedrich zu seiner Entfaltung als Feldherr nicht nur die großen Gelegenheiten und ebenbürtigen Gegner. Der Typ des erfolgreichen Kriegshelden war schlecht mit der Lebensart und dem Charakter Friedrichs vereinbar.

Auffallend oft, im Gegensatz zu seinem staufischen Vater und seinem Großvater Barbarossa, zog er nur mit kleinem Gefolge in Krisengebiete und erreichte sein politisches Ziel durch geschicktes Verhandeln. Ohne Heer zog er 1220, als neugekrönter Kaiser, in sein damals völlig ungesichertes sizilianisches Königreich. Ohne Heer zog er nach Deutschland, obwohl durch die Rebellion des deutschen Königs die Machtverhältnisse keineswegs überschaubar waren. Die Eroberung Jerusalems und die Beendigung seines Kreuzzugs gelangen ihm durch persönliche Beziehungen zu den Arabern und dank umsichtiger Verhandlungen. Auch in die Lombardei, zum Hoftag von Ravenna, kam er 1231 ohne Heer, um eine mögliche friedliche Klärung nicht zu gefährden. Sein Bemühen scheiterte am Widerstand der lombardischen Kommunen. Im Herbst 1236, als der Kampf in der Lombardei begann, erwies sich dann seine militärische Macht, ebenso aber die strategische Planung als ungenügend.

Gegen Jahresende ließ Friedrich die Zelte in der Lombardei abbrechen. Er zog nach Österreich, um den dort kämpfenden bayerischen und böhmischen Truppen zu Hilfe zu kommen. Die Entscheidung war bereits zu seinen Gunsten gefallen. Friedrich von Babenberg, der Herzog von Österreich, leistete keinen Widerstand mehr und war geflohen, als Friedrich im Januar Wien erreichte. Der kaiserliche Aufenthalt in Wien war erstaunlich gut vorbereitet; denn schon im Februar versammelten sich zahlreiche deutsche geistliche und weltliche Fürsten zu einem festlichen Hoftag. Wien wurde zur freien Reichsstadt erhoben und die Herzogtümer Österreich und Steiermark dem Reich unmittelbar unterstellt.

Auch hier zeigt sich, daß der Kaiser durchaus konkrete politische Herrschaftsziele zur Einigung des deutschen Reiches verfolgte.

Vor allem unternahm Friedrich den noch fälligen endgültigen Schritt nach der Absetzung des deutschen Königs, um in seinem Sinne wieder legitime Verhältnisse herzustellen und die staufische Thronfolge zu sichern. Die versammelten Fürsten wählten den nun neunjährigen Konrad zum römischen König und künftigen Kaiser. Schon die Tatsache, daß die Wahl frei und ohne Gegenleistung erfolgte, zeigt die gegenüber den deutschen Fürsten gefestigte und unangefochtene Machtposition des Kaisers. Noch im Frühjahr zog er nach Deutschland und berief zu Pfingsten in Speyer einen Hoftag ein, um die Wahl Konrads auch von jenen Fürsten bestätigen zu lassen, die in Wien fehlten.

Der neunjährige Konrad, durch den frühen Tod seiner Mutter Isabella von Brienne bereits König von Jerusalem, war nun der einzige legitime Erbe. Friedrich hatte ihn bewußt nach Deutschland mitgenommen und hielt ihn stets an seiner Seite. Eine besondere herzliche Beziehung verband Friedrich mit seinem noch kindlichen Sohn. Als er in Ravenna dem Abt von St. Gallen aufzählte, »was ihm lieb war«, nannte er den »kindlichen Sohn Konrad« an erster Stelle. Um seiner neuen Würde zu entsprechen, blieb der neunjährige Konrad fortan in Deutschland, wie sein Halbbruder Heinrich bis zur Volljährigkeit der Obhut deutscher Fürsten überlassen. Wie bei keinem seiner ehelichen und außerehelichen Kinder nahm Friedrich an der Erziehung Konrads Anteil. Er ließ sich von den Erziehern über Konrads Ausbildung berichten, fand Zeit zu ausführlichen Briefen, auch zu besorgten Ermahnungen, wenn das Betragen Konrads dazu Anlaß gab.

Vom Ende des Jahres 1238, als Friedrich durch den Lombardenkrieg ganz in Anspruch genommen war, ist ein solcher Brief überliefert. Das Schreiben enthält mehr als bloß die pädagogische Absicht des Kaisers, seinen Sohn zu Gehorsam und Zucht anzuhalten. Friedrich hält dem Jungen vor Augen, welche Eigenschaften zum Herrschen befähigen. »Den Großen der Erde und Königen reicht die berühmte Abkunft allein nicht hin, wenn dem ausgezeichneten Geschlecht nicht adliges Wesen beisteht und erlauchte Tätigkeit das Fürstentum verherrlicht; auch nicht deshalb allein, weil sie höher gesetzt sind, unterscheidet man Könige und Caesaren von anderen, sondern weil sie tiefer blicken und tüchtiger handeln. Außer dem nämlich, daß sie den Menschen durch ihr Menschtum gleichstehen, rechnen sie nichts Vornehmliches sich selbst zu, wenn nicht jeder durch die Tugend der Klugheit die übrigen Menschen überglänzt. Also mein Sohn, achte die Weisheit und der Klugheit neige dein Ohr, daß du, mit den herrscherlichen Zeichen geschmückt, zur Wirkung des herrscherlichen Namens gelangest. Denn den herrscherlichen Namen haben wir darum, daß wir die Untertanen beherrschen, empfangen: Herrscher fürwahr hören wir auf zu sein, wenn wir, herrscherlicher Klugheit ermangelnd, lieber uns durch die Minderen beherrschen lassen als selber herrschen.«

Wahrscheinlich hatten sich die Lehrer über das Verhalten des Zehnjährigen beklagt; denn Friedrich schreibt am Ende des Briefes eine deutliche Ermahnung an seinen Sohn. »Und da unter den übrigen Fürsten an dir als dem zum König der Römer Erwählten die Sache vieler Völker hängt, daher aus deiner Unklugheit gefährliche Verluste besorgt zu werden vermöchten, so gebührt es sich aus Notwendigkeit, daß du die Klugheit liebst. Zu ihr gelangt man schnell auf der Stiege des Eifers und den

Stufen der Zucht, und ihrethalben kommt es dir zu, die caesarische Würde ablegend, unter der Rute des Unterweisers nicht König und Kaiser, sondern Schüler zu sein. Des Lehrers Scheltworten also gehorche, die Lehre nimm gern auf, und wenn du zu wissen begehrst, begehre belehrt zu werden. Denn wer den Strafenden halsstarrig verachtet, über den kommt plötzlicher Untergang, und Heilung folgt ihm nicht. Daß du also als weiser Sohn den Vater froh machest, habe Neigung zum Wissen und keinen Abscheu vor der Zucht, und nicht genüge dir, ein Herr nur durch Würdigkeit des Namens zu sein, sondern durch Tüchtigkeit der Herrschaft ein Herrschender.«

Bis zum Sommer 1237 blieb Friedrich in Deutschland. Er stellte dem gewählten, allerdings noch nicht gekrönten jugendlichen König Konrad einen Reichsverweser zur Seite, zunächst den Erzbischof Sigfrit von Mainz. Nach dem Hoftag von Speyer widmete sich Friedrich nahezu ausschließlich den Rüstungen für den Krieg in der Lombardei. Nun drängten sogar die Fürsten, selbst die Deutschordensritter auf ihrer Kapitelversammlung in Marburg, ohne weitere Verhandlungen den Feldzug gegen die Lombarden durchzuführen. Das Spiel vom vergangenen Jahr wiederholte sich. Wieder sammelten sich auf dem Lechfeld vor Augsburg die deutschen Ritter und Gefolgsleute. Aber diesmal zog Friedrich besser gerüstet Ende August über die Alpen nach Verona und in die Lombardei.

37 Der folgenschwere Sieg von Cortenuova

Zu keiner Zeit, weder im Vorjahr noch in späteren Jahren, standen die militärischen Voraussetzungen günstiger als 1237. Dem Papst war der militärische Machtzuwachs des Kaisers nicht entgangen. Er versuchte einen Ausgleich herbeizuführen, und Friedrich, aus einer Position der Stärke, war durchaus bereit, sich darauf einzulassen; auch die Städte schienen anfänglich einer Einlenkung nicht abgeneigt. Doch ausgerechnet Piacenza, das so spät zum Lombardenbund gestoßen war, brachte die Verhandlungen zum Scheitern. Hinter Piacenza stand der Einfluß Venedigs – die kaiserlichen Erfolge des Vorjahres im Gebiet der östlichen Po-Ebene waren der stolzen Republik bedrohlich erschienen für die eigene Unabhängigkeit. Erneute militärische Auseinandersetzungen waren damit unvermeidlich geworden.

Das kaiserliche Heer, das sich in der ersten Septemberhälfte bei Verona sammelte, war bunt zusammengewürfelt, aber zahlenmäßig den lombardischen Streitkräften überlegen. Friedrich war mit gut zweitausend Rittern aus Deutschland gekommen. Ein größeres Aufgebot kam aus Apulien, an die siebentausend Sarazenen und sizilianische Ritter. Jetzt wirkte sich als Vorteil aus, daß im vergangenen Jahr die Verbindung mit Cremona freigekämpft worden war. Ungehindert gelangten die Mannschaften der kaisertreuen Lombardenstädte nach Verona. Zum kaiserlichen Heer stießen außerdem toskanische Ritter und Söldnereinheiten aus England, Frankreich, Ungarn und anderen Königreichen. Insgesamt verfügte der Kaiser über zwölf- bis fünfzehntausend Krieger, während die gegnerischen Lombarden gut zehntausend aufbieten konnten. Der Kaiser nutzte seine überlegene militärische Stärke, und offenbar lag dem Feldzug von Anfang an eine gut durchdachte strategische Planung zugrunde. Von der kaiserlichen Basis Verona ausgehend, lag es nahe, in der ersten Phase des Kampfes die stark befestigte Stadt Brescia, etwa auf halbem Weg nach Mailand, zu erobern. Doch zunächst zogen die Truppen südwärts in Richtung Mantua, um für die weiteren Operationen den Rücken frei zu bekommen. Die Kaiserlichen eroberten die Festung Redondesco und zwei Kastelle in der Nähe von Mantua, so daß sich Mantua bereits am 1. Oktober ergab. Dann zogen die Truppen nordwestlich gegen Brescia. Nach vierzehntägiger Belagerung fiel die erbittert verteidigte Festungsstadt Montechiaro. Der Weg nach Brescia war frei. Allerdings scheiterte die geplante Belagerung Brescias. Vor den Mauern stand das gesamte lombardische Heer, und keine Partei wagte die offene Feldschlacht.

Um die Lombarden von Brescia wegzulocken, zog der Kaiser nach Süden. Mitte November lagerten beide Heere bei Pontevico einander gegenüber, durch einen sumpfigen Nebenfluß des Oglio getrennt. Da es nicht zum Kampf kam und der Winter herannahte, glaubte jedermann, die Truppen würden nun ihre Winterquartiere beziehen. Tatsächlich veranstalteten die Kaiserlichen in den letzten Novembertagen einen lärmvollen Aufbruch. Sie überquerten den Oglio und zogen, wie es schien, südwärts nach Cremona. Doch es war nur eine List. Lediglich ein Teil des

Heeres marschierte nach Süden, während die Reiterei und die sarazenischen Bogenschützen unauffällig nordwärts am Oglio Stellungen bezogen, um die Mailänder auf ihrem Rückzug zu überfallen.

Zwei Tage danach wurde der Aufbruch der lombardischen Truppen gemeldet. Sie wählten einen anderen Übergang über den Oglio, schienen sich jedoch sicher zu fühlen. Nach einem Gewaltmarsch stellte die kaiserliche Vortruppe am frühen Nachmittag des 27. November bei Cortenuova die überraschten Lombarden zum Kampf. Als der Kaiser mit der schweren Haupttruppe heranrückte, war bereits abzusehen, daß der unerwartete Angriff dem lombardischen Heer eine vernichtende Niederlage bereiten mußte.

Ein Bericht des Kaisers an den Papst und die Kardinäle, einige Tage nach der Schlacht verfaßt, schildert anschaulich die letzten Ereignisse um Cortenuova: »Aber als Schrecken und Getöse wie vom Donner des Himmels bei Unserer Ankunft erdröhnten, da wandten sie sich so plötzlich zur Flucht, daß bis zu ihrem Fahnenwagen, den sie nach Cortenuova vorausgesandt hatten, keiner der Fliehenden das Antlitz der Unseren zu schauen vermochte. Und als Wir selbst mit dem Kern Unserer Schlachtreihen den Unseren zu Hilfe eilen zu müssen glaubten, fanden Wir die Straßen durch Pferde, die ohne Reiter umherirrten, von gestürzten und im Gemetzel getöteten Rittern versperrt. Nachdem Wir die am Boden liegenden hatten aufnehmen und fesseln lassen, wandten Wir Uns zu dem Fahnenwagen, den Wir bei Cortenuova, umgeben von Wällen und Gräben und umringt von einer ungeheuren Menge kämpfender Ritter, fanden; und Wir machten Uns daran, ihn zu erobern und wegzunehmen. Und schließlich sahen Wir einige von den Unseren, die den Rand der Verschanzung überstiegen hatten, fast bis zur Deichsel des Wagens vorgedrungen. Da jedoch der schattige Nebel der Nacht hereinbrach, gaben Wir den versuchten Angriff auf und gönnten Uns Ruhe, die sich die Wünsche der Unseren möglichst lang ersehnten; aber nur die Schwerter legten Wir ab und zogen die Eisenhemden nicht aus.«

Am nächsten Morgen fanden die Kaiserlichen wohl den Fahnenwagen und die Troßwagen mit allem Material und Waffen, die Lombarden wie die Verteidiger von Cortenuova jedoch waren geflohen. Während die leichten Reiter die Fliehenden verfolgten, versorgten die Zurückgebliebenen die Verwundeten und sammelten die Gefangenen. Tausende von Toten und Sterbenden lagen auf dem Schlachtfeld. Dreitausend Fußsoldaten und mehr als tausend Ritter, darunter der mailändische Podestà Pietro Tiepolo, der Sohn des Dogen von Venedig, gerieten in kaiserliche Gefangenschaft.

Am 27. November 1237, nur zehn Wochen nach dem lombardischen Auftakt, fiel bei Cortenuova die Entscheidung – ein überwältigender Triumph, den Friedrich und seine Anhänger geradezu rauschhaft feierten. Im nahen Cremona, der vorbehaltlos treuen Stadt, die schon den siebzehnjährigen »Puer Apuliae« unterstützt hatte, trat Friedrich als siegreicher Caesar auf. Im Triumphzug führten seine Soldaten die Gefangenen, die erbeuteten Trophäen und reichbeladenen Beutewagen durch die Straßen. An Ketten gebunden gingen die besiegten Heerführer. Der kaiserliche Elefant zog den Carroccio, den Fahnenwagen der Mailänder. Auf dem Wagen lag, mit dem Rücken an den umgelegten Fahnenmast gebunden, Pietro Tiepolo, der Podestà von Mailand und Befehlshaber der lombardischen Truppen. Petrus de Vinea begrüßte den Kaiser feierlich als unbesiegbaren Imperator. Die überschwengliche, bewußt auf das römische Caesarentum bezogene Gestimmtheit im kaiserlichen Lager gibt ein Schreiben des Petrus de Vinea wieder: »Frohlocken möge nun des Römischen Reiches Gipfel, und der gesamte Erdkreis möge sich freuen über den Sieg eines solchen Herrn! Erröten möge die widerrechtliche Genossenschaft der Lombarden, zerschmettert werde der Wahnwitz der Empörer, und angesichts des Ausgangs der Schlacht mögen die feindlichen Völker erzittern! Vor allem jedoch möge das unglückliche Mailand seufzen und jammern . . . und es möge sich daran gewöhnen, dem Herrn der Welt zu gehorchen!«

Friedrichs eigener Bericht an den Papst endet mit den Worten: »Für all dies, heiligster Vater, bitten Wir in kindlicher Ergebenheit Euch und Eure Brüder, für Uns dem Herrn Jesus Christus, der, seine Sache verfolgend, das heilige Reich siegreich fördert und erhöht, Dank zu sagen.« In diesem wie in anderen kaiserlichen Sendschreiben an Könige und Fürsten dominieren das Hochgefühl und die Genugtuung des Siegers.

Allerdings war der Triumph von Cortenuova von unschätzbarer Bedeutung für die Reichseinheit und die kaiserliche Autorität. Man darf sagen, daß der Sieg »den Abschluß der klugen und zielbewußten Politik des letzten Vierteljahrhunderts bildete«. Friedrich wurde »Herr auch über Reichsitalien«. Zehn Tage nach Cortenuova gab sich Lodi in die Hand des Kaisers. Die Macht der Lombarden war gebrochen. Schon bald hielten nur noch die Städte Alessandria, Brescia, Piacenza und in der Romagna Bologna und Faenza zu Mailand. Der Kaiser war der Erfüllung seines höchsten Zieles nahe, der Vereinigung seiner drei Reiche Sizilien, Italien und Deutschland. Am Jahresende 1237, nun vor aller Welt auch als siegreicher Heerführer ausgewiesen, stand Friedrich auf der Höhe seiner Macht.

Es gibt in der Geschichte der Völker wie einzelner Menschen nicht selten einen merkwürdigen Zusammenhang von Sieg und Untergang, zwischen Höhepunkt und Fall. Einfacher gesagt, ist es die Geschichte vom Hochstehenden, der, je sicherer er sich wähnt, desto gefährdeter ist. Und der Triumph von Cortenuova verblendete Friedrich in einer Weise, die jeder Vernunft spottete, ihn zu maßloser Hybris anstachelte. Kein Ereignis zeigt die Schwächen Friedrichs deutlicher als dieser Sieg – Schwächen, die im Charakter Friedrichs angelegt waren und die ihm nach dem Sieg das Augenmaß für das politisch Vernünftige trübten.

Militarisch versäumte Friedrich im Gefühl des Triumphes die sofortige Verfolgung der geschlagenen Mailänder. Er hätte mit seiner siegreichen Übermacht die restlichen geflohenen Truppen einholen und die in Mailand herrschende Panik nutzen können. Wahrscheinlich hätte er Mailand im Überraschungsangriff erobern können. Und dieses Versäumnis gab den Resttruppen der Lombarden Gelegenheit, sich in Mailand neu zu formieren.

Noch verhängnisvoller wirkte sich Friedrichs politisch-psychologisches Fehlverhalten aus. Es war schon falsch, in Cremona allzu offensichtlich Rachegefühlen nachzugeben und den Podestà Pietro Tiepolo, den venezianischen Dogensohn, einer schmachvollen Behandlung auszusetzen. Das traf nicht nur die Mailänder, sondern nicht minder die Venezianer. Sodann schickte Friedrich, dem Brauch der altrömischen Imperatoren folgend, den erbeuteten mailändischen Fahnenwagen nach Rom und ließ ihn auf dem Kapitol öffentlich ausstellen. Dieser Akt und das Begleitschreiben an die Römer, überheblich, großtönend, mußten auch den Papst zutiefst brüskieren und verletzen. Friedrich spricht vom »römischen Sieg« wider die Empörer gegen das römische Reich, die er unter dem Schlachtruf des römischen Namens besiegt habe. Er stellte sich den alten Caesaren gleich, »denen für ihre herrlichen Taten Senat und Volk von Rom Triumphe und Lorbeeren zuerkannten«. Und er schreibt: »Empfanget dankbar, Quiriten, das Siegeszeichen Eures Imperators!«

Das Schreiben zeigt, wie sehr für Friedrich Rom »das Haupt der Welt«, *caput mundi,* war und wie gern er Rom zu seiner Regierungsstadt gemacht hätte (was er trotz seiner römischen Freunde niemals realisieren konnte). Dem gelegentlich massiv aufkommenden Verlangen, den Glanz des alten Caesarentums wiederzuerwecken, lag eine merkwürdig romantische Vorstellung zugrunde. Sie widersprach der geschichtlichen Realität, aber auch seinem eigenen, sonst so stark von der Vernunft geprägten Handeln als Staatsorganisator, Gesetzgeber, Diplomat oder Wissenschaftler.

Den wohl größten Fehler beging Friedrich allerdings, als die Mailänder zur Unterwerfung bereit waren und ihre Abgesandten, angeführt von einem Minoriten, den Kaiser um Frieden baten. In der Stadt waren nach der Niederlage Unruhen ausgebrochen. Die Bürger schienen der Kämpfe gegen den Kaiser müde zu sein. Die mailändischen Unterhändler boten ihm den Treueeid und die schuldige Ehrfurcht für alle Zeiten an. Sie wollten einen kaiserlichen obersten Richter in ihrer Stadt anerkennen. Sie boten Geiseln an, einen »Schatz an Gold und Silber« als Entschädigung für ihren Widerstand, wollten ihre Feldzeichen übergeben oder verbrennen und Truppen für einen Kreuzzug bereitstellen. Friedrich aber lehnte das mailändische Angebot ab. Er forderte nur eines: die bedingungslose Kapitulation. Man könnte einwenden, daß Friedrich nach dem jahrzehntelangen Verhalten Mailands Gründe genug zum Mißtrauen hatte, doch ist aus dem Angebot kaum etwas anderes als die redliche Absicht der Mailänder herauszulesen; außerdem boten sie genug Sicherheiten, die sich ausbauen ließen. Die Ablehnung Friedrichs läßt sich schwerlich anders als aus seinem unnachgiebigen, politisch irrationalen Haß erklären.

Die Mailänder brachen die Verhandlungen ab und erklärten dem Kaiser: »Wir fürchten, durch die Erfahrung gewitzigt, Deine Grausamkeit. Lieber wollen wir mit dem Schwert in der Hand sterben, als durch Hunger, Feuer oder Henkershand zugrunde gehen.« Die radikale Absage des Kaisers löste in Mailand und den wenigen ihm verbliebenen Bündnisstädten den Willen zum entschiedenen Widerstand aus. Es kam so, wie der Chronist notierte: »Von da an verlor der Kaiser die Gunst vieler, weil er ein unerbittlicher Tyrann geworden war, und die Mailänder wurden ihrer Demut wegen erhöht und gekräftigt. Und da die Bürger sahen, daß es sich um ihr Leben handelte, so schützten sie sich und ihre Stadt eifriger als bisher durch Waffen, Gräben und Bündnisse mit anderen Städten.«

Siebter Teil

Kaiser und Papst

38 Im Kloster Santa Justina bei Padua

Die ersten Monate des Jahres 1239, Winter und Frühjahr, verbrachte Friedrich im Kloster Santa Justina vor Padua. Für das Klosterleben, den gewohnten Tageslauf der Mönche mit Chorgebet, Studium und Feldarbeit, war der kaiserliche Aufenthalt eine Zumutung. Nicht nur der Kaiser nahm im Kloster Quartier. Mit ihm kam der gesamte Hof, kamen Berater, Hofbeamte, Dienstleute, die Kanzlei und der übliche Troß. Die klösterlichen Stallungen waren überfüllt. Auf den Wiesen rings um Santa Justina standen die Zelte der Sarazenen. Es muß ein reizvoller Anblick gewesen sein, wie die Klosterwiesen zum buntgefärbten Sarazenenlager wurden, wie dort die exotischen kaiserlichen Tiere weideten, Kamele, Dromedare und der berühmte Elefant.

Der Abt Arnold war klug genug, dem hohen Gast so zu begegnen, daß der Aufenthalt dem Kloster Vorteile brachte. Er sorgte für das Wohlbefinden des Kaisers. Der kaiserlichen Küche stiftete er die schmackhaftesten Störe aus Ferrara und zwei Wagenladungen vom besten Wein. Ferner stellte das Kloster dreißig Scheffel Gerste und vierundzwanzig Fuhren Heu zur Verfügung. Dem Kaiser schenkte der Abt kostbare Wandteppiche und einen prachtvollen Thronsitz. Was der Aufenthalt Friedrichs dem Kloster einbrachte, war keineswegs gering. Der Kaiser bestätigte urkundlich die Besitzrechte des Klosters, obwohl Markgraf Ezzelino Ansprüche auf das reiche Kloster mit den weitläufigen Ländereien erhob. Es war nicht leicht, die kaiserliche Garantie zu erlangen. Der gefürchtete Ezzelino war Friedrichs wichtigster Verbündeter in der Lombardei, zudem seit einem Jahr kaiserlicher Schwiegersohn; denn Friedrich hatte seine uneheliche Tochter Selvaggia dem Markgrafen zur Frau gegeben, und Ezzelino zählte zu den Klostergästen.

Mehrere Monate lang beherbergte Santa Justina den Großhof, wurde das Kloster Regierungssitz mit aller weltlichen Unruhe. Täglich kamen und gingen Boten, Gesandtschaften, Abordnungen. Doch Friedrich besaß die eigentümliche, fast naive Fähigkeit, alles Störende beiseite zu schieben und ganz dem Augenblick zu leben. Er freute sich an Jagdausritten. Nach langer Pause konnte er im westlichen Hügelland die Leoparden auf das Großwild hetzen. Er ließ seine Falken aufsteigen und jagte in der Flußniederung Wasservögel. Gelegentlich ritt er in das nahe

Brentatal, nach Noventa, wo die Kaiserin mit ihren Frauen und Wächtern residierte. Isabella hatte ihm vor einem Jahr den Sohn Heinrich (Carlotto) geboren. Noventa war während des Lombardenkrieges eine sichere Zuflucht. Doch die scheinbar unbeschwerte Idylle des kaiserlichen Aufenthalts in Santa Justina war trügerisch.

Schon die vorausgegangenen Ereignisse, während des ganzen Jahres 1238, waren glücklos verlaufen. Alle Versuche, den Sieg von Cortenuova durch die endgültige Niederwerfung der Mailänder und ihrer wenigen Bündnispartner – Alessandria, Bologna, Brescia, Faenza, Piacenza – zu vollenden, waren gescheitert. Vor Brescia wurden die Kaiserlichen nach mehr als zweimonatiger Belagerung aufgerieben, und das trotz frischer Hilfstruppen aus den christlichen Königreichen und neugebauter Wurfmaschinen und Mauerbrecher. Auf beiden Seiten wurde erbittert und grausam gekämpft. Am Ende brach im kaiserlichen Lager eine verheerende Viehseuche aus. Verfolgt von Mißgeschick, bezogen die Truppen ihre Winterquartiere.

Es stand schlecht um die Sache des Kaisers. Böse Zungen behaupteten, wie ein Hund, dem die Lombarden eiserne Knochen vorgeworfen hätten, wäre der Kaiser nach Santa Justina gekommen. Er hätte sich verkrochen. Doch das stimmt nicht mit dem festlichen Einzug Friedrichs in Padua und seinem Verhalten während der Klostermonate überein. Etwas anderes, das nur mittelbar mit den Lombarden zusammenhing, wog schwerer. Gerüchte gingen um, der Papst bereite den letzten, vernichtenden Schlag gegen den Staufer vor, die erneute Exkommunikation.

Der herrische Gregor IX., der – autoritätsbewußt wie sein Onkel Innozenz III. – mit allen Mitteln die päpstliche Macht zu festigen suchte, konnte die demütigende Herausforderung durch die Aufstellung des mailändischen Fahnenwagens auf dem Kapitol nicht vergessen. Friedrichs überheblicher Brief an die Römer ließ vermuten, er sei darauf aus, die päpstliche Autorität in Rom zu untergraben und im Verein mit den starken antipäpstlichen Kräften Rom dem Papst zu entreißen. Mißtrauisch verfolgte Gregor die Kriegshandlungen in der Lombardei. Die kaiserliche Niederlage in Brescia beendete seine Zurückhaltung. Der alte Mann entfaltete eine unglaubliche, offen gegen Friedrich gerichtete Aktivität. Er sandte den Kaiserfeind Gregor von Montelongo als Legaten nach Mailand, den Widerstand zu schüren und die Liga zu festigen. Dem Papst gelang es, die früher feindlichen Rivalen Genua und Venedig zusammenzubringen. Venedig, durch die schmachvolle Behandlung und Kerkerhaft des Dogensohnes Pietro Tiepolo zutiefst erbittert, und Genua schlossen ein gefährliches Angriffsbündnis. Die beiden Seestädte entwarfen bereits Pläne zur Aufteilung der sizilianischen und apulischen Hafenstädte.

Den direkten Angriff gegen den Kaiser begann Gregor, als er Friedrich im Oktober eine umfangreiche Beschwerdeliste vorlegen ließ. Er bezichtigte ihn, den Frieden von San Germano verletzt zu haben. In Cremona trugen die päpstlichen Gesandten, zwei deutsche und zwei italienische Bischöfe, dem Kaiser vierzehn Anklagepunkte vor, vorwiegend angebliche Rechtsbrüche gegenüber der sizilianischen Kirche. Kein Wort zum lombardischen Streit, den die Wiederholung alter Vorwürfe zur sizilianischen Kirchenpolitik offensichtlich verschleiern sollte. Friedrich unterwarf sich dem Verhör, widerlegte jedoch die Anklagen Punkt für Punkt. Zeigte sein Verhalten hier, vielleicht unter dem Eindruck seiner eben vor Brescia erlittenen Niederlage, eine erstaunliche Geduld, so wirkte eine andere, im selben Monat vollzogene Handlung geradezu herausfordernd. Friedrich vermählte Enzio, seinen ältesten unehelichen Sohn, mit Adelasia, der Erbin der beiden größten Provinzen Sardiniens, und ernannte Enzio zum König von Sardinien – und das, obwohl die Insel unter päpstlicher Lehenshoheit stand, die Friedrich eidlich anerkannt hatte. Durch die Heirat Enzios wurde Sardinien jedoch der Reichshoheit unterstellt. Das bedeutete praktisch die Annektierung eines päpstlichen Lehensgebietes. In der gegenwärtigen Lage hätte Friedrich den Papst kaum stärker herausfordern können. Ein solches Vorgehen war politisch unklug, um nicht zu sagen dumm.

Man spürt, wie die fortgesetzten Provokationen, die bald versteckten, bald offenen Angriffe, Racheakte und Intrigen unausweichlich dem endgültigen Bruch zusteuerten. Überdies war Papst Gregor durch den lombardischen Konflikt in eine mißliche Situation geraten. Von Anfang an hatte er auf seiten der Lombarden gestanden, vermittelt, wo es dem Gebot der Stunde entsprach, sonst aber den Aufruhr unterstützt, weil ihr Widerstand gegen den Kaiser geeignet war, dessen Macht einzuschränken. Es ließ sich jedoch kaum bestreiten, daß die Ansprüche des Kaisers zu Recht bestanden und die Lombarden als Rebellen anzusehen waren. Folglich suchte Gregor andere Gründe, den Kaiser des Unrechts zu überführen.

Zumindest seit März, noch als er in Santa Justina weilte, wußte Friedrich, daß Papst Gregor bereit war, das schärfste Mittel gegen ihn anzuwenden, den Bann, und daß die Vorbereitungen dazu bereits im Gange waren. Da dem Kardinalskollegium Männer wie Johann Colonna angehörten, die der verbissenen Kaiserfeindlichkeit des Papstes kritisch gegenüberstanden, versuchte Friedrich im letzten Augenblick, die Kardinäle für sich zu gewinnen oder wenigstens das römische Kollegium zu spalten. Es war ein verwegener, »letzter Versuch, durch Drohung den Frieden zu bewahren« und den Bann abzuwenden. Das Schreiben Friedrichs vom 10. März 1239 an die römischen Kardinäle läßt an Deutlichkeit nichts zu wünschen übrig:

»An allem, was der Inhaber des Stuhles Petri zu beschließen vorhat oder zu verkünden beschlossen hat, steht Euch gleiche Teilhabe zu. Wer sollte sich nicht verwundern, daß, gestärkt durch die Versammlung so vieler ehrwürdiger Väter, der Inhaber des Throns der Kirche unberaten vorgehen will und, brennend von persönlicher Verärgerung, gegen den römischen Fürsten, den Beistand der Kirche, den Spruch der Absetzung zu erlassen und zugunsten der lombardischen Empörer das geistliche Schwert zu ziehen beabsichtigt.

Gleichwohl würden Wir es, da Wir den Eigensinn des Beleidigers erwägen, für erträglicher halten, wenn es gleichermaßen erlaubt wäre, persönliche Rache zu üben, die Wir an dem Manne, durch den das Ärgernis kommt, und an seinen Verwandten nehmen könnten. Da aber weder er selber noch seine ganze Sippschaft wert sind, daß des Reiches Gipfel rächend gegen sie vorgeht, so bedrückt Uns die Beunruhigung, daß Wir gezwungen sind, bei der Verteidigung die Widerstrebenden zu schwer zu treffen, unbeschadet der Heiligkeit der Kirche, die Wir mit dem Herzen und durch die Tat verehren.

Deshalb bitten Wir Eure verehrungswürdige Gemeinschaft, Ihr möget die Sinnesweise des höchsten Priesters, die die Welt ebenso ungerecht wie willkürlich erkennt, in wohlüberlegter Mäßigung einschränken und die Kirche vor Ärgernissen bewahren. Denn obwohl Wir auf Euer aller Heil und Ehre bedacht sind, werden Wir nicht gleichmütig von der Verfolgung der Missetäter absehen können. Selbst wenn Wir dem Anführer nicht entgegentreten könnten, wäre es Uns gesetzlich erlaubt, das Unrecht, das Wir nicht verhindern können, mit Unrecht abzuwehren.«

Glaubte Friedrich wirklich, mit einem solchen offenen Drohbrief das auf ihn zukommende Verhängnis abwenden zu können? Hier, wie überhaupt in den letzten Wochen und Monaten, machte sich die Abwesenheit Hermann von Salzas, des einflußreichsten, klugen und besonnenen Vermittlers, bemerkbar. Der Deutschordensmeister war im Sommer des vergangenen Jahres mit den Hilfstruppen aus Deutschland in die Lombardei gekommen. Aber er mußte, schwer erkrankt, nach Salerno gebracht werden, wo er Heilung suchte. Vielleicht hätten der Rat und die Vermittlung Hermann von Salzas eine andere, versöhnlichere Wendung des Geschehens herbeigeführt. Der Kaiser scheint mit ziemlicher Sicherheit auf den Erfolg seines Schreibens gebaut zu haben. Sonst hätte er den Brief nicht abgesandt und die Tage danach scheinbar unbeschwert Jagdausritten und festlichen Veranstaltungen gewidmet.

Am Palmsonntag 1239, zehn Tage nach der Absendung des kaiserlichen Briefes, fand auf dem Prato della Valle, der großen Festwiese von Padua, ein Volksfest statt. Es wurde ein sehr fröhliches Fest, das die politischen Spannungen vergessen ließ. Keine Wolke trübte den klaren Märzhimmel. Spielleute, Schausteller, Akrobaten und Tanzgruppen sorgten für die Belustigung der Paduaner und der Gäste. Die Zuschauer strömten zu den Wettspielen und Vorführungen dressierter Tiere. Fast die gesamte Bevölkerung Paduas, festlich gekleidet, war auf dem Prato della Valle versammelt, als am Nachmittag der Kaiser mit seinem Gefolge erschien. Friedrich war vom nahen Kloster Santa Justina gekommen und nahm auf einem erhöhten Thronsitz Platz. Er trug einen weiten Purpurmantel und auf dem Haupt die Krone, zeigte sich allen »heiter und freundlich«, wie ein Chronist vermerkt. Petrus de Vinea sprach für den Kaiser zum Volk und stiftete »viel Wohlwollen und Liebe«.

Am selben Palmsonntag, dem 20. März 1239, das konnte zur Stunde in Padua niemand wissen, starb in Barletta, wo er Erholung suchte, Hermann von Salza, der Deutschordensmeister und beste Friedensvermittler zwischen Kaiser und Papst. Wie ein von unsichtbarer Hand gelenkter Schicksalsschlag traf mit dem

Tod des Friedensstifters ein zweites Verhängnis zusammen. Am selben Tag verkündete Gregor IX. in Rom vor einem Geheimkonsistorium der Kardinäle die Exkommunikation des Kaisers. In aller Eile, noch vor dem Gründonnerstag, dem sonst üblichen Tag des Exkommunikationszeremoniells, konfrontierte der greise Papst den Kaiser mit der vollendeten Tatsache. Er kannte den Drohbrief an die Kardinäle und wollte jeder möglichen Gegenmaßnahme zuvorkommen.

39 Die zweite Exkommunikation

Nach allem, was vorausgegangen war, erfolgte der Bannspruch Gregors IX. nicht gänzlich unerwartet. Doch scheint Friedrich noch in der Osterwoche geglaubt zu haben, der Papst würde die letzte Waffe gegen ihn nicht anwenden; denn die Nachricht von der Exkommunikation traf ihn wie ein Schlag und löste in seiner Umgebung Bestürzung aus. Die Begründungen, die Gregor in seiner Bannbulle aufzählte, vorwiegend die sizilianische Kirchenpolitik betreffend, waren bereits im Oktober des Vorjahres widerlegt worden. Einzelne Punkte hätten durch Verhandlungen oder Anhörung des Kaisers geklärt werden können. Nur Uneingeweihten konnten die päpstlischen Argumente zwingend und überzeugend erscheinen. Man muß wenigstens einige Kernsätze der Bannbulle vom 20. März 1239 vor Augen haben, um zu ermessen, mit welcher Zielstrebigkeit Gregor jegliche Verhandlungsbereitschaft von vornherein ausschaltete und den offenen Kampf mit dem verhaßten Kaiser suchte:

»Wir exkommunizieren und anathematisieren aus der Machtvollkommenheit des Vaters, des Sohnes und des Heiligen Geistes, der Apostel Petrus und Paulus und Unserer eigenen, Friedrich, den man Kaiser nennt, deswegen, weil er in der Stadt Rom gegen die Römische Kirche eine Empörung angestiftet hat, durch die er den Römischen Priester und seine Brüder von ihren Sitzen zu vertreiben beabsichtigte, und gegen die Privilegierten der Würde und Ehre des apostolischen Stuhles, gegen die Freiheit der Kirche, gegen die Eide, durch die er gebunden ist, leichtfertig der Kirche entgegentrat.

Wir exkommunizieren und anathematisieren ihn ferner deswegen, weil er einige Bistümer und einige andere freien Kirchen in seinem Königreich nicht besetzen läßt.

Wir exkommunizieren und anathematisieren ihn ferner deswegen, weil in seinem Königreiche Geistliche gefangengesetzt und eingekerkert, enteignet und getötet wurden.

Wir exkommunizieren und anathematisieren ihn ferner deswegen, weil in seinem Königreiche dem Herrn geweihte Kirchen zerstört und entweiht werden.

Wir exkommunizieren und anathematisieren ihn ferner deswegen, weil er kirchliche Besitztümer und die Insel Sardinien in Besitz nahm, gegen seinen Eid.

... weil in seinem Königreiche die Templer und Hospitaliter beweglicher und unbeweglicher Güter beraubt und nicht gemäß dem Versöhnungsvertrag entschädigt wurden,

... weil in seinem Königreiche Abgaben und Sonderleistungen gegen den Friedensvertrag von Kirchen und Klöstern durch ihn erpreßt wurden,

... weil die Sache des Heiligen Landes und die Wiederherstellung der Römischen Reichsgewalt durch ihn verzögert werden.

Wegen des vorstehend Gesagten also, um dessentwillen Wir den genannten Friedrich oft und eindringlich ermahnt haben, worauf er aber nicht hören wollte, exkommunizieren und anathematisieren Wir ihn.

Weil er außerdem auf Grund seiner Reden und Handlungen von vielen, ja geradezu auf dem ganzen Erdkreis schwer angeklagt wird, daß er nicht den rechten katholischen Glauben habe, so werden Wir mit Gottes Hilfe an geeigneter Stelle und zur rechten Zeit so vorgehen, wie es in solchen Dingen der gesetzliche Gang vorschreibt.«

Von Gregors Standpunkt aus leuchtet ein, daß er den lombardischen Streit überging, obwohl er zunächst der auslösende Anlaß für den Bannspruch war. In der Lombardenfrage war die Rechtmäßigkeit der kaiserlichen Ansprüche, war auch die jahrelang bewiesene Geduld zu offensichtlich, um stichhaltige Gründe für ein bannungswürdiges Unrecht zu bieten. Aber bei genauem Hinsehen erweisen sich auch die mit dem lombardischen Konflikt zusammenhängenden Gesichtspunkte des Papstes als Vordergründe. Nicht die Lombardei, erst recht nicht die meist fadenscheinigen Anklagen der Bannbulle, waren die wirkliche Ursache für die Exkommunikation, sondern die »immer rücksichtslosere Politik des Kaisers«. Darum bestand der eigentliche Grund für das Vorgehen des Papstes und der anderen Gegner des Kaisers in der Tatsache, daß die Kirche ihren weltlichen Herrschaftsanspruch durch den wachsenden kaiserlichen Herrschaftsanspruch bedroht sah, daß beide nahezu fortwährend kollidierten und miteinander unvereinbar waren.

Als Friedrich die Nachricht seiner Exkommunikation erhielt, berief er im Stadthaus von Padua eine Versammlung ein. Petrus de Vinea sprach und nannte den Kaiser »gütiger und gerechter« als irgendein Fürst seit Karl dem Großen. Der Kaiser selber ergriff das Wort. Er erklärte sich zur Unterwerfung bereit, falls der Bann rechtmäßig sei. Aber er wundere sich über den ungerechten und unbesonnenen Spruch, da kein Vergehen vorliege. Nach der anfänglichen Bestürzung reagierte Friedrich äußerst versöhnungs- und kompromißbereit, wenigstens in den ersten Tagen. Er sandte Bischöfe mit einem Schreiben nach Rom, das die gegen ihn vorgebrachten Anklagen widerlegte. Die kaiserliche Delegation wurde abgewiesen. Eine fieberhafte diplomatische Tätigkeit setzte ein. Nach Briefen an die Kardinäle folgte am 20. April ein umfangreiches Manifest an die Fürsten des Abendlandes, ein Rechenschaftsbericht des Kaisers über sein Verhältnis zur Kurie.

Ermahnungen von Kardinälen und Bischöfen, Proteste von christlichen Königen und Fürsten, ließen Papst Gregor ungerührt. Um König Ludwig von Frankreich für eine Absetzung des Kaisers zu gewinnen, bot der Papst dem König für seinen Bruder Robert das Königreich Arelat an. König Ludwig erwiderte entrüstet, nicht der Papst könne den Kaiser absetzen, sondern nur ein allgemeines Konzil. Auch die deutschen Fürsten schickten dem Papst eine empörte Absage. Der Papst könne den von den Fürsten gewählten Kaiser krönen, er dürfe ihn jedoch nicht eigenmächtig absetzen. Das Verhalten der Fürsten zeigt, daß sie nicht willens waren, dem Papst nachzugeben und den Bannspruch mit allen Konsequenzen zu erfüllen. Der Bannspruch löste ja ausdrücklich alle dem Kaiser geleisteten Eide und verbot »strengstens, dem Exkommunizierten die Treue zu halten«. Außerdem wurde die Exkommunizierung Friedrichs in allen christlichen Kirchen während des Hochamtes verkündet. Die öffentliche Wirkung des Bannspruchs war nicht zu unterschätzen.

Bereits in seinem Manifest an die Fürsten hatte Friedrich mit scharfen Worten Gregors parteiisches Verhalten im Lombardenstreit bloßgestellt. Jetzt war die Zeit des Verhandelns vorbei. Offen spricht die ungezügelte Leidenschaft und Gereiztheit beider Parteien aus den nun ausgesandten großen Manifesten. Ihnen folgten Briefe, Traktate, Flugschriften, teils anonym, aber immer deutlich in der gegenseitigen zornigen Anklage. Papst und Kaiser zitieren die Schreckensvisionen der Apokalypse, nennen sich Ketzer und Antichrist. Der leidenschaftliche und unerbittliche Kampf war weit mehr als eine »unwürdige Zankerei« zwischen den beiden Oberhäuptern der Christenheit, obwohl ihre verbissene Polemik oft in die Niederungen billiger Propaganda geriet. Man muß jedoch den Zeithintergrund vor Augen haben, um Diktion und Inhalt, auch um die mitreißende Wirkung der gegenseitigen Beschuldigungen, zumal in den beiden großen Manifesten, zu begreifen.

Am 21. Juni sandte Gregor IX. sein berühmtes und berüchtigtes Manifest an die Prälaten der Kirche, worin er apokalyptische und alttestamentliche Visionen beschwor: »Es steigt aus dem Meer die Bestie voller Namen der Lästerung, die, mit der Tatze des Bären und dem Maul des Löwen wütend, an den übrigen Gliedern von Pardels Gestalt, ihren Mund zu Lästerungen des göttlichen Namens öffnet und nicht aufhört, auf Gottes Zelt und die Heiligen, die in den Himmeln wohnen, die gleichen Speere zu schleudern. Mit eisernen Klauen und Zähnen begehrt sie alles zu zermalmen und mit ihren Füßen die Welt zu zerstampfen. Um die Mauer des katholischen Glaubens umzureißen, hat sie längst heimlich die Sturmböcke gerüstet – jetzt aber stellt sie offen ihre Maschinen auf, und wider Christus, den Heiland des Menschengeschlechts, richtet sie sich empor. So hört denn alle auf, Euch darüber zu verwundern, ihr, zu denen von dieser Bestie wider uns erlassene Lästerreden gelangen, daß auf uns, die in jeder Knechtschaft Gott Unterworfenen, Pfeile der Verleumdung zielen, da der Herr selbst von solchen Schanden nicht unversehrt bleibt. Hört auf zu erstaunen, daß Der die Klinge der Unbill wider uns zückt, der sich schon reckt, den Namen des Herrn von der Erde zu tilgen. Nein, daß ihr lieber mit offener Wahrheit seinen Lügen widerstehen könnet, blicket Haupt, Mitte und Ende dieser Bestie Friedrich, des so genannten Kaisers, an . . .«

Dann folgt die schon zitierte Anklage, »dieser König der

Pestilenz« habe behauptet, drei Betrüger hätten die Welt hintergangen: Jesus Christus, Moses und Mohammed. Friedrich behaupte ferner ketzerisch, »daß alle jene Narren seien, die da glauben, aus einer Jungfrau habe der Gott geboren sein können, der die Natur und alles andere erschuf«. Nicht weniger scharf in der Anklage wirft Friedrich, die päpstlichen Vorwürfe umkehrend, Gregor seine »verkehrte Lehre« vor, die dazu führe, die lombardischen Ketzer zu unterstützen. Ausdrücklich bekennt Friedrich selbst sich zum wahren Glauben.

»Der da sitzt auf dem Lehrstuhl verkehrten Dogmas, der Pharisäer, gesalbt mit dem Öle der Bosheit, der römische Priester unserer Zeit, er begehrt sinnlos zu machen, was aus Nachahmung himmlischer Ordnung herabgestiegen ist: und glaubt vielleicht, so passe er zu den Dingen droben, die von Natur, nicht von Willen geführt werden. Den Glanz unserer Majestät sinnt er zur Verfinsterung zu bringen: denn mit zur Fabel verwandelter Wahrheit, voll von Lügen, ergehen Briefe in die verschiedenen Teile der Welt, und mit Deutelei, nicht mit Vernunft beschuldigen sie unseres Glaubens Reinheit. Da hat er, der Papst bloß dem Namen nach geschrieben, wir seien die Bestie, die aus dem Meer steigt, voll Namen der Lästerung, mit des Pardels Buntheit übermalt. Und wir behaupten, er sei jenes Ungetüm, von dem man liest: Es ging heraus ein ander Pferd, ein rotes, aus dem Meere, und der darauf saß, nahm den Frieden von der Erde, daß die Lebenden sich untereinander erwürgten.

Denn seit der Zeit seiner Erhebung hat dieser Vater nicht der Barmherzigkeit, sondern der Zwistigkeiten, der Verwüstung und nicht der Tröstung eifriger Verwalter, alle Welt zu Ärgernissen aufgestört. Und daß wir seine Worte nach dem rechten Sinn verdolmetschen, er selbst ist der große Drache, der das ganze Erdenrund verführt hat, der Widerchrist, zu dessen Vorläufer er uns gemacht hat. Und ein anderer Balaam, gedungen um Geld, daß er uns verfluche, Fürst unter Fürsten der Finsternis, welche die Weissagungen mißbraucht haben. Dieser ist der Engel, welcher hervorspringt aus dem Abgrund, welcher Schalen hält voller Bitternis, daß er dem Meere und Lande schädlich sei.

Es hat aber der falsche Statthalter Christi in seine Märchen eingestreut, daß wir den christlichen Glauben nicht richtig verehrten und gesagt hätten, von drei Verführern sei die Welt betrogen. Ferne sei, daß das von unseren Lippen gekommen wäre, da wir offensichtlich bekennen Gottes einzigen Sohn, gleichewig und gleichaltrig dem Vater und Heiligen Geist, unsern Herrn Jesus Christus, seit Anbeginn und vor der Zeitlichkeit gezeugt, im Fortgang der Zeit gen Erden gesandt zur Hilfe für das Menschengeschlecht, nicht aus zugeteilter, sondern aus zuteilender Macht: welcher von der ruhmreichen Jungfrau Mutter geboren ist, gelitten hat alsdann und gestorben ist nach dem Fleische und der andern Natur, die er im Schoße der Mutter angenommen, durch die Kraft der Gottheit aber vom Tode nach drei Tagen erstanden ist . . .!«

Etwas Ungeheuerliches, dem heutigen Denken nur schwer Nachvollziehbares war geschehen. Die beiden höchsten Autoritäten der Christenheit warfen sich gegenseitig die zu ihrer Zeit furchtbarste Anklage vor, der Verderber und Antichrist zu sein. In der integren, das heißt vom gemeinsamen Glauben zusammengehaltenen Welt des Mittelalters, mußten solche Anklagen Verwirrung und Schrecken stiften.

Aber was geschah, außer diesen wütenden Wortgefechten, die ein Historiker einen »Kampf der Kanzleien« nannte (was nicht dazu verführen sollte, den persönlichen Entscheidungskampf von Papst und Kaiser zu verharmlosen)? In der Lombardei unternahm Friedrich in den Monaten nach seiner Exkommunikation eine Reihe militärischer Einzelaktionen. Sie sicherten die kaisertreuen Städte und Bastionen, konnten aber nicht den aufs Neue gefestigten Widerstand Mailands und der Liga brechen. Der nun offene Beistand des Papstes, unterstützt von den diplomatisch und militärisch äußerst fähigen Legaten Gregor von Montelongo, gab den antikaiserlichen Lombarden Auftrieb. Beide Seiten führten den Kleinkrieg in der Lombardei mit zunehmender Härte und Grausamkeit, mit Landverwüstungen, Überfällen und Raub außerhalb der befestigten Städte.

In Sizilien wachten die kaiserlichen Justitiare darüber, daß die Kleriker weiterhin Gottesdienste abhielten und die Sakramente spendeten. Die Justitiare erklärten, wegen des Kirchenbannes sei niemand gezwungen, die kirchlichen Handlungen zu verrichten. Wer sich jedoch weigerte, verlor sein weltliches Besitztum und wurde als Feind des Kaisers behandelt. Jetzt erst setzte Friedrich in die Tat um, was ihm in der Bannbulle vorgeworfen wurde – die Enteignung oder Einkerkerung kirchentreuer Geistlicher. Es war ein radikales Mittel, um die sizilianische Kirche dem Kaiser gefügig zu machen. Die vakanten 35 sizilianischen Bischofsstühle (von den rund 145 Bischofssitzen in Sizilien) ließ Friedrich zum großen Teil mit verläßlichen Prälaten besetzen. Der dem Kaiser eng verbundene Erzbischof Berard von Palermo diente der sizilianischen Kirche sozusagen als Primas; denn die Verbindung mit Rom fiel praktisch aus.

Noch von der Lombardei aus leitete der Kaiser eine staatliche Reorganisierung Siziliens ein. Eine Vereinfachung und Straffung der Staatsverwaltung erwies sich wegen der zunehmenden inneren und äußeren Bedrohung Siziliens als notwendig. Im Innern bildeten papstfreundliche Kleriker und päpstliche Agenten eine ständige Gefahr. Sie erforderte die Verschärfung des Sicherheitssystems. Von außen her drohten Angriffe der päpstlichen Bündnispartner Venedig und Genua. Die antikaiserliche Liga war durch den neuerlichen Pakt, dem auch Mailand und Piacenza beitraten, gewachsen. Die Aufteilung Siziliens war bereits geplant, doch zu früh; denn Friedrich ließ die apulischen Hafenkastelle beschleunigt ausbauen und die Wachttürme an der Küste verstärkt besetzen. Die Kastelle an der Grenze zum Kirchenstaat wurden besser ausgerüstet und erhielten frische Besatzungen. Die Neuordnung der Verwaltung wurde auch notwendig, um die Wirtschaft Siziliens noch mehr als bisher in die Lage zu versetzen, den Rüstungs- und Finanzforderungen des Kaisers nachzukommen.

Friedrich löste den bisher, während seiner Abwesenheit regierenden Regentschaftsrat auf. An seine Stelle trat der Großhofjustitiar Heinrich von Morra, der nunmehr sein Amt als Vertreter des Kaisers nicht in Sizilien, sondern am kaiserlichen Hof auszuüben hatte. Friedrich zog die gesamte Verwaltung Siziliens in seine unmittelbare Nähe. Dem Großhofjustitiar unterstanden zwei, mit allen zivilen und militärischen Vollmachten ausgestattete Generalkapitäne, für das sizilianische Festland der bewährte Andreas von Cicala, für die Insel aus dem engeren Kreis um Friedrich Roger de Amicis, der auch als Dichter hervortrat. In ähnlicher Weise veranlaßte der Kaiser die Neuordnung der Staatsverwaltung in Mittel- und Oberitalien. Die Reichsgebiete wurden in Generalvikariate oder Generalkapitanien eingeteilt. Als Statthalter setzte Friedrich vorwiegend Apulier, verdiente Adelige aus seiner Umgebung, oder seine eigenen Söhne und

Schwiegersöhne ein. Da sie meist einen Stab von höheren und niederen Beamten aus dem sizilianischen Königreich mitbrachten, sprachen die Norditaliener in diesen Jahren vom apulischen Joch. Nach sizilianischem Vorbild übernahm eine weitverzweigte und genau gestaffelte Beamtenschaft die gesamte Staats- und Rechtsverwaltung. Offensichtlich sollte auch die staatliche Reorganisation in Reichsitalien einen absolut verläßlichen Zentralismus schaffen.

Mit unbeirrbarer Energie, während ja gleichzeitig der nicht weniger fordernde geistige und militärische Kampf sich steigerte, reagierte Friedrich in der durch den Kirchenbann ausgelösten Krise. Wiederum bewährte sich seine ungewöhnliche organisatorische Fähigkeit. Allerdings begann für Sizilien zwangsläufig infolge der Kriegssituation eine Art Ausnahmezustand mit rigorosen polizeistaatlichen Maßnahmen.

Dem Papst war mit dem neuen Orden der Franziskaner, eine unschätzbare Hilfsorganisation zugewachsen. Die Bettelmönche zogen sozusagen als päpstliche Agenten durch das Land, predigten im Sinne des Papstes und wiegelten das Volk gegen den Kaiser auf. Gregor IX. beeinflußte die Abwahl des Generalministers Elias von Cortona im Jahre 1239, da Elias sich gegenüber dem Kaiser vermittlungsbereit zeigte. Dieser Elias, den Franziskus noch selbst zu seinem Nachfolger bestimmt haben soll, der sich aber bald von den Minderbrüdern absonderte, fürstlich lebte und den Orden autokratisch leitete, wurde nach seiner Absetzung zum Parteigänger und Freund des Kaisers. Doch die Franziskaner, zu denen Friedrich nie eine Beziehung fand, erwiesen sich als äußerst gefährliche Widersacher und Provokateure; und auch sie forderten den Kaiser zu Gegenmaßnahmen heraus.

Das Königreich wurde abgeriegelt, jede Verbindung mit Rom generell abgeschnitten. Schiffe durften nur bestimmte Häfen anlaufen und wurden von kaiserlichen Beamten kontrolliert. Ohne kaiserliche Erlaubnis konnte niemand ein- oder ausreisen. Briefe und Schriften unterlagen strengsten Zensurbestimmungen. Wer die Verordnungen mißachtete, mußte mit harter, in manchen Fällen sogar mit der Todesstrafe rechnen. Im Land nahm das Spitzelwesen zu; eine Geheimpolizei überwachte die Sicherheitsvorkehrungen. Überdies mußte das sizilianische Königreich den Hauptteil der wirtschaftlichen und finanziellen

Lasten tragen, die durch Friedrichs Unternehmungen entstanden. Der Kaiser rüstete sich und sein Land zu einem heillosen Kampf, den am Ende weder er noch der Papst entschied, sondern der Tod.

40 Die Besetzung des Kirchenstaates

Nachdem im lombardischen Krieg keine Entscheidung herbeigeführt werden konnte, verzichtete Friedrich auf weitere Kämpfe und wandte sich nach Süden. Er rückte gegen seinen eigentlichen Gegner vor; denn er brauchte auf den Papst und auf die päpstlichen Besitzrechte nun keine Rücksicht mehr zu nehmen. Offen sprach er aus, er werde die päpstlichen Lehensgebiete und das Territorium des Kirchenstaates der Reichsgewalt unterstellen und allein die geistliche Oberhoheit des Papstes anerkennen. Endlich konnte der Kaiser daran denken, die Landverbindung zwischen Sizilien und Reichsitalien unter seine Kontrolle zu bringen. Im Januar 1240 besetzte König Enzio, den Friedrich zum Generallegaten für Italien ernannt hatte, mit seinen Truppen die Mark Ancona und das Herzogtum Spoleto. Kampflos fielen die beiden päpstlichen Lehensprovinzen dem Kaiser zu, und er organisierte sogleich ihre Umwandlung in Vikariate und die verwaltungstechnische Eingliederung.

Fast überall, wo Friedrich, der seinem Sohn bald folgte, auftrat, wurde er von der Bevölkerung als Befreier, ja als Retter und Heiland gefeiert. Eine unvorstellbare Welle der Verehrung schlug ihm entgegen, wobei die Unzufriedenheit über kirchliche Mißstände und die Verweltlichung des Klerus, auch die weitverbreiteten Prophetien und endzeitliche Weissagungen eine wichtige Rolle spielten. Die Bevölkerung, soweit sie dem Kaiser vertraute, erwartete von ihm geradezu die Züchtigung der verderbten und verweltlichen Kirche und die Begründung des Friedensreiches. Die kaiserlichen Propagandisten, allen voran Petrus de Vinea und seine Kanzleibeamten, aber auch der Kaiser selber durch seine Auftritte und Botschaften, unternahmen alles, die Volksmeinung zu bestärken. Friedrich erschien als der von Gott gesandte Erlöser, als Friedensfürst und Messiaskaiser.

Am Weihnachtstag stand er, der Exkommunizierte, auf der

Kanzel des Domes von Pisa und predigte vor den Gläubigen; es kam einer unerhörten Gotteslästerung gleich. In den Marken kündigte Friedrich sein Kommen mit der Botschaft des Vorläufers Christi an: »Bereitet den Weg des Herrn und machet richtig seine Steige ... nehmet fort die Riegel eurer Türen, auf daß euer Caesar komme, den Rebellen furchtbar und euch hold, bei dessen Ankunft die Geister schweigen, die euch so lange plagten.« Seinem Geburtsort Jesi in der Mark Ancona hatte Friedrich bereits geschrieben, daß Enzio, der »Spiegel Unserer Macht«, kommen werde, die Stadt dem »fremden Joch« zu entreißen. Dieses oft zitierte Schreiben macht den selbstherrlichen messianischen Anspruch überdeutlich. Die leibliche Mutter Konstanze wird zu »Unserer göttlichen Mutter«, und Jesi widerfährt als »Unser Bethlehem« nicht weniger Ehre. »So bist du, Bethlehem, Stadt der Marken, nicht die geringste unter Unsres Geschlechtes Fürsten: denn aus dir ist der Herzog kommen, des römischen Reiches Fürst.«

Natürlich gab es nicht nur zustimmende Begeisterung. Auch die Papstanhänger verfolgten den scheinbar mühelosen Siegeszug des Kaisers und berichteten entsetzt über den Messiaskult des Gebannten. Einer der päpstlich gesinnten Chronisten schreibt: »Er selbst aber ließ das Kreuz vor sich hertragen, der Feind des Kreuzes, während er durch die Länder der Gebannten schritt, und schamlos erdreistete er sich im Gebiet von Foligno und Gubbio, die von der Kirche Verworfenen frech zu segnen, indem er – wie die, die es sahen, berichten – alle mit seiner gottlosen Rechten weihte, und ließ sich in diesen und anderen Gebieten trotz seines Banns mit lauter Stimme Messen lesen und die anderen göttlichen Ämter feiern ... er, des Widerchrist Vorbote.«

Unterdessen überschritt Friedrich bereits die Grenzen des Kirchenstaates. Die Städte Montefiascone, Viterbo, Orte und Sutri öffneten ihre Tore. Die Einwohner, rasch und aus welchen Gründen immer die neue Lage erkennend, feierten den Kaiser als Sieger und Herrn. Schon im Februar stand Friedrich einen Tagesmarsch vor Rom. Eine starke Partei des römischen Adels, selbst Kardinäle bekannten sich zu ihm. Die Mehrheit des römischen Volkes stand ohnedies auf der Seite des Kaisers oder opponierte zumindest gegen den unbeliebten Papst Gregor. Unruhen brachen aus, und der Pöbel lief durch die Straßen und rief: Veniat, veniat Imperator! Gerüchte, mündlich und durch Handzettel verbreitet, gingen um. Die Papstanhänger streuten das Gerücht aus, der Kaiser wolle Sankt Peter in einen Pferdestall verwandeln und den Leib des Herrn den Hunden zum Fraß vorwerfen. Prophetische Verse, die den Kaiser feierten, tauchten auf. »Vorgeschick will und Sternenlauf zeigt und Flug der Vögel: / Bald fürwahr werde ich, Friedrich, zum Hammer der Welt!« In erregter Stimmung, die von den Anhängern Friedrichs noch mehr aufgestachelt wurde, erwarteten die Römer den Einmarsch des Kaisers.

Da entschloß sich der neunzigjährige Gregor in der für ihn völlig aussichtslosen Situation zu einer Verzweiflungstat. Am 22. Februar, anläßlich des Festes Petri Stuhlfeier, bestand der Papst, trotz des Aufruhrs in Rom, auf einer feierlichen Prozession. Schutzlos folgte Gregor dem Reliquienschrein mit dem Holz vom Kreuz Christi und den Häuptern der Apostel Petrus und Paulus. Als die aufgebrachte Menge ihn verhöhnte, ließ Gregor die Prozession halten und rief, indem er auf die Reliquien wies: »Hier ist die Kirche und hier sind die Reliquien, die Gottes und eurem Schutz anvertraut sind. Ich aber fliehe nicht, sondern erwarte hier die Barmherzigkeit Gottes.« Dann nahm er die Tiara vom Haupt und legte sie auf den Reliquienschrein. Nochmals rief er: »Ihr Heiligen, verteidigt ihr Rom, wenn die Römer ihre Stadt nicht mehr schützen wollen.« Das Unglaubliche geschah. Die Worte des Papstes lösten einen radikalen Stimmungsumschwung aus. Die Römer, die eben noch den Papst mit Schimpf und Hohn überschüttet hatten, rissen die Kaiseradler von ihren Gewändern und erklärten sich bereit, dem Papst im Kampf gegen den Kaiser beizustehen. Der alte Mann hatte gesiegt. Rom wurde zur Festung und bereitete sich auf seine Verteidigung vor. Der auf so jähe Weise abgewiesene Kaiser reagierte mit finsteren Drohungen, aber er wagte keinen Angriff. Er zog mit seinen Truppen nach Apulien. In den eroberten Städten blieben Besatzungen zurück.

Apulien hielt Friedrich nicht lange. Schon im Juni marschierte er wiederum in den Kirchenstaat ein. Auch diesmal, obwohl er neu ausgerüstete und ausgeruhte Truppen hatte, wurde der Marsch auf Rom vereitelt. Im Auftrag der deutschen Fürsten verhandelte der neugewählte Deutschordensmeister Konrad von Thüringen mit dem Papst. Die deutschen Fürsten protestierten gegen die Bannung des Kaisers. Selbst die geistlichen Fürsten rückten von ihrer Gehorsamspflicht gegenüber dem weltlichen Herrscher nicht ab. Konrad von Thüringen legte Papst Gregor Vermittlungsangebote vor und suchte, seinem Vorgänger nacheifernd, Frieden zu stiften. Die Vermittlung scheiterte, weil Gregor die Einbeziehung der Lombarden in den Friedensvertrag verlangte. Das war erstaunlich; denn die päpstlichen Gründe für den Bannspruch hatten sich angeblich ja auf die sizilianische Kirche, nicht auf die Lombardei bezogen. Doch wird es für Friedrich eine Genugtuung gewesen sein, daß der Papst den in der Bannbulle verschwiegenen und bis dahin stets geleugneten Zusammenhang mit der Lombardenfrage endlich offen zugab.

Noch während der Verhandlungen hatte Friedrich mit seinen apulischen Rittern und Sarazenen den Kirchenstaat verlassen und war nach Norden gezogen. In der Romagna hatten die Bolognesen und Venezianer die kaiserliche Stadt Ferrara erobert. Sie drohten, im Verein mit den lombardischen Rebellen, die Herrschaft des Kaisers in Oberitalien zu gefährden, weshalb Friedrich auf dem schnellsten Wege in die Romagna einmarschierte. Im August gelang ihm nach sechstägiger Belagerung die Einnahme Ravennas.

Sein Ziel, die Unterwerfung Bolognas, konnte er nur erreichen, wenn es ihm gelang, vorher die kleinere, doch stark befestigte Stadt Faenza zu erobern. Aber vor Faenza geriet der Kampf ins Stocken. Die Faentiner, verstärkt durch Bolognesen und Venezianer, leisteten erbittert Widerstand. Friedrich umzingelte die Stadt, um die Faentiner auszuhungern. Den ganzen Winter über, acht furchtbare Monate lang, zog sich die Belagerung hin. Um Faenza zu entlasten, schickten die Venezianer ihre Galeeren, die apulischen Küsten zu bedrohen. Darauf befahl der Kaiser, den bei Cortenuova gefangenen Sohn des Dogen, den Podestà Pietro Tiepolo, in einen Ledersack einzunähen und in Sichtweite der venezianischen Galeeren aufzuhängen. Als in der größten Not Frauen und Kinder aus Faenza in das kaiserliche Lager flüchteten, soll Friedrich gesagt haben: Eure Väter haben das Pferd meiner Mutter Konstanze, als sie durch Faenza ritt, mißhandelt. Eure Väter haben einen meiner Ritter getötet, weil sie glaubten, er sei der Kaiser. Wie sollte ich Mitleid mit euch haben? Dann ließ er die Frauen und Kinder zurücktreiben. Doch als sich Faenza nicht lange danach ergab, soll der Kaiser die ausgehungerten und verzweifelten Faentiner milde und hilfreich behandelt haben.

Zur gleichen Zeit, während der Kaiser Faenza belagerte, während er in ruhigeren Wochen zur Jagd ausritt, seinen Studien nachging und die Übersetzung einer arabischen Schrift über die Falkenjagd überarbeitete, drohte ein Sturm aus dem Osten mit vernichtender Gewalt die deutschen Reichsgebiete zu überfluten. Mongolische Reiterscharen hatten die weiten Ebenen Rußlands durchquert, hatten eroberungswütig Ungarn und Polen überrannt und mit einem mächtigen Vortrupp Schlesien erreicht. Einer unabwendbaren Naturkatastrophe gleich, brach die Siegeswalze des barbarischen Massenheeres auf den kleinen, flinken Steppenpferden in Europa ein und hinterließ überall nichts als Verwüstung. Der Großfürst Batu, ein Enkel des 1227 gestorbenen Dschingis-Khan, führte die nach Westen vordringenden Horden an. Ein deutsch-polnisches Heer, das sich bei Liegnitz den Mongolen entgegenstellte, wurde am 9. April 1241 vernichtend geschlagen.

Man kann nicht behaupten, daß der Kaiser die dem Reich drohende Gefahr unterschätzt hätte. Eine Reihe von Schreiben an die christlichen Fürsten, Aufrufe zum Widerstand und Kampf, bezeugen seine Kenntnis der Lage. Bis ins Detail überblickte Friedrich die furchtbaren Ereignisse, charakterisierte er die Mongolen als »wild, gesetzlos, ohne Menschlichkeit«, nannte er sie »klein und untersetzt, aber kräftig, breitschultrig, ausdauernd und abgehärtet«. Er bezeichnete sie als unvergleichliche Bogenschützen und schrieb, sie hätten »künstlich hergestellte Schläuche, mit deren Hilfe sie Seen und reißende Flüsse durchschwimmen«. Eine Anekdote besagt, der Großfürst der Tataren habe dem Kaiser im Falle seiner Unterwerfung ein Hofamt angeboten und Friedrich habe geantwortet, er wisse über Vögel Bescheid und eigne sich zum Falkner. Aber das wird eher ein von den Kaisergegnern verbreitetes Gerücht gewesen sein, ebenso wie ein anderes Gerücht, das Friedrich vorwarf, er habe die Tataren gerufen, um die Christenheit zu vernichten.

Dennoch ist es kaum zu begreifen, daß weder der Kaiser noch der Papst, der lediglich zum Kreuzzug gegen die Mongolen aufrief, ihren bedrängten Völkern aktiv zu Hilfe kamen. Nicht dem vereinigten Widerstand der abendländischen Herrscher und Fürsten, sondern einem anderen, zufälligen Ereignis verdankt

Europa den Abzug der Mongolen. Nach der Schlacht bei Liegnitz waren sie über Mähren nach Ungarn gezogen, die besetzten Länder ausplündernd und verwüstend. Erst die Nachricht vom Tode des Großkhans Ogotai veranlaßte Batu, mit seinen Mongolen den westlichen Feldzug abzubrechen und im April 1242 nach Asien zurückzukehren.

Ein Jahr zuvor, als die mongolischen Reiterkrieger das schwerfällige deutsch-polnische Heer bei Liegnitz vernichteten, war die Lage der östlichen Reichsgebiete hoffnungslos. Der Kaiser entschuldigte sein Nichteingreifen mit dem Krieg im eigenen Land. »Da Uns die übergroße Sorge bedrängt, mit Unseren alten und vertrauten Feinden (in Italien) fertigzuwerden, wie sollen Wir da die Barbaren vertreiben?« Er befürchtete, ein Feldzug gegen die Mongolen würde seinen Feinden Gelegenheit bieten, Sizilien und Reichsitalien zu überfallen. Eines läßt sich aus dem Verhalten des Kaisers mit Sicherheit schließen: die totale Beanspruchung seiner eigenen Kraft, seines militärischen, materiellen und finanziellen Potentials durch den heillosen Kampf gegen Papst und Lombarden.

Noch während der Belagerung von Faenza lief eine andere Großaktion an, der sich Friedrich nach der Unterwerfung Faenzas ganz widmete. Papst Gregor hatte zu Ostern 1241 ein allgemeines Konzil nach Rom einberufen. Die Versammlung sollte wichtige Angelegenheiten der römischen Kirche beraten. Es lag auf der Hand, daß dieses Konzil durch ein Übergewicht papsttreuer Delegierter die Absetzung des exkommunizierten Kaisers betreiben sollte. Der Kaiser ließ bekanntgeben, er werde den berufenen Prälaten auf ihrem Reiseweg jeglichen Schutz für ihre Person und ihr Eigentum verweigern. Seinen Untertanen befahl er, Landwege und Seestraßen zu sperren, auf jede Art die Durchreise der geistlichen Fürsten, Bischöfe, Äbte, Priore und anderer Geladener zu verhindern, sie vielmehr aufzuhalten und gefangenzusetzen.

Aus Gründen der Sicherheit empfahl der Papst den Geladenen aus Frankreich, England, Spanien und Oberitalien, zuerst nach Genua zu reisen. Dort wartete eine Flotte, von den Genuesen nach geheimen Verhandlungen gegen teures Geld und hohe Zinsen auf Raten bereitgestellt. Am 25. April hißten die siebenundzwanzig Galeeren und Transportschiffe ihre Segel und verließen den Hafen von Genua. Nur die Engländer waren zurückgeblieben, da sie der Seetüchtigkeit der Galeeren mißtrauten, und sie waren gut beraten; denn der Kaiser war durch seine Agenten genauestens informiert. Die kaiserlichen Kampfgaleeren hatten ihre Häfen verlassen. Die erste Woche im Ligurischen Meer verlief ohne besondere Ereignisse. Bei günstigem Wind kreuzten die genuesischen Schiffe zwischen der pisanischen Küste und Korsika. Die Kapitäne glaubten, bereits der Gefahr entronnen zu sein und steuerten auf dem kürzesten Weg nach Civitavecchia. Es war ein leichtsinniger Entschluß. Zwischen den Inseln Montecristo und Giglio lauerten die sizilianischen und pisanischen Galeeren, an Zahl und Kampfstärke den Genuesen überlegen.

Am Festtag der Kreuzerhöhung, dem 3. Mai, stießen die kaiserlichen Galeeren und Galeotten in breiter Front auf den aufgeschreckten genuesischen Geleitzug. Die Kampfart war genau berechnet. Den Kaiserlichen waren Zahl, Ausrüstung und Besatzung der feindlichen Schiffe bekannt. Nicht umsonst befehligte ein Genuese, der neuernannte Admiral Ansaldus de Mari, die kaiserliche Flotte. Nach kurzem, heftigem Gefecht war der Sieg entschieden. Drei genuesische Galeeren versanken in den Fluten. Zwei Galeeren mit spanischen Delegierten und das Flaggschiff des genuesischen Admirals Malocellus entkamen. Alle übrigen Galeeren wurden gekapert und nach Pisa gebracht. Dort erwartete König Enzio die Sieger und die Besiegten. Unter den rund viertausend Gefangenen befanden sich die Kardinäle Jakob von Palestrina, Otto von St. Nikolaus, der Legat Gregorius und mehr als hundert Bischöfe und Prälaten. Ein großer Teil der gefangenen Genuesen wurde gegen Pisaner ausgetauscht, die sich in genuesischer Gewalt befanden. Andere und der niedere Klerus wanderten in die Gefängnisse von Pisa. Die Prälaten, Kardinäle, Erzbischöfe, Bischöfe und Äbte erwartete nach einer qualvollen Schiffsreise und einem Zwischenaufenthalt in Neapel die Einlieferung in apulische Kerker.

Der Kaiser feierte seinen Sieg als Gottesurteil. Doch der Überfall bei der Insel Montecristo und die Gefangennahme der Kleriker schadete seinem Ansehen mehr, als er wahrhaben wollte. In Italien wie in den anderen Ländern, aus denen die festgenommenen Prälaten kamen, nahm die Opposition gegen Friedrich zu. Auf Drängen des Königs Ludwig von Frankreich gab er wenigstens die französischen Prälaten frei. Aber die übrigen Prälaten und die Kardinäle hielt er in seiner Gewalt, um den Papst zu beugen und zum Frieden zu zwingen. Manche der Prälaten starben in den apulischen Kerkern; andere schrieben flehentliche Briefe an Gregor IX., er möge ihre Not beenden und mit dem Kaiser Frieden schließen. Der Papst beschwor die Geplagten, um Gottes und der Kirche willen auszuharren. Er selbst, der krank darniederlag und sein Ende nahen fühlte, blieb unbeugsam.

Friedrich war durch den Seesieg bei Montecristo kühn geworden und rückte erneut in den Kirchenstaat ein. Er eroberte durch Überraschungsangriffe Terni, Tivoli, Albano und weitere Orte vor Rom. Kardinal Johann Colonna, der das Verhalten des Papstes seit längerem mißbilligte, bekannte sich offen zum Kaiser. Der Kardinal besetzte Palestrina und die umliegenden Ortschaften, die er dem Kaiser übergab. Während Friedrich im August sein Lager in Grottaferrata, südlich von Rom, aufschlug und – wie schon einmal – sein Einzug in Rom bevorstand, brachte Gregor erneut den Plan des verhaßten Gegners zum Scheitern.

Da Rom umzingelt war, mußte der Papst darauf verzichten, die Heilbäder von Viterbo aufzusuchen, die vielleicht seinem quälenden Nierenleiden hätten Linderung bringen können. Nach einem beispiellosen vierzehnjährigen Kampf gegen den weltlichen Herrscher starb der über neunzigjährige Gregor IX. in der mörderischen Hitze des römischen Hochsommers am 22. August 1241. Friedrich meldete den Fürsten Europas: »Wahrhaftig, er ist tot! Durch seine Schuld fehlte der Erde der Frieden, der Streit war mächtig, und viele gerieten in Todesgefahr.« Genugtuung über den Tod des Erzfeindes mischt sich spürbar mit Verärgerung. Noch durch seinen Tod hatte Gregor dem Kaiser einen bitteren Schlag versetzt. Es war ja ein sehr persönlicher Kampf, der zwischen Friedrich und Gregor IX. ausgetragen wurde; denn beide verlangten aufgrund ihres gesteigerten Autoritätsbewußtseins nach Herrschaft. Zudem hatte Friedrich immer hervorgehoben, er kämpfe nicht gegen die Kirche, sondern allein gegen das von Gregor IX. über ihn verhängte Unrecht. Der Kaiser mußte auf Rom verzichten, weil der Papst gestorben war und ihm niemals verziehen worden wäre, wenn er in der Sedisvakanz Rom besetzt hätte. So zog sich Friedrich nach Apulien zurück, um die Wahl des neuen Papstes abzuwarten.

41 Ein Schreckenskonklave in Rom

Viele der mittelalterlichen Chroniken sind unzuverlässig. Angesichts einer lückenhaften Nachrichtenübermittlung verließen sich die Chronisten auf das, was sie hörten, und das nahm, mündlich weiterverbreitet, oft die bizarrsten Formen an. Gerüchte wurden zu Ereignissen; Übertreibungen, bei Zahlenangaben oft genau nachzuweisen, wucherten mit dem Abstand vom wirklichen Geschehen ins Uferlose. Das gilt für den wiederholt zitierten Matthäus von Paris ebenso wie für Salimbene von Parma. Hinzu kam, daß die Chronisten, oft entschieden parteilich, besonders hellhörig solche Gerüchte und Nachrichten aufgriffen, die ihre eigene Meinung bestärkten. Salimbene schrieb zwar, der Geschichtsschreiber müsse »eine neutrale Persönlichkeit sein, so daß er nicht alle bösen Seiten eines Mannes allein beschreibt und alle guten verschweigt«. Doch er folgt mit naiver Selbstverständlichkeit der Propaganda der Kaisergegner und nennt Friedrich »einen verderbten und verworfenen Menschen, Schismatiker, Ketzer und Epikuräer, der die ganze Welt verdarb damit, daß er in Italien den Samen der Zwietracht und Uneinigkeit säte«.

Dennoch vermitteln die Chroniken ein überaus plastisches Bild ihrer Zeit, weil sie Zwischenbereiche in ihre Schilderungen einbeziehen, zum Beispiel die Einbrüche des Irrationalen, die heute unvorstellbare Breitenwirkung von Prophetien und Aberglauben, die Sensationen und Skandale von einst. Die Wirklichkeit bot Stoff genug. Einzelne furchtbare Ereignisse stellen selbst die Phantasie der Chronisten in den Schatten. Was in Rom nach dem Tode Gregors IX. und während der zweijährigen Sedisvakanz geschah, hätte nicht schrecklicher erfunden werden können. Man muß vorausschicken, daß die Berichte über die damaligen Vorgänge in Rom von der Forschung nie angezweifelt worden sind.

Um die kaiserfreundliche Partei in Schach zu halten, hatte Gregor IX. dem papsttreuen Senator Matthäus Orsini in Rom zur Macht verholfen. Als der Papst starb, regierte Orsini, wegen seiner roten Haare Rosso, der Rote, genannt, diktatorisch als Alleinherrscher. Es war verständlich, daß die für die Kirche gefährliche Situation eine rasche Papstwahl verlangte. Doch Orsini wartete keine Wahlversammlung der in Rom anwesenden Kardinäle ab, sondern ließ die Kardinäle einfach ergreifen und in einen Wahlraum im baufälligen Septizonium des Severus einsperren. Unter diesen Umständen begann Ende August 1241 das erste Konklave in der Geschichte der Kirche, die erste von der Außenwelt streng abgeschirmte Papstwahl.

In Rom hielten sich zehn Kardinäle auf, darunter der Kaiserfreund Johann Colonna. Die übrigen neigten teils zum harten Kurs Gregors, teils zu einer Ausgleichspolitik mit dem Kaiser. Zwei Kardinäle, Jakob von Palestrina und Otto von St. Nikolaus, befanden sich in der Gewalt Friedrichs – sie hatten das bessere Los gezogen; denn Orsini, obwohl dem dritten Orden der Minoriten angehörend, setzte die römischen Kardinäle barbarischen Torturen aus. Es begann damit, daß die sich Sträubenden »wie Diebe in einen Kerker« geschleppt wurden, von Fußtritten und Faustschlägen traktiert, wobei einem von ihnen, als ihn die Schärgen über den steinigen Boden schleiften, der Rücken aufgerissen wurde. Der Ort der Wahl bestand aus einem einzigen Raum mit rissigen Wänden und durchlöcherter Decke. Er wurde zugeriegelt und streng bewacht. Offenbar trugen einige Kardinäle Geld oder Wertsachen bei sich; denn es wird von Bestechungsversuchen, um Diener oder einen Arzt hereinzulassen, berichtet. Die Versuche blieben erfolglos. Orsini lag alles daran, den Aufenthalt im Septizonium zur Hölle zu machen, um eine rasche, ihm genehme Wahl zu erpressen.

Die Einsperrung in der Sommerhitze der fieberverseuchten Stadt, ohne hygienische Einrichtungen, löste unter den vorwiegend älteren Männern bald Fieber, Erbrechen, Magen- und Darmerkrankungen aus. Um ärztliche Hilfe, Schonkost oder nur warmes Wasser baten die Erkrankten vergeblich. Die Wächter, die über dem Wahlraum hausten, hatten sich eine zusätzliche widerwärtige Quälerei ausgedacht. Sie ließen durch die löcherige Decke Urin und Jauche sickern. Die Eingesperrten schützten sich durch das Aufspannen von Zelttüchern und Lederplanen, aber der Gestank blieb. Unter scheußlichen Umständen starb nach einem Monat der Engländer Robert von Somercote. Den Sterbenden warfen die Wächter in die Totenecke und verhöhnten ihn, bevor er auf das Dach gezerrt wurde, wo er vor aller Augen seine letzte Notdurft verrichten mußte.

Nach einigen vergeblichen Versuchen, für die Wahl die notwendige Zwei-Drittel-Mehrheit zu erlangen, einigten sich die Kardinäle auf einen Kandidaten, der nicht dem Kardinalskollegium angehörte. Aber der Vorgeschlagene fand nicht die Billigung des Senators. Orsini drohte, er werde Papst Gregor ausgraben und in die Mitte des Wahlraums setzen lassen, bis der Verwesungsgestank die Kardinäle zwinge, eine andere Wahl zu treffen. Insgesamt dauerte die furchtbare Prozedur, erschwert durch die Unbeugsamkeit der einen wie der anderen Gruppe, zwei Monate und drei Tage. Dann endlich kam eine gültige Wahl zustande. Das Los fiel auf den Mailänder Gottfried von Sabina, der sich den Papstnamen Coelestin IV. gab. Doch vergeblich atmeten die Kardinäle, atmete Rom auf. Infolge der unmenschlichen Behandlung im Septizonium erkrankte Coelestin IV. und starb am siebzehnten Tag nach seiner Wahl. Seine einzige Handlung als Papst war die Exkommunikation des Senators Orsini und seiner Helfer: eine Handlung ohne jede Wirkung. Orsini blieb der mächtigste Mann in Rom. Er hatte bereits nach der Beendigung des Konklave den kaiserfreundlichen Kardinal Johann Colonna einkerkern lassen. Bis auf zwei waren die anderen Kardinäle nach Anagni geflohen. In Rom hielten sich nur noch die Kardinäle Sinibald Fiesco und Richard Annibaldi auf. Aber sie wagten nicht, am Leichenbegängnis des Papstes ihrer Wahl teilzunehmen.

Die neuerliche Sedisvakanz dauerte ein Jahr und acht Monate. In dieser Zeit starb wiederum ein Kardinal an den Folgen des Schreckenskonklave. Zweimal stand der Kaiser mit seinen Truppen vor Rom, verzichtete jedoch auf ein Eingreifen, um nicht seinerseits die Papstwahl zu behindern. Nach langem Zögern, im März 1243, erklärte sich Friedrich bereit, die beiden noch gefangenen Kardinäle freizulassen, »damit sie an der Wahl an einem sichern und geeigneten Ort teilnehmen können und damit nicht infolge ihrer Abwesenheit irgendein Mangel an der Wahl gefunden werden kann«. Dem zuerst freigelassenen Otto von St. Nikolaus, der nun die Interessen des Kaisers vertrat, folgte später Jakob von Palestrina, der unbeirrt zur Gegenpartei hielt. Verhandlungen mit dem Kardinalskollegium zögerten die Freilassung des Kaisergegners hinaus, bis der Kaiser vom Ausgang der Papstwahl zu seinen Gunsten überzeugt war. Er teilte den weltlichen Fürsten mit, er habe »durch die Freilassung des genannten Bischofs das zweifelsfreie Vertrauen, daß der so lange verwitweten Kirche ein Uns und dem Reiche nicht unwillkommener friedlicher Hirte gegeben werden soll«. Nachdem die Kardinäle in Anagni frei und ohne Terror des römischen Senators zusammentreten konnten, wurde in einem kurzen Konklave am 25. Juni 1243 einstimmig der Genuese Sinibald Fiesco gewählt. Er gab sich den Papstnamen Innozenz IV.

Als Kardinal gehörte Sinibald Fiesco zur sogenannten Friedenspartei, die den Ausgleich mit dem Kaiser suchte. Seine Vorgänger waren mit der ganzen Kraft ihrer kirchlichen und persönlichen Autorität gegen den Herrschaftsanspruch des Kaisers angetreten; der *verus imperator* und politische Papst Innozenz III., der religiöse Papst Honorius III., der bis zu seinem Tode unbeugsame und von leidenschaftlichem Haß getriebene Gregor IX. Zumal im Vergleich mit seinem unmittelbaren Vorgänger brachte Sinibald Fiesco Eigenschaften und Voraussetzungen mit, denen die Sympathie des Kaisers gewiß war. Er hatte sich als hervorragender Rechtsgelehrter ausgewiesen, galt als weltmännisch, gebildet und nüchtern.

Der Kaiser begrüßte den Neugewählten auf dem Stuhl Petri nahezu überschwenglich durch Beteuerungen seiner Freundschaft und Ergebenheit. Er ließ im ganzen Königreich Dankgottesdienste abhalten und sandte alsbald eine Delegation an den päpstlichen Hof. Friedrich »*wollte* in dem neuen Papst den Freund sehen, suchte ihn durch seinen Willen zur Freundschaft zu zwingen und versteifte sich auf seinem Glauben, daß dieser Genuese ihn vom Bann lösen und ihm den Frieden bringen werde«. Sicherlich gab die Persönlichkeit des Sinibald Fiesco Anlaß zu solchem Wunschdenken. Andererseits zeigt die Reaktion des Kaisers auf die Papstwahl, ein wohl doch etwas realitätsblindes, vorschnelles Vertrauen, wie sehr er den friedlichen Ausgleich wünschte. Friedrich war nahezu fünfzigjährig, durch die jahrelangen Auseinandersetzungen mit den Päpsten, die Kriegszüge, die aufgezwungenen und selbstauferlegten Anstrengungen frühzeitig gealtert und öfter kränkelnd. Vermutlich nahm sein Aussehen in diesen Jahren jene Züge an, die im Kaiserbildnis von Barletta festgehalten sind. Während der römischen Sedisvakanz war in Foggia die Kaiserin Isabella im Kindbett gestorben, fand – drei Monate danach – der älteste Kaisersohn Heinrich sein tragisches Ende. Bei aller Härte Friedrichs, sich selbst und anderen gegenüber – solche Ereignisse gingen an ihm nicht spurlos vorüber.

Zu keiner Zeit war Friedrichs Wunsch nach Aussöhnung und

Frieden stärker als nach der Papstwahl. Doch er unterschätzte seinen päpstlichen Gegenspieler, der schon bald auf seine Weise, nicht als Fanatiker, sondern mit kühler, berechnender, skrupelloser Schlauheit einen um so gefährlicheren Kampf gegen ihn führte. In seiner Enttäuschung soll Friedrich später gesagt haben, durch die Wahl des Papstes Innozenz IV. habe er einen Freund verloren und einen Feind gewonnen. Der Chronist Riccobald von Ferrara fügt dieser Bemerkung hinzu: und er sagte genau das, was eintrat.

42 Die Absetzung des Kaisers

Die letzte Phase des Weltkampfes zwischen Papst und Kaiser wird eingeleitet durch ein zweijähriges, bis an die Grenze der Selbstaufgabe reichendes Bemühen des Kaisers um Frieden. Nur selten durchbricht das ja keineswegs geringe aggressive Temperament Friedrichs sein auf Versöhnung gerichtetes Handeln. Seine Grundhaltung in diesen zwei Jahren bleibt ein fast schon verzweifeltes Sich-Aufbäumen gegen alle seinem Wunschdenken zuwiderlaufenden Störungen. Papst Innozenz IV. scheint zumindest am Anfang zum Frieden bereit zu sein, ohne sich allerdings auf Konzessionen einzulassen. Er bleibt kühl, überlegen taktierend, ohne auch nur etwas von seiner kirchlichen Autorität abzurücken.

Bereits der ersten kaiserlichen Delegation verweigerte Innozenz IV. den Empfang: er sei nicht bereit, mit Exkommunizierten zu konferieren. Nach erneuten kaiserlichen Bemühungen, um wenigstens eine Verhandlungsbasis zu schaffen, löste der Papst Friedrichs Unterhändler, die Großhofrichter Petrus de Vinea und Thaddäus von Suessa und Erzbischof Berard von Palermo, vom Bann. Der Kaiser zeigte sich nachgiebig wie nie zuvor. Schließlich gab er sogar in der Lombardenfrage nach. Er wollte lediglich die Situation von 1239, das heißt vor seiner Exkommunikation, wiederherstellen. Da zerriß, im September, eine Hiobsbotschaft die mühsam genug gesponnenen Verhandlungsfäden. Für den Anlaß sorgte Kardinal Rainer von Viterbo, der mächtigste der Kardinäle, mehr Kriegs- als Kirchenmann, bereits Hauptstütze Gregors IX. im Haß gegen Friedrich und weiterhin als unerbittlicher Kaiserfeind bemüht, jeden Ansatz zum Ausgleich zu stören. Kardinal Rainer hatte in seiner Vaterstadt Viterbo eine Rebellion angestiftet und die Stadt mit Waffengewalt besetzt. Die kaiserliche Besatzung konnte sich in das Kastell retten.

Friedrich, den die Botschaft in Melfi erreichte, rückte sofort mit einer rasch aufgestellten Truppe gegen Viterbo vor. Zweimal griffen die Kaiserlichen die stark befestigte Stadt an. Der Kaiser selbst führte eine Abteilung gegen die Verschanzungen. Auch Petrus de Vinea war unter den Kämpfenden. Vergeblich. Als beim zweiten Ansturm Wagen mit offenem Feuer eingesetzt wurden, sprang der Wind um und trieb das Feuer auf die eigenen Belagerungstürme, die in Flammen aufgingen. Allenfalls hätte Friedrich sich auf eine langwierige Winterbelagerung einlassen müssen. Doch er willigte in ein erneutes Verhandlungsangebot des Papstes ein. Innozenz zeigte seinen guten Willen, indem er den kaisertreuen Kardinal Otto von St. Nikolaus als Vermittler schickte. Der Papst suchte einen Ausweg aus der Verlegenheit, in die ihn Rainer von Viterbo gebracht hatte. Aber auch Friedrich scheute eine längere Belagerung. Um den Preis der Wiederaufnahme von Verhandlungen verzichtete er auf Viterbo und zog sich nach Apulien zurück. Der kaiserlichen Besatzung wurde freies Geleit zugesichert. Wiederum brach Kardinal Rainer den Frieden. Die von ihm aufgehetzen Viterbienser fielen über die abziehende kaiserliche Besatzung her. In dem Gemetzel wurden viele getötet, obwohl der anwesende Kardinal Otto sich schützend vor die Mannschaft stellte.

Der Kaiser, mit seinen Truppen auf dem Weg nach Apulien, raste vor Zorn, als ihm der hinterhältige Überfall gemeldet wurde. Ein Chronist berichtet, Friedrich habe furchtbare Rache geschworen. »An dem Blute der Viterbienser könne er sich nicht satt trinken ... Und stünde er schon mit einem Fuße im Paradiese, so würde er ihn zurückziehen um der Rache an Viterbo willen.« Der Papst, nun doch über den Vertrauensbruch aufgebracht, belegte Viterbo mit einer Geldbuße, beauftragte aber merkwürdigerweise Kardinal Rainer mit dem Strafvollzug. Innozenz befahl die Freilassung der gefangenen Kaiserlichen, was die Viterbienser jedoch verweigerten. Darauf schrieb er an den Kaiser einen kläglichen Entschuldigungsbrief.

Gegen Ende des Winters, eines schrecklichen Winters, der dem ganzen Land Hungersnöte und Seuchen gebracht hatte, kamen neue Verhandlungen zustande. König Ludwig von Frankreich, der wohl redlichste Vermittler in diesen Jahren, und mehrere Fürsten hatten zu einem raschen Friedensschluß gedrängt. Wiederum zeigte sich der Kaiser nachgiebig. Unentwegt um eine friedliche Lösung bemüht, schob er alle Bedenken beiseite. Er war bereit, für die Lösung vom Bann die kirchlichen Gebiete zu räumen, Wiedergutmachung für die Gefangennahme der Prälaten zu leisten, alle Rebellen zu begnadigen. Er versprach Sühne und Buße. Die Verhandlungen eilten; denn am Gründonnerstag würde der Papst wie üblich die Namen der Gebannten verlesen, und diesmal sollte der Name des Kaisers nicht unter den Ausgestoßenen sein.

Tatsächlich kam es am Gründonnerstag 1244 in Rom zur öffentlichen Bekanntgabe und Beeidung der Vereinbarungen. Auf dem Platz vor der Lateranbasilika waren die Kardinäle, Prälaten, Fürsten, die römischen Senatoren und eine große Volksmenge versammelt. Im Namen des Kaisers sprachen der Graf von Toulouse, Petrus de Vinea und Thaddäus von Suessa den Eid. Der Papst nannte den Kaiser in seiner Predigt einen ergebenen Sohn der Kirche und rechtgläubigen Fürsten. Obwohl die Gültigkeit des beschworenen Abkommens nur für vorläufig erklärt wurde, zweifelte niemand an seiner Dauerhaftigkeit. Doch wiederum gab es eine Enttäuschung. Die Lombarden, deren Gesandte wenige Tage später in Rom eintrafen, erhoben Einspruch. Daraufhin änderte der Papst eigenmächtig wichtige Vertragspunkte. Er erklärte sich erst dann zur Absolution bereit, wenn vorher die besetzten Gebiete geräumt und die Gefangenen freigelassen würden. Der Kaiser, durch den Verrat von Viterbo gewarnt, verweigerte seine Zustimmung. Ohne Garantie für die Einhaltung aller Vereinbarungen war er nicht bereit, seine Pfänder aus der Hand zu geben.

Geduld war gewiß nicht die Stärke des Kaisers. Um so auffallender ist in diesen Wochen und Monaten sein Verhalten, wie er in hartnäckiger Nachgiebigkeit bis an die Grenze des Möglichen, allen Störungsversuchen zum Trotz, nach einer friedlichen Lösung suchte und auf den guten Willen des Papstes vertraute. Dafür gab es außer persönlichen Motiven, etwa dem Wunsch nach Ruhe für sich und das Reich, auch politische Gründe. Vor Innozenz IV. hatte Friedrich seine Kurienpolitik gegenüber drei Päpsten zu rechtfertigen. Vor allem in der

Auseinandersetzung mit Gregor IX. konnte er glaubhaft machen, daß er nicht prinzipiell gegen die Kirche, sondern nur gegen das vom Papst verhängte Unrecht gekämpft habe. Dieses Argument traf auf den neuen Papst nicht mehr zu. Die Wahl Innozenz IV., die Friedrich selbst befürwortet hatte, das zumindest anfangs offensichtliche Entgegenkommen des Papstes, hatten eine Lage geschaffen, die den Kaiser zur friedlichen Lösung zwang. Nur so konnte Friedrich nämlich dem Verdacht entgehen, er wolle, indem er seine Macht erweiterte, die Autorität der Kirche abschaffen oder schwächen.

Also suchte Friedrich angesichts der verworrenen Situation nach einem neuen Weg. Er bat den Papst, um sich mit ihm auszusöhnen, um eine Zusammenkunft in der Campagna. Innozenz lehnte zunächst ab, stimmte dann aber plötzlich zu. Noch während der Verhandlungen über den Ort des Treffens berief er ein Konsistorium ein und ernannte zwölf neue Kardinäle. Schon diese in aller Eile vorgenommene Zuwahl von zwölf papsttreuen Kardinälen in das auf acht Kardinäle zusammengeschrumpfte Kollegium, dem auch kaiserfreundliche Männer angehörten, war Anlaß genug zum Mißtrauen. Dennoch einigte man sich über den Ort der Zusammenkunft: Narni.

Am 9. Juni traf Innozenz mit seinem Gefolge in Civita Castellana ein. Der Kaiser wartete bereits mit seinem Hof in Terni, nicht weit vom Treffpunkt entfernt. Alle Vorkehrungen deuteten auf einen günstigen Ausgang hin. Nachdem der erste Schritt getan war, beherrschte der Kaiser seine Ungeduld. Er verhielt sich abwartend. Dann schickte er in der zweiten Junihälfte Gesandte zu Innozenz, die mit neuen Terminvorschlägen zurückkamen. Auch mit diesen Vorschlägen war der Kaiser einverstanden. Als die Gesandten den Papst in Civita Castellana davon am 29. Juni verständigen wollten, kamen diese unerwartet schnell mit der Nachricht zurück, Innozenz habe in der letzten Nacht heimlich seinen Aufenthaltsort verlassen und sei geflohen.

Bald wurden nähere Einzelheiten bekannt. Sie bestätigten, daß der Papst seit einigen Wochen ein doppeltes Spiel trieb. Während Innozenz IV. scheinbar auf das Friedensangebot des Kaisers einging und sich den Anschein gab, Verhandlungen mit Friedrich vorzubereiten, hatte er insgeheim, ohne seine Kardinäle einzuweihen, mit Genua verhandelt und um die Entsendung genuesischer Galeeren gebeten, die ihn in Civitavecchia erwarten sollten. Es war keine spontane Flucht; sie war trotz aller anderslautenden Beteuerungen von langer Hand vorbereitet. Als dem Papst die Bereitstellung der Galeeren gemeldet wurde, machte er sich in der Dunkelheit, als Ritter verkleidet, auf den Weg über Sutri nach Civitavecchia. Nur sein Neffe begleitete ihn. Am 7. Juli traf die Flotte in Genua ein. Die Flucht war geglückt. »Als aber durch die ganze Welt die Kunde erscholl, der Herr Papst sei nach Genua gekommen, und die Genuesen hätten ihn auf ihren Galeeren dorthin geführt, staunten alle und äußerten, niemals sei mit solcher List und Verschlagenheit etwas ausgeführt worden.«

Warum war Innozenz IV. geflohen? Es ist höchst unwahrscheinlich, und es gibt keinerlei Beweise dafür, daß der Kaiser die Absicht hatte, Innozenz »nachzustellen und ihm insgeheim Schlingen zu legen« oder ihn gefangenzunehmen, wie von seinen Gegnern und ihren Chronisten behauptet wurde. Es war ein absurder Vorwurf, weil Friedrich gerade zu dieser Zeit alles mied, was seiner legalen kirchlichen Gesinnung schaden konnte. Er wußte zu gut, daß eine Lösung nur durch die Aussöhnung mit Innozenz zu erreichen war und hielt sich daran. Die Flucht des Papstes erfolgte in der genau berechneten Absicht, den Kaiser vor aller Öffentlichkeit ins Unrecht zu setzen. Sie war für Innozenz der tückische Ausweg aus einer Lage, die ihn angesichts der offensichtlichen Friedensbereitschaft des Kaisers zu Zugeständnissen gezwungen hätte, welche er nicht bereit war einzugehen. Er war dem Kaiser entronnen; außerdem konnte er mit dem Mitleid der öffentlichen Meinung rechnen.

Der Kaiser war über die Flucht des Papstes tief betroffen. Er war der Geprellte. Er mußte sich seine Selbsttäuschung eingestehen, reagierte bald zornerfüllt, bald niedergeschlagen. Mit Genugtuung notiert der Stadtschreiber von Genua einen angeblichen, gleichnishaften Ausspruch Friedrichs: »Als ich mit dem Papst Schach spielte und meine Partie so stand, daß ich ihm Schachmatt ansagen oder ihm wenigstens einen Turm nehmen konnte, kamen die Genuesen und warfen das ganze Spiel um.« Dennoch schickte Friedrich, als ihm der Aufenthaltsort des Papstes bekannt wurde, eine Botschaft nach Genua, die in zurückhaltendem Ton sein Erstaunen über die Flucht ausdrückte, aber auch das Friedensangebot erneuerte. Innozenz gab keine Antwort. Er entzog sich, wollte das Reichsgebiet verlassen.

Eine schwere Krankheit hinderte den Papst an der Weiterreise. Es war auch ungewiß, wohin Innozenz von Genua aus reisen würde. Die christlichen Könige zeigten sich unwillig; auch Ludwig von Frankreich verhielt sich zurückhaltend, weil ihm die ungerechtfertigte Flucht mißfiel. So entschied sich Innozenz für Lyon, das zwar zum Arelat und damit zum Reich gehörte, aber so gut wie selbständig war. Nach einer mühsamen Landreise traf Innozenz mit seinem Hof Anfang Dezember in Lyon ein. Die nächsten Schritte ergaben sich nahezu zwangsläufig: die Einberufung eines allgemeinen Konzils zum 24. Juni 1245, die Vorbereitung der Tagesordnung, deren Hauptpunkt – das war nicht anders zu erwarten – auf die offizielle Absetzung des Kaisers gerichtet war.

Noch einmal bot sich eine Hoffnung, und die Art, wie Friedrich darauf einging, zeigt nur, daß er seine Lage richtig einschätzte. Im August 1244 hatten die vom Sultan von Ägypten angeworbenen Choresmier Jerusalem erobert. Zwei Monate später schlugen sie bei Gaza das christliche Heer vernichtend. Der Patriarch von Antiochien appellierte nachdrücklich an Papst und Kaiser, Frieden zu schließen und vereint dem Heiligen Land zu Hilfe zu kommen. Der Kaiser reagierte sofort. Er ließ Innozenz ein Friedensangebot übermitteln, das alle bisherigen übertraf und einer völligen Unterwerfung gleichkam. Er erklärte sich bereit, unverzüglich zu einem Kreuzzug zu rüsten und drei Jahre im Heiligen Land zu bleiben. Ohne Aufschub wollte er den Kirchenstaat räumen und die Länder des Patrimoniums wieder abtreten. In der Lombardenfrage unterwarf er sich dem Schiedsspruch des Papstes. Die Nichteinhaltung dieser Versprechungen sollte den Verlust des Reiches und aller kaiserlichen Besitztümer nach sich ziehen. Mit diesem unglaublichen Angebot verzichtete Friedrich auf alles, was er gegenüber den früheren Päpsten rücksichtslos verteidigt hatte. Er gab seine kühnsten Hoffnungen auf, leistete Verzicht auf seine politischen Ziele und seine seit der Kaiserkrönung systematisch erkämpfte Macht.

Ein früher undenkbarer Zug von Resignation machte sich bei ihm, wenn auch nicht dauernd, so doch zeitweise bemerkbar. Spielte Friedrich wirklich mit dem Gedanken, »für lange Zeit oder sogar für immer nach dem Morgenlande zu ziehen?« Dachte er wenig später daran, »zugunsten König Konrads abzudanken und für alle Zeiten nach dem Orient zu gehen?« Möglich wären solche, aus der politischen und menschlichen Bedrängnis entsprungene Überlegungen. Beweisen lassen sie sich nicht, zumal der Chronist Matthäus von Paris, der von solchen Absichten Friedrichs berichtet, nur Mutmaßungen folgt und nicht vorbehaltlos überzeugt. Tatsache ist, daß Friedrich in diesen Jahren seine engen Beziehungen zum Orient besonders pflegte. Er hatte 1244 seine uneheliche Tochter Konstanze, die ältere Schwester Manfreds, dem Kaiser Johann Vatatzes von Nikäa zur Frau gegeben.

Offensichtlich beabsichtigte Friedrich mit dieser Verbindung – vor den jüngsten Ereignissen in Jerusalem und vor seinem Friedensangebot – seine politische Position gegenüber dem Papst zu stärken; denn Johann Vatatzes hatte die größten Provinzen des lateinisch-byzantinischen Kaiserreichs usurpiert und regierte das mächtigste Christenreich im Osten. Aber der Kaiser von Nikäa gehörte der durch das Schisma des Jahres 1054 abgespaltenen Ostkirche an, die den Papst als Oberhaupt der Christenheit nicht anerkannte. Darum verurteilte Innozenz IV. schärfstens die Verheiratung der Kaisertochter mit dem Schismatiker und bringt sie später als einen der Anklagepunkte zur Absetzung des Kaisers vor.

Mit Johann Vatatzes, der Friedrich bereits während der Lombardenkämpfe Hilfstruppen gesandt hatte, verband den Kaiser eine freundschaftliche Sympathie. Kennzeichnend für ihr Verhältnis und für die derzeitige persönliche Situation Friedrichs ist jener Brief an den östlichen Herrscher mit dem vielzitierten Ausruf: »O glückliches Asien, o glückliche Machthaber des Ostens, die der Untertanen Waffen nicht fürchten und die Erfindungen der Priester nicht scheuen!«

Nun lag dem Papst in Lyon das erstaunliche Angebot des Kaisers vor. Er konnte es nicht ignorieren, schon wegen der Notwendigkeit, den Christen im Heiligen Land beizustehen. Außerdem drängten ihn König Ludwig von Frankreich, der Deutschordensmeister und die christlichen Fürsten, auf das aufrichtige Angebot Friedrichs einzugehen. Innozenz erklärte sich dem vermittelnden Patriarchen von Antiochien gegenüber dazu bereit. Bereits für den 6. Mai ordnete er die Absolution des Kaisers an.

Während der letzten Verhandlungen, als der Wille zur Versöhnung die vorausgegangenen Schrecken verdrängt hatte, zog

Friedrich mit seinem Heer nach Norden. In Verona sollte ein Hoftag stattfinden, zu dem der siebzehnjährige König Konrad, die Fürsten und Bischöfe des Reichs geladen waren. Im April, noch in der Gegend von Viterbo, geschah etwas, womit zu diesem Zeitpunkt niemand mehr rechnete. Mit einem Schlag zerstörte Friedrich, was er selbst mühsam vorbereitet hatte. Erklärbar ist sein Vorgehen nur als spontaner Ausbruch des Unberechenbaren in seinem Wesen, um gemeine Rachebedürfnisse zu stillen. Zwei Wochen lang ließ er die Truppen das Land um Viterbo verwüsten, ließ er brandschatzen, morden und Viterbo, wenn auch vergeblich, belagern. Auf päpstlichem Gebiet, in Montealto, Aquapendente und anderen Orten wüteten die Sarazenen. Schon die politische Vernunft hätte dem Kaiser sagen müssen, daß dieser rabiate Friedensbruch Folgen haben würde. Kardinal Rainer, der ihn haßte und als Vikar des Papstes in Italien zurückgeblieben war, wartete nur auf die Gelegenheit, die fast vollzogene Aussöhnung wieder rückgängig zu machen.

Als der Kaiser über Pisa nach Verona weiterzog, ahnte er nicht, daß sein Racheakt jenes Räderwerk in Gang gesetzt hatte, das zu seiner Vernichtung ausgeklügelt worden war. Schon jagten die Boten Kardinal Rainers nach Lyon. Sie überbrachten dem Papst den offiziellen Bericht, verbreiteten unter den sich versammelnden Prälaten Schmähschriften gegen Friedrich. Vieles war maßlos verzerrt, übertrieben, zu apokalyptischen Schreckensvisionen gesteigert, eine nach allen Regeln der zeitgenössischen Propaganda entfesselte Hetzkampagne. Die Vorfälle von Viterbo gaben Anlaß, noch einmal die Anklagen, die schon Papst Gregor voller Haß gegen den Kaiser geschleudert hatte, in wesentlich verschärfter Form zu wiederholen. Die von absurden Behauptungen strotzenden Pamphlete des Kardinals Rainer sollten Friedrich für alle Zeiten als Verbrecher und Antichrist brandmarken. »Denn er selbst höhnt den Bann, schlürft vielmehr seine Strafen aus vollen Bechern wie Wasser, und verachtet die Schlüsselgewalt, er, der Tyrannei Fürst, der Umstülper des kirchlichen Glaubens und Kultes, der Vernichter der Satzung, der Grausamkeit Meister, der Zeiten Verwandler, der Verwirrer des Erdenrunds und Hammer der ganzen Erde ... Und während er im Tempel des Herrn sitzt, wie der Herr selbst, läßt er sich von Bischof und Priester die Füße küssen, und während er gebietet, ihn heilig zu nennen, läßt er als Staatsfeinde und Lästerer alle enthaupten, die über seine offenbaren Verdrehungen etwas Wahres zu äußern wagen ... Habt kein Mitleid mit dem Ruchlosen. Werft ihn hinaus aus dem Heiligtum Gottes, daß er nicht länger herrsche über das christliche Volk! Vernichtet Namen und Leib, Sproß und Samen dieses Babyloniers ...!«

Innozenz brach die Friedensverhandlungen sofort ab. Selbst diejenigen Prälaten, die eben noch dem guten Willen des Kaisers vertrauten, konnten den erdrückenden Anschuldigungen nicht mehr widersprechen. Unter diesen Voraussetzungen begann Ende Juni das allgemeine Konzil. Der Kaiser sandte Thaddäus von Suessa und Berard von Palermo nach Lyon. Ihr Auftrag, den Kaiser vor dem feindseligen Gericht des Papstes und seiner Prälaten zu verteidigen, war nahezu hoffnungslos.

Verglichen mit dem Laterankonzil von 1215, an dem mehr als vierhundert Bischöfe teilnahmen, war das Lyoner Konzil mit kaum hundertfünfzig Prälaten äußerst dürftig besetzt. England war schwach vertreten. Fast vollständig fehlten die deutschen, sizilianischen und ungarischen Bischöfe. Berard von Palermo nahm nicht als sizilianischer Erzbischof, sondern als Sachwalter des Kaisers teil. Vorwiegend waren die papsttreuen Italiener, die Franzosen und Spanier dem Ruf nach Lyon gefolgt. Nach einer Vorberatung versammelten sich die Konziliaren am 28. Juni 1245 in der Kathedrale von Lyon zur ersten Hauptsitzung. Im Chor, auf erhöhtem Sitz, thronte Papst Innozenz IV. Ihm zur Seite saßen Kaiser Balduin von Konstantinopel, die Grafen von Toulouse und Provence, die Patriarchen von Konstantinopel, Aquileja und Antiochien, sowie die Kardinäle. Die Erzbischöfe, Bischöfe, Kleriker und weltliche Delegierten füllten das Kirchenschiff. Unerwartet bat ein russischer Bischof um Gehör, was einige Verwirrung stiftete, weil der Russe weder lateinisch noch griechisch noch hebräisch sprach. Als sich endlich ein Dolmetscher fand, vernahmen die Konziliaren mit Entsetzen, wie furchtbar die Mongolen in den Ostländern wüteten. So nannte Innozenz, als er die fünf Leiden der Kirche aufzählte und sie mit den Wundmalen Christi verglich, zuerst den Mongoleneinfall. Des weiteren nannte er die Abspaltung der griechischen Kirche, die Ketzerei, vor allem in der Lombardei, den Verlust Jerusalems und die Feindschaft des Fürsten, womit er den Kaiser meinte. Tränen erstickten seine Stimme, als Innozenz mit der Anklage gegen den Kaiser begann.

Schon in seiner ersten Predigt zählte Innozenz die Verfehlungen des Kaisers auf. Er beschuldigte Friedrich der Ketzerei und Kirchenschändung. Er nannte die Gründung der Sarazenenstadt Lucera, die Freundschaft mit ungläubigen Fürsten, den unzüchtigen Umgang mit sarazenischen Buhlerinnen, die Verheiratung der Kaisertochter Konstanze mit dem schismatischen Kaiser Johann Vatatzes. Friedrich wurde des wiederholten Meineids angeklagt, weil er Versprechungen und Verträge gebrochen hatte, weil er kirchliche Ländereien besetzt hielt und verwüsten ließ, weil er Unschuldige verfolgte und tötete. Er wurde des Majestätsverbrechens beschuldigt, weil er sich den Geboten der Kirche widersetzte.

Als der Patriarch von Aquileja für den Kaiser sprach, reagierte Innozenz zornig und drohte, dem Patriarchen den Ring zu entziehen. Der eigentliche Anwalt des Kaisers, Thaddäus von Suessa, sprach klug und unerschrocken. Thaddäus von Suessa, der drei Jahre später bei der Verteidigung des Kaiserlagers Victoria von den Parmesen getötet wurde, war der beste Sachwalter Friedrichs, aufrichtig, vertrauenerweckend wie Berard, und außerdem ein ungewöhnlich gewandter Redner. Jedem vorgebrachten Anklagepunkt setzte er stichhaltige Argumente entgegen. Auch der Papst, so wies er nach, habe Verträge gebrochen. Niemand könne den Kaiser der Ketzerei überführen, weil es keine Beweise für ketzerische Aussprüche oder Handlungen gebe. Niemand könne beweisen, daß der Kaiser die Gebote der Kirche mißachte. Auch dulde er in seinem Reich keinen Wucher. Das war gegen die päpstliche Kurie gerichtet, »die bekanntlich am meisten an diesem Übel litt« (wie der Chronist Matthäus von Paris schreibt). Niemand könne dem Kaiser Unzucht mit Sarazeninnen nachweisen; die Mädchen seien wegen ihrer Kunstfertigkeit und zur Unterhaltung der Gäste am Hof. Die Freundschaft mit den ungläubigen Fürsten hätte dem Frieden gedient. Der Verlust Jerusalems falle nicht dem Kaiser zur Last. Er sei bereit, die Heiligen Stätten zurückzuerobern. Er sei auch bemüht, das Schisma der östlichen Kirche zu beenden. Das war der Inhalt der Entgegnung des Großhofrichters Thaddäus von Suessa auf die Anklage.

Schwieriger wurde die Verteidigung, als in der zweiten Sitzung Anklage wegen des Schiffsüberfalls bei Montecristo und der Gefangennahme der Prälaten erhoben wurde. Vor allem die dabei am stärksten betroffenen und in Mitleidenschaft gezogenen Spanier ließen sich von der Verteidigung nicht überzeugen. Thaddäus von Suessa bat um eine Unterbrechung des Konzils. Er wolle vom Kaiser, der sich in Turin aufhielt, neue Anweisungen einholen. Nachdem englische und französische Prälaten die Bitte unterstützten, stimmte Innozenz einem Aufschub von zwölf Tagen zu und setzte die Schlußverhandlungen für den 17. Juli 1245 an. Noch einmal setzte sich Thaddäus von Suessa gegen den Papst zur Wehr. Er stand auf verlorenem Posten, als er sich weigerte, wegen der Unvollständigkeit des »allgemeinen« Konzils seine Rechtmäßigkeit anzuerkennen, als er das Prozeßverfahren anfocht und die Einberufung eines neuen, vollständig besetzten Konzils forderte. Obwohl auch diesmal englische und französische Delegierte, die bis zuletzt für den Kaiser eintraten, den Einspruch des Großhofrichters unterstützten, lehnte Innozenz entrüstet ab. Sein Urteil war definitiv, ein weiterer Aufschub unmöglich.

Papst Innozenz IV. verurteilte aufgrund seiner päpstlichen Binde- und Lösegewalt den Kaiser wegen Meineids, Friedensbruchs, Gotteslästerung und Ketzerei. Er erklärte und verkündete die Absetzung des Kaisers, den Verlust aller kaiserlichen Würden und Ehren. Sämtliche Untertanen wurden ihres Treueids entbunden. Ungehindert sollte ein Nachfolger gewählt werden. Nach dem Urteilsspruch erfaßte die Konziliaren eine ungeheure Erregung. Während der Papst und die Prälaten die brennenden Fackeln, die sie in den Händen trugen, gegen den Steinboden stießen und löschten, rief Thaddäus von Suessa den Versammelten zu: »Dies ist der Tag des Zorns, des Unglücks und Elends.«

Selbst Teilnehmer des Konzils empfanden die ungeheure Tragweite der Verurteilung und Absetzung des Kaisers als »Ende des Christentums«. Während der Papst mit seinen Prälaten das feierliche Tedeum anstimmte, verließen die Gesandten Friedrichs weinend und klagend die Kathedrale.

Der Kaiser empfing die Nachricht von seiner Verurteilung und Absetzung in Turin. Die Szene, wie Friedrich darauf reagierte, in heftigen Zorn ausbrechend, wird von Matthäus von Paris eindringlich geschildert. »Mit finsterem Blicke sah er alle, die um ihn hersaßen, an und rief: ›Dieser Papst hat Mich auf seiner Kirchenversammlung abgesetzt und Mir Meine Krone geraubt.

Woher diese Frechheit? Woher ein so vermessenes Unterfangen? Wo sind die Körbe, in denen sich Mein tragbarer Schatz befindet?‹ Und nachdem diese herbeigebracht und auf seinen Befehl geöffnet worden waren, fuhr er fort: ›Laßt Uns sehen, ob Meine Kronen verloren sind!‹ Als er aber eine gefunden hatte, setzte er sie auf sein Haupt, erhob er sich und sprach drohenden Blickes und mit furchtbarer Stimme, unersättlichen Herzens, laut und öffentlich: ›Noch habe Ich meine Krone nicht verloren und werde sie weder durch die Anfeindung des Papstes noch durch den Beschluß der Kirchenversammlung ohne blutigen Kampf verlieren. Sollte sich der niedrige Übermut zu solcher Höhe erheben, daß es ihm gelänge, Mich, den höchsten der Fürsten, den keiner überragt, ja, dem keiner gleichkommt, vom Gipfel der kaiserlichen Macht herabzustürzen? In einer Hinsicht jedoch wird Meine Lage dadurch verbessert. Bisher mußte Ich ihm einigermaßen gehorchen, wenigstens die Ehre geben, jetzt aber bin Ich jeglicher Verpflichtung, ihn zu lieben, zu verehren und Frieden mit ihm zu halten, ledig . . .‹«

Nachdem der erste Zornesausbruch verflogen war, handelte Friedrich zunächst diplomatisch, indem er den Königen und Fürsten Europas eine Reihe von Manifesten sandte, in denen er die Rechtmäßigkeit seiner Absetzung anfocht. Nur eine vollzählige Versammlung der Fürsten und Bischöfe könne den Kaiser seines Amtes entheben. Er gab den weltlichen Fürsten zu bedenken, ihnen könne es ähnlich ergehen, und bat sie in ihrem eigenen Interesse um Beistand. Es ist bemerkenswert, daß der kirchlich loyale und hochgeachtete französische König Ludwig der Heilige die Absetzung scharf mißbilligte und wiederholt für den Kaiser eintrat. Friedrich übertrug ihm sogar als Treuhänder seine Sache und »erklärte sich bereit, seinen Ratschlägen zu folgen« – ein moralisch kluger, aber praktisch bedeutungsloser Schritt.

Bei den nächsten Gegenmaßnahmen, die von den einen als böswillig, von den anderen als weise und fortschrittlich ausgelegt wurden, erwies sich Friedrich nun wirklich über seinen persönlichen Kampf hinaus als *immutator mundi,* als Verwandler und Erneuerer seiner Welt. Seinen Angriff richtete er nicht mehr allein gegen den Papst, obwohl dazu genug Anlaß bestand, sondern gegen eine verweltlichte Kirche, die den Geist der Urkirche verraten hatte. Mit beispielloser Schärfe prangerte er

Habsucht, Heuchelei und Korruption der Kirchenoberen an, forderte er eine innerkirchliche Reform, wobei er den Vorstellungen des Franz von Assisi nahekam und einige Forderungen der späteren Reformation bis hin zu Luther vorwegnahm. In seinem berühmten Manifest, das »von allen Staatsbriefen Friedrichs vielleicht am stärksten gewirkt hat«, schrieb er den christlichen Fürsten: »Wir haben nämlich des Gewissens Reinheit und folglich Gott mit Uns, dessen Zeugnis Wir anrufen: Immer war es Unseres Willens Absicht, die Geistlichen jeglichen Ranges dahin zu führen, und am meisten die höchsten, daß sie als solche auch am Ende verharrten, wie sie in der ursprünglichen Kirche gewesen sind: das apostolische Leben führend, die meisterliche Demut nachahmend. Denn solche Geistliche pflegen die Engel anzuschauen, von Wundern zu schimmern, Kranke zu heilen, Tote zu erwecken und durch Heiligkeit, nicht Waffen, sich Könige und Fürsten zu unterjochen. Dagegen diese, der Welt ergeben, von Genüssen trunken, setzen Gott hintan; ihnen wird aus dem Zustrom von Schätzen die Frömmigkeit erstickt. Solchen also diese schädlichen Schätze zu entziehen, mit denen sie fluchwürdig sich beladen, ist Werk der Liebe. Darauf müßt ihr und alle Fürsten mit Uns – daß sie alles Überflüssige abtuend, mit mäßiger Habe zufrieden, Gottes Knechte seien – gemeinsam euer Augenmerk wenden.«

In seinem Kampf war dem Kaiser der Beistand Ludwigs des Heiligen gewiß. Der König von Frankreich war über das weltliche Treiben des Papsthofes empört, als er Innozenz im November in Cluny besuchte, um sich für Friedrich zu verwenden. Der Erzbischof von Lyon dankte ab und trat in ein Kloster ein, so entsetzten ihn die Habgier und der Nepotismus der Kurie. Innozenz IV. vergab vakante Bischofssitze, selbst in England und Frankreich, an seine Neffen oder andere ihm treu ergebene Laien. Seinen zahlreichen Verwandten, ebenso seinen Anhängern schob der Papst Pfründe und Sinekuren zu. Die Engländer klagten über die päpstlichen Steuereintreiber; die französischen Adeligen beschuldigten die Kleriker wegen ihrer mißbräuchlichen Eingriffe in die Laiengerichtsbarkeit. In jeder Hinsicht gab die offizielle Kirche Anlaß zu Ärgernis. Angesichts dieser einem puren weltlichen Machtdenken verfallenen Kirche blieben die Reformmanifeste des Kaisers nicht wirkungslos. Doch sie kamen von einem exkommunizierten und abgesetzten Kaiser, und nicht wenige Fürsten, vor allem von den geistlichen, hielten es opportunistisch mit der offiziellen Macht des Papstes, der die Ergebenheit seiner Anhänger kräftig zu belohnen wußte.

Unbedenklicher und rücksichtsloser als seine Vorgänger auf dem Papstthron, jedes verfügbare Mittel nutzend, führte Innozenz IV. seinen Kampf gegen den gebannten Kaiser. Er ließ zum Kreuzzug gegen Friedrich und seine Söhne predigen, sandte zu diesem Zweck Scharen von Bettelmönchen und Agitatoren aus. Als König Ludwig IX. seinen Kreuzzug ins Heilige Land vorbereitete, verbot der Papst durch einen Geheimbefehl, dafür zu predigen, um seinen Kreuzzug gegen den Kaiser nicht zu gefährden. Der Ablaßhandel nahm groteske Formen an. Wer nur eine Kreuzpredigt gegen Friedrich anhörte, kam in den Genuß eines vierzig- bis fünfzigtägigen Ablasses. Wer das Kreuz gegen Friedrich nahm, erhielt den vollen Kreuzzugsablaß. Wer sein Versprechen nicht erfüllen konnte oder wollte, dafür aber bares Geld zahlte, durfte dennoch den ungeschmälerten Sündennachlaß beanspruchen. Dieses Verfahren des Loskaufs, dessen sich zahllose Gläubige bedienten, brachte dem Papst und dem Klerus ungewöhnlich hohe Geldeinnahmen ein, mit denen wiederum der Kampf gegen den Kaiser finanziert wurde.

Der auf seine totale Vernichtung gerichtete Kampf drängte Friedrich mehr und mehr in die Verteidigung. Er antwortete auf den radikalen Einsatz der Gegenseite keineswegs nur durch Manifeste und Schreiben, sondern durch nicht weniger rücksichtslose Gegengewalt. »Lange genug war ich Amboß, jetzt will ich Hammer sein«, schrieb Friedrich in diesen Tagen seinen Verbündeten. In den kaiserlichen Gebieten, auch in Sizilien, wurden die polizeistaatlichen Maßnahmen und Repressalien verschärft. Wer eine Waffe trug und nicht zu den Kaiserlichen gehörte, wurde als Rebell behandelt. Wer den mindesten Verdacht auf sich zog, konnte auf keine Gnade rechnen. Jeder eroberte Ort hatte Geiseln zu stellen, die bei dem geringsten Ordnungsverstoß gehängt wurden. Nicht anders erging es Gefangenen, wenn aus ihrem Heimatort ein Aufruhr gemeldet wurde. Niemand, der sich nicht offen zur Sache des Kaisers bekannte, war seines Lebens sicher. Doch die Gegenseite verhielt sich nicht anders. In Sizilien, in Mittel- und Oberitalien hielten die kaiserlichen wie die päpstlichen Parteigänger, Vikare und Statthalter ihr Regiment durch Schrecken und Gewalt aufrecht.

43 Verrat und Verräter

März 1246 in Grosseto

Es ist fast wie früher. Nichts, so scheint es, kann den Kaiser davon abhalten, seinen Lieblingsbeschäftigungen nachzugehen. Er jagt in den weitflächigen Maremmen, läßt die Falken steigen. Legionen von Sumpfvögeln schwirren auf, wenn die Treiber und Jäger mit ihren Hunden durch das Sumpfgras stapfen. Stundenlang beobachtet der Kaiser die Abrichtung der jungen Falken, wie die Falkner das Federspiel in die Luft werfen und ihre Lockrufe ausstoßen. Er kontrolliert die Ernährung der Falken mit frischen Rinderherzen, in Milch gekochten Eiern und Schafskäse. Er führt lange Gespräche mit seinem sarazenischen Falkner Moamin über die arabische Falknerei. Den Schreibern diktiert er seine Beobachtungen und Erfahrungen *Über die Kunst, mit Vögeln zu jagen.* Den Miniatoren gibt er Anweisungen für die Illustrationen, die das Geschriebene anschaulicher machen sollen. Tag und Nacht halten sich die Schreiber, einander abwechselnd, bereit; denn der Kaiser hat einen kurzen und leichten Schlaf, wie er es von einem guten Falkner fordert.

Im Winterquartier von Grosseto verläuft alles reibungslos wie immer. Die Beamten des Großhofs sind Ortswechsel gewöhnt. Wie immer ist die Kanzlei funktionsfähig; binnen wenigen Stunden machen sich die ersten Kuriere auf den Weg in die Provinzen. Grosseto am Südrand der Toskana mit dem nahen Hafen liegt gleichermaßen günstig für die Verbindung mit Sizilien wie mit Norditalien.

Eben deshalb hat der Kaiser, nach kriegerischen Mißerfolgen in der Lombardei und nach der Vereitelung des drohenden Abfalls von Parma und Reggio, seit Mitte November Grosseto zum Ort seiner Residenz gewählt. Von Parma ist Grosseto einen Fünftageritt entfernt. Der direkte Weg führt über Florenz und Siena, doch mied Friedrich Florenz. Man sagte, sein Astrologe habe ihm vorausgesagt, er werde »sub flore«, »unter einer Blume«, sterben. Die Stadt mit dem Blumennamen war ihm unheimlich. Abergläubisch wie er war, wird er zuerst nach Pisa geritten sein, und von dort ging es dann weiter auf der kaiserlichen Galeere nach Grosseto. Nach den Chronisten blieb das Meer vor der ligurischen Küste in diesen Tagen ruhig.

Der Kaiser pflegte seine Maßnahmen nicht zu begründen. Was er tat, war Gesetz. Möglicherweise war seine Wahl auf Grosseto gefallen, um in der Nähe des Unruheherds in der Lombardei zu bleiben und im Frühjahr einen raschen Gegenschlag führen zu können. Vielleicht wollte er die Toskana schärfer überwachen, weil der Generalkapitän Pandulf Fasanella der Korruption beschuldigt wurde; jedenfalls wurde Fasanella überraschend schnell abberufen und der siebzehnjährige, uneheliche Kaisersohn Friedrich von Antiochien zum Generalkapitän der Toskana ernannt. Der Kaisersohn, der leicht hinkte, und dessen Mutter, wie schon berichtet, die Schwester des Sultans al-Kamil oder eine Orientalin gewesen sein soll, war beliebt und für das Amt hervorragend geeignet. Pandulf Fasanella wurde nach Grosseto befohlen und sollte am Großhof bleiben, solange die Ermittlungen gegen ihn liefen.

Es ist fast wie früher. Auch die Korruptheit des Apuliers, der Bestechungsgelder nahm und dafür Ämter vergab, ändert nichts daran. Es könnte in diesen Märztagen alles unverändert scheinen, wäre da nicht im Verborgenen etwas am Werk, ein Krankheitskeim, der im Körper wuchert, sich ausbreitet und mit unaufhaltbarer Gier den Leib zerfrißt. Mit dem körperlichen Befinden des Kaisers hat das nichts zu tun, obwohl auch dieses merkwürdigen Schwankungen unterworfen ist. Der Kaiser ist vor der Zeit gealtert. Er geht leicht gebeugt, klagt über Gliederschmerzen, ein Stechen im Kopf, Schlaflosigkeit. Seine Sehkraft läßt nach. Dann aber überrascht er plötzlich wieder durch Robustheit und Arbeitskraft, zeigt Ausdauer bei den Besprechungen, will über alles bis ins kleinste Detail informiert werden, unternimmt anstrengende Jagdausritte. Die Hofbeamten fürchten seine Launen, sein Mißtrauen, seinen Jähzorn. Keine Unkorrektheit entgeht ihm. Seine Bestrafungen sind rücksichtslos. Dann wieder zeigt er Geduld, Sorgfalt, beobachtet er stundenlang das Abrichten der Jagdfalken, das Verhalten der Wasservögel, läßt sich Zeit für seine Studien.

Was er macht, nimmt ihn ganz in Anspruch. Alles Störende wird beiseite geschoben. Wie so oft sieht er nicht oder ignoriert er, was sich gegen ihn verschworen hat. Fühlt er sich stark, so stark wie früher, daß er sich seinem Wunschdenken hingeben kann? Er scheint nichts daraus gelernt zu haben, daß seinem Wunschdenken bei der Wahl Innozenz IV. eine schreckliche

Ernüchterung folgte. Papst Innozenz lebt in Lyon, weit weg. Doch er hat seine Helfer ausgeschickt, die zahlreich und fleißig wie Termiten in jeden Winkel des Reiches eindringen. Von Ort zu Ort ziehen die Bettelmönche, rufen zum Kreuzzug auf, nicht zur Befreiung Jerusalems, sondern gegen den abgesetzten Kaiser. Ablaßhändler sind unterwegs, verkaufen gegen bares Geld Freibriefe und Sündenerlaß. Agenten des Papstes sind unterwegs, schüren das Mißtrauen gegen den Kaiser, zahlen Bestechungsgelder, nützen jede Unsicherheit der Fürsten und Grafen, um ihr Gift auszustreuen.

Als Boten aus Deutschland dem Kaiser vom wachsenden Einfluß des Papstes jenseits der Alpen berichten, hört er ihre Rede ruhig an. Doch daß die Boten von äußerst bedrohlichen Ereignissen reden, erregt seinen Unwillen. Er baut auf die Kaisertreue der deutschen Fürsten, weil er ihnen mehr Privilegien als allen anderen Fürsten zuerkannt hat. Wäre der Deutschordensmeister bei dieser Audienz zugegen, er würde Bedenken anmelden. Einige der deutschen Fürsten machen dem Kaiser den Vorwurf, daß er zur Abwehr der mongolischen Horden keine Hilfstruppen geschickt hatte; das ist nicht vergessen, obwohl die gelben Horden längst abgezogen sind. In Grosseto weiß man noch nicht, daß die geistlichen Fürsten von Mainz, Köln und Trier inzwischen zum Papst und nicht mehr zum Kaiser halten. Man kann auch nicht wissen, daß Gesandte des Papstes auf der Wartburg mit Heinrich Raspe, dem Landgrafen von Thüringen, verhandeln: noch verhält sich Heinrich Raspe abwartend. Vielleicht denkt er daran, wie er vor zehn Jahren am Grab der heiligen Elisabeth dem Kaiser freundschaftlich verbunden war. Außerdem war er, ein Bruder des verstorbenen Landgrafen Ludwig, dem Kaiser verwandt. Aber schon zwei Monate später sollte sich Heinrich Raspe von Papst Innozenz für fünfundzwanzigtausend Silbermark bestechen und sich zum Gegenkönig wählen lassen, zum »König von Deutschland und Herrscher der Römer«.

Die schwarze Saat, die der Papst gesät hat, geht auf. Der todbringende Krankheitskeim hat viele Namen. Sein schlimmster heißt Verrat.

Für Ostern bereitet der Kaiser ein großes Fest vor. Er hat Grund zu feiern. Der Winteraufenthalt in Grosseto hat ihm gutgetan. Er fühlt sich gestärkt zur Verwirklichung seiner Pläne.

Weil er die Zusammenhänge nicht durchschaut, beunruhigen ihn die Nachrichten aus Deutschland nicht allzusehr. Er hat günstige Nachrichten von den christlichen Königen aus Frankreich, England und Ungarn erhalten. Seine Sache steht gut. Friedrich von Antiochien bewährt sich in der Toskana. Enzio weilt am Hof, auch der vierzehnjährige Manfred, der zart wie seine Mutter Bianca Lancia ist, doch ein geübter Jäger und Falkner. Ezzelino, der Schwiegersohn und die beste Stütze des Kaisers in der Lombardei, ist aus Verona eingetroffen. Man wird feiern wie früher, nicht daran denken, daß zwischen Grosseto und Foggia Rom liegt. Man wird beraten, wann die Entscheidung in der Lombardei fallen soll. In der Osterwoche zeigt sich der Kaiser euphorisch. Aber er ahnt nicht, daß die Festvorbereitungen nutzlos sind. Es wird keine Beratungen über den lombardischen Feldzug geben. Vergeblich werden die Festgewänder hergerichtet. Vergeblich üben die Musikanten, die sarazenischen Tänzerinnen, die Akrobaten, die Kunstreiter, die Tierbändiger mit den fauchenden Wildkatzen.

Schon einmal endete die Osterwoche verhängnisvoll – als sich der Kaiser im Kloster Santa Justina vor Padua aufhielt. Damals, am Palmsonntag sieben Jahre zuvor, verlief das Volksfest auf dem Prato della Valle ungestört, das Unheil kam von außen: der Bannspruch des Papstes Gregor. Jetzt kommt das Unheil von innen, aus dem Kreis der nächsten Freunde, derjenigen, die an der kaiserlichen Tafel gegessen haben und am Hof herangewachsen sind, die zu den Vertrauten des Kaisers gehört und es zu höchsten Ehren gebracht haben.

Am Tag vor Ostern fährt eine Galeere aus Sizilien in den Hafen von Grosseto ein. Ein Bote des Grafen Richard von Caserta, des kaiserlichen Schwiegersohns, verlangt, das Begrüßungszeremoniell mißachtend, nach Pferden und Begleitern. Er will unverzüglich zum Kaiser geleitet werden und zeigt einen Revers mit Siegel des sizilianischen Königreichs vor. Der Bote treibt die Reiter und die Pferde zur Eile an. In einer knappen Stunde steht er vor dem Großhofrichter, der ihn zum Kaiser führt. Der Eilbrief des Grafen von Caserta, die beigefügten Dokumente bedeuten nichts anderes als die Aufdeckung einer weitverzweigten Verschwörung. Es ist unfaßbar, aber die Pläne der Verschwörer lassen keinen Zweifel daran: das Signal zur offenen Rebellion ist gegeben.

Nach den Absichten der Verschwörer sollte der Kaiser, und mit ihm König Enzio und Ezzelino, beim festlichen Mahl am nächsten Tag ermordet werden. Danach sollte ein Aufstand, von Sizilien ausgehend, sich über das ganze Reich ausbreiten und die staufische Herrschaft endgültig zerschlagen.

Noch ist das volle Ausmaß der Verschwörung nicht überschaubar. Sie reicht von den südlichen Provinzen bis nach Deutschland, wo die päpstlichen Gesandten Heinrich Raspe gerade über die bevorstehende Ermordung des Kaisers unterrichten und den vorläufig noch zögernden Landgrafen dazu bewegen sollen, sich mit seiner Wahl einverstanden zu erklären. Papst Innozenz hat seine Hände im Spiel, was durch später gefundene Briefe offenkundig wird. In einem Manifest macht Friedrich später den Papst für den Mordanschlag verantwortlich, »denn da er Unsern Tod als unzweifelhaft bevorstehend im voraus verkündet hatte, wird er nicht leugnen können, daß er ihn angestiftet . . .« Zudem war der Anstifter der Verschwörung, Orlando di Rossi, ein Schwager des Papstes; er hatte einmal zu den verläßlichsten Gefolgsleuten des Kaisers gezählt; noch vor zwei Jahren hatte Friedrich eigenhändig Orlandos Wahl zum Podestà von Florenz bestätigt. Nicht der Name des Anstifters überrascht den Kaiser. Orlando di Rossi war schon vor einiger Zeit abtrünnig geworden. Aber die anderen Namen der Hauptverschwörer treffen Friedrich wie Peitschenhiebe. Er hat sie am Hof wie seine eigenen Söhne gefördert: Jakob von Morra, Sohn des verstorbenen Großhofjustitiars, zuletzt Generalvikar der Mark; Pandulf Fasanella, abberufener Generalkapitän der Toskana; Andreas Cicala, zuletzt Kapitän von Sizilien; Roger de Amicis, zuletzt Großjustitiar; Tibald Franciscus, zuletzt Podestà von Parma.

Der Magister Wilhelm Franciscus hatte in Palermo den jungen Friedrich unterrichtet und sich mit seinem eigenen Leib schützend vor ihn gestellt, als die Häscher den Siebenjährigen ergreifen wollten. Jetzt wird sein Enkel Tibald sich zum Anführer der Verschwörer machen, um den Preis, daß ihm für den Tod des zweiundfünfzigjährigen Kaisers das Königreich Sizilien versprochen wird.

In den letzten Jahren ohnehin zu cholerischen Wutausbrüchen neigend, wird Friedrich auf die Enthüllungen kaum anders reagiert haben – nicht zuletzt auch deswegen, weil die Verschwörung so weit fortschreiten konnte, obwohl der Geheimdienst des

Hofes sonst lückenlos funktionierte. Er nennt die Abtrünnigen »treulose Vatermörder« und fordert ihren Tod. Der nüchterne Petrus de Vinea ruft sofort den ganzen Großhof zusammen. Er läßt die Wachen verstärken, den Hafen und sämtliche Straßen sperren. Schon wird gemeldet, daß Pandulf Fasanella und Jakob von Morra geflohen sind.

So aufbrausend der Kaiser im ersten Augenblick reagiert, so schnell hat er sich wieder vollkommen in der Gewalt. Sofort weiß er, was die Lage erfordert, als er mit Petrus de Vinea die einzuleitenden Maßnahmen bespricht. Jetzt zeigt sich der Vorteil, daß der Großhof durch jahrelange Übung äußerst beweglich ist. Augenblicklich stellt sich die Verwaltung auf die neue Lage ein. Waren eben noch die Vorbereitungen für das Fest im Gange, so setzt nun eine fieberhafte Tätigkeit ein, um der Verschwörung Herr zu werden. Schon in kurzer Zeit sind die Befehle ausgefertigt, jagen die Eilkuriere in die Provinzen.

Als Friedrich wenige Tage später Grosseto verläßt, um sein Erbland Sizilien zu verteidigen, ist die Verschwörung – bis auf einen lokal begrenzten Aufstand in Campanien – zusammengebrochen. Der Kaiser lebt, und niemand glaubt den ausgestreuten Gerüchten von seinem Tod. In der Bevölkerung finden die Verschwörer keine Gefolgschaft. Noch vor der Ankunft des Kaisers hat Richard von Caserta den Aufstand niedergeschlagen und das Land unter Kontrolle. Schließlich fallen auch die letzten Bastionen der Rebellen, Altavilla, die Kastelle Sala und Capaccio bei Paestum. Über die Verschwörer werden grausame Strafen verhängt. Weil sie am Hof Friedrichs »wie seine eigenen Söhne« aufgewachsen waren, hatten sie sich als »Vatermörder gegen die Natur« vergangen und darauf stand nach dem Gesetz der Tod durch die vier Elemente. Sie werden mit glühenden Eisen geblendet, dann über die steinige Erde zu Tode geschleift oder verbrannt oder gehängt oder im Meer, in Ledersäcke eingenäht, ertränkt. Der Hauptverschwörer Tibald Franciscus wird geblendet und verstümmelt von Stadt zu Stadt geführt, damit »die Strafe dieses Verruchten durch des Auges Anblick eure Geister und Sinne belehre, damit kein Vergessen hinwegnehme, was ihr gesehen, und ihr des rechten Gerichtes Erinnerung für später bewahrt«. Ein päpstliches Schreiben, das man bei den Verschwörern gefunden hat, wird dem Verräter an die Stirn geheftet. Es soll auf den eigentlich Schuldigen hinweisen, auf Innozenz IV.

Bestand für den Kaiser ein Grund zum Triumph? Für den Augenblick ja; denn die Verschwörer starben, und er lebte. Doch er wußte nicht, daß mit der Verschwörung der furchtbare Prozeß begann, der seine Herrschaft zersetzte und ihn dem Tod auslieferte. Von nun an war Friedrich, obwohl er nicht wußte, was ihn erwartete, nur noch ein langsam Dahinsterbender. So wie er unter dem Zwang der Verhältnisse von Grosseto aus statt in die Lombardei nach Sizilien ziehen mußte, so war es auch fortan nicht mehr er selbst, der über sein Handeln frei bestimmte. Er reagierte nur noch auf die Handlungen anderer, seiner Feinde und Verräter. Sie zwangen ihm ihren Willen auf.

Juni 1247 in Turin

Der Kaiser gönnt sich einige Ruhetage in der Stadt am Fuß der Alpen. Er hat strapazenreiche Wochen und Monate hinter sich. Er hat eine Aktivität entfaltet wie in seinen besten Jahren. Wer will sagen, er sei ein Geschlagener, ein Resignierender, ein sterbender Mann? Die Verschwörer sind ausgetilgt, selbst ihre schuldlosen Frauen und Verwandten büßen lebenslänglich in sizilianischen Kerkern. Die Ordnung im Königreich ist wiederhergestellt.

Als Generalkapitän Siziliens regiert ein erfahrener Beamter, Walter von Manupello. Ihm zur Seite stehen die kaiserlichen Schwiegersöhne Thomas von Aquino und Richard von Caserta. Auf die Treue der Familienangehörigen kann sich der Kaiser verlassen. Er überantwortet die Leitung der wichtigsten Kapitanate zwischen Sizilien und Deutschland seinen Söhnen und Schwiegersöhnen. Sogar den neunjährigen Sohn der englischen Isabella, Heinrich Carlotto, macht er zum Statthalter von Viterbo, als sich die Stadt ihm aus freien Stücken unterwirft. Die Viterbienser hatten den toskanischen Generalkapitän Friedrich von Antiochien, der den Kaiser auf dessen Zug nach Norden in Siena traf, um Vermittlung gebeten.

Der große Feldzug ist mit beträchtlichem Aufwand im Winter in Apulien vorbereitet worden. Der Kaiser will über Verona und den Brennerpaß nach Deutschland ziehen, um den Gegenkönig Heinrich Raspe zu schlagen. Er will wie in seinen italienischen Gebieten die Ordnung wiederherstellen und die Herrschaft des rechtmäßigen deutschen Königs, seines Sohnes Konrad, festigen. König Konrad wartet auf die Waffenhilfe. Aber noch in der

Toskana erreicht Friedrich die Nachricht vom Tod des Gegenkönigs. Das gibt ihm Zeit, veranlaßt ihn, seinen Plan zu ändern. Ohnedies kommt der Heereszug nur langsam voran; wie immer reist der Kaiser mit großem Gefolge. Wo er auch auftritt, soll seine Majestät, soll sein ungebrochener Glanz, sichtbar werden.

Nach kurzer Beratung entschließt er sich noch in der Toskana, mit seinem Heer nicht nach Verona, sondern über Parma, Cremona, Pavia nach Turin zu ziehen. Das Ziel ist Lyon, wo Papst Innozenz residiert. Friedrich trotzt seinem Verhängnis. Er bäumt sich dagegen auf. Alle Vorbereitungen sind getroffen, in zwei Tagen will er Turin verlassen, um durch das bergige Arelat ins Rhônetal zu ziehen. Ein unerhört kühner Plan, den König Ludwig von Frankreich unterstützt. Friedrich setzt alles auf eine Karte. Er plant, Lyon zu belagern und durch Waffengewalt eine Sinnesänderung des Papstes zu erzwingen. Danach würde der Zug zum Oberrhein und nach Deutschland zum Triumphzug werden.

Die kaiserliche Vorhut und der Troß marschieren bereits durch das Susatal zur Paßstraße südlich des Monte Cenis. Das Wetter für die Überquerung der Alpen ist günstig. Was soll dem Gelingen seines Planes entgegenstehen? Der Papst in Lyon ist ein halber Gefangener, machtlos. Der Kaiser beabsichtigt, seinen Sohn Manfred mit der Tochter des Amadeus von Savoyen zu verheiraten, dessen Grafschaft an Lyon grenzt. Seine uneheliche Tochter Katharina ist die Frau des Marquis del Caretto, dessen Grafschaft im Süden an genuesisches Gebiet grenzt. Die Grafschaften der Kaiseranhänger reichen bis Lyon.

Friedrich kann Italien unbesorgt verlassen. In Sizilien regieren zwei seiner Schwiegersöhne. In der Toskana herrscht sein Sohn Friedrich von Antiochien; in Viterbo der neunjährige Heinrich Carlotto; in Spoleto, der Romagna und den Marken sein Sohn Richard von Theate; in der südlichen Lombardei sein Sohn Enzio; in Verona und der Ostlombardei sein Schwiegersohn Ezzelino da Romano. Dieses Geflecht, zusammengehalten durch sein eigenes Blut, durch die beiden jüngsten Heiraten noch erweitert, kann nicht zerreißen.

Unter den Nichtverwandten war Petrus de Vinea in das höchste, eigens für ihn geschaffene Amt aufgerückt, als ihn der Kaiser wenige Wochen zuvor zum Protonotar und Logotheten ernannt hatte. Damit bestätigte Friedrich offiziell, was schon lange kein Geheimnis mehr war: Petrus de Vinea war sein vertrautester Berater, sein Sprachrohr, sein Mann, »der die Worte setzt«.

Italien ist sicher. Nichts hindert Friedrich daran aufzubrechen, dem vorausgeschickten Troß mit seinem Gefolge und der sarazenischen Leibwache nachzujagen. Er ist ungeduldig, drängt auf einen raschen Aufbruch, will von Petrus de Vinea und dem neuernannten Großhofjustitiar Richard von Montenero wissen, ob die Vorbereitungen abgeschlossen sind.

Da trifft in Turin eine Eilbotschaft Enzios ein, die mit einem Hieb das ganze sorgfältig gesponnene Gewebe seiner Pläne und Hoffnungen zerstört. Parma ist abgefallen. Enzio beschwört den Kaiser, seinen Zug nach Lyon abzubrechen, aufzuschieben, um zuerst Parma zurückzuerobern. Der Kaiser weiß selbst, daß Parma unersetzbar ist. Er muß die wichtigste Stadt am Verbindungsweg zwischen Süden und Norden zurückgewinnen. Er muß schnell handeln, muß verhindern, daß andere Städte dem Beispiel Parmas folgen. Er weiß, wie die Seuche des Abfalls um sich greift. Er will den Ansteckungsherd beseitigen.

Dem rasch zusammengerufenen Kriegsrat teilt er seinen Entschluß mit, nach Parma zu ziehen. Keiner der Räte widerspricht. Noch in der Nacht jagen Eilboten durch das Susatal, um die Umkehr der kaiserlichen Vorhut und des Trosses zu veranlassen. Geänderte Befehle, neue Schreiben, Umdisponierungen. Die Kanzlei ist darin geübt.

Inzwischen hat sich in Turin herumgesprochen, was in Parma geschehen ist. Es war ein Handstreich der Kaisergegner, Anstifter war wiederum Orlando di Rossi, der Schwager des Papstes. Während die Kaiserlichen in Parma die Hochzeit eines Ritters feierten, erschienen vor den Toren siebzig als Pilger verkleidete Ritter, die zwei Jahre zuvor mit Orlando di Rossi aus Parma geflohen waren. Sie hatten den Zeitpunkt gut gewählt: der Kaiser in Turin, König Enzio im Gebiet um Brescia, die Ritter in Parma beim Festessen und beim Wein. Obwohl die Kaiserlichen nach dem Alarm der Torwachen sofort vom Festmahl hinauseilten, vor den Toren gegen die abtrünnigen Ritter kämpften, wurden sie nach kurzem Kampf überwältigt. Die Kaiserfeinde besetzten Parma. Sie erhielten bald aus Mailand und anderen Städten Verstärkung, noch bevor Enzio, nachdem ihm der Überfall gemeldet wurde, mit seiner Truppe zur Stelle sein konnte.

König Enzio erwartet den Kaiser in Cremona. Er ist klug genug, die feindliche Übermacht in Parma nicht eigenmächtig anzugreifen. Der Kaiser billigt sein Verhalten. Er befiehlt ihm, die Ankunft des kaiserlichen Heeres abzuwarten, jedoch die Zugangswege nach Parma zu sperren. Er wolle, so läßt er Enzio mitteilen, am ersten oder zweiten Tag des neuen Monats mit dem Heer in Cremona eintreffen. Mit den vereinten Truppen, den Rittern aus der Toskana und den kaisertreuen Städten, die er angefordert habe, würde er Parma bezwingen und den Verrat rächen. Dann könne er, noch im Frühherbst, mit ruhigem Gewissen nach Lyon und Deutschland ziehen.

Februar 1248 vor Parma

»Wutentbrannt und bebend vor Zorn über das ihm widerfahrene Geschick« war der Kaiser mit seinen Truppen nach Parma aufgebrochen. Die Kaiserlichen umzingelten die Stadt, schnitten ihre Verbindungswege ab. Doch sie konnten Parma nicht erobern, und die Pläne Friedrichs, nach Lyon und Deutschland zu ziehen, zerschlugen sich. Darüber wurde es Herbst. Es wurde Februar. Der Abfall Parmas war für die Papstanhänger in Oberitalien ein Signal, und die kaiserlichen Befehlshaber und Vikare, König Enzio, Manfred Lancia, Ezzelino und Uberto Pallavicini, konnten nur mit Mühe unter Statuierung grausamer Exempel weitere Aufstände unterdrücken. Parma hatte noch vor der Einkesselung Hilfstruppen aus Mailand unter der Führung Gregors von Montelongo erhalten. Der kriegerische päpstliche Legat sorgte für den Widerstandswillen der Parmesen und machte ihre Stadt zur abwehrbereiten Festung. Aber es wurde für die abgeschnittenen Parmesen ein schrecklicher Winter, ein Hunger- und Seuchenwinter. In ihrer Not buken sie aus Leinsamen Brot. Nur einmal gelang es den Mantuanern und Ferraresen, einen Getreidetransport durch die Blockade zu bringen. Ohne den Agitator Gregor von Montelongo, der den Parmesen durch gefälschte Briefe Mut machte, hätte Parma noch vor dem Ende des Winters die weiße Fahne gehißt.

Friedrich ließ vor Parma, »in der Gegend von Grola – wo es viele Weinberge gibt, die einen guten, ja den besten Wein der Gegend liefern«, eine Lagerstadt errichten, umgeben von Gräben und starken Mauern mit acht Toren. Kein Feldlager, sondern eine richtige Stadt mit Straßen und regulierten Wasserläufen, mit

Holzhäusern, Kaufläden, Markt, Palast und Kirche. Voll Siegeszuversicht nannte der Kaiser die Stadt Victoria. Alles, was in seinem Leben eine Rolle spielte, war zur Stelle: die Kanzlei, der Staatsschatz, die Münzpräge, die kaiserlichen Kammern, der Tierpark und die sarazenischen Tänzerinnen. Victoria sollte nach der Zerstörung Parmas vom Ruhm des Kaisers zeugen. Nach antikem Vorbild hatten die Astrologen für die Gründung eine günstige Konstellation des Mars errechnet, hatten die Auguren den Flug der Vögel beobachtet. Mit dem Pflug wurde ein Kreis um das zu bebauende Areal gezogen. Doch die antik-heidnischen Riten nutzen Victoria wenig.

Am Morgen des 18. Februar 1248 bei strahlender Sonne machten die Parmesen durch eine Verzweiflungstat alle Vorhersagen zunichte. Friedrich war mit dem sechzehnjährigen Manfred in Gesellschaft seiner Freunde und Falkner ausgeritten und jagte in der Sumpfniederung des Taro. Ein vorgetäuschter Ausfall der Parmesen nach Osten lenkte den Großteil der Wachmannschaft, die zur Verfolgung der Ausbrecher ansetzten, ab. Unterdessen liefen die Boten des päpstlichen Legaten durch Parma und forderten die Soldaten und das Volk zum Überfall auf Victoria auf. Im ersten Ansturm überrannten die ausgehungerten Parmesen die nahezu schutzlose Lagerstadt. Jäh entlud sich ihr aufgestauter Haß. In einer einzigen Welle des Zorns, der Plünderung und Brandschatzung wurde Victoria ausgelöscht. Als die kaiserliche Jagdgesellschaft, von der Sturmglocke Victorias aufgeschreckt, in die Lagerstadt zurückkehrte, war die Katastrophe nicht mehr abzuwenden. Friedrich selbst konnte nur mühsam mit wenigen Reitern nach Borgo San Donnino entkommen.

Grausam wüteten die Parmesen in Victoria und bereiteten dem Kaiser die furchtbarste Niederlage seines Lebens. Sie erschlugen nicht nur an die fünfzehnhundert Kaiserliche, darunter den Großhofrichter Thaddäus von Suessa und viele höchste Beamte. Sie machten noch doppelt so viele Gefangene, und der Kaiser verlor seinen gesamten beweglichen Besitz, der in Victoria aufbewahrt wurde. Die Parmesen schleppten weg, was ihnen in die Hände fiel: Vorräte und Kriegsmaterial, die Akten der Kanzlei und das kaiserliche Siegel, den kompletten Staatsschatz, eine vergoldete Statue, den Kaiserthron, Hausrat, Kleider und wertvolle Bücher, darunter eine Prachtausgabe des Falkenbuches. Ein krummbeiniger Krüppel, den man Cortopasso nannte, erbeutete die kaiserliche Krone, »schwer an Gewicht und Wert, ganz aus Gold und mit Edelsteinen besetzt, mit vielen getriebenen, erhabenen Bildwerken geschmückt«.

Am Abend des 18. Februar und in den folgenden Tagen müssen sich in Parma gespenstische Szenen abgespielt haben. Der vom erbeuteten Wein berauschte Pöbel zog durch die Straßen, einige hatten die erbeuteten Purpur- und Seidengewänder angezogen. Cortopasso zeigte die Kaiserkrone jedem, der sie sehen wollte. Herbeigeeilte Kaufleute erstanden »für billigen Preis« einen Teil der Beutestücke und Schmuck. Schließlich ordnete der Magistrat an, jeder dürfe die Hälfte des Erbeuteten behalten und müsse die andere Hälfte der Kommune übergeben. Die kaiserliche Krone wurde Cortopasso für »zweihundert Pfund Imperialen und ein Häuschen neben der Kirche S. Christina« abgekauft. So wurden, wie Salimbene schreibt, »die Armen wundersam bereichert, während ein reicher Fürst verarmte«.

Friedrich war mit seinem kleinen Begleittrupp über Borgo San Donnino nach Cremona geritten, vom Morgen bis in die Nacht im Sattel. In Cremona sammelte er ein neues Heer, vorwiegend aus Stadtmannschaften, und zog am 22. Februar wiederum gegen Parma. Die Parmesen hatten sich in ihre Stadt zurückgezogen und verschanzt. Doch die Kaiserlichen unternahmen keinen direkten Angriff, sondern verwüsteten nur die Umgebung und sperrten die Zufahrtsstraßen.

Von der militärischen Niederlage erholte sich Friedrich bald; denn noch herrschten in weiten Gebieten Oberitaliens die kaiserlichen Vikare. Ihre und König Enzios Truppen waren von der Niederlage nicht betroffen. Verhängnisvoller zeigte sich die psychologische Auswirkung der Vernichtung Victorias durch die Parmesen. Eine einzige Stadt hatte den Kaiser, der sich unbesiegbar nannte, besiegt und ihn noch dazu aus seiner »Siegesstadt« vertrieben. Der antikaiserlichen Liga gab dieser Sieg Auftrieb. Bald fielen die Städte der Romagna vom Kaiser ab, und Ravenna schlug sich auf die Seite der Papstpartei. Noch einmal ließ der Kaiser dem Papst in Lyon über König Ludwig von Frankreich ein Friedensangebot übermitteln. Innozenz IV. lehnte jede Verhandlung ab. Ihn konnte nur noch die endgültige Vernichtung des Kaisers befriedigen.

Februar 1249 in Cremona

Welcher Mensch, den eine tödliche Krankheit befallen hat, will seine Ohnmacht wahrhaben? Immer bleibt noch ein Stück ungebrochener Hoffnung, ein Rest sich verzweifelt wehrender vitaler Zähigkeit. Hat nicht Markgraf Lancia die parmesischen Ritter, als sie einen neuen Angriff wagten, bis auf den letzten Mann erschlagen, auch den Verräter Orlando di Rossi, den die Kaiserlichen in Stücke hieben? Hat nicht König Enzio an die hundert Schiffe der Feinde gekapert und dreihundert Gefangene an den Ufern des Po erhängen lassen?

Der Kaiser weicht nicht. Noch nicht. Ein Jahr nach dem Verlust Victorias hält er sich in Cremona auf. Er hat mit Hilfe seines vertrauten Protonotars Petrus de Vinea die Kanzlei wieder arbeitsfähig gemacht. Nach Sizilien schreibt er, Fortuna habe ihm nur scheinbar den Rücken zugekehrt. Jetzt zeige sie ihm wieder ein »heiteres und fröhliches Antlitz«. Um den Verlust des kaiserlichen Schatzes auszugleichen, läßt er die sizilianischen Steuern auf das Doppelte erhöhen. Von den Kirchen und Klöstern fordert er Sonderabgaben. In Piemont hat er die Hochzeit seines Sohnes Manfred mit Beatrix von Savoyen gefeiert und war im Januar, begleitet von Petrus de Vinea, nach Cremona zurückgekehrt. Die Cremonesen haben den Kaiser und seinen Logotheten festlich empfangen. Wie oft hatten sie den Kaiser schon in ihre Stadt einziehen gesehen? Sie nahmen den achtzehnjährigen Friedrich auf, als er auf ungesatteltem Pferd den Mailändern entkommen war. Sie sahen den Triumphzug des Siegers von Cortenuova. Sie sahen den Glanz der kaiserlichen Hoftage und sie sahen Friedrich als Geschlagenen, der wiederum, wie vor sechsunddreißig Jahren, in ihrer Stadt Zuflucht suchte. Cremona besteht darauf, die treueste Stadt des Kaisers in der Lombardei zu sein.

Jetzt, im Februar, gleicht die Stadt einem Hexenkessel. Die Bürger rotten sich zusammen, drängen zum Palast des Kaisers. Niemand weiß, wer zuerst das Unglaubliche verbreitet hat, es gibt keine offizielle Verlautbarung, aber jeder weiß es. Ganz Cremona redet von nichts anderem. Man weiß auch, daß das Gerücht längst kein Gerücht mehr ist: derjenige, den man eben noch an der Seite des Kaisers einziehen sah, der Ratgeber, Freund, Sprecher, Gesetzesverkünder, der Protonotar und Logothet, mußte sich einer ungeheuren Verfehlung schuldig gemacht haben. Petrus de Vinea hat den Kaiser verraten. Hätte ihn sonst der Kaiser gestürzt, in den Kerker werfen und ihn blenden lassen?

Die einen, wie Salimbene in seiner Chronik, sagen: Petrus de Vinea, den der Kaiser »innig liebte und über alle andern Leute an seinem Hofe hochhielt«, habe seit Lyon heimlich mit dem Papst konspiriert und Hochverrat begangen. Andere behaupten: Die Neider am Hofe haben ihn zu Fall gebracht. Wieder andere: Er, der das Recht wahren sollte, habe das Recht mißbraucht und sich hinter dem Rücken des Kaisers bereichert, und auch das ist nach dem Gesetz Hochverrat. Eine weitere Version, auf die sich der Chronist Matthäus von Paris beruft, lautet: Petrus de Vinea habe mit dem Arzt, der dem Kaiser einen Gifttrank reichen wollte, unter einer Decke gesteckt.

Über den Anschlag des Leibarztes namens Tibaldo weiß man ziemlich genau Bescheid. Er sollte dem Kaiser ein Bad richten und einen Heiltrank zubereiten. Der Kaiser war gewarnt und sagte daher: »Mein Leben ist euch anvertraut. Gebt mir nicht Gift anstelle des Heilmittels zu trinken.« Entrüstet soll der Arzt der Verdächtigung widersprochen haben, worauf der Kaiser den Arzt aufforderte, den ersten Schluck aus dem Becher zu nehmen. Der Arzt täuschte Unachtsamkeit vor und stieß den Becher um, so daß der größte Teil des Gifttranks verschüttet wurde. Daraufhin wurde er von den Wachen des Kaisers verhaftet. Den Rest des Gifts gab man einem zum Tode Verurteilten zu trinken, der auf der Stelle starb.

Man erzählt weiter, der Leibarzt wäre in parmesischer Gefangenschaft von den Kaisergegnern für den Mordanschlag gedungen worden. Der Kaiser hätte ihn ausgelöst, nicht ahnend, daß er seinen Mörder zurückkaufte. Es gilt als sicher, daß Papst Innozenz Anstifter, zumindest Mitwisser des Giftmordversuchs war. »Des Herrn Papstes Ruf wurde dadurch nicht wenig verschwärzt«, schreibt Matthäus von Paris. Doch während der Anschlag des Giftmischers in allen Einzelheiten bekannt wurde, blieb der Verrat des Petrus de Vinea im dunkeln. Keiner offiziellen Urkunde ist zu entnehmen, was den Sturz des Protonotars und Logotheten verursacht hat, und die unterschiedlichen Meinungen der Chronisten haben zusätzlich Verwirrung gestiftet. Friedrich selbst spricht ein einziges Mal, in einem vertraulichen Brief an seinen Schwiegersohn Richard von Caserta, von der

Untreue des Petrus de Vinea, »der, daß er Geldbeutel hätte oder sie füllte, der Gerechtigkeit Stab in eine Schlange wandelte«.

Petrus de Vinea, der seinen Hofdienst als mittelloser Notar begann, hinterließ ein riesiges Vermögen. Hat er im Großen betrieben, was kleinen Beamten den Vorwurf der Korruption einbrachte? Immerhin kontrollierte er das gesamte Rechnungswesen des Königreiches und des Hofes. »Anscheinend hat Petrus de Vinea nicht nur große Summen unterschlagen, sondern seine Stellung auch mißbraucht, um angebliche Staatsfeinde zu verfolgen und sich an ihren Gütern zu bereichern, was den staufischen Staat, in dem die Gerechtigkeit fast göttlich verehrt wurde, wirklich in seinen Grundlagen bedrohte.«

Für den Kaiser war die Untreue des Petrus de Vinea der letzte und härteste Schlag in der langen Reihe von Verrat, die 1246 mit der Verschwörung der jungen Adeligen begann. Vielleicht schwieg er darüber deswegen so beharrlich, weil ihm selbst der Verrat seines engsten Vertrauten unfaßbar war. Matthäus von Paris schildert die Szene, wie Friedrich, »sich wieder besinnend, begann, sich untröstlich zu betrüben und reichlich bitterste Tränen zu vergießen, was kläglich anzusehen war an einem Manne von so hohem Ansehen und so hohem Alter«. Friedrich soll im Kreis seiner Freunde, die mit ihm trauerten, ausgerufen haben: »Wehe Mir, gegen den seine eigenen Eingeweide kämpfen! Auf wen kann Ich noch vertrauen? Wo kann ich noch sicher, wo noch froh sein?« Ein anderer Chronist, Salimbene, legt dem Kaiser Worte Hiobs in den Mund: »Alle Meine Getreuen haben Greuel an Mir; und die Ich lieb hatte, haben sich wider Mich gekehrt.«

Dante läßt im XIII. Gesang des Inferno Petrus de Vinea sagen: »Ich hielt die beiden Schlüssel, welche schließen / Des Friedrich's Herz, und wußte sie zu drehen / So vorsichtig beim Öffnen und Verschließen.« Der Dichter verbannt den Vertrauten des Kaisers in den Höllenkreis der Selbstmörder; denn Petrus de Vinea setzte seinem Leben selbst ein Ende.

Die Cremonesen, aufgebracht durch den Verrat und Treuebruch, forderten die Auslieferung des Petrus de Vinea. War sein Verbrechen in Cremona an den Tag gekommen, so sollte es auch in Cremona gesühnt werden. Aber Friedrich ließ den bereits Geblendeten nach Borgo San Donnino bringen. Vermutlich stand Petrus de Vinea ein ähnliches Schicksal bevor wie dem Leibarzt, der geblendet und verstümmelt, unter fortwährenden Martern, nach Sizilien gebracht und dort hingerichtet wurde. Als der Kaiser im März von Cremona aufbrach, um durch die Toskana nach Süden zu ziehen, wurde Petrus de Vinea, auf einem Esel sitzend, im Troß mitgeführt. Während eines Zwischenaufenthalts im Kerker von San Miniato, so heißt es in einer Chronik, »rannte er mit dem Kopf mit aller Gewalt gegen die Säule, an der er gefesselt war, und entleibte so sich selbst«.

Friedrich zog weiter nach Pisa, wo ihn und sein Gefolge kaiserliche Galeeren erwarteten. Für immer verließ er Reichsitalien, die Orte des Verrats und seines Unglücks, und kehrte über Neapel zurück in sein sizilianisches Erbland. In seinem großen Manifest an die Könige und Völker erwähnt Friedrich mit keinem Wort den Verrat des Petrus de Vinea, wohl aber den Giftmordversuch des Arztes und seine Hintermänner. »Hört, ihr Völker, die furchtbare Verkommenheit, unerhört in aller Welt! Öffnet die Augen und sehet, wie in diesen jüngsten Tagen der Dinge Ordnung gestürzt, die schlichte Meinung getäuscht und der Hirten Amt entheiligt wird, denn von da geht Lug und Frevel, von da abscheuliche Ungerechtigkeit, von da vernichtendes Vorbild aus, woher das Heil aller Seelen und Leiber erhofft ward. Unlängst nämlich hat dieser Priester, nicht zufrieden mit zahllosen Anschlägen und würdelosen Aufwiegelungen, versucht, durch geheime Anschläge Unser Leben zu vernichten. Und mit Unserm Arzt, der seinerzeit im feindlichen Parma eingekerkert lag, hat er durch seinen Legaten, der sich bei einer derartigen Verhandlung zum Mittler hergab, unmenschlich und gottlos ausgemacht, daß der Uns nach seiner Rückkehr in Form eines Heiltranks Gift zu schlucken eingäbe. Dies wurde im einzelnen sowohl durch ihn, der offen bei der Tat ergriffen nicht zu leugnen vermochte, wie auch durch aufgefangene Briefe, die diesen Handel ausdrücklich erwähnten, für Uns und viele an Unserm Hof anwesende Große zur klaren Gewißheit.

»Nun seht, welcher Art Unser Vater da, dieser teuerste, Uns liebte; nun seht den löblichen Eifer, das aufmerksame Hirtentum; nun seht die würdigen Werke des Priesterfürsten! Bei Gott, welch Unrecht haben Wir ihm getan, daß er zu so großer Grausamkeit seinen Sinn niederbeugte?

Mit Grund also fordern Wir euch und die übrigen Rechtgläubigen auf, ihr möget euch so schweren Frevel wohl in den Sinn rufen und acht haben auf die Ausartung und den Hochmut der Prälaten, die, mit der Obrigkeit über das Geistliche nicht zufrieden, sich durch Fug und Unfug auch im Weltlichen Herrschaft anzumaßen streben und verwegen am Werke sind, die Fürsten, außer den ganz winzigen, zu enterben.

Widersteht also deren entzügelten Begierden, widersteht, daß ihre Bosheit nicht frohlocke. Steht Uns bei gegen sie mit tapferem Arm und tapferem Sinn. Denn um ihren Übermut ganz niederzudrücken, wollen Wir die hochheilige Kirche, Unsre Mutter, durch Stärkung mit würdigeren Lenkern, so wie es Unserm Amte zukommt und Wir es in aufrichtiger Neigung planen, für Gottes Ehre zum Bessern umgestalten.«

44 Rückkehr nach Apulien

Zu keiner Zeit wird der Kaiser die Rückkehr in sein Südreich, zu den »Orten Unserer Erquickung«, als befreiender und beglükkender empfunden haben als im Sommer 1249. Er stand im fünfundfünfzigsten Lebensjahr, war von den unglücklichen Ereignissen der letzten Jahre keineswegs gebrochen, aber doch mitgenommen. Der noch vor einem Jahr vierundzwanzig Stunden ununterbrochen im Sattel saß und von zäher Gesundheit war, zeigte sich müde und kränkelnd. Wiederholt spricht er davon, »daß Unsere Glieder von den Anstrengungen der Kriege reichlich ermüdet sind« und sich »in den süßen Wonnen Unseres Königreiches erholen«. Man kann nur ahnen, wie sehr ihn der Verlust seiner höchsten Staatsbeamten und Freunde Thaddäus von Suessa und Petrus de Vinea getroffen hat. Als Hüter der Justitia schmückten ihre Bildnisse, zusammen mit der Kaiserstatue, das Triumphtor von Capua. Der eine fiel bei der Verteidigung des Kaiserlagers Victoria, der andere hatte die Justitia verraten.

Im Sommer erreichten den Kaiser zwei weitere Unglücksnachrichten. Auf dem Weg nach Modena, zur Entlastung der von den Bolognesen bedrängten Stadt, war am 26. Mai bei Fossalta König Enzio in bolognesische Gefangenschaft geraten. Nicht lange danach starb der uneheliche Kaisersohn Richard von Theate, dem der Kaiser das Generalvikariat der Romagna, der Mark

Ancona und Spoletos übertragen hatte. Viel mehr ist über das Verhältnis Friedrichs zu seinem etwa vierundzwanzigjährig gestorbenen Sohn Richard von Theate nicht überliefert. Aber der neunundzwanzigjährige blonde Enzio, neben dem noch jungen Manfred der bedeutendste der unehelichen Söhne, war das »sehr geliebte« Ebenbild Friedrichs. Selbst Salimbene, der nicht eben stauferfreundliche Chronist, nennt ihn »tapfer, sehr beherzt, ein kühner Recke, wenn er wollte, voll Fröhlichkeit, schön anzusehen und von mittlerer Größe« und »unter allen Söhnen am meisten wert«. Als Generallegat für Reichsitalien war Enzio mit seinen Truppen überall zur Stelle gewesen, wo Gefahr drohte.

In einem merkwürdigen Schreiben an die Bolognesen, halb Bitte, halb Drohung, fordert der Kaiser die Freilassung Enzios. »Wenn Euch also das Geschick zur Zeit mit freundlichem Antlitz heiter angeblickt zu haben scheint, so solltet Ihr, wenn Ihr weise wäret, nicht übermütig werden, da mancher zuweilen hoch erhoben wird, um stürzend um so schlimmer zerschmettert zu werden.« Er will Bologna, wenn Enzio freigelassen wird, »über alle Städte der Lombardei erheben«. Anderenfalls »werden Wir die eisernen Hörner, die Ihr Euch aufgesetzt habt, durch plötzlichen Angriff zerbrechen«. Aber alle Bitten, Versprechungen und Drohungen blieben ohne Erfolg. Die Bolognesen antworteten selbstbewußt, oft werde »der Eber auch von einem kleinen Hunde festgehalten«. Enzio blieb in Bologna bis zu seinem Tode im Jahre 1272 in ritterlicher, doch strenger Haft.

An die Modenesen schreibt Friedrich im Juni anläßlich der Gefangennahme Enzios wieder in seinem früheren unüberbietbaren Hochmut: »Mag also dieser Unfall im Gerüchte schwerwiegend und dem Volke entsetzlich erscheinen, so beugten Wir, ihn dennoch für leicht oder ganz gering erachtend, die Höhe Unseres Geistes darum keineswegs, und keine oder nur mäßige Ursache der Bestürzung betraf Uns deshalb. Da aber die Ereignisse der Kriege ungewiß sind und der Schoß Unserer Hoheit Überfluß an Söhnen hat, ertragen Wir derartige Neuigkeiten mit Gleichmut; und den Arm Unserer Macht erheben Wir um so tapferer zum Untergang Unserer Empörer und strecken ihn aus zur Vergeltung.« Die hochtrabende Sprache, offenbar mehr zur Aufmunterung der Verbündeten gedacht als der realen Situation entsprechend, nutzte wenig. Modena, von den Bolognesen belagert, kapitulierte. Auch Como ergab sich den Kaiserfeinden, und überdies verloren die Kaiserlichen noch den strategisch wichtigen Zugang zum Cisapaß.

Den Sommer verbrachte Friedrich in Melfi. Hier blieb er bis in den späten Herbst hinein und erholte sich bald von den vorausgegangenen Strapazen und Unglücksfällen. In der vertrauten Umgebung atmete er auf, gewann er die ihm eigene Tatkraft und Energie zurück. Unermüdlich ordnete er mit Hilfe des vor zwei Jahren neuernannten Großhofjustitiars Richard von Montenero die gesamte Verwaltung, die durch den Sturz des Protonotars einer umfassenden Überprüfung bedurfte. Aus Lucera ließ er Jagdleoparden und Falken kommen. Wie in früheren Jahren jagte er in den Laubwäldern am Monte Vulture Hirsche, Bären und Wildschweine, an den Seen Wasservögel. Er ritt nach Lagopesole, wo weithin sichtbar auf dem Hügel oberhalb des Sees das mächtige Kastell und Jagdschloß seiner Vollendung entgegenging. In diesen Monaten erwog er sogar den Gedanken an eine Wiederverheiratung. Der Kaiser dachte an eine Ehe mit der Tochter des Herzogs Albrecht von Sachsen und plante, in absehbarer Zeit wiederum in die Lombardei und nach Deutschland zu ziehen.

Am Anfang des Jahres 1250, als der kaiserliche Hof wieder in Foggia mit seinem milderen Meeresklima residierte, begannen sich die kriegerischen und politischen Ereignisse zugunsten des Kaisers zu wenden. In Reichsitalien nahmen die Erfolge der kaiserlichen Vikare und Markgrafen während des ganzen Jahres zu. Ravenna wurde für den Kaiser zurückgewonnen. Die Truppen des päpstlichen Legaten der Mark Ancona, Petrus Capocci, der bereits einen Angriff auf das sizilianische Königreich vorbereitete, wurden vernichtend geschlagen. Die Kaiserlichen siegten in der Mark Ancona. Im Vorjahr abgefallene Gebiete und Städte der Mark, Spoletos und der Romagna unterwarfen sich, allerdings mit Ausnahme Bolognas. Der neuernannte kaiserliche Admiral Peter von Gaeta, besiegte bei Savona die genuesische Flotte und eroberte siebzehn Galeeren, deren Mannschaften er gefangennahm.

In der nördlichen Lombardei, um Verona und bis zum Brennerpaß, bewährte sich Friedrichs Schwiegersohn Ezzelino, nahezu unabhängig, aber kaisertreu. Der Graf von Savoyen, Schwiegervater Manfreds, hatte den Alpenübergang nach Burgund fest in der Hand. Obwohl das feindliche Mailand unerschüttert blieb, erzielte Markgraf Uberto Pallavicini, der Nachfolger Enzios in der mittleren Lombardei, außerordentliche Erfolge. Der einäugige Pallavicini, dem der Kaiser das Generalvikariat von Cremona übertrug, muß nach den Schilderungen Salimbenes ein ehrgeiziger und grausamer Despot gewesen sein, insofern ein unwürdiger Nachfolger des ritterlichen Enzio. Aber er brachte mit seinen Truppen in der Gegend der einstigen Lagerstadt Victoria den Parmesen eine vernichtende Niederlage bei. Dreitausend feindliche Soldaten kamen um oder gerieten in Gefangenschaft, außerdem wurde der parmesische Fahnenwagen erbeutet – eine späte Genugtuung für den Abfall Parmas und die Katastrophe von Victoria. Unter der Wirkung des eindrucksvollen Sieges bot Bologna Friedensverhandlungen an. Die Verhandlungen scheiterten an der Bedingung des Kaisers, Enzio freizulassen. Nicht ohne Grund waren Friedrich und seine Vikare wieder selbstsicher geworden. Sie gewannen in Oberitalien, selbst in Piacenza, wo ein Kaiseranhänger zum Podestà gewählt wurde, mehr und mehr Macht. Auch außerhalb des Reiches arbeitete die Zeit für den Kaiser. Der französische König Ludwig IX. war auf seinem Kreuzzug in Ägypten nach ersten Erfolgen im April 1250 bei Mansurah besiegt worden und in Gefangenschaft geraten. Friedrich, dessen Beziehungen zu Ludwig IX. besonders gut standen, hatte den Kreuzzug gefördert, ohne freilich Truppen stellen zu können. Als er von der Gefangennahme Ludwigs erfuhr, bat er in einem Schreiben den Sultan von Ägypten, den Sohn Malik al-Kamils, um die Freilassung des Königs. Friedrichs Name hatte im Orient Gewicht. Sein alter Freund und Gesprächspartner Fahr ed-Din befehligte das sarazenische Heer. König Ludwig benötigte allerdings die Hilfe Friedrichs nicht mehr; denn durch einen Thronwechsel in Ägypten kam er gegen ein Lösegeld frei und begab sich nach Akkon.

Der französische König lastete seine Niederlage dem Papst an, der trotz wiederholter Bitten keinen Frieden mit dem Kaiser geschlossen hatte und dadurch die Unterstützung des Kreuzzugs durch Friedrich verhindert hatte. Von Akkon aus beauftragte der König seine Brüder, den Papst nun mit aller Entschiedenheit zum Friedensschluß aufzufordern, »andernfalls würde ihn Frankreich aus Lyon vertreiben«. Daraufhin bat Innozenz IV. den englischen König Heinrich III. um ein neues Asyl in Bordeaux, das zu England gehörte. Die Bitte wurde abgeschlagen; denn Innozenz hatte sich in England wegen seiner weltlichen Machtpolitik und Steuerforderungen verhaßt gemacht. Die Lage des Papstes hatte sich grundlegend verändert. Seine finanziellen Mittel waren erschöpft, die von ihm angestifteten Attentatsversuche auf den Kaiser hatten die Könige und Fürsten mißtrauisch gemacht. Exkommunikation und Absetzung Friedrichs verfehlten weithin ihre Wirkung. Sie wurden immer häufiger als persönliche, politische Maßnahmen durchschaut. Nicht der Papst, sondern der Kaiser, der seinerseits nie die Absetzung Innozenz IV. und die Wahl eines Gegenpapstes in Erwägung gezogen hatte, schien aus dem Zweikampf als Sieger hervorzugehen.

Aus Deutschland kamen ebenfalls gute Nachrichten. Der neue Gegenkönig, Graf Wilhelm von Holland, konnte sich gegenüber dem rechtmäßigen König Konrad IV. nicht behaupten. Der rheinische Feldzug Konrads brachte im August 1250 den Sieg über den Grafen von Holland und führte zum Einlenken der Parteigänger des Grafen, der Erzbischöfe von Köln und Mainz. Friedrich beglückwünschte seinen zweiundzwanzigjährigen Sohn in »überschwenglicher Freude«. Im Sommer traf der Kaiser Vorbereitungen, seinen geplanten Zug nach Lyon und Deutschland zu verwirklichen. Dem griechischen Kaiser Johann Vatatzes von Nikäa, seinem Schwiegersohn, schrieb er, die »hohe Freude« über seine Erfolge pflege »nicht nur die durch Blutsbande und aufrichtige Liebe Verbundenen froh zu stimmen, sondern jedweden Freund«. Er schloß seinen Brief mit der Zuversicht des Siegers und Triumphators: »So also lenkt und leitet Unsere göttliche Herrlichkeit, gestählt von des Himmels Voraussicht, das ganze ihr unterworfene Imperium in friedlicher Ordnung ...«

Militärisch wie politisch festigte sich Friedrichs Position. Er konnte vertrauensvoll in die Zukunft blicken. Da warf ihn Ende November eine schlimme Darminfektion nieder. Er erkrankte an Dysenterie, die seinen Vater, Heinrich VI., so jung dahingerafft hatte. Offenbar überraschte ein schwerer Anfall den Kaiser während eines längeren Jagdritts; denn man brachte den Erkrankten nicht nach Foggia oder Lucera, sondern zum Castel Fiorentino, das vor diesem Ereignis in den Quellen unerwähnt blieb. Wahrscheinlich war das Kastell mit dem Blumennamen, etwa zwölf Kilometer nördlich von Lucera, einfach der nächstgelegene Ort. Heute sind nur noch kümmerliche Mauerreste auf dem langgestreckten, von dürrem Gras bewachsenen Hügelrükken davon übrig. Es muß damals eine größere Anlage mit Türmen und Festungsmauern gewesen sein, umgeben von einer Ansiedlung oder Stadt. Die Vermutung, daß hier, ähnlich wie in Lucera, Sarazenen angesiedelt waren, liegt nahe. Wahrscheinlich wurden Festung und Stadt bei der späteren Ausrottung der Sarazenen völlig zerstört. Nach einer allerdings erst nach dem Tod Friedrichs geschriebenen Chronik war ihm, wie bereits erwähnt, von Astrologen vorausgesagt worden, er werde *sub flore* sterben oder genauer, »er werde vor eisernen Wänden sterben, sobald er in eine Stadt mit dem Namen der ›Blume‹ gelangt sei«. Als er den Namen von Castel Fiorentino erfuhr und feststellte, daß sein Lager nahe einer zugemauerten Tür mit inwendigen »eisernen Türflügeln« stand, soll er gesagt haben: »Hier ist der Ort Meines Endes, das Mir vorbestimmt ist. Der Wille des Herrn geschehe.«

In den ersten Dezembertagen trat zunächst eine Besserung ein, dann verschlimmerte sich die fiebrige Darmentzündung. Zu den bereits anwesenden Vertrauten, die mit ihm auf der Jagd gewesen waren, ließ der Kaiser noch den Erzbischof Berard von Palermo hinzurufen, den alten, seit achtunddreißig Jahren vertrauten Freund, ferner den Großhofjustitiar Richard von Montenero. Außer diesen beiden waren jetzt in Castel Fiorentino anwesend: Manfred, der achtzehnjährige uneheliche Kaisersohn; der Markgraf Berthold von Hohenburg; der kaiserliche Schwiegersohn Richard von Caserta; der Marstallmeister Pietro Ruffo und dessen Neffe Folco Ruffo, einer der jungen Dichter am Hof; der Arzt Johann von Procida sowie einige Großhofrichter und Notare. In Gegenwart dieser Getreuen, bei klarem Bewußtsein, traf Friedrich Verfügungen für den Fall seines Todes und setzte sein kaiserliches Testament auf. »Im Hinblick auf die Vergänglichkeit des Menschen wollen Wir, Friedrich, von Gottes Gnaden immer erhabener Kaiser der Römer, König von Jerusalem und Sizilien, für das Heil Unserer Seele sorgen und über Reich und Länder verfügen, da Uns das Ende des Lebens bevorsteht, in vollem Besitz der Sprache und des Denkvermögens, krank am Körper, aber bei klarem Verstande, auf daß Wir noch zu leben scheinen, auch wenn Wir dem irdischen Leben entrückt sind.«

Zum Erben des Imperiums und des Königreichs Sizilien bestimmte der Kaiser seinen Sohn, den deutschen König Konrad IV. Für den Fall, daß Konrad »ohne Söhne sterben sollte«, bestimmte Friedrich als Nachfolger Heinrich Carlotto, dann Manfred. So war testamentarisch seinem Haus die kaiserliche Erbfolge gesichert, was Friedrich seit der Frankfurter Königswahl Heinrichs VII. beabsichtigt hatte. Es ist jedoch bemerkenswert, daß Friedrich das Erbfolgeprinzip kommentarlos und wie selbstverständlich einführt, obwohl nach bisheriger Regelung der deutsch-römische Kaiser von den Reichsfürsten gewählt, sodann vom Papst gekrönt wurde. Weiterhin ist bemerkenswert, daß Friedrich seinen Sohn Manfred, der ja unehelich geboren wurde, in die Erbfolge einbezieht und damit legitimiert. Während Konrads Abwesenheit sollte Manfred als Statthalter Reichsitalien und das Königreich Sizilien regieren. Ferner erhielt Manfred, der Sohn der Bianca Lancia, das Fürstentum Tarent. Heinrich Carlotto, der Sohn der englischen Isabella, sollte – je nachdem wie Konrad verfügen würde – das Arelat oder das Königreich Jerusalem erhalten. Dem Enkel Friedrich, dem Sohn König Heinrichs und der Babenbergerin Margarethe, wurden die Herzogtümer Österreich und Steiermark zugesprochen.

Von großer staatsmännischer Klugheit zeugen besonders jene Verfügungen, die der Kirche gelten. Der römischen Kirche, »Unserer Mutter«, sollten alle ihr zustehenden Rechte und Besitzungen zurückerstattet werden, sofern auch sie die Rechte des Imperiums wieder anerkannte. Der Templerorden, alle Kirchen und Klöster sollten ihre Rechte und Besitzungen zurückerhalten, zerstörte Kirchen wiederhergestellt werden. Für das Heilige Land sollten hunderttausend Goldunzen bereitgestellt werden. Alle Gefangenen, ausgenommen die Hochverräter, sollten freigelassen werden. Ferner bestimmte Friedrich, »daß alle Menschen Unseres Königreichs frei seien und ausgenommen von allgemeinen Steuern, wie sie es zu sein pflegten zur Zeit des Normannenkönigs Wilhelm II.«

Noch am Vorabend seines Todestages schien es dem Kaiser besser zu gehen. Der Arzt Johann von Procida reichte Friedrich zur Stärkung seines geschwächten Körpers in Zucker gekochte Birnen. Doch am folgenden Morgen, dem 13. Dezember, verschlechterte sich der Zustand des Kranken. Er ließ sich die graue Kutte der Zisterzienser anlegen, deren drittem Orden er angehörte, und bat um die Absolution und die Wiederaufnahme in die Gemeinschaft der Kirche. Erzbischof Berard, der älteste der Freunde, spendete Friedrich die Sterbesakramente. So starb

Kaiser Friedrich II. am 13. Dezember 1250, kurz vor der Vollendung seines sechsundfünfzigsten Lebensjahres. Wie der Chronist Matthäus von Paris schrieb, starb »unter der Welt Fürsten der Größte, Friedrich, auch das Staunen der Welt und wundersamer Veränderer, losgesprochen von dem Banne, der auf ihm gelastet, nachdem er, wie man sagt, das Kleid der Zisterzienser angezogen, Buße getan und sich gedemütigt hatte«.

Dem Wunsch Friedrichs entsprechend sollten die Totenfeiern ohne Prunk stattfinden. Aber er hatte auch testamentarisch verfügt, im Dom von Palermo beigesetzt zu werden, neben seinem Vater, dem staufischen Heinrich VI., seiner Mutter, der normannischen Konstanze, und seiner ersten Gemahlin Konstanze von Aragon. Deshalb wurde Friedrich auf Befehl Manfreds doch in einem prunkhaften Zug zum letztenmal durch sein geliebtes Apulien getragen. Er kehrte zurück nach Palermo, von wo er vor achtunddreißig Jahren ausgezogen war, um deutscher König und römischer Kaiser zu werden. Der Stadtschreiber von Genua vermerkt in seiner Chronik: »Die Macht Gottes überwand ihn, den menschliche Kräfte nicht überwinden konnten.«

Achter Teil

Über den Tod hinaus: Mythos und Realität

45 Viele glaubten, er sei nicht tot

Wahrscheinlich hatte Friedrich selbst noch angeordnet, seinen Tod eine Zeitlang geheimzuhalten, damit in der Übergangszeit die Ordnung im Reich nicht erschüttert würde – eine politisch verständliche Maßnahme angesichts der auf seine Person bezogenen Herrschaftsstruktur und der überragenden Autorität Friedrichs. Die kaiserliche Kanzlei gab bis Ende Januar 1251 »in scheinbarer Unbefangenheit vor, noch im Namen des Kaisers zu handeln«, fügte jedoch auf den Dokumenten den Namen Manfreds hinzu, der testamentarisch bis zur Ankunft Konrads IV. zum Statthalter Italiens und Siziliens bestimmt war. Die von Salimbene aufgestellte Behauptung, Manfred habe den Tod des Kaisers verheimlicht, »um Sizilien und Apulien zu besetzen, ehe sein Bruder Konrad aus Deutschland ihn erreichte«, entspricht nicht den Tatsachen. Manfred informierte seinen Halbbruder Konrad in einer Weise, die keinen Zweifel an seiner Loyalität zuläßt.

In seinem Brief an König Konrad schreibt Manfred zum Tod des Vaters: »Es sank die Sonne der Welt, die unter den Völkern leuchtete; es sank die Sonne der Gerechtigkeit; es sank der Urheber des Friedens.« Dann fährt Manfred fort, die Hoffnung und das Vertrauen der Völker auf Konrad IV. übertragend: »Mag auch jene Sonne sich zum Untergang bereitet haben, so ist doch durch den Ordo einer gewissen Kontinuität ihr erneutes Leben in *Euch* gegeben, und so glaubt man nicht, daß der Vater abwesend sei, da man hofft, er lebe im Sohne.« Sicherlich hatte Manfred jenen Satz des kaiserlichen Testaments vor Augen, in dem Friedrich darauf baut, »daß Wir noch zu leben scheinen, auch wenn Wir dem irdischen Leben entrückt sind«.

Manfred betont die legitime Kontinuität der Nachfolge. Aber er gebraucht auch das uralte, mit den Weissagungen der tiburtinischen Sibylle verknüpfte mythische Bild des *sol invictus,* der unbesiegbaren Sonne, die untergeht und sich erneuernd wiederkehrt.

Noch deutlicher ist dieser wiederholt auf Friedrich und seinen Sohn bezogene Mythos in einem Schreiben der Kaiseranhänger von Tivoli, das wohl im Januar verbreitet wurde: »Gleich der Sonne, wenn sie von der Himmelsachse in das westliche Meer sinkt, so hinterläßt Friedrich im Westen eine Sonne als Sohn, deren Morgenröte im Osten schon zu leuchten beginnt, während noch die Sterne am Himmelsgewölbe funkeln.«

Während die Anhänger Friedrichs seinen Ruf als Kaiser der Justitia und des Friedens intensivierten, die Überzeugung von seinem Fortleben im Sohn oder gar eine mythische Wiederkehr propagierten, triumphierten die Feinde. Papst Innozenz IV. verkündete den Seinen mit großen Worten, denen das erleichterte Aufatmen anzumerken ist: »Der Himmel jauchze und die Erde frohlocke, denn Blitz und Sturm, womit Gott der Allmächtige so lange Eure Häupter bedroht hat, sind durch den Tod dieses Mannes in erfrischenden Zephyr und befruchtenden Tau verwandelt worden.« Der päpstliche Chronist notierte: »Ebenso flohen, als Friedrich starb, viele Übel aus der Welt.« Doch selbst seine Feinde konnten sich nicht der ihnen unheimlichen Größe und Faszination dieses Kaisers entziehen. Die Nachrufe der Chronisten zeugen von Bewunderung und betroffenem Staunen. Der hartnäckig gegen Friedrich voreingenommene Salimbene schrieb: »Wäre er ein guter Katholik gewesen und hätte Gott, die Kirche und seine eigene Seele geliebt, so hätte er wenige seinesgleichen unter den Herrschern der Welt gehabt.« Der englische Mönch und Chronist Matthäus von Paris scheute sich nicht, Friedrich »den Größten unter den Fürsten der Welt« zu nennen.

Als der Tod Friedrichs bekannt wurde, erfaßte die Menschen, gleich welcher Partei sie angehörten, eine ungeheure Erregung. Aus diesem Nährboden wuchsen schon bald Legenden und Mythen. »Viele glaubten, er sei nicht tot«, schrieb Salimbene, »obwohl er in Wahrheit tot war.« Er fährt fort, im Oktober 1251, zehn Monate nach dem Tode Friedrichs, habe er gehört »mit eigenen Ohren aus dem Munde Papst Innozenz' IV., als dieser auf der Rückkehr von Lyon vor allem Volk zu Ferrara predigte: ›Jener Fürst, der einst Kaiser war, unser Gegner und der Feind Gottes und der Kirche, hat sein Ende gefunden, wie mir zuverlässig gemeldet ist.‹ « Danach bekennt der Chronist: »Ich erschrak, als ich das hörte, und konnte es kaum glauben.«

»Viele glaubten, er sei nicht tot« – diese Worte stehen im Zusammenhang mit einer der erythräischen Sibylle zugeschriebenen Weissagung, die nach dem Tod Friedrichs aufkam und rasch verbreitet wurde. Ihre Kernformel *vivit et non vivit,* »er lebt und lebt nicht«, wird auch von Salimbene wiederholt ausdrücklich als

»Prophezeiung der Sibylle« zitiert. Über den Kaiser heißt es in der Weissagung: »Verborgenen Todes wird er die Augen schließen und fortleben; tönen wird es unter den Völkern ›Er lebt und lebt nicht‹, denn eines von den Jungen und von den Jungen der Jungen wird überleben.«

Nimmt diese frühe Fassung noch Bezug auf das Überleben der Jungen, auf das dynastische Weiterleben, so fehlt dieser Bezug in der späteren, kürzeren Fassung. Da heißt es nur noch: »Sein Tod wird verborgen und unbekannt bleiben, und tönen wird es im Volke: ›Er lebt und lebt nicht‹.« In dieser mystifizierten Fassung begründete der Spruch der Erythräa die Legenden vom fortlebenden Kaiser.

Über Jahrzehnte und Jahrhunderte blieb die Legende wirksam. Sie vermischte sich mit dem bereits erwähnten Mythos der Wiederkehr. Auch dieser wurde nun ausschließlich auf die Person des Kaisers bezogen, der Gedanke von der Identität von Vater und Sohn, vom dynastischen Weiterleben des Kaisers ging mit der Zeit verloren. Von Sizilien bis nach Deutschland reicht eine Kette merkwürdiger Ereignisse, die durch die Rede vom verborgenen Tod und geheimnisvollen Fortleben, von der Entrückung und einstigen Wiederkehr des Kaisers ausgelöst wurde. Natürlich traten auch Schwindler und falsche Friedriche auf. Sie nutzten die in der Volksphantasie wachgebliebene und in zahlreichen Schriften verbreitete Vorstellung vom entrückten und beizeiten wiederkehrenden Kaiser auf ihre Weise aus.

Nach 1260 erregte ein Betrüger am Ätna Aufsehen, der sich als wiedergekehrter Kaiser Friedrich ausgab und ein paar Jahre lang Gefolgsleute fand. Einige Jahre vorher hatte der Chronist Thomas von Eccleston die seltsame Vision eines sizilianischen Mönchs aufgeschrieben. »Zur selben Stunde, da Kaiser Friedrich von der Erde schied, kniete ich betend am Ufer. Dort, wo der Hang des Mons Gibello, der auch Ätna genannt wird, zum Meer abfällt, aus dem der Berg vor Urzeiten emporgestiegen war. Ein gewaltiger Lärm schreckte mich aus meinen frommen Übungen auf. Ich sah einen endlosen Zug gepanzerter Reiter, an die fünftausend, die ritten vom Ufer in das Meer. Das Wasser wehrte sich und zischte auf, als wären die Reiter in feurig-glühendes Erz gewappnet. Was dies bedeute, fragte ich einen der Berittenen. Mit bleichem, reglosem Gesicht gab er zur Antwort, er gehöre zu Kaiser Friedrich, der mit seinen Mannen in den Ätna einreite und dort Wohnung nehmen werde.« Für den Mönch fuhr der Kaiser in die Hölle hinab. Aber das Volk deutete den Abstieg in den Ätna anders: der entrückte und im Berg schlummernde Kaiser würde eines Tages als Erlöser wiederkehren.

In Deutschland kam die Sage um den thüringischen Kyffhäuser auf. Man sagte, der Kaiser schlafe im Berg, um eines Tages wiederzukommen, als Endkaiser, um das Reich glanzvoll zu erneuern, Frieden und Gerechtigkeit zu bringen und ein Strafgericht über die verweltlichte Kirche zu halten. Der in den Berg entrückte Kaiser der Kyffhäuser-Sage war ursprünglich Friedrich II. Erst in einem Volksbuch von 1519 wurde er zum erstenmal mit seinem Großvater Friedrich Barbarossa verwechselt, der im Laufe der Jahrhunderte dann als der Alte mit dem Bart an die Stelle seines großen Enkels trat.

Vor allem im deutschen Sprachraum hielt sich der Mythos vom Kaiser, der »lebt und nicht lebt«, blieb die Erwartung seiner Wiederkehr. Aus den fünfziger Jahren des dreizehnten Jahrhunderts berichtet die Sächsische Weltchronik: »Zu dieser Zeit sagte man, daß Kaiser Friedrich gestorben sei; ein Teil des Volkes aber sagte, er lebe noch; der Zweifel währte lange Zeit.« In der Sprache des Originals: »Bi den tiden segede men, dat storve keiser Vrederic; en del volkes segede, he levede; de twivel warede lange tit.« Ähnlich steht es in anderen Chroniken. Da heißt es zum Beispiel, »daß genug Leute und Herren in manchen Ländern wohl vierzig Jahre wähnten, er wäre nicht tot, und sie warteten, daß er sollte wiederkehren mit solcher Gewalt und Herrschaft, wie er wohl dreiunddreißig Jahre gehabt hat«.

Im Jahre 1284 tauchten gleich mehrere falsche Friedriche auf, im Elsaß, in Lübeck und im Rheinland. Die Kunde davon drang bis nach Italien; denn Salimbene spricht im selben Jahr von Gerüchten, »der einstige Kaiser lebe noch in Deutschland, ihm folge eine gewaltige Menge von Deutschen«. Größtes Aufsehen erregte ein Mann namens File Kolup, der in Neuß als wiedergekehrter Kaiser Friedrich Hof hielt und den selbst einige Fürsten anerkannten. Das Volk lief ihm nach; denn er galt als ein Freund der Armen. Von König Rudolf von Habsburg forderte er, auf einem zu Frankfurt abzuhaltenden Hoftag möge sich der König von ihm, dem rechtmäßigen Kaiser, seine Lehen und die Königswürde bestätigen lassen. Mit großem Anhang zog er nach Wetzlar. Rudolf von Habsburg erzwang von der Bürgerschaft die

Auslieferung des Mannes und fragte ihn über alle möglichen Dinge aus. File Kolup soll so sicher und vernünftig geantwortet haben, daß die Anwesenden wiederum glaubten, er sei der Kaiser Friedrich. Aber Rudolf von Habsburg rechnete nach, daß die Jahre des Mannes nicht mit dem Alter des gestorbenen Kaisers übereinstimmten, und daran erkannte er, daß es sich um einen Betrüger handeln mußte. Nach einem kurzen Gerichtsverfahren wurde der falsche Friedrich zum Tod auf dem Scheiterhaufen verurteilt und am 7. Juli 1285 den Flammen übergeben. Die Meinung über ihn blieb geteilt. Die einen sahen in ihm einen Betrüger und Schwarzkünstler; andere den echten Kaiser Friedrich. Auf dem Weg zum Scheiterhaufen hatte der Mann seinen Anhängern verheißen, er werde in wenigen Tage wieder auferstehen. Weil man nun in seiner Asche nur eine Bohne fand und vergeblich nach Knochen suchte, schlossen manche seiner Anhänger daraus, er sei auf wunderbare Weise gerettet worden und werde einst wiederkommen.

Bis in die Mitte des vierzehnten Jahrhunderts scheint die mysteriös gedeutete Verbrennung von Wetzlar nachgewirkt zu haben. Johann von Winterthur schrieb 1348 in seiner Chronik, bei vielen Leuten jeglichen Standes sei die Meinung verbreitet, Kaiser Friedrich II. werde mit großer Macht wiederkehren. Man glaube fest daran, »auch wenn er in tausend Stücke zerhackt oder zu Asche verbrannt worden wäre«. Er werde das Reich wieder aufrichten, »gerechter und ruhmvoller denn je regieren«, die verweltlichte Kirche züchtigen und »arme Weiber mit reichen Männern verheiraten und umgekehrt«. Der Mönch Johann von Winterthur nannte die Rede von der Wiederkehr Friedrichs ketzerisch, was selbstverständlich der kirchlichen Auffassung entsprach. Aber noch einmal im Jahre 1434, so berichtet ein thüringischer Chronist, »erhob sich eine neue Ketzerei, die noch heimlich unter den Christen ist, und die glauben des gänzlichen, daß Kaiser Friedrich noch lebe und lebendig bleiben solle bis an den Jüngsten Tag, und daß nach ihm kein rechter Kaiser geworden sei oder werden soll . . .«

Vor allem zwei Erwartungen, die bereits Johann von Winterthur aufführte, kommen im fünfzehnten und sechzehnten Jahrhundert in den Berichten von der Wiederkehr Kaiser Friedrichs immer wieder vor: die Hoffnung, er werde die verderbte Kirche züchtigen, und er werde der Messias der Armen sein. Mit aller

Deutlichkeit nimmt der wiederkommende Kaiser Züge eines Sozialrevolutionärs an, der nicht vor Terror und Gewalt zurückschrecke, um nach einer drastischen Veränderung des Bestehenden sein tausendjähriges Reich der Gerechtigkeit zu errichten. Man erwartete von ihm die Ausrottung der sittenlosen Priester, der pfründenschachernden, steuereintreibenden Kirchenfürsten oder sogar der gesamten Kleriker, die Ausmerzung der Wucherer und der habgierigen Reichen und ihrer Advokaten. In einer von revolutionären und messianischen Gedanken bestimmten Schrift, die Anfang des sechzehnten Jahrhunderts entstand, heißt es, der Kaiser werde »die ganze welt reguliren ... mit herskraft von occident in orient wir bald blut fur win trinken«. Oder an anderer Stelle: »Der kunig wirt kumenm uff eim wissen pfert und wirt han ein bogen in siner hand, und im ist die kron von got geben, gewalt zu haben, alle welt zu zwingen. er wirt han ein groß schwert in siner hant und vil tot schlahen.«

Doch dann heißt es weiter: »... sim folk werden die himmel uffgetan«. »Sein Volk«, das waren vor allem die Armen und Entrechteten, die von den Reichen und Mächtigen ausgebeutet wurden und Hunger litten. Ihnen sollten die beschlagnahmten Reichtümer der weltlichen Herren und das vom Kaiser eingezogene Kirchenvermögen zugutekommen. Radikale utopische Vorstellungen, bis zur »Abschaffung allen persönlichen Besitzes und Einführung des Gemeineigentums«, vermischten sich mit der messianischen Heilserwartung, der Heraufkunft des vom Kaiser begründeten tausendjährigen Reiches. »Ich bin der anfang des nuwen regiment'z und wil den turstigen trenken von dem lebendigen wasser, und der mir nachvolgt, wirt des genug han, ich wil sin got sin ...«

Über drei Jahrhunderte wirkten die Erwartungen fort. Betrüger, Fanatiker und Revolutionäre machten sich die im Volksglauben erhalten gebliebenen Vorstellungen zu eigen, ohne den Kern der ursprünglichen Legende im wesentlichen zu verändern. Vor dem Hintergrund kirchlicher und politischer Mißstände gewann die erhoffte Wiederkehr des Kaisers einen immer radikaleren sozialrevolutionären Bezug. Wo keine Aussicht auf eine reale Änderung der Verhältnisse vorhanden war, setzten die Ärmsten der Armen ihre Hoffnung auf den wiederkehrenden Kaiser, der in ihrer Vorstellung das Übel ausmerzen, die Bösen durch Feuer und Schwert vertilgen und sein Reich der Gerechtigkeit begründen würde. Es wirkte in diesen Vorstellungen nach, was bereits Matthäus von Paris über Friedrich gesagt hatte und was nach mittelalterlich-kirchlicher Auffassung durchaus kein Lob war, Friedrich sei der *immutator mundi,* der Veränderer der Welt gewesen. Da in nahezu allen vorhandenen Texten die Wiederherstellung der Gerechtigkeit besonders hervorgehoben wird, liegt die Vermutung nahe, daß in dem utopischen Gedankengut ein Stück Wirklichkeit weiterlebte, das Bild Friedrichs als Kaiser der Gerechtigkeit, wie Manfred ihn einmal genannt, und wie er selbst sich Zeit seines Lebens begriffen hatte.

46 Das Ende der Staufer in Italien

Der Tod Friedrichs setzte eine geschichtliche Zäsur, an der alle realen oder legendären Erwartungen, die das Reich und die dynastische Nachfolge betrafen, zunichte wurden. Mit Friedrich ging das Reich zu Ende. Es erfüllte sich, was Salimbene, wiederum als Prophezeiung einer »gewissen Sibylle«, in seiner Chronik beschrieben hatte: »Mit ihm wird das Imperium enden, denn wenn er auch Nachfolger finden wird, so werden sie doch der durch die Römerkrone gewonnenen Kaiserkrone beraubt sein.« Noch achtzehn Monate vor seinem Tod hatte Friedrich geprahlt, »der Schoß Unserer Hoheit« habe »Überfluß an Söhnen«. Das war angesichts der zahlreichen ehelichen und außerehelichen Nachkommen durchaus keine Übertreibung. Doch in einem Zeitraum von kaum achtzehn Jahren wurde die staufische wie die normannische Linie ausgelöscht. Zumindest in der Geschichte der europäischen Dynastien ist dieser rapide Untergang ohne Beispiel.

Noch Papst Innozenz IV. hatte das Signal zur Austilgung der Staufer gegeben, indem er schrieb: »Ferne sei es, diesem Manne oder seinem Schlangengezücht weiterhin das Zepter über das christliche Volk zu belassen«, und indem er die furchtbare Parole verbreiten ließ: »Rottet aus Namen und Leib, Samen und Sproß dieses Babyloniers.« Innozenz IV. starb 1254. Unter seinen nicht weniger starrköpfigen päpstlichen Nachfolgern, Urban IV. und Clemens IV., wurde das Vernichtungswerk vollendet.

Einige der Söhne entgingen dem grausamen Strafgericht durch

ihren frühzeitigen Tod. Der im kaiserlichen Testament genannte Friedrich, der einzige noch lebende Sohn König Heinrichs und Enkel des Kaisers, starb 1251, etwa zwanzigjährig. Heinrich Carlotto, der einzige Sohn der englischen Isabella, starb im Dezember 1253, fünfzehnjährig. Die Staufergegner verbreiteten das Gerücht, König Konrad habe seinen jungen Halbbruder vergiften lassen. Angeblich habe Heinrich Carlotto Interesse für einen päpstlichen Plan gezeigt, der auf seine Verheiratung mit einer Papstnichte und die Übernahme des Königreichs Sizilien als päpstliches Lehen abzielte. Doch fehlen für dieses Gerücht jegliche Beweise.

Anfang Januar 1252 war König Konrad aus Deutschland in Apulien eingetroffen, um aus der Hand seines Halbbruders Manfred, des sizilianischen Statthalters, das Königreich zu übernehmen. Bei der Ankunft Konrads in Siponto herrschte Eintracht. Es mag zwischen dem Sohn der syrischen Isabella und dem Sohn der Bianca Lancia zu einer gewissen Rivalität gekommen sein, doch hielten sie im gemeinsamen Kampf um das Königreich fest zusammen. Vielleicht verhinderte auch die kurze Lebensspanne, die Konrad noch gegeben war, den offenen Ausbruch von Zwistigkeiten. Konrad konnte sich in Apulien nicht entfalten. Obwohl in Apulien geboren, war er des südlichen Klimas und der dortigen Lebensverhältnisse entwöhnt. Nach der Rückeroberung des aufständischen Neapel nahmen die Malaria-Anfälle zu, die ihn schon im ersten Jahr geplagt hatten. Noch nicht zweieinhalb Jahre nach seiner Ankunft starb König Konrad IV. am 21. Mai 1254 an der Malaria, erst sechsundzwanzig Jahre alt. Er wurde in Messina beigesetzt. Noch am gleichen Tag zerstörte ein gewaltiges Feuer den Dom und vernichtete den Sarg mit der Leiche des Königs.

Auch über den Tod Konrads kam das Gerücht auf, er sei das Opfer eines Giftmords geworden, den sein Halbbruder Manfred angestiftet hätte. Aber derartige von Salimbene aufgegriffene Unterstellungen entsprechen ebensowenig den Tatsachen wie seine Behauptung, die Bürger von Messina hätten die Gebeine Konrads »aus Haß und Rachsucht gegen seinen Vater« ins Meer gestreut.

Friedrich von Antiochien, der sich als Generalkapitän in der Toskana nicht halten konnte, unterstützte nach dem Tod des Vaters seine Halbbrüder Manfred und Konrad in Apulien bei der

Verteidigung des Königreichs. Aber auch er starb früh. Kaum mehr als dreißig Jahre alt, fand er 1256 im Kampf um Foggia, das päpstliche Truppen besetzt hielten, den Tod. So blieb schließlich als einziger von den Kaisersöhnen nur noch Manfred übrig, um das sizilianische Königreich zu regieren und gegen die päpstlichen Angriffe zu verteidigen. An eine Befreiung Enzios aus seiner Gefangenschaft in Bologna war nicht zu denken. Ober- wie Mittelitalien lagen bereits außerhalb des auf Sizilien beschränkten Machtbereichs Manfreds. Mit der wieder erstarkten Selbständigkeit der Kommunen und der Selbstherrlichkeit einzelner despotischer Herren wie Uberto Pallavicini erlosch endgültig der Gedanke einer gemeinsamen Reichszugehörigkeit. Friedrichs unter unsäglichen Anstrengungen aufrechterhaltenen Ansprüche, zumal auf die Lombardei, schwanden dahin, als hätte es sie niemals gegeben.

Allein das sizilianische Königreich war geblieben, und hier gelang es Manfred noch einmal, über ein volles Jahrzehnt, den Glanz des väterlichen Hofes wieder aufzurichten. Im August 1257 ließ er sich in der Kathedrale von Palermo zum König von Sizilien krönen, sehr zum Ärger der Deutschen am Hof; denn Manfred überging den in Deutschland lebenden legitimen Kronprätendenten. Nach dem kaiserlichen Testament wäre Konradin, der Sohn König Konrads, rechtmäßiger Erbe des Königreichs gewesen. Aber Konradin war ein Kind von fünf Jahren und weit von Sizilien entfernt. Manfred konnte geltend machen, er allein sei fähig, das Königreich zu verteidigen und zu beherrschen. Dennoch traf sein Verhalten gegenüber Konradin nicht zu Unrecht der Vorwurf der Verschlagenheit; ließ Manfred doch zu seiner Rechtfertigung die Nachricht vom Tode seines Neffen verbreiten. Das sollte ihm später Konradin selbst vorwerfen.

Der Vorwurf der Usurpation der Königswürde wurde allerdings von einer Reihe positiver Eigenschaften aufgewogen, die den Sohn Friedrichs und der schönen Piemontesin Bianca Lancia auszeichneten. »Die Natur machte ihn empfänglich für alle ihre Gaben und schuf seinen Leib in allen Teilen in so vollkommener Schönheit, daß nichts an ihm war, was besser hätte sein können.« Der Chronist Saba Malaspina, der Manfred der Hinterhältigkeit bezichtigte, schilderte ihn »blond, mit angenehmem Antlitz und gefälligem Aussehen, mit roten Wangen und blauen Augen, ganz hell, von mittlerer Größe«. Dante begegnet im Purgatorio

(III. Gesang) dem leidenden König Manfred, »so blond und schön und ritterlich«.

Wie kein anderer der Söhne Friedrichs war Manfred in der Nähe des Vaters aufgewachsen. Bei ihm wirkte sich der erzieherische Einfluß Friedrichs und das väterliche Vorbild am stärksten aus. Manfred war philosophisch, naturwissenschaftlich und künstlerisch hoch gebildet. Gelehrte, Übersetzer, Dichter und Sänger zählten zu seinen Freunden und Gesprächspartnern. Er förderte die Künste und Wissenschaften und kümmerte sich um die Ausbildung der Studenten an der Universität Neapel. In der Falknerei und der Jagdleidenschaft setzte er das Erbe seines Vaters fort. Seine naturwissenschaftlichen Kenntnisse befähigten ihn dazu, das Werk Friedrichs *Über die Kunst, mit Vögeln zu jagen* zu ergänzen und zu bearbeiten. Manfreds Toleranz gegenüber Sarazenen und Andersgläubigen erinnerte ebenso an den Vater wie seine Liebe zu Pracht und Luxus, seine Freigebigkeit und der bestechende Zauber seiner Persönlichkeit. Mehr noch als Enzio, der ja als Ebenbild Friedrichs bezeichnet wurde, zeigte Manfred in seiner ganzen Lebensart die Tradition des Vaters. Der Chronist Jamsilla vermerkte ebenso kurz wie treffend: »Manfred war der Erbe der väterlichen Gaben und Tugenden und sein allgemeiner Nachfolger.«

Auch in der Politik schien Manfred zunächst vom Glück begünstigt zu sein. Er nutzte seine Chancen in Sizilien, erneuerte und festigte das Südreich. Mit den Ghibellinen in Oberitalien und in Rom nahm er Verbindung auf. Er gewann neue Freunde. Obwohl es der Papst zu hintertreiben versuchte, gelang es ihm, Konstanze, die Tochter aus seiner Ehe mit Beatrix von Savoyen, mit dem Infanten Peter von Aragon zu vermählen. Manfred selbst heiratete nach dem Tod seiner ersten Gattin die Tochter des Königs von Epirus, Helena. Das war für die außenpolitischen Beziehungen kein geringer Vorteil. Doch merkwürdigerweise unterschätzte der König seinen eingeschworenen Gegner in Rom, den Papst. Die römische Kurie hatte ja längst nicht mehr den Ausgleich, sondern die Ausrottung von »Samen und Sproß des Babyloniers« im Sinn. Es galt nur, einen Fürsten zu gewinnen, der bereit war, das ihm vom Papst übertragene sizilianische Königreich mit Waffengewalt zu erobern.

Bereits Papst Urban IV. versuchte, die sizilianische Krone einem der Söhne Ludwigs IX. von Frankreich anzubieten. Der französische König lehnte das Angebot ab. Darauf verhandelte Urban mit Karl von Anjou, dem Bruder König Ludwigs. Unter dem Nachfolger Urbans, Papst Clemens IV., kam der Vertrag mit Karl von Anjou zustande, die Belehnung mit dem Königreich und die Krönung des Franzosen zum König von Sizilien am 6. Januar 1266 in Rom.

Karl von Anjou wird als Gegensatz Manfreds geschildert: als hart, ernst, wortkarg, geizig und frömmlerisch, asketisch, als Mann, der die Künste und die Jagd ablehnte. Niemand habe ihn je lachen sehen, niemand habe ihn geliebt, doch alle fürchteten ihn, schrieb der Chronist Spinelli.

Der unerbittliche und machtgierige Karl von Anjou war wie geschaffen, den Auftrag des Papstes rigoros zu erfüllen. Noch Ende Januar überschritt er mit fünftausend Kriegern den Garigliano und marschierte in das Königreich ein. Am 26. Februar 1266 fiel in der Ebene von Benevent die Entscheidung. Obwohl die Berichte über die Schlacht ungenau und von den Siegern geschrieben sind, läßt sich sagen, daß die feindliche Übermacht und Verrat in den eigenen Reihen entscheidend zur vernichtenden Niederlage Manfreds beitrugen. Mit der verlorenen Schlacht bei Benevent endete das Südreich der Staufer. Der vierunddreißigjährige König Manfred, dessen Tapferkeit selbst von den Feinden gerühmt wurde, fiel im Kampf. Als man seinen Leichnam nach drei Tagen fand, wurde er an einer der Brücken von Benevent verscharrt, und Soldaten schichteten über der Stelle rohe Feldsteine als Grabmal auf. Angeblich ließ der Erzbischof von Cosenza später die Leiche des Königs ausgraben und in einem Fluß versenken.

Das Schicksal der Familie Manfreds gehört zu den trübsten Kapiteln, die dem Ausrottungsbefehl von »Samen und Sproß des Babyloniers« folgten. Die vierundzwanzigjährige Königswitwe Helena von Epirus versuchte mit ihren vier Kindern, von Trani nach Griechenland zu fliehen. Die Häscher Karls von Anjou ergriffen die junge Frau und trennten sie von ihren Kindern, die zwischen zwei und sechs Jahre alt waren. Während Helena nach fünfjähriger Gefängnishaft starb, wuchsen ihre drei kleinen Söhne im Kerker von Castel del Monte heran, angekettet wie Tiere, verwahrlost und von der Umwelt isoliert. Die kleine Tochter Beatrix fand als Gefangene im Castel dell'Ovo von Neapel, Karls neuer Hauptstadt, offenbar eine mildere Behandlung und wurde nach achtzehn Jahren freigelassen. Die Söhne, die Karl von Anjou im kindlichen Alter in düsterer Haft dahinvegetieren ließ, siechten über Jahrzehnte dahin. Auch ihre Verlegung, dreißig Jahre später, in das Castel dell'Ovo von Neapel brachte keine Erleichterung. Einem gelang die Flucht aus Neapel. Doch er irrte umher, unfähig, sich dem Leben anzupassen, nirgendwo aufgenommen, bis er – wie es heißt – in Ägypten den Tod fand. Seine Brüder starben im Kerker, ausgezehrt, erblindet, nach vier oder fünf Jahrzehnten unmenschlicher Behandlung.

Zwei Jahre nach dem Tod Manfreds bekam die Sache der Staufer noch einmal für einen einzigen Sommer Auftrieb. Konradin, der Sohn König Konrads, war über die Alpen gekommen, um das Reich seiner Väter zurückzugewinnen. Der mutige Zug des Sechzehnjährigen erinnert an den *Puer Apuliae*, der ein halbes Jahrhundert zuvor den umgekehrten Weg genommen hatte. Wieder bezauberte ein junger Staufer die Menschen, wohin er auch kam, durch seine jugendliche Persönlichkeit, seine Anmut und die Unbedingtheit seines politischen Willens. Selbst Salimbene von Parma rühmt seine Bildung und sein »ausgezeichnetes Latein«. Viele Lombarden und Toskaner fielen ihm zu, so daß Corradino, wie ihn die Italiener nannten, mit seinem Heer ungehindert nach Süden ziehen konnte. In Apulien und Kalabrien bereiteten Aufstände gegen den verhaßten Karl von Anjou den erwarteten Einmarsch des Königserben vor. Doch Karl von Anjou war mit seinem Heer schon zum Gegenzug unterwegs. Um jeden Preis suchte er zu verhindern, daß Konradin Apulien erreichte. Bei Tagliacozzo am Rand der Abruzzen stellte der Anjou im August 1268 die Deutschen zum Kampf. Mit der Niederlage von Konradins Heer endete der kurze Traum von der Wiedererrichtung der staufischen Königsherrschaft in Sizilien.

Konradin irrte über zwei Wochen durch Mittelitalien und fiel bei dem Versuch, auf einem Schiff nach Sizilien zu entkommen, durch Verrat in die Hände Karls von Anjou. In Neapel wurde ihm der Prozeß gemacht, wobei, wie es heißt, drei der eingesetzten Richter den Freispruch und der vierte den Tod forderten. Das ungesetzliche Urteil, einen im Krieg gefangenen Gegner dem Scharfrichter zu übergeben, hatte Karl von Anjou zu verantworten. Konradin mußte auf alle Rechte und Titel verzichten, um die Lösung des über ihn verhängten Banns zu erlangen. So unterzeichnete er sein Testament als *Dominus Conradus*. Die Hinrichtung des Sechzehneinhalbjährigen fand in Gegenwart Karls und einer großen Volksmenge am 29. Oktober 1268 auf dem Campo Moricinio, der heutigen Piazza del Mercato, in Neapel statt. Der letzte Nachfolger und legitime Erbe Friedrichs endete auf dem Schafott.

Als einziger der ehelichen und unehelichen Söhne überlebte Enzio im fernen Bologna das blutige Strafgericht. Er entging auch dem Schicksal der in Apulien Eingekerkerten. Die Bolognesen hielten Enzio im Palazzo del Podestà in strenger, doch ehrenvoller Haft. Tagsüber durfte er sich in seinem Saal frei bewegen. Er verkehrte brieflich mit der Außenwelt und hatte das uneingeschränkte Recht, Besucher zu empfangen. Aber der Gefangene, zur Tatenlosigkeit verurteilt, mußte jede einzelne Phase des grauenhaften Untergangs der staufischen Dynastie bewußt miterleben. Das ließ aus dem heiteren Enzio in den langen Jahren der Hoffnungslosigkeit einen von düsteren und bitteren Gedanken gequälten Mann werden. Nicht lange nach dem Ende Konradins unternahm der Fünfzigjährige einen Fluchtversuch. Er ließ sich in einem leeren Faß aus dem Gefängnis tragen. Doch, so sagt die Legende, seine langen blonden Haare quollen heraus und verrieten ihn. Er starb zwei Jahre später, 1272, nach dreiundzwanzigjähriger Gefangenschaft. Ihm wurde ein königliches Begräbnis zuteil und »die Leute von Bologna taten ihm bei der Leichenfeier an seinem Grabe große Ehre an«, wie Salimbene zu berichten weiß.

Mit dem Ende Konradins, achtzehn Jahre nach dem Tod Friedrichs, war die legitime männliche Nachfolge erloschen, was aber nicht heißt, daß damit die gesamte Nachkommenschaft ausgetilgt war. Ein Sohn Friedrichs von Antiochien namens Konrad entkam der Ausrottung durch Karl von Anjou. Seine Nachkommen nahmen im aragonesischen Sizilien hohe Ämter und Würden ein. Zwei seiner Söhne folgten einander als Erzbischöfe von Palermo; andere Nachkommen des Hauses Antiochien lebten in Rom und Mittelitalien, nachweislich noch Ende des fünfzehnten Jahrhunderts, doch soll eine verbürgerlichte Familientradition bis in die Neuzeit führen.

Der Tochter Margarethe aus Friedrichs Ehe mit der englischen Isabella blieb das Schicksal ihrer Halbgeschwister und Verwandten erspart. Sie lebte fern von Sizilien, vermählt mit dem

Markgrafen Albrecht von Meißen. Margarethe gab ihrem 1257 geborenen Sohn den Namen Friedrich; und mit diesem, genannt Friedrich der Freidige, verbanden sich Anfang des vierzehnten Jahrhunderts noch einmal Hoffnungen auf eine staufische Nachfolge, auf einen dritten Friedrich, ohne freilich Erfüllung zu finden. Wie die Kaisertochter Margarethe, so überlebte auch Konstanze, die Tochter König Manfreds aus erster Ehe, durch ihre Vermählung das über die Staufer verhängte Strafgericht.

Nach dem Tod ihres Vaters führte Konstanze den Titel einer Königin von Sizilien. Sie konnte, nachdem auch ihr Vetter Konradin den Tod fand, als rechtmäßige Erbin Siziliens gelten. So war es selbstverständlich, daß Konstanze und ihr Gatte Peter III. von Aragon herbeigerufen wurden, als beim Volksaufstand der Sizilianischen Vesper 1282 die verhaßten Franzosen von der Insel vertrieben wurden. Der Kampf gegen Karl von Anjou und die Wiedereroberung der Insel durch Peter von Aragon machten dem Unheil, das der Anjou Sizilien und den letzten Staufern gebracht hatte, wenigstens in diesem Teil des Königreichs ein Ende.

Für die staufisch-dynastische Nachfolge, erst recht für das Fortbestehen oder die Erneuerung des königlichen Reiches, blieben der Sohn Friedrichs von Antiochien und die wenigen weiblichen Überlebenden bedeutungslos. Allenfalls noch in Konstanze, die mit ihrem Gatten Peter III. von Aragon in der Martorana von Palermo gekrönt wurde, wirkte etwas vom Erbe ihres kaiserlichen Großvaters nach. Aber »mit ihm wird das Imperium enden«, hatte Salimbene geschrieben und damit die politische Tragik dieses grauenvollen Untergangs zutreffend charakterisiert. Das sizilianische Königreich blieb geteilt und versank immer mehr, unter wechselnder Fremdherrschaft, in politischer Bedeutungslosigkeit, in wirtschaftlichem und sozialem Elend. Friedrichs Reich zerbrach in zahllose kleine Territorien. In Italien begann die Zeit der Stadtstaaten und Fürstenhöfe. In Deutschland gewannen die Fürsten die Oberhand, zerfiel das Königreich in Einzelstaaten, deren Souveräne genau jene Hoheitsrechte beanspruchten, die Friedrich ihnen – wenn auch unter dem Zwang der Verhältnisse – durch die Fürstenprivilegien zugestanden hatte. Eine besondere Tragik lag in dieser Entwicklung; denn Friedrichs Bestreben war auf die staatliche Einheit und Oberhoheit gerichtet, was zumindest Ansätze wie der

Mainzer Landfrieden zeigen. Aber er hatte auch, durch die Privilegierung des Deutschritterordens (1226), die Ostkolonisation und Gründung des Ordensstaates im Land der Pruzzen eingeleitet und damit einen für die deutschen Belange zukunftweisenden Prozeß ausgelöst.

Mit Friedrich II. endete das mittelalterliche Imperium, begriffen aus der Dualität von Papst und Kaiser und begriffen als eine das Süd- und Nordreich umfassende Einheit. Als Friedrichs Vorstellung vom gottgewollten Kaisertum schon der Vergangenheit angehörte, erstarkten die Nationalstaaten am Rande der unmittelbaren Reichsgebiete. Vor allem Frankreich realisierte die autonome säkulare Staatsidee, die Friedrich im Kampf mit den Päpsten zu verwirklichen suchte. Es mag ein ironischer Zufall sein, daß ausgerechnet die Franzosen, die vom Papst zum Kampf gegen die weltliche Macht der Staufer ins Land geholt wurden, ein halbes Jahrhundert später ihre eigene Unabhängigkeit und die Ohnmacht des Papsttums demonstrierten. Der französische König ließ den Papst gefangennehmen. Wenig später begann das Exil der Kirche in Avignon. Rom war nicht mehr Mittelpunkt der Welt. Mit dem Ende des mittelalterlichen Kaisertums erlosch auch die imperiale Macht des Papsttums.

Friedrich war im antik-mittelalterlichen Sinne der Endkaiser, dies nicht nur mythologisch im Sinne des Zeitgeistes begriffen, sondern auch konkret geschichtlich. Zum letztenmal wurde in ihm das Vorbild des altrömischen Caesarentums wirksam, allerdings stärker überlagert von der Staatsidee des christlichen Mittelalters. Die Einheit von Kirche und Reich, Papsttum und Kaisertum hat Friedrich nie ernsthaft angezweifelt. Obwohl seine skeptische Vernunft in manchem den kollektiven Glaubensvorstellungen seiner Zeit widersprach, hielt er während seines ganzen Lebens an der Vorstellung von der Gottunmittelbarkeit des Kaisertums fest. Trotz seiner verzweifelten Kämpfe gegen die Päpste hat er nie daran gedacht, einen von ihnen abzusetzen, nicht aus Mangel an Macht, sondern aus seiner Überzeugung von der Gottgewolltheit der Doppelherrschaft von Kaiser und Papst. So paradox es scheint, Friedrichs Auffassung vom Kaisertum war mehr eine Sache der Vergangenheit als der Zukunft. Deutlich und hart gesagt: »Diese spätstaufische Zeit und ihr Kaiser versuchten ja gerade in vielleicht wirklichkeitsferner und romantischer, aber leidenschaftlicher Bemühung eine Staatsidee des christlichen Mittelalters zu verwirklichen, in einer Zeit, die schon darüber hinwegschritt.«

Es gehört zu den unauflösbaren Widersprüchen Friedrichs, daß er einerseits an der schon im dreizehnten Jahrhundert brüchigen geistlich-weltlichen Einheit festhielt, sie durch seine imperiale Macht zusammenschweißte, und daß er andererseits zur Auflösung der mittelalterlichen Staats- und Weltidee entscheidend beitrug, nicht nur durch sein tragisches Scheitern. Vor allem dieser Widerspruch färbte die Deutungen der Biographen. Je nach Standpunkt und Temperament legen sie der einen oder der anderen Seite seines Wirkens mehr Gewicht bei. Friedrich wird einerseits, »ohne daß ihm das je zu Bewußtsein gekommen ist, die Rolle des großen Aufhalters« zugewiesen. Andererseits gilt er als »Wegbereiter der Renaissance«. Für Jacob Burckhardt war er der »erste moderne Mensch auf dem Throne«, und Friedrich Nietzsche nannte ihn »jenen *ersten* Europäer nach meinem Geschmack«.

Im Kampf gegen die Päpste, gegen die verweltlichte Kirche und den kurialen Imperialismus, gab Friedrich den Anstoß zu dem, was die nach ihm kommenden Reformatoren verwirklichten. Das zukunftweisende Moment seines Kampfes wird nicht dadurch gemindert, daß er ihn aus der Verteidigung heraus führte. Seine größte politische Leistung, ein Vorgriff auf spätere europäische Staatsformen, bleibt die sizilianische Staatsgründung und Gesetzgebung. Aus chaotischen Zuständen formte er in Sizilien seinen »Modellstaat«, ersetzte er das zersplitterte System zahlreicher einzelner Feudalherren durch einen zentralen und autonomen Beamtenstaat und gab der gemischten Bevölkerung durch ein einheitliches geniales Gesetzeswerk Rechtssicherheit. Allerdings sahen wir auch, wie die Ansätze zum »modernen säkularisierten Staat«, Siziliens autokratische Ordnung, bereits auch Merkmale des späteren »aufgeklärten« Staatsabsolutismus, »ja sogar der modernen totalitären Diktatur« trugen.

Obwohl Friedrich durchaus der Gedankenwelt des Mittelalters verhaftet blieb, auch in seiner inquisitorischen Ketzerverfolgung, seinen okkulten und astrologischen Neigungen, weisen sein Rationalismus und sein Aufklärertum über seine Zeit hinaus. Er hat nicht nur die Wissenschaften und Künste gefördert, er war selbst maßgeblich schöpferisch an einer Kulturentwicklung beteiligt, die aus der mittelalterlichen Befangenheit in die Neuzeit führte. Mit ihm und seinem Hofkreis begann ein neues auf die Empirie gestütztes naturwissenschaftliches Denken. Das wird deutlich in Friedrichs Falkenbuch, in seinen berühmten Fragestellungen an die führenden Gelehrten seiner Zeit, seinen unerhört kühnen Experimenten, seinen mathematischen, astronomischen und medizinischen Interessen. Mit seinem sizilianischen Dichterkreis, der zum erstenmal die Volkssprache in der Poesie verwendete, begründete Friedrich die italienische Literatur. Unter seinem Einfluß entstanden die neue Kunst der apulischen Bildhauer und die Architektur seiner Kastelle und Jagdschlösser.

Faszinierend ist seine schöpferische Vielfältigkeit, seine beispiellose Energie und Integrationskraft, die seine politischen wie geistig-künstlerischen Aktivitäten weit über das mittelalterliche Maß hinaushoben. Staatspolitisch erstrebte er nichts Geringeres als den Aufbau eines einigen Friedensreiches; und er scheiterte am ehesten, wo er selbst mit Gewalt vorging oder vorgehen mußte. Doch trotz seines Scheiterns, trotz seiner Widersprüche war er der fähigste der deutschen Herrscher. Als universale Persönlichkeit wurde er von keinem seiner Vorgänger und Nachfolger übertroffen. Obwohl seine Idee des Kaisertums im Bannkreis mittelalterlicher Vorstellungen stand, konnte er mit Recht eine übernationale Geltung beanspruchen, die ihn tatsächlich als »ersten Europäer«, als ersten Weltbürger ausweist. Heute, wo sich die geistigen Grundlagen Europas als brüchig erweisen und es darauf ankommt, den Provinzialismus der eigenstaatlichen Interessen auf dem Weg zur Einigung Europas zu überwinden, gewinnt dieser Europäer des dreizehnten Jahrhunderts eine neue geschichtliche Aktualität. Über seine Zeit hinaus bleibt Friedrich II. faszinierend, beunruhigend und erschreckend unbequem, der *stupor mundi.*

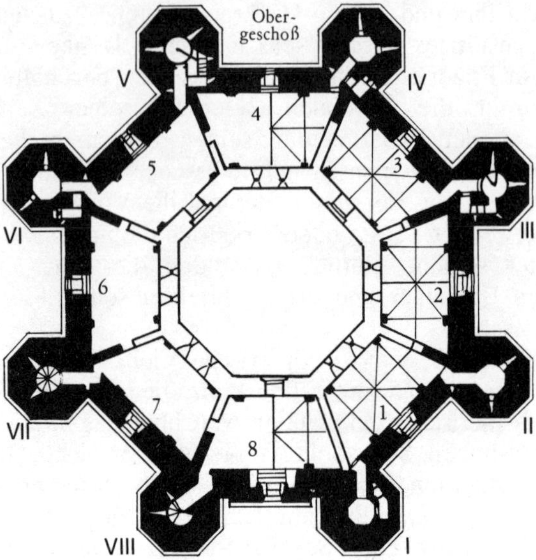

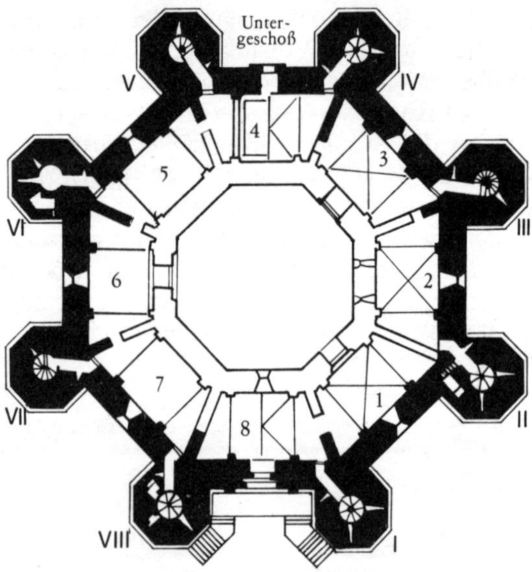

Grundriß von Castel del Monte
Aus: Carl Arnold Willemsen, Apulien,
Köln 1958 (Verlag M. DuMont Schauberg)

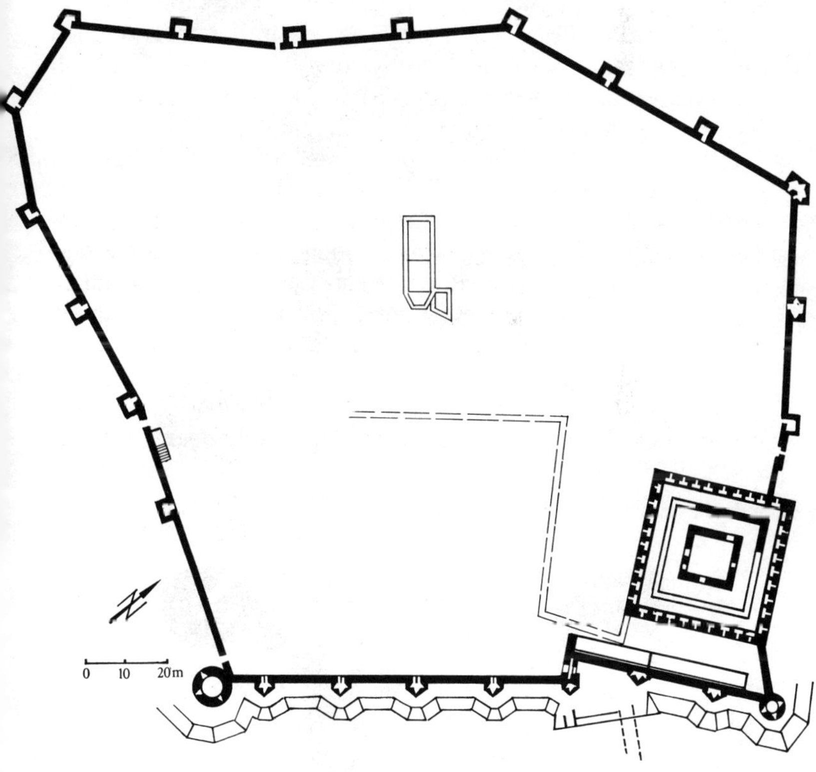

Grundriß Kastell Lucera
Carl Arnold Willemsen, Apulien,
Köln 1958 (Verlag M. DuMont Schauberg)

Anmerkungen

Die Anmerkungen verweisen neben den Quellen auf Literatur, die auch dem Nichtwissenschaftler zugänglich ist. Deutsche Texte oder Übersetzungen wurden besonders berücksichtigt. Eine vortreffliche Auswahl übersetzter Texte bringt das von Klaus J. Heinisch herausgegebene handliche Buch »Kaiser Friedrich II. in Briefen und Berichten seiner Zeit«, ferner die allerdings begrenzte Sammlung »Staatsbriefe Kaiser Friedrichs des Zweiten« von Wolfram von den Steinen. Als Sammlung verschiedener Beiträge der neueren Forschung vermittelt das von Gunther Wolf herausgegebene Buch »Stupor Mundi« in der Reihe »Wege der Forschung« einen guten, thematisch weitgespannten Einblick. Unübertroffen in seiner Materialfülle wie in der thematischen Entfaltung ist das Werk von Ernst Kantorowicz »Kaiser Friedrich der Zweite« mit dem wichtigen »Ergänzungsband«, auch wenn man in Fragen der Deutung anderer Meinung ist.

Hauptquellen sind Briefe, Dokumente, Erlasse und Gesetze, gesammelt in der »Historia diplomatica Friderici II« von Huillard-Bréholles, in Böhmers »Regesta Imperii V«, in Winkelmanns »Acta imperii inedita« und in den »Monumenta Germaniae historica«. Reiches Material, wenn auch unter Vorbehalt zu übernehmen, bieten zeitgenössische Chronisten wie Salimbene von Parma und Matthäus von Paris, ebenso die Jahrbücher einzelner Städte wie Genua. Zur besseren Lesbarkeit und Übersicht wurden bei den Anmerkungen die bibliographischen Angaben gekürzt. Die vollständigen Angaben können leicht der anschließenden, durchgehend alphabetisch geordneten Bibliographie entnommen werden.

Motto-Zitate

»Unsere wahre Absicht«: Friedrich II., De arte venandi cum avibus, Einleitung.

»Er war ein durchtriebener Mann«: Salimbene, Chronik I, S. 357.

». . . unter der Welt Fürsten«: Matthäus von Paris, MG SS XXVIII, S. 319.

Kapitel 1. Die Gräber im Dom von Palermo

Über die Öffnung der Sarkophage 1781 und die Gewandung Friedrichs berichtet: Daniele, I regali sepolcri del duomo di Palermo, Napoli 1784. Der relativ wohlbehaltene Zustand von Friedrichs Leichnam erklärt sich wohl daraus, daß er mit besonderer Sorgfalt einbalsamiert war und daß der Sarg Friedrichs bei der Öffnung der anderen Sarkophage im Jahre 1491 unberührt blieb. Nach Daniele wurden die beiden anderen Leichname ein Jahrhundert nach dem Tod Friedrichs hinzugegeben. Vermutlich waren es Peter II. von Aragon und dessen Gattin. Im Werk Danieles zeigt ein Kupferstich den Leichnam Friedrichs, die Gesichtszüge jedoch kaum noch zur Charakterisierung kenntlich. Abbildung in: Maschke, Das Geschlecht der Staufer, vor S. 145. Weitere Hinweise auf die Sarkophage und die Öffnung: Peterich, Italien III, S. 497; Faber, Süditalien, S. 384 ff; Horst, Sizilien, S. 58 ff; Pfister, Kaiser Friedrich, S. 9.

Außer den genannten wurde als einziger der Söhne Friedrichs II. der uneheliche Sohn Friedrich von Antiochien in der Nähe des Vaters beigesetzt.

Die Krone aus dem Sarkophag der Konstanze ist abgebildet in: Nette, Friedrich II., S. 16. Zu dieser Krone Friedrichs eine aufschlußreiche Bemerkung von Schramm, Kaiser, Könige und Päpste, Bd. III, S. 436: »Sie zeigt, daß er (Friedrich II.) den Anschluß an die sizilianischen Könige, seine Vorfahren von Mutterseite, suchte, indem er deren geschlossene Kronhaube aufsetzte, die ihrerseits dem byzantinischen Vorbild angepaßt worden war. Jetzt kennen wir drei weitere Kronen: zwei in Stockholm und eine (untergegangene) in Sevilla. An der Vielzahl der Kronen, mit und ohne Bügel und auch sonst verschieden, läßt sich ablesen, wie Friedrich II. alle Traditionen gleichfalls festzuhalten trachtete, in die er von Vaterseite hineingeboren war: die karolingische, die sächsisch-salische und die seines normannischen Großvaters. Viele verschiedenartige Kronen: Zeichen der Macht, aber auch der Gebundenheit.« Hierzu auch: Schramm, Herrschaftszeichen und Staatssymbolik, Bd. III, S. 884 ff. Mit Abbildung der Krone von Palermo, Tafel 97.

Kapitel 2. Normannen und Staufer

Über das arabisch-normannische Palermo und Sizilien liegt reichlich Quellenmaterial vor, gesammelt in: Amari, Biblioteca arabo-sicula und Storia dei Musulmani. Ferner: Falcandus, Liber de regno Sicilia; de Stefano, Il Regno Normanno. Deutsche Übersetzung von Schilderungen der arabischen geographischen Schriftsteller Ibn Haukal (Hawqal) und Ibn Dschubair (Gjobair): von Schack, Geschichte der Normannen I, S. 286 ff. und 345 ff. Einen guten Einblick vermittelt: Pfister, Kaiser Friedrich, S. 18 ff.

Homer schildert Sizilien (Thrinakia) im zwölften Gesang der Odyssee. Der arabische Geograph Edrisi über Sizilien und Roger II.: Amari, Biblioteca I, S. 9 ff.

»All die Regierungen«: Giuseppe Tomasi di Lampedusa, Der Leopard, übersetzt von Charlotte Birnbaum, München 1960, S. 213.

Zu den normannischen Vorfahren Friedrichs (Mutterseite) in Sizilien: Maschke, Das Geschlecht, S. 64 ff. Ferner: Pfister, Kaiser Friedrich, S. 18 ff.; Faber, Süditalien, S. 33 ff. Das Krönungsmosaik in der Martorana ist abgebildet in: Pfister, Kaiser Friedrich, Tafel 15.

Über das Königtum Rogers II.: Marongiù, Ein »Modellstaat«. Die Regierungsdaten der Normannen in Sizilien: Roger I., Graf von Sizilien 1061–1101; König

Roger II. 1101–1154; König Wilhelm I. 1154–1166; König Wilhelm II. 1166–1189 (kinderlos gestorben). Die Tochter Rogers II., Konstanze, wurde nach Rogers Tod 1154 geboren.

Zu Heinrich VI., geboren 1165, dem Lieblingssohn des Friedrich I. Barbarossa: Maschke, Das Geschlecht, S. 47 ff.; Kantorowicz, Kaiser Friedrich, S. 12 ff.

Eine anschauliche Schilderung der Hochzeit Heinrichs VI. und Konstanzes in Mailand 1186: Masson, Das Staunen, S. 11 ff. Hierzu auch: Pfister, Kaiser Friedrich, S. 29–50 (ausführlich über Heinrich VI.).

Kapitel 3. Geboren in Jesi

Die Geburt Friedrichs am 26. Dezember 1194 in Jesi: Bömer, Regesta Imperii V, 511 b. Hier auch die Legende von der Kindsunterschiebung. Bei der Taufe erhielt er die Namen seiner beiden berühmten Großväter: Friedrich Roger: Böhmer, Regesta Imperii V, 511 f.; MG SS XIX, S. 318.

Über die Geburtsprophetien: Kantorowicz, Kaiser Friedrich, S. 9 ff.; Ergänzungsband, S. 9, mit reichlichen Quellenangaben. Besonders: Holder-Egger, Italienische Prophetien.

Das Gerücht, Friedrich sei der Sohn eines Fleischers: Salimbene, Chronik I, S. 24. Die öffentliche Entbindung: Pandolfo Collenuccio, Compendio, S. 79 f. Friedrichs Brief an Jesi vom August 1239: Böhmer, Regesta Imperii V, 2470; Huillard Bréholles, Historia diplomatica V, S. 378. Deutsch in: v. d. Steinen, Staatsbriefe, S. 69 ff.

Zum Tod Heinrichs VI.: Maschke, Das Geschlecht, S. 50.

Den Bürgerkrieg in Deutschland schildert ausführlich: Pfister, Kaiser Friedrich, S. 65 ff. Philipp von Schwaben, der Bruder Heinrichs VI., wurde 1208 von Otto von Wittelsbach aus privaten Gründen ermordet. Das Verbrechen schien zunächst die Anarchie in Deutschland zu beenden. Otto von Baunschweig wurde im November 1208 in Frankfurt zum König gewählt. Er verlobte sich mit der Tochter des ermordeten Philipp. Doch das Ehebündnis, 1212 vollzogen, brachte Welfen und Staufer nicht näher. Beatrix starb vierzehn Tage nach der Hochzeit.

Das Testament Heinrichs VI.: MG Const. I, S. 530. Hierzu auch: Pfister, Kaiser Friedrich, S. 49.

Friedrichs Krönung in Palermo: Böhmer, Regesta Imperii V, 522 a; Huillard-Bréholles, Historia diplomatica I, S. 892. Über die Regentschaft des Papstes und das Familiarenkolleg: Baethgen, Die Regentschaft. Das Schreiben vom Juni 1201: Böhmer, Regesta Imperii V, 560; Huillard-Bréholles, Historia diplomatica I, S. 78. Deutsch in: Heinisch, Kaiser Friedrich, S. 12.

Kapitel 4. Jugend in Palermo

Hierzu vor allem: Hampe, Aus der Kindheit; Baethgen, Die Regentschaft. Der Bericht Rainalds von Capua vom November 1201: Hampe, Aus der Kindheit, S. 592 ff. Deutsch in: Heinisch, Kaiser Friedrich, S. 8 ff.

Friedrichs wechselweise Aufnahme und Verköstigung von den Bürgern Palermos: Mur. Riss X, S. 816.

Der Brief eines Gefolgsmannes 1207 »Doch die natürliche Begabung«: Hampe, Aus der Kindheit, S. 597 ff. Deutsch in: Heinisch, Kaiser Friedrich, S. 16 ff. Für die Charakteristik und Körperbeschreibung des Jungen wichtig.

Als einziger Erzieher, auch nur zeitweise, ist der bei Hampe genannte Wilhelm Francisius oder Franciscus verbürgt. Die wohl nur zeitweise Erziehung durch eine islamische Persönlichkeit wird gelegentlich angezweifelt, so von: Nette, Friedrich II., S. 14, für diese Behauptung gebe es »keinen haltbaren Beleg«. Anders, nämlich als »sicher bezeugt, auch wenn unser Wunsch, konkrete Namen zu erfahren, unerfüllt bleibt«, schreibt: Gabrieli, Friedrich und die Kultur des Islam, in: Stupor Mundi, S. 271. Dort auch das Zitat »sein Lehrer, der aus Sizilien stammte«. Ferner das Zitat eines islamischen Historikers aus dem 13. Jahrhundert, »daß der Kadi der Muselmanen ihn erzogen habe«. Der bekannte Hinweis in: Amari, Musulmani in Sicilia III, S. 645. Auch Niese, Zur Geschichte, S. 29, weist auf einen »sizilianischen Muslim« und auf Wilhelm Francisius hin. Friedrichs außerordentliche Kenntnisse der arabischen Sprache und Geisteswelt, seine offensichtlichen Neigungen zur arabischen Kultur lassen sich kaum ohne eine gewisse Schulung und Beeinflussung in seiner Jugend erklären.

»So sehr eilen«: Hampe, Aus der Kindheit, S. 597 ff. »Man muß ihm unverzüglich«: Hampe, Aus der Kindheit, S. 592. Deutsch in: Heinisch, Kaiser Friedrich, S. 16. Der Vormund, Papst Innozent III., schrieb mehrere Briefe an den zehn- bis dreizehnjährigen Friedrich, wohlwollend, mahnend, »auf die Ehre und das Heil Deiner Person« bedacht. Deutsch in: Heinisch, Kaiser Friedrich, S. 14 u. 18; v. d. Steinen, Staatsbriefe, S. 19 ff. Weniger väterlich ist das Gutachten, das Innozenz III. nach dem Tod Heinrichs VI. über die drei Thronanwärter verfaßte, über den Bruder des Kaisers, Philipp von Schwaben, über den Sohn Heinrichs des Löwen, Otto von Braunschweig, und über den ja erst vierjährigen Kaisersohn Friedrich. Besonders ein Satz enthält bereits die künftige Politik der Päpste: »Daß es nicht vorteilhaft sei, wenn er (Friedrich) das Kaisertum erhielte, erhellt daraus, daß dadurch das Königreich Sizilien mit dem Kaisertum vereinigt und die Kirche durch diese Vereinigung in Verwirrung gestürzt würde.« Zitiert nach: Heinisch, Kaiser Friedrich, S. 21.

»Sein angeborenes Königtum«, aus dem Papstbrief an den König von Aragon: Huillard-Bréholles, Historia diplomatica I, S. 131. Hierzu auch: Baethgen, Die Regentschaft, S. 107 ff. Deutsch in: Heinisch, Kaiser Friedrich, S. 22.

Kapitel 5. Konstanze von Aragon

»Welche Trägheit hindert Dich«: Böhmer, Regesta Imperii V, 6008; Huillard-Bréholles, Historia diplomatica I, S. 131. Deutsch in: Heinisch, Kaiser Friedrich, S. 22 ff.

Die Vermählung mit Konstanze: Baethgen, Die Regentschaft, S. 76 ff. u. 107 ff. Mit Konstanze war Friedrich im 4. Grade verwandt (ebenso mit seiner zweiten Gattin Isabella von Brienne), bedurfte also der päpstlichen Dispens: Maschke, Das Geschlecht, S. 89.

Der aus der ersten Ehe der Konstanze, mit dem ungarischen König Emmerich († 1204), stammende Sohn, starb 1205 mit fünf Jahren.

Über die Ankunft der Konstanze und die bevorstehende Hochzeit benachrichtigte Friedrich seine Untertanen: Hampe, Beiträge zur Geschichte, S. 170 ff. Bei Hampe ebenfalls Berichte über die Hochzeit und die ersten Aktivitäten Friedrichs in Sizilien, S. 161 ff., 167, 171.

Die Geburt des ersten Sohnes Heinrich 1211: Böhmer, Regesta Imperii V, 3835 b.

Konstanze starb am 23. Juni 1222 in Catania mit achtunddreißig Jahren: Böhmer, Regesta Imperii V, 1396 a, 5552 a. Über die Grabinschrift siehe 1. Kapitel.

»Es wird behauptet, die Barone«: der Rundbrief vom 14. I. 1210, nach: Masson, Das Staunen, S. 41.

»Von Norden her«: Innozenz III., De sacro altaris mysterio, 2. Buch. Zitiert nach Reinhold Schneider, Innozenz der Dritte, S. 7: »Denn dem Propheten zufolge ›ergießt sich alles Übel über die Erdbewohner von Norden her‹. Das Evangelium wird also in der Richtung gegen Norden gelesen, ›damit der Nord sich aufmache und der Ost aufstehe, daß der Teufel von dannen weiche und der heilige Geist herabkomme‹.«

Kapitel 6. Die Gesandtschaft aus Deutschland

Über die Fürstenversammlung 1211 in Nürnberg: Winkelmann, Jahrbücher, Otto IV., S. 500 ff. Die Abgesandten der Fürstenversammlung in Palermo: MG SS in usum, S. 99 f. Zur Situation Friedrichs 1211/12 und zur fahrbereiten Galeere angesichts der Bedrohung durch Otto IV.: Kantorowicz, Kaiser Friedrich, S. 50 ff. Über das Verhältnis von Innozenz III. zu Otto IV.: Winkelmann, Jahrbücher, Otto IV., S. 99 ff.; Versprechungen Ottos: S. 144; Kaiserkrönung: S. 196; Zerwürfnis und Exkommunikation: S. 230, 248; Ottos Zug bis Unteritalien: S. 259; Ottos eiliger Abzug nach Norden: S. 282 ff. Der Bären-Traum Ottos IV.: MG SS XXIII, S. 179. Friedrichs spätere Begründung seiner Wahlannahme »Da kein anderer zu finden war«: MG Const. II, S. 150, zitiert nach Kantorowicz, Kaiser Friedrich, S. 54. Der Hinweis auf das angebliche staufische Sendungsbewußtsein »durchdrungen von der Schicksalshaftigkeit«: Kantorowicz, Kaiser Friedrich, S. 53.

Die Krönung des einjährigen Heinrich zum König von Sizilien: MG Const. II, S. 72; Böhmer, Regesta Imperii V, 659 a, 5550 a. Die Zusicherungen Friedrichs an Innozenz III.: Böhmer, Regesta Imperii V, 651, 652, 653; MG Const. II., S. 542 ff.

Kapitel 7. Puer Apuliae

Friedrichs Aufbruch »arm und abgerissen«: MG SS XXII, S. 510. Deutsch in: Heinisch, Kaiser Friedrich, S. 27. Die Beschimpfung als Pfaffenkönig oder »Papenkeyser«: Winkelmann, Kaiser Friedrich, I, S. 96.

Walther von der Vogelweide (um 1170–1230), der bedeutendste Lyriker des deutschen Hochmittelalters, kann als Beispiel für die Zeitwirren gelten. Zuerst Parteigänger Philipps von Schwaben; nach dessen Ermordung (1208) Parteigänger des Welfen Otto IV. gegen den Papst; dann erkannte er in Otto IV. den »schlimmsten Mann« und trat emphatisch für Friedrich ein. Daß Walther »vermutlich zeitweise Erzieher von Friedrichs Sohn Heinrich« war (Lexikon der Weltliteratur, Stuttgart 1963), ist nicht mehr als Vermutung. Doch hatte Walther seit etwa 1213 Beziehungen zu Friedrich und von ihm 1220 ein kleines Lehen erhalten. Walthers Verszitate: ed. Lachmann-v. Kraus, S. 26, 33.

Zum Puer Apuliae: Winkelmann, Jahrbücher II, Otto IV., S. 335. »Chint von Pulle« und »Der Kaiser hatte größre Kraft«: Deutsche Kaiserchronik, MG DCh I, S. 402. Aimeric von Pegulhan vom »guten Arzt« zitiert nach: Heinisch, Kaiser Friedrich, S. 28. »Eher mit himmlischen als irdischen«: MG SS XXVI, S. 764. Weitere Quellen in: Kantorowicz, Ergänzungsband, S. 29.

Der Empfang Friedrichs in Rom: Böhmer, Regesta Imperii V, 660 b. Auch: MG SS XXII, S. 510: »wurde ehrenvoll von den Römern empfangen und erhielt vom Papst die Bestätigung seiner Wahl«. Das spätere Schreiben Friedrichs an die

Römer »gleichwie die Mutter« vom Januar 1238, nach dem Triumph von Cortenuova: Böhmer, Regesta Imperii V, 2311; Huillard-Bréholles, Historia diplomatica V, S. 161. Die in Rom gegebenen Zusicherungen, Sizilien betreffend: MG Const. II, S. 545 f. Über die vom Papst bezahlten Aufenthaltskosten und die päpstliche Geldhilfe: MG SS XIX, S. 300. »Reichlich Geldmittel«, wie Nette, Friedrich II., S. 18, schreibt, waren das keineswegs, sondern reichten nur bis Genua. Dort mußte Friedrich erneut Anleihen machen.

Über Berard von Castacca, dem späteren Erzbischof von Palermo und treuesten Gefolgsmann: Kantorowicz, Kaiser Friedrich, S. 134 ff. Berard war 1207 Erzbischof von Bari geworden, als solcher Familiar des jungen Königs, seit 1210 wohl Mitglied des Familiarenkollegs, seit 1213 Erzbischof von Palermo. Berard starb am 8. September 1252, über achtzigjährig. Quellen zu Berard: Kantorowicz, Ergänzungsband, S. 55/6. Friedrichs anerkennende Worte »In allen Gefahren«: Böhmer, Regesta Imperii V, 683; Huillard-Bréholles, Historia diplomatica I, S. 232.

Kapitel 8. Hilfe und Widerstand auf dem Weg

Über die wahrhaft abenteuerliche Reise nach Deutschland: Winkelmann, Jahrbücher II, Otto IV., S. 320 ff. Die Hilfe der Genuesen gegen später einzulösende Versprechen Friedrichs: Böhmer, Regesta Imperii V, 669; Huillard-Bréholles, Historia diplomatica I, S. 212. Nach der Rückkehr Friedrichs 1220 wird Genua bitter enttäuscht, als Friedrich die Sizilien betreffenden Handelszusagen seiner eigenen wirtschaftlichen Pläne wegen nicht erfüllt: Jahrbücher von Genua I, S. 165.

Über den Weiterritt, die Verfolgung durch die Mailänder und Friedrichs Flucht auf einem ungesattelten Pferd: MG SS XXII, S. 510. Dort auch der Hinweis auf Friedrichs beginnenden Haß gegen die Mailänder. Der Spottvers der Mailänder, Friedrich habe seine Hosen im Lambro gewaschen, »Rugerius Federicus balneavit sarabulum in Lambro«: MG SS XVIII, S. 398. Bemerkenswert, daß hier noch der ursprüngliche Taufname Roger Friedrich genannt wird.

Über den Kinderkreuzzug 1212 berichtet: Pfister, Kaiser Friedrich, S. 97 ff. Quellen für den Kinderkreuzzug, der in der allgemeinen Literatur von vielen Sagen und Legenden umrankt wurde: MG SS in usum, S. 42, 191; MG SS XVIII, S. 131. Über den friedlichen und überraschenden Einzug in Konstanz: MG SS II, S. 171; MG SS in usum, S. 109. Auch: Winkelmann, Jahrbücher II, Otto IV., S. 324.

Über Friedrichs Vorsprung »von drei Stunden« gegenüber dem Welfen Otto IV.: MG SS XXVI, S. 303.

Kapitel 9. Friedrich gewinnt die deutschen Fürsten

Friedrichs Einzug in Basel: Winkelmann, Jahrbücher, Otto IV., S. 325. Die Bestätigung Ottokars von Böhmen: Böhmer, Regesta Imperii V, 671; MG Const. II, S. 54. Friedrichs Zusammenkunft mit dem Sohn des Königs von Frankreich in Vaucouleur: Böhmer, Regesta Imperii V, 677b, 678; MG Const. II, S. 55. Zur Freigiebigkeit Friedrichs und Verteilung französischen Geldes an die Fürsten: MG SS in usum, S. 109, 212. Hierzu: Winkelmann, Jahrbücher II, Otto IV., S. 332. Die Wahl Friedrichs zum König in Frankfurt: Böhmer, Regesta Imperii V, 680 a. Friedrich selbst hebt mehrfach seinen Gegensatz zu Otto IV. hervor. Zum

Charakter Ottos: Winkelmann, Jahrbücher I, Philipp, S. 74 ff. u. 503 ff.; Jahrbücher II, Otto IV., S. 136 ff. u. 467.

Für Friedrichs bevorzugten Aufenthalt im Elsaß: Böhmer, Regesta Imperii V, 2243; Huillard-Bréholles, Historia diplomatica V, S. 60. Ferner: Fedor Schneider, Friedrich und seine Bedeutung für das Elsaß.

Für den achtjährigen Aufenthalt Friedrichs in Deutschland: Winkelmann, Jahrbücher II, Otto IV., S. 432–68. Zu Friedrichs Verhältnis zu Deutschland: Kirn, Die Verdienste. Zur Problematik der Fürstenprivilegien siehe Kapitel 33 und Anmerkungen. Hier einige wichtige Abhandlungen: Klingelhöfer, Die Reichsgesetze; Schrader, Zur Deutung der Fürstenprivilegien; Sestan, Die historische Bedeutung; Mitteis, Der Ausklang des Lehnszeitalters.

Für die Privilegierung der geistlichen Fürsten Pfingsten 1213 in Eger: MG Const. II, S. 57 ff.; Böhmer, Regesta Imperii V, 705 f.

Über die Schlacht von Bouvines berichtet: Winkelmann, Jahrbücher II, Otto IV., S. 350 ff. Dort ebenso, S. 463 ff., der Bericht über Ottos IV. Ende. Eine bemerkenswerte Schilderung des »geschlagenen Kaisers« Otto und seines Todes: Reinhold Schneider, Innozenz der Dritte, S. 121 ff.

Kapitel 10. Königskrönung in Aachen

Friedrich war bereits vier Tage nach seiner Wahl zum König (Frankfurt, 5. Dezember 1212) in Mainz gekrönt worden, allerdings mit »nachgemachten Insignien«, da die rechtmäßige Krönungsstadt Aachen noch von Otto IV. besetzt war. Zur Mainzer Krönung: Böhmer, Regesta Imperii V, 680 b. Hierzu: Kantorowicz, Kaiser Friedrich, S. 61 ff. Als eigentliche und legitime Salbung und Krönung gilt jedoch die Aachener am 25. Juli 1215. Hierzu Kantorowicz, Kaiser Friedrich, S. 69: »Nach der Anschauung der Zeit verlieh dem deutschen König die volle Rechtmäßigkeit und den Anspruch auf die römische Kaiserkrone in der Tat erst die Salbung und Krönung in Aachen und die Erhebung auf den Stuhl des großen Karl.« Die Bedeutung Aachens und Verehrung Karls des Großen: MG SS XXVI, S. 318; Mur. Riss IX, S. 646.

Friedrichs zitiertes Schreiben an Aachen, in dem er die Stadt auch »Hauptstadt und Sitz des deutschen Königtums« nennt: Böhmer, Regesta Imperii V, 814; Huillard-Bréholles, Historia diplomatica I, S. 399. »Die Aachener schrieben dem König«: MG SS XVI, S. 673. Deutsch in: Heinisch, Kaiser Friedrich, S. 35. Das Schreiben Friedrichs mit den Worten »angemessen und sinngemäß«: Böhmer, Regesta Imperii V, 814; Huillard-Bréholles, Historia diplomatica I, S. 399. Zitiert nach: Kantorowicz, Kaiser Friedrich, S. 70. Für die Krönungsfeierlichkeiten in Aachen: Böhmer, Regesta Imperii V, 810 a–d. Der zitierte Chronikbericht »nahm einen Hammer«: MG SS XVI, S. 673. Deutsch in: Heinisch, Kaiser Friedrich, S. 36. »Sofort und unerwartet«: nach Pfister, Kaiser Friedrich, S. 106.

Zum Kreuzzugsgelübde Friedrichs: Kantorowicz, Kaiser Friedrich, S. 71. Friedrichs Brief an das Generalkapitel der Zisterzienser vom 21. August 1215 mit dem Zitat »Da Wir, wenn Wir auch Sünder sind«: Böhmer, Regesta Imperii V, 824; Winkelmann, Acta imperii inedita I, S. 131. Deutsch in: v. d. Steinen, Staatsbriefe, S. 21 (gekürzt); Heinisch, Kaiser Friedrich, S. 33 ff. Ausführlich über Friedrichs Verhältnis zum Zisterzienserorden: Kantorowicz, Kaiser Friedrich, S. 78 ff.; Ergänzungsband, S. 34 ff., dort reiches Quellenmaterial. Die Zitate »Meister der Wirtschaftsverwaltung« und »Einrichtung und Bewirtschaftung«: Kantorowicz, Kaiser Friedrich, S. 80. Außerdem traten die Zisterzienser als

Bauleute des Kaisers hervor, so sehr, daß der Papst darüber Klage führte. Ein gewisser Einfluß der herben zisterziensischen gotischen Bauweise zeigt sich an den apulischen Kastellen Friedrichs, z. B. in den kreuzrippengewölbten Räumen von Castel del Monte.

Kapitel 11. Papst Innozenz III. und das Laterankonzil

Über Innozenz III. liegt eine Fülle von Literatur vor. Im thematischen Zusammenhang seien genannt: Kantorowicz, Kaiser Friedrich, S. 39–45; Ergänzungsband, S. 19 ff., mit vielen Quellen; Baethgen, Die Regentschaft; Reinhold Schneider, Innozenz der Dritte; Tillmann, Papst Innozenz III.; Hauck, Kirchengeschichte IV, S. 713 ff. Die Register, Briefe, Predigten und Schriften des Papstes bei: Migne, Patrologia Latina 214–217.

Die von Innozenz wiederholt zitierte und beanspruchte Gewaltfülle, die *plenitudo potestatis,* deutet Tillmann, Papst Innozenz, S. 17, »nach Innozenz' wiederholtem eigenen Zeugnis« als die *plenitudo ecclesiasticae potestatis,* die kirchliche Vollgewalt. In der politischen imperialen Praxis, im Anspruch, oberster Richter auch über die weltlichen Angelegenheiten zu sein, kann von der Unterscheidung keine Rede sein. Für die *plenitudo potestatis* zahlreiche Belege: Migne, Patrologia Latina 214, S. 114, 150, 286, 458; PL 215, S. 326, 728; PL 216, S. 539. Die Stellung des Papstes zwischen Gott und Mensch: Migne, PL 215, S. 88; PL 217, S. 658 u. a.

»geringer als Gott«: Kantorowicz, Kaiser Friedrich, S. 41. »Über die Verachtung der Welt«: Nach Tillmann, Papst Innozenz, S. 13, lautet der Titel von Innozenz' Schrift nicht *De contemptu mundi,* sondern *De misera conditione hominis.* Nach Tillmann, S. 13, hätte eine ergänzende Schrift das Bild des Menschen in »lichten Farben« schildern sollen. Doch diese Schrift ist nie geschrieben worden. Über die besondere Würde der Priester: Migne, PL 214, S. 158; PL 215, S. 650; PL 216, S. 1191 f.; PL 217, S. 649 ff. Diesbezügliche Beschlüsse des Laterankonzils: Hefele, Konziliengeschichte V, S. 883 ff.

Innozenz' Buch über die Geheimnisse der Messe *De missarum mysteriis:* Migne, PL 216, S. 773 ff. Hierzu auch: Tillmann, Papst Innozenz, S. 13, 14, 250. Ferner: Kantorowicz, Kaiser Friedrich, S. 42 ff. Dort auch das zitierte »über alle zu richten«: Migne, PL 217, S. 658. Zur Dogmatisierung der Lehre von der Transsubstantiation: Hefele, Konziliengeschichte V, S. 879.

Das von Friedrich in Straßburg am 1. Juli 1216 gegebene Versprechen: Böhmer, Regesta Imperii V, 866; Huillard-Bréholles, Historia diplomatica I, S. 469. Zur Garantieerklärung Friedrichs, die Trennung Siziliens vom Reich betreffend, sei nochmals auf das Papstzitat Ende der Anmerkg. zu Kapitel 4 hingewiesen. Das vierte Laterankonzil 1215: Hefele, Konziliengeschichte V, S. 872 ff. Hierzu auch: Tillmann, Papst Innozenz, S. 152 ff., 199; Reinhold Schneider, Innozenz der Dritte, S. 110 ff.; Kantorowicz, Kaiser Friedrich, S. 68. Die Eröffnungspredigt des Papstes: Migne, PL 217, S. 673. »Euch also ist geboten«, zitiert nach Reinhold Schneider, Innozenz der Dritte, S. 113.

Der Tod des Papstes: Migne PL 217, S. 737; MG SS XXVIII, S. 568. Hierzu auch: Tillmann, Papst Innozenz, S. 255.

Kapitel 12. Friedrich überlistet die Kurie

Konstanzes und des fünfjährigen Sohnes Heinrich Ankunft in Deutschland: Pfister, Kaiser Friedrich, S. 114; Masson, Das Staunen, S. 61.

Friedrichs Begrüßungsschreiben an den neuen Papst Honorius III. »den Wir früher«: Winkelmann, Acta imperii inedita I, S. 136. Deutsch in: Heinisch, Kaiser Friedrich, S. 39. Die – nun aufgegebene – Formel »König von Gottes und des Papstes Gnaden«: Böhmer, Regesta Imperii V, 662.

Die sehr raschen Belehnungen und Ernennungen des unmündigen Sohnes Heinrich: Kantorowicz, Kaiser Friedrich, S. 92; Pfister, Kaiser Friedrich, S. 114. Dort auch der Wahlspruch »Ich will lieber mit Milde«. Beispiele der Verzögerungstaktik Friedrichs, sein Kreuzzugsgelübde betreffend, und seines gegenüber Honorius selbstbewußten Auftretens: zwei Briefe an Honorius 12. Januar und 6. September 1219. Deutsch in: Heinisch, Kaiser Friedrich, S. 41–48.

Königswahl Heinrichs in Frankfurt: Winkelmann, Kaiser Friedrich, Jahrbücher I, S. 39 ff. u. 523 ff.

Die Konstitution zugunsten der geistlichen Fürsten: MG Const. II, S. 86. Hierzu: Klingelhöfer, Die Reichsgesetze; Schrader, Zur Deutung der Fürstenprivilegien; Mitteis, Der Ausklang des Lehnszeitalters. Mitteis, S. 345, schreibt, daß die *Confoederatio cum principibus ecclesiasticis* der Preis war, den der König für die Wahl seines Sohnes zahlte. Ebenso nach Mitteis wurde die Wahl »zum Schein als ›Überraschungswahl‹ in Abwesenheit des Königs« vollzogen. Friedrichs Schreiben 19. Februar 1220 »Unser Verlangen, die Herrschaft«: Böhmer, Regesta Imperii V, 1092; Huillard-Bréholles, Historia diplomatica I, S. 741 ff. Deutsch in: Heinisch, Kaiser Friedrich, S. 48 ff. Friedrichs politisch kluges, aber auch verschlagenes Mitteilungsschreiben an den Papst »in Unserer Abwesenheit und ohne Unser Wissen«: Böhmer, Regesta Imperii V, 1143; Huillard-Bréholles, Historia diplomatica I, S. 802 ff. Deutsch in: Heinisch, Kaiser Friedrich, S. 52 ff.

Der Erzbischof von Köln, Engelbert, Gubernator und Vormund Heinrichs, wurde 1225 ermordet. Sein Nachfolger wurde Herzog Ludwig von Bayern.

Der Zug Friedrichs über die Alpen nach Rom: Kantorowicz, Kaiser Friedrich, S. 97 ff. Die Verärgerung der Genuesen: Jahrbücher von Genua I, S. 165/66. »Unsere ständig wachsende Ergebenheit«: Brief Friedrichs aus Oberitalien im Oktober 1220: Böhmer, Regesta Imperii V, 1180; Huillard-Bréholles, Historia diplomatica I, S. 863. Deutsch in: Heinisch, Kaiser Friedrich, S. 57 ff. In diesem Brief wird zum erstenmal Hermann von Salza, der Deutschordensmeister, erwähnt. Hierzu auch: Koch, Hermann von Salza, S. 23; Winkelmann, Geschichte Kaiser Friedrichs, I, S. 146 n.3. Vermutlich war Hermann von Salza seit dem Nürnberger Hoftag (1216) in den Beraterkreis um Friedrich gekommen: Koch, Hermann von Salza, S. 15. Zur Person und Bedeutung Hermanns von Salza siehe besonders Anfang des 18. Kapitels.

Kapitel 13. Honorius III. salbt Friedrich zum Kaiser

Friedrichs späteres Schreiben an Rom (Januar 1238, nach Cortenuova) »gleichwie die Mutter«: Böhmer, Regesta Imperii V, 2311; Huillard-Bréholles, Historia diplomatica V, S. 161. Die Zugeständnisse Friedrichs vor der Kaiserkrönung, Sizilien vom Reich getrennt zu halten und als päpstliches Lehen anzuerkennen: Böhmer, Regesta Imperii V, 1201; MG Const. II, S. 105. Hierzu auch: Kantorowicz, Ergänzungsband, S. 42.

Über die Krönung am 22. November 1220 in Rom: Winkelmann, Kaiser Friedrich, Jahrbücher I, S. 109 f. Ebenso: Kantorowicz, Kaiser Friedrich, S. 99 ff. Der Krönungsmantel des normannischen Großvaters Roger ist abgebildet in: Pfister, Kaiser Friedrich, Tafel 19.

Friedrichs Krönungsgesetze: MG Const. II, S. 106 ff.

Rückkehr nach Sizilien »mit großer Macht« nach Pfister, Kaiser Friedrich, S. 124.

Kapitel 14. In Capua werden die ersten Gesetze erlassen

Zum »Modellstaat« Sizilien: Marongiù, Ein »Modellstaat«, in Stupor Mundi, S. 750 ff.

Die Assisen von Capua: Ryccardi, ed. Gaudenzi, S. 101 ff. Hierzu: Kantorowicz, Kaiser Friedrich, S. 105, 108; Pfister, Kaiser Friedrich, S. 126 ff.

»Wie der Strahl der Sonne«, zitiert nach: Marongiù, Ein »Modellstaat«, S. 764. Marongiù hebt den Zusammenhang mit der normannischen Gesetzgebung deutlich hervor. Das Gesetz *De resignandis privilegiis,* das wichtigste der Capuaner Assisen, trägt den tit. XV: Ryccardi, ed. Gaudenzi, S. 102. Hierzu: Scheffer-Boichorst, Das Gesetz Kaiser Friedrichs.

Über die Beschlagnahme der Kastelle: Sthamer, Die Verwaltung der Kastelle, S. 5 ff. Über die Neuordnung von Wirtschaft und Handel und die Vertreibung des genuesischen Korsaren Alaman da Costa: Kantorowicz, Kaiser Friedrich, S. 114 ff; Pfister, Kaiser Friedrich, S. 139 ff. Dort auch das Zitat »von allen venezianischen Kaufleuten«. Zum Venedigbesuch Friedrichs im März 1232 siehe auch Kapitel 32. Zum Aufbau der Staatswirtschaft und der Monopole auch: Schönbauer, Die Imperiumspolitik, in: Stupor Mundi, S. 572 ff. Dort, S. 573, heißt es auch: »Friedrich war ein Finanzgenie. Es gab keine Art der Einnahmemöglichkeit für den königlichen Staatsschatz, die er nicht rasch erfaßt und benutzt hätte.« Auf jeden Fall ist die wirtschafts- und finanzpolitische Leistung Friedrichs (neben der allgemein politischen, gesetzgeberischen, wissenschaftlichen) außerordentlich. Für den Aufbau der sizilianischen Flotte und den neuernannten Admiral Heinrich von Malta: Kantorowicz, Kaiser Friedrich, S. 116 ff.; Pfister, Kaiser Friedrich, S. 129; Cohn, Zur Geschichte der sizilianischen Flotte. Der Brief März 1224 an den Papst mit der Meldung über die verfügbaren Schiffe: Böhmer, Regesta Imperii V, 1516; Huillard-Bréholles, Historia diplomatica II, S. 409 ff. Deutsch in: Heinisch, Kaiser Friedrich, S. 119 ff.

Zur Bevorzugung der Laienjuristen für den »weltlichen« Staat Friedrichs: Kantorowicz, Kaiser Friedrich, S. 269 ff; Niese, Zur Geschichte, S. 26 ff., 52 ff. Hier auch über Roffred von Benevent und die Gründung der Universität Neapel 1224. Zur Universitätsgründung: Hampe, Zur Gründungsgeschichte; Kantorowicz, Kaiser Friedrich, S. 124, nennt sie »zum erstenmal eine reine Staatsuniversität«. Die zitierte Stiftungsurkunde: Böhmer, Regesta Imperii V, 1537; Huillard-Bréholles, Historia diplomatica II, S. 450 ff. Deutsch in: Heinisch, Kaiser Friedrich, S. 69 ff. Weitere Schreiben zur Universität: Huillard-Bréholles, Historia diplomatica II, S. 447 ff.; IV, S. 496, 498. Deutsch in: Heinisch, Kaiser Friedrich, S. 72–76. Sehr interessante Erlasse zum Universitäts- und Studentenleben. Das letzte Zitat »viele Klugen und Einsichtigen« aus der Stiftungsurkunde, zitiert nach: Kantorowicz, Kaiser Friedrich, S. 269.

Kapitel 15. Alle beugten ihre Nacken

»Alle beugten ihre Nacken«: Ryccardi, ed. Gaudenzi, S. 104; MG SS XIX, S. 341.

Zur Familie der Aquinos: Der meistgenannte Graf Thomas von Aquino wurde Großjustitiar und Graf von Acerra. Er leitet den Hauptkampf gegen den Grafen von Celano, ist während Friedrichs Kreuzzug einer der wichtigen Verhandlungsführer. Er heiratet 1247 die uneheliche Kaisertochter Margarethe (nicht identisch mit der ehelichen Tochter Margarethe). Graf Landulf von Aquino, der Sohn eines Aymo v. Aquino, war mütterlicherseits mit den Staufern verwandt. Landulf wurde Justitiar der Terra di Lavoro. Der Sohn des Grafen Landulf war der heilige Thomas von Aquino, 1225 geboren. Der hlg. Thomas, als einziger der Aquinos kein Parteigänger Friedrichs, wuchs im Kloster Monte Cassino auf, dessen Abt Sinnibald sein Onkel war, studierte 1239 an Friedrichs Staatsuniversität Neapel, Schüler von Petrus von Ibernia. Des hlg. Thomas Bruder Rainald und seine Vettern Jakob und Monaldo von Aquino werden als Valetti (Hofknappen) Friedrichs genannt und gehörten zur Sizilianischen Dichterschule. Über den Feldzug gegen den Grafen von Celano und Molise: Sthamer, Die Verwaltung der Kastelle, S. 7; Kantorowicz, Kaiser Friedrich, S. 106 ff. Die Zerstörung von Celano: Ryccardi, ed. Gaudenzi, S. 110. Die Deportation der Einwohner: Collenuccio, Compendio, S. 85 v. Der Mönch Thomas von Celano (Biograph des Franziskus) ist mit dem Grafen Th. v. C. nicht verwandt.

Das Vorgehen gegen die anderen Feudalherren: Winkelmann, Kaiser Friedrich, Jahrbücher I, S. 204; Kantorowicz, Kaiser Friedrich, S.106 ff.

Die in Messina erlassenen Gesetze: Ryccardi, ed. Gaudenzi, S. 104 f.; Scheffer-Boichorst, Die Gesetze, S. 142.

Die Verhandlung mit dem Papst in Veroli: Winkelmann, Kaiser Friedrich, Jahrbücher I, S. 178 ff. Die Anzahl der sizilianischen Bischöfe: Kantorowicz, Kaiser Friedrich, S. 134; Ergänzungsband, S. 54. Bemerkenswert ist, daß auf dem Laterankonzil 1215 von 405 Bischöfen 105 Sizilianer waren. Daran ist zu ermessen, welche Bedeutung die sizilianische Kirche besaß.

Für die Sarazenenkriege: Amari, Storia dei Musulmani III, S. 601 ff.; Winkelmann, Kaiser Friedrich, Jahrbücher I, S. 188, 206 ff.; Kantorowicz, Kaiser Friedrich, S. 120 ff. Die Szene mit dem Emir Ibn-Abbad nach dem Chronisten Abu al-Fadayl, deutsch in: Heinisch, Kaiser Friedrich, S. 65. Über die Ansiedlung der Sarazenen in Lucera: Egidi, La colonia Saracena; Haseloff, Die Bauten, S. 99 ff.; Kantorowicz, Kaiser Friedrich, S. 121 ff. Friedrichs Rechtfertigung gegenüber dem Papst, er habe Sizilien von den »Heiden und Heidenhäusern« befreit: Böhmer, Regesta Imperii V, 2149; Huillard-Bréholles, Historia diplomatica IV, S. 83. Einer der Vorwürfe des Papstes, Friedrich habe »die Söhne des Verderbens« in Apulien angesiedelt (3. Dezember 1232): Böhmer, Regesta Imperii V, 6925; Huillard-Bréholles, Historia diplomatica IV, S. 405. Ein Jahr danach schreibt Friedrich dem Papst sehr klug, er wolle einigen Brüdern des Predigerordens »zur Bekehrung der Sarazenen« die Predigt in Lucera erlauben: Böhmer, Regesta Imperii V, 2034; Huillard-Bréholles, Historia diplomatica IV, S. 457. Beide Briefe deutsch in: Heinisch, Kaiser Friedrich, S. 66 u. 67.

Daß beim Tod Friedrichs in Lucera 35 000 waffenfähige Männer gewesen sein sollen, schreibt: Wahl, Wandler der Welt, S. 89. Lucera soll zeitweise 60 000 sarazenische Einwohner gehabt haben. Auch darum ist eher eine Zahl von 10 000 bis 15 000 waffenfähiger Männer glaubhaft.

Kapitel 16. Die Erzählung von der Gerechtigkeit

Die genannte Erzählung aus den *Cento novelle antiche:* Romanische Meistererzähler, Leipzig 1905, XXIV, S. 29. Auch in: Heinisch, Kaiser Friedrich, S. 78. Zum Folgenden siehe auch Kapitel 26.

Zu den Begriffen Jus und Justitia im staatsrechtlichen Verständnis Friedrichs vor allem die sehr eingehenden Ausführungen in: Kantorowicz, Kaiser Friedrich, S. 203–238; Ergänzungsband, S. 77–109, mit reichlichen Quellenangaben. Auch: Brackmann, Kaiser Friedrich in »mythischer Schau«, in: Stupor Mundi, S. 11 ff., der sich ernüchternd von mancher Überbewertung Kantorowicz' (etwa für das Justitia-Mysterium) absetzt. Aufschlußreich ferner für das Gesetzeswerk: Burdach, Vom Mittelalter zur Reformation, S. 297 ff. Für die Beziehungen zum normannischen Staatsrecht: Marongiù, Ein »Modellstaat«. Zur mittelalterlichen Anschauung, »daß der Staat um der Justitia willen da sei, nicht umgekehrt die Justitia zur Erhaltung des Staates«: Kern, Gottesgnadentum, S. 142 ff. u. 310 ff. Ausdrücklich schreibt Brackmann, Kaiser Friedrich in »mythischer Schau«, S. 16, hier ebenfalls von Kantorowicz abweichend, daß der Gedankengehalt der Gesetze Friedrichs (Liber Augustalis) nicht römisch-byzantinisch oder orientalisch sei, sondern »durchaus mittelalterlich-kirchlich«.

»Vater und Sohn, Herr und Knecht der Justitia«: Liber Aug. I, 31; Carcani S. 30: »Oportet igitur Cesarem fore iustitie patrem et filium, dominum et ministrum: patrem et dominum in edendo iustitiam et editam conservando, sic et in venerando iustitiam sit filius et in ipsius copiam ministrando minister.« Kantorowicz, Ergänzungsband, S. 83, weist mit Recht darauf hin, daß sich hier zwei verschiedene Prinzipien gegenüberstanden: Vater und Sohn, der Gesetzgebende und der Gesetzverehrende und -bewahrende. K. bezieht sich auf Johann von Salisbury, der den Widerspruch aufgehoben sieht durch den *rex iustus*. »lex animata in terris«, das »beseelte Gesetz auf Erden«: Böhmer, Regesta Imperii V, 1959; Böhmer, Acta imperii selecta, S. 264: »(majestas nostra) que est lex animata in terris et a qua iura civilia oriuntur«. »Seinen Antrieb (motus) aus himmlischem Ermessen«, bzw. unmittelbar von Gott her. Liber Aug. I, 6, Carcani S. 7: »imperialis celsitudinis motum, quem nos etiam ex arbitrio caelesti suscepimus.« Oder Liber Aug. I, 22; Carcani S. 23: ». . . ut ex sententia motus nostri, quem de manu caelesti sumpserimus.« Hierzu: Kantorowicz, Ergänzungsband, S. 84.

Der zitierte Roffred von Benevent »Aus einer vom Himmel«: Kantorowicz, Kaiser Friedrich, S. 210.

Der sizilianische Staat als »Kunstwerk«, als »berechnete, bewußte Schöpfung«: Jacob Burckhardt, Die Kultur der Renaissance in Italien, Basel 1860, 1. Abschnitt. Dort ebenso: »Friedrichs Verordnungen«.

Der Tadel Gregors IX. »In Deinem Königreich« zitiert nach: Schaller, Kaiser Friedrich, S. 44. Auf Friedrichs Skrupellosigkeit seinen eigenen Helfern gegenüber verweist ausdrücklich: Kantorowicz, Kaiser Friedrich, S. 110.

Kapitel 17. Der »Mann aus Apulien«

Apulien, das er liebte wie seinen »Augapfel«: Winkelmann, Acta imperii inedita II, S. 54. »Alle irdische Süße«: Böhmer, Regesta Imperii V, 2304; Winkelmann, Acta imperii inedita I, S. 630. Dort ebenso: »daß Wir, vom Glanze der Caesaren umstrahlt«. Deutsch in; Heinisch, Kaiser Friedrich, S. 405; Kantorowicz, Kaiser Friedrich, S. 201. Die Rühmung Apuliens gegenüber dem Heiligen Land: Salimbene, Chronik I, S. 359. Enzios Vers »Va canzonetta mia«: Panvini, La scuola poetica Siciliana. Deutsch in: Willemsen, Kaiser Friedrich und sein Dichterkreis, S. 54.

Zu Friedrichs Kastellen und Jagdschlössern: Agnello, L'Architettura sveva;

Haseloff, Die Bauten der Hohenstaufen; Willemsen, Apulien (sehr gut bebildert); Hahn und Renger-Patsch, Hohenstaufenburgen (ebenfalls gut bebildert); Waldburg-Wolfegg, Vom Südreich; Bruhns, Hohenstaufenschlösser; Masson, Das Staunen, S. 179 ff.; Faber, Süditalien, S. 220 ff; 101 (Capua), 136 (Lucera), 190 (Trani), 229 (Castel del Monte); Peterich, Italien III, S. 263 ff. (Castel del Monte); Willemsen, Castel del Monte; Willemsen, Kaiser Friedrichs Triumphtor zu Capua.

Über Jagd und Wildreichtum in der Capitanata zur Zeit Friedrichs: Haseloff, Die Bauten, S. 52 ff. Den Palast in Foggia schildert: Haseloff, Die Bauten, S. 67 ff. »Alle Arten festlicher Freuden«: nach einem Chronisten zitiert in: Kantorowicz, Kaiser Friedrich, S. 297. Ausführlich schildert Matthäus von Paris die Hoffreuden in Foggia mit Bädern, Stärkungen, Spiel, Musik und Gauklern während eines Besuchs von Richard von Cornwall, dem englischen Schwager Friedrichs, im Jahre 1241: MG SS XXVIII, S. 219 s. Deutsch in: Heinisch, Kaiser Friedrich, S. 325 ff.

Bereits die normannischen Vorfahren hielten bei Palermo exotische Tiere. Man weiß auch, daß Barbarossa von den Genuesen Löwen, Strauße und Affen als Geschenk erhielt. Friedrichs Vorliebe für exotische Tiere und seine Menagerie sind erst seit 1231, nach dem Kreuzzug, nachweisbar und deutlich orientalisch beeinflußt. Völlig neu war, daß er seinen Tierpark auf Reisen mitführte, zur »Steigerung seiner Majestät«, »prout imperialem decuit maiestatem procedens in magna gloria« (Böhmer, Regesta Imperii V, 2098 a). Nachweisbare Auftritte des Tierparks in Friedrichs Gefolge: 1231 in Ravenna; 1235 in Cremona; dann teils in Deutschland; 1237 in Cremona; 1239 in Padua; 1245 in Verona; 1247 in Siena; bis 1248 vor Parma. Verschiedene Berichte bei: Scheffer-Boichorst, Zur Geschichte, S. 282; Salimbene, Chronik I, S. 76. Berichtzitate und weitere Quellen in: Heinisch, Kaiser Friedrich, S. 255 ff.

Der Chronist von Santa Justina »Paläste von solcher Schönheit«: zitiert nach Willemsen, Apulien, S. 47. Die Zitate zu Castel des Monte »als Krönung aller staufisch-süditalienischen Bauschöpfungen«: Hahn, Hohenstaufenburgen, S. 39. »Krone Apuliens«: Gregorovius, Wanderjahre in Italien, Kap. Castel desl Monte. Daß Friedrich ein Epikureer sei, wird von seinen Gegnern mehrfach behauptet. Siehe hierzu auch Kapitel 28.

Die diätetischen Vorschläge des Hofphilosophen Theodor »Meide Rohes«: Sudhoff, Ein diätetischer Brief, S. 4 ff.; Heinisch, Kaiser Friedrich, S. 98 ff. Sehr gute Hinweise zu den Eßgewohnheiten: Masson, Das Staunen, S. 186 ff. Es wurde auch als sensationell empfunden, daß Friedrich »häufig am Sonntag« badete, was angeblich gegen die Vorschriften Gottes verstieß, wie Johann von Winterthur schreibt: MG SS NS III, S. 7 ff. »Er war ein durchtriebener Mann«: Salimbene, Chronik I, S. 357. Der arabische Chronist, der Friedrich »rotblond, bartlos« nennt: Pseudo-Yafi, in; Amari, Biblioteca II, S. 254.

»kühnen und unerschrockenen Mann«: Saba Malaspina, Mur. Riss VIII, S. 952 f.

»Es war aber Friedrich nicht groß«: Riccobald von Ferrara, Mur. Riss IX, S. 132. Deutsch in: Heinisch, Kaiser Friedrich, S. 347.

Der Vorwurf, Friedrich habe einen Harem mit Sarazenenmädchen gehabt, wird von Hampe, Das neueste Lebensbild, S. 461, ebenso von Kantorowicz, Kaiser Friedrich, S. 285, abgelehnt. Als *camera nostra,* Bekleidungs- und Waffenwerkstätten, erwähnt: Huillard-Bréholles, Historia diplomatica V, S. 440, 486,

522, 523, 722. Innozenz' IV. Vorwurf, Friedrich »beflecke sich«: MG SS XXVIII, S. 259.

Friedrichs Anordnung »damit sie ihr Brot«: Böhmer, Regesta Imperii V, 2769; Huillard-Bréholles, Historia diplomatica V, S. 721. Deutsch in: Heinisch, Kaiser Friedrich, S. 332. Dort weitere Zitate, die Mädchen betreffend. Die Abwehr der Vorwürfe durch Thaddäus von Suessa: MG SS XXVIII, S. 259.

Es ist bemerkenswert, daß die Vorwürfe nur wegen der Sarazenenmädchen erhoben wurden, während Friedrich (in durchaus üblicher Weise) eine Reihe von unehelichen Beziehungen unterhielt. Nach Maschke, Das Geschlecht, S. 134, waren Friedrich in den drei legitimen Ehen drei Söhne und zwei Töchter geboren worden. Aus den unehelichen Verbindungen gingen sechs Söhne und wohl ebenso viele Töchter hervor. Maschke, Das Geschlecht, S. 89, 113, 166, spricht von der später legitimierten Verbindung mit Bianca Lancia, der Mutter Manfreds. Daß die Verbindung lange anhielt, ist bezeugt, doch eine legitime Heirat nicht nachweisbar. Friedrichs Liebe zu Bianca Lancia, stärker als zu seinen anderen oder legitimen Frauen, ist mehrfach bezeugt: Jamsilla, Mur. Riss VIII, S. 497; Thomas Tuscus, MG SS XXII, S. 517.

Kapitel 18. Die zweite Heirat bringt das Königreich Jerusalem ein

Zu Hermann von Salza siehe Anmerkung zu Kapitel 12 (Ende). Zur Person des Deutschordensmeisters: Koch, Hermann von Salza; Caspar, Hermann von Salza. Über seine Aufgabe schreibt Hermann von Salza: »sicut ille qui honorem ecclesie et imperii diligit et utriusque exaltationi intendit«: Böhmer, Regesta Imperii V, 1739; MG Const. II, S. 167. Er will der Ehre der Kirche und des Reichs dienen. Ähnlich schreibt Friedrich selbst über ihn: Böhmer, Regesta Imperii V, 2225; Huillard-Bréholles, Historia diplomatica V, S. 33. Das zitierte »nicht leichtblütig« bei: Kantorowicz, Kaiser Friedrich, S. 85.

Über die Verhandlungen zwischen Papst und Kaiser von Veroli (1222), Ferentino (1223) und San Germano (1225) berichtet ausführlich: Winkelmann, Kaiser Friedrich, Jahrbücher I, S. 178 ff. Dort auch über Friedrichs Ehe mit Isabella von Brienne, S. 199 ff. und 242 ff. Friedrichs Begründung seiner Heirat »um das in Angriff genommene Werk« vom 5. März 1224 an den Papst: Böhmer, Regesta Imperii V, 1516; Huillard-Bréholles, Historia diplomatica II, S. 409 ff. Deutsch in: Heinisch, Kaiser Friedrich, S. 119 ff.

Zum Vertrag von San Germano (Juli 1225) mit der Kreuzzugsverpflichtung: Böhmer, Regesta Imperii V, 1569; Huillard-Bréholles, Historia diplomatica II, S. 501. Deutsch in: Heinisch, Kaiser Friedrich, S. 124 ff.

Der Papst mußte die Ehedispens geben, weil Isabella im 4. Grad mit Friedrich verwandt war: Maschke, Das Geschlecht, S. 97. Isabellas Besuch bei ihrer Tante Alice von Zypern: Masson, Das Staunen, S. 107. Der (einzig erhaltene) Ausspruch Isabellas, sie werde Syrien niemals wiedersehen, zitiert in: Heinisch, Kaiser Friedrich, S. 118.

Die Vermählung und Auseinandersetzung mit Johann von Brienne: Winkelmann, Kaiser Friedrich, Jahrbücher I, S. 242 ff. Legenden über Friedrichs Behandlung der jungen Isabella bei: Winkelmann, S. 245. Ein Chronikbericht mit Hinweis auf den Streit mit Johann von Brienne und auf die Kusine der Isabella: MG SS XXVI, S. 471 s. Deutsch in: Heinisch, Kaiser Friedrich, S. 118. Friedrichs mögliches, doch nur gerüchteweise überliefertes Verhältnis mit Isabellas älterer Kusine Anais wird von Maschke, Das Geschlecht, nicht erwähnt. Masson, Das

Staunen, S. 108, spricht von »glaubwürdigen zeitgenössischen Quellen«, was wohl übertrieben sein dürfte. Das Gedicht mit »Blume Syriens« deutsch in: Willemsen, Kaiser Friedrich und sein Dichterkreis, S. 47. Siehe hierzu auch Kapitel 30. Daten und Quellen zu Isabella von Brienne: Maschke, Das Geschlecht, S. 96 ff. und 175. Konrad, den »der Kaiser vor allen anderen am zärtlichsten liebte«: MG SS XIX, S. 152.

Kapitel 19. Vorbereitungen zum Kreuzzug

Der Brief des Papstes Honorius III. »Schon dreimal habe ich« vom März 1220 zitiert nach: Pfister, Kaiser Friedrich, S. 156. Friedrichs Brief vom 25. Oktober 1221 »Wer im christlichen Volke«: Böhmer, Regesta Imperii V, 1359; Huillard-Bréholles, Historia diplomatica II, S. 206. Deutsch in: Heinisch, Kaiser Friedrich, S. 115.

Über die Kreuzzugsvorbereitungen nach 1225, über Friedrichs Werbung in Deutschland und Vermittlungen Hermanns von Salza berichten mehrere Briefe, allerdings seit 1226 schon gekoppelt mit der Lombardenfrage. Daß auf dem Hoftag von Cremona weniger der Kreuzzug, sondern die lombardische Frage, die Wiederherstellung der Reichsgewalt, im Vordergrund stehen sollte, beweist ein Schreiben Friedrichs an Viterbo und andere Städte: Böhmer, Regesta Imperii V, 1593; Huillard-Bréholles, Historia diplomatica II, S. 548. Deutsch in: Heinisch, Kaiser Friedrich, S. 131. Zu Friedrichs leidenschaftlichem Haß gegen Mailand, siehe Anmerkung zu Kapitel 8.

Für Friedrichs auffallende Bevorzugung Cremonas reichliche Quellenhinweise in: Kantorowicz, Ergänzungsband, S. 58/59. Hierzu vor allem: Ficker, Forschungen II, S. 419 ff.

Die Verhängung der Reichsacht über die Lombardenstädte: Böhmer, Regesta Imperii V, 1658; MG Const. II, S. 136. Die von Friedrich erbetene Vermittlung der Kurie: Winkelmann, Kaiser Friedrich, Jahrbücher I, S. 302 ff. Die später festgelegte Buße, 400 Ritter für den Kreuzzug zu stellen, wurde von den Lombardenstädten nicht erfüllt: MG SS XXXI, S. 14 f.

Über Friedrichs Verhältnis zum Deutschritterorden und die Privilegierung in Rimini: Kantorowicz, Kaiser Friedrich, S. 82 ff.; Ergänzungsband, S. 37 ff., mit Quellen. Die Goldene Bulle von Rimini: Böhmer, Regesta Imperii V, 1598; Huillard-Bréholles, Historia diplomatica II, S. 549. Ausführlich hierzu: Caspar, Hermann von Salza, S. 103 ff.

Zu Franz von Assisi: »der größte Zeitgenosse« und »Träger der Gegenkraft«: Kantorowicz, Kaiser Friedrich, S. 150. »Sie sollen sich zum Zeichen meines Gedenkens«: Franz von Assisi, Legenden und Laude, S. 259. Masson, Das Staunen, S. 91, greift die Legende von einer Begegnung des Kaisers mit Franz in Bari auf, ebenso: Faber, Süditalien, S. 227: »Hier standen sich bei Kerzenlicht der Imperator und der Poverello gegenüber.« Doch die Tatsachen sprechen dagegen. Friedrich war zu Lebzeiten des Heiligen nur zweimal in Bari, im März 1221 und Dezember 1222. Zu beiden Terminen konnte Franz nicht dort gewesen sein. Auf einer Steinplatte im Kastell von Bari (nach dem Eingang links an der Wand) ist zu lesen: »In questo Castello secondo tradizione Francesco d'Assisi nel 1220 sosto predicando purezza e qui messo a dura prova nella sua virtu si distesse su brace ardente lasciando stupita e ammirata la corte sveva.« Auch dies, hier auf 1220 gelegte Ereignis »zum Staunen und zur Bewunderung des staufischen Hofes«, kann nur Legende sein.

Allerdings wurde Bruder Elias von Cortona, den Franz selbst zu seinem Nachfolger bestimmt haben soll, Parteigänger und (nach 1239) Freund des Kaisers. Elias, einer der ersten Gefährten des Franz, nahm eine merkwürdige Entwicklung. Er sonderte sich als Generalminister bald von den Bettelmönchen ab, lebte fürstlich, von Pagen begleitet, führte den Orden streng und autokratisch. Er ließ die Unterkirche von Assisi bauen. 1239 wurde er vom Generalkapitel abgesetzt. Als Gefolgsmann Friedrichs traf ihn auch der kirchliche Bann. Ausführlich schreibt Salimbene über Elias, der Salimbene 1238 in den Orden aufnahm, besonders über die Verfehlungen Elias': Salimbene, Chronik I, S. 18, 80–92, 105–125. Zu Elias auch: Kantorowicz, Kaiser Friedrich, S. 464 f.

Kapitel 20. Der Bannspruch Gregors IX.

Über Kardinal Hugo von Ostia: Brem, Papst Gregor IX. bis zum Beginn seines Pontifikats. Dort, S. 70–110, des Kardinals Beziehungen zu Franz und den Minoriten. Beurteilungen Gregors IX. bei: Hampe, Deutsche Kaisergeschichte, S. 230 f.; Hauck, Kirchengeschichte Deutschlands IV, S. 803 f. Der erste Briefwechsel zwischen Papst und Kaiser war durchaus freundlich. Gregor IX. nannte Friedrich sogar »prima planta ecclesie«, »Lieblingspflanze der Kirche«: Kantorowicz, Kaiser Friedrich, S. 157. »Gott hat Dir die Gabe der Wissenschaft«: Gregor IX. an Friedrich am 22. Juli 1227. Deutsch in: v. d. Steinen, Staatsbriefe, S. 24 ff.; Der zitierte Abschnitt in: Masson, Das Staunen, S. 118.

»Wir wollen Dir gern entgegenkommen«: Aus der Mitteilung der Amtsübernahme Gregors IX.: Böhmer, Regesta Imperii V, 6672; Huillard-Bréholles, Historia diplomatica III, S. 1–3. Zitiert nach: Pfister, Kaiser Friedrich, S. 159.

Zur Seuche und Erkrankung Friedrichs: Winkelmann, Kaiser Friedrich, Jahrbücher I, S. 329 ff. Die Begründung des (ungerechtfertigten) Banns in einer ausführlichen Enzyklika des Papstes, Friedrich habe »das christliche Heer im Stich gelassen«, sei zu den »gewohnten Schwelgereien« zurückgekehrt: Böhmer, Regesta Imperii V, 6711; Huillard-Bréholles, Historia diplomatica III, S. 23–30. Deutsch in: Heinisch, Kaiser Friedrich, S. 142.

Das ausführliche Rechtfertigungsschreiben Friedrichs mit den Gründen des Scheiterns und der Vorgeschichte: Böhmer, Regesta Imperii V, 1715; Huillard-Bréholles, Historia diplomatica III, S. 36–48. Deutsch in: Heinisch, Kaiser Friedrich, S. 145 ff. Die öffentliche Verkündung des Schreibens in Rom durch Roffred von Benevent: Ryccardi, ed. Gaudenzi, S. 128.

Über die Vorgänge in Rom zu Ostern berichten: Kantorowicz, Kaiser Friedrich, S. 161; Masson, Das Staunen, S. 129.

Die ersten, zitierten Angriffe Friedrichs: Böhmer, Regesta Imperii V, 1724; Huillard-Bréholles, Historia diplomatica II, S. 57–60.

Der Papst zur Abreise Friedrichs »Wir wissen nicht«: MG Epp. Pont. I, S. 731 Das Manifest Friedrichs über seine Abreise »glücklich nach Syrien gewandt«: Böhmer, Regesta Imperii V, 1731; Huillard-Bréholles, Historia diplomatica III, S. 71 ff. Deutsch in: Heinisch, Kaiser Friedrich, S. 164. Über die genannten Manifeste Friedrichs siehe auch: Vehse, Die amtliche Propaganda, S. 19 ff., 24 ff. u. 219 ff.

Kapitel 21. Der Kreuzzug des Jahres 1228

Zum Kreuzzug allgemein: Winkelmann, Kaiser Friedrich, Jahrbücher I, S. 324 ff. und II, S. 3 ff.

Die Ereignisse auf Zypern: Winkelmann, wie oben, II, S. 85 ff.; Kantorowicz, Kaiser Friedrich, S. 166 ff.; Masson, Das Staunen, S. 136 ff.

Den Empfang in Akkon schildert Roger von Wendower: MG SS XXVIII, S. 61. Deutsch in: Heinisch, Kaiser Friedrich, S. 166. Dort auch über Geschenke des Sultans zur Ankunft Friedrichs. Roger von Wendower schildert auch die Proskynese der Ordensritter. Eine andere Stelle für die Proskynese, den kniefälligen Fußkuß oder das Sich-Niederwerfen vor dem Kaiser: MG SS in usum, S. 63. Die Proskynese war keineswegs auf Friedrich beschränkt. Bereits die Normannenkönige forderten sie, und Heinrich VI. wurde in Palermo in dieser Weise geehrt. Doch ist bei Friedrich eine gewisse Steigerung zu beobachten. Hierzu: Kantorowicz, Kaiser Friedrich, S. 199.

Arabische Berichte über Friedrichs Ankunft in Akkon: Amari, Biblioteca II, S. 104, 262 f. Deutsch in: Heinisch, Kaiser Friedrich, S. 168, 169.

Die Briefe der Päpstlichen gegen den Kaiser: MG Const. II, S. 292; Matthäus von Paris, MG SS XXVIII, S. 123. Über die Stürme, die den Nachschub verhinderten, und die Hungersnot berichtet Friedrich ausführlich in seinem Kreuzzugsmanifest: Böhmer, Regesta Imperii V, 1738; Huillard-Bréholles, Historia diplomatica III, S. 93–99. Deutsch in: Heinisch, Kaiser Friedrich, S. 173 ff.; v. d. Steinen, Staatsbriefe, S. 27 ff. »Ich bin Dein Freund«: Grousset, Histoire des Croisades, S. 302. Deutsch in: Heinisch, Kaiser Friedrich, S. 171.

Die kaiserlichen Gesandten in Nablus: Amari, Biblioteca I, S. 519 f. Daß Friedrich seinen Panzer, Helm und sein Schwert dem Sultan überbringen ließ, berichtet der Patriarch Gerold dem Papst: Böhmer, Regesta Imperii V, 1740; Huillard-Bréholles, Historia diplomatica III, S. 102–110. Deutsch in: Heinisch, Kaiser Friedrich, S. 179 ff. Das umfangreiche Schreiben Gerolds vom 26. März 1229 hält die gesamten Ereignisse aus antikaiserlicher Sicht fest, eine interessante Ergänzung zu Friedrichs eigenem Manifest, allerdings auch von Haß gezeichnet. Zur Haltung des Sultans Malik al-Kamil: Amari, Biblioteca II, S. 104. Hierzu auch: Winkelmann, Kaiser Friedrich, Jahrbücher II, S. 100 ff. Über den mehrfachen Austausch von Gesandtschaften und den bevorzugten Verhandlungsführer Fahr ed-Din: Amari, Biblioteca II, S. 104, 262, 263 ff. Deutsch in: Heinisch, Kaiser Friedrich, S. 168, 169, 171. Friedrich als »Liebhaber der Philosophie«: Amari, Biblioteca II, S. 104 u. 248. Bei allen arabischen Historikern werden die geistigen Fähigkeiten Friedrichs gerühmt.

Der Vertrag mit Malik al-Kamil: MG Const. II, S. 160 ff. Dort auch der Bericht des Deutschordensmeisters. Der Ausspruch Friedrichs gegenüber Fahr ed-Din: Amari, Biblioteca II, S. 252. Von arabischer Seite berichtet über den Vertrag der Historiker Makrizi: Amari, Biblioteca II, S. 263 ff. Deutsch in: Heinisch, Kaiser Friedrich, S. 171 ff. Dort auch der Widerstand der Imame und Muezzins und das Verhalten des Sultans. Über Einzelheiten des Vertrages berichtet Friedrich in seinem Kreuzzugsmanifest, wie oben. Über das Verhalten der Päpstlichen, besonders des Patriarchen Gerold von Jerusalem, siehe Kapitel 22 und Anmerkungen.

Kapitel 22. Selbstkrönung in Jerusalem

Eine Zusammenfassung der von den Päpstlichen erhobenen Vorwürfe im Bericht des Patriarchen Gerold vom 26. März 1229 an Gregor IX.: Böhmer, Regesta Imperii V, 1740; Huillard-Bréholles, Historia diplomatica III, S. 102–110. Deutsch in: Heinisch, Kaiser Friedrich, S. 179 ff. Dort auch die

Vorgänge in Jerusalem, wo sich Friedrich zwei volle Tage aufhielt. Friedrichs eigener Bericht in seinem Kreuzzugsmanifest: Böhmer, Regesta Imperii V, 1738; Huillard-Bréholles, Historia diplomatica III, S. 93–99. Deutsch in: Heinisch, Kaiser Friedrich, S. 173 ff.; v. d. Steinen, Staatsbriefe, S. 27 ff. Berichte des Deutschordensmeisters: Böhmer, Regesta Imperii V, 1737, 1739; MG Const. II, S. 161 u. 167. Zu Jerusalem siehe auch: Winkelmann, Kaiser Friedrich, Jahrbücher II, S. 122ff.; Vehse, Die amtliche Propaganda, S. 28ff. Berichte über Friedrich in Jerusalem von arabischer Seite: Amari, Biblioteca II, S. 253, 254, 265 (Pseudo-Yafi u. Makrizi). Deutsch in: Heinisch, Kaiser Friedrich, S. 190 ff. Die Worte Friedrichs in der Grabeskirche teilt Hermann von Salza mit, wie oben. »Seht, jetzt ist der Tag des Heils«: Aus Friedrichs Kreuzzugsmanifest, wie oben.

Die Staatsauffassung der Normannenkönige und ihr Begriff vom »gottunmittelbaren« Königtum wird gut herausgestellt von: Marongiù, Ein »Modellstaat«. Das Mosaikbild in der Martorana abgebildet in: Pfister, Kaiser Friedrich, Tafel 15. Zur Selbstkrönung und zum Davidkönigtum: Kantorowicz, Kaiser Friedrich, S. 183 ff.; Ergänzungsband, S. 71–74, mit vielen Quellenangaben. Belege zur »religiös-mythischen Erhöhung« Friedrichs und Vergleiche mit Christus in zeitgenössischen Aussagen auch in: Kantorowicz, »Mythenschau«, in: Stupor Mundi, S. 23 ff. In diesem Zusammenhang wirft Brackmann, Kaiser Friedrich in »mythischer Schau«, S. 7 ff., Kantorowicz »mythische Schau« und Überbewertung der erneuerten »Gottunmittelbarkeit« vor. Nach Kantorowicz' Worten habe sich Friedrich mit der »strahlenden Glorie und dem göttlichen Nimbus der östlichen Herrscher« bekleidet. Für Brackmann war die Selbstkrönung in Jerusalem »nicht der programmatische Akt eines neuen absoluten Herrschers orientalischer Art, sondern die Verlegenheitsauskunft« des Politikers Friedrich, gestützt auf den Rat Hermanns von Salza. Trotz Kantorowicz' Erwiderung »Mythenschau«, wie oben, kann der Vorwurf Brackmanns nicht ganz abgewiesen werden.

Kapitel 23. Zwischen Christentum und Islam

Vom Verrat der Templer und Hospitaliter und der Haltung des Sultans berichtet anschaulich Roger von Wendower: MG SS XXVIII, S. 123 s. Deutsch in: Heinisch, Kaiser Friedrich, S. 188. Über das bestaunte Astrolabium, das Friedrich nach Oberitalien kommen ließ und später in Venosa aufbewahrte, berichtet: MG SS XVII, S. 842 s. Friedrich zeigte dem Abt Konrad von St. Gallen das ihm neben dem Sohn Konrad liebste Astrolabium: MG SS II, S. 178. Über Friedrichs Gegengeschenke: Haskins, Studies, S. 252.

»Was wir ferner mit größter Wahrhaftigkeit«: Aus dem Bericht des Patriarchen Gerold, siehe Anmerkg. zu 22.

»So große Liebe«: Zitiert bei Grousset, Histoire des Croisades, S. 278. Deutsch in: Heinisch, Kaiser Friedrich, S. 190. Siehe hierzu den Bericht des Roger von Wendower: MG SS XXVIII, S. 66. Deutsch in: Heinisch, Kaiser Friedrich, S. 205. Dort heißt es nach der Schilderung von Friedrichs Umgang mit Sarazenen und Tänzerinnen, der Papst warf ihm vor, »daß er Mohammed und dem sarazenischen Gesetz mehr anhänge als Christus und dem Christenglauben«.

Friedrichs Worte zum Gebetsruf des Muezzin: Amari, Biblioteca II, S. 254; andere Fassung S. 265. Friedrich in der El-Aqsa-Moschee »Du Schwein«: Amari, Biblioteca II, S. 253. Friedrich in der Omar-Moschee »Und doch hat Allah die ›Schweine‹ «: Amari, Biblioteca II, S. 254. »Aus seiner Rede ersah man«: Amari,

Biblioteca II, S. 254. Die arabischen Berichte deutsch in: Heinisch, Kaiser Friedrich, S. 190–93. Teils auch zitiert in der für Friedrichs Beziehungen zum Islam ergiebigen Abhandlung: Gabrieli, Friedrich II. und die Kultur des Islam, in: Stupor Mundi, S. 270–288. Das Gespräch mit Fahr ed-Din »Das ist viel besser«: zitiert bei Grousset, Histoire des Croisades, S. 280. Deutsch in: Heinisch, Kaiser Friedrich, S. 170. »Mann von scharfem Geist«: Amari, Biblioteca II, S. 248. Deutsch in: Heinisch, Kaiser Friedrich, S. 170.

Über die letzten Tage in Akkon: Winkelmann, Kaiser Friedrich, Jahrbücher II, S. 123 ff. Die derzeitigen Ereignisse in Sizilien: Ryccardi, ed. Gaudenzi, S. 129 ff. Hierzu auch: Winkelmann, Kaiser Friedrich, Jahrbücher II, S. 47 ff. Dort, S. 53, das vom Papst verbreitete Gerücht über den angeblichen Tod Friedrichs.

Kapitel 24. Rückkehr und päpstliche Anerkennung

Friedrichs Ankunft in Brindisi: Mur. Riss XIII, S. 1162. Hierzu und zum Folgenden: Winkelmann, Kaiser Friedrich, Jahrbücher II, S. 143–216. Den so aufschlußreichen, arabisch geschriebenen Brief Friedrichs an seinen Freund Fahr ed-Din hat der arabische Historiker Abu al-Fadayl überliefert, in: Amari, Append. S. 58 ff. Böhmer, Regesta Imperii V, 14708. Deutsch in: v. d. Steinen, Staatsbriefe, S. 31 ff.; Heinisch, Kaiser Friedrich, S. 215 ff. Friedrich soll den Emir zum Ritter geschlagen und ihm erlaubt haben, seinen Kaiseradler im Wappen zu führen: Joinville, MG SS XXVI, S. 556 c. 196, 198.

Das Befehlsschreiben zur Zerstörung Gaetas: Hampe, Die Aktenstücke IV, 10 (109 f.). Deutsch in: Heinisch, Kaiser Friedrich, S. 222. Was grausame körperliche Bestrafungen anbetrifft, so gibt es reichlich Beweise. Nach kaiserlichem Gesetz wurde der Ehebruch der Frau mit dem Abschneiden der Nase bestraft. Gotteslästerern wurde die Zunge abgeschnitten.

Zur Praxis der sogenannten Stilübungen der kaiserlichen Kanzlei, d. h. vorgefertigter Anweisungen, die dann jeweils zum Gebrauch bereitlagen: Schaller, Eine kuriale Briefsammlung, S. 193; Niese, Zur Geschichte, S. 58 u. 61. Auch von Petrus de Vinea sind solche Stilübungen erhalten. Sie waren nicht immer für den Gebrauch bestimmt, gelegentlich reine Übungen der Diktatorenschule. Es gab einen Übungsbriefwechsel zwischen Petrus de Vinea und Nicolaus de Rocca. Ein anderer Übungsbrief des Petrus de Vinea enthält »eine Liebeserklärung an eine Dame unter reichlicher Verwendung von Versen aus Ovid, Pseudoovid und dem Pamphilius«: Niese, S. 61. Zum Friedensschluß von San Germano: Hampe, Die Aktenstücke. Beurteilung bei: Winkelmann, Kaiser Friedrich, Jahrbücher II, S. 189. Friedrich selbst berichtet über den Friedensschluß und das Treffen mit Gregor IX. in Anagni geradezu überschwenglich: Böhmer, Regesta Imperii V, 1822; Huillard-Bréholles, Historia diplomatica III, S. 226 ff. Deutsch in: Heinisch, Kaiser Friedrich, S. 223. Dort auch, S. 224, zwei kurze Chronikberichte, die das gemeinsame Speisen von Papst und Kaiser hervorheben und die alleinige Anwesenheit von Hermann von Salza: Ryccardi, ed. Gaudenzi, S. 139; Roger von Wendower, MG SS XXVIII, S. 68.

Kapitel 25. Von Friedensjahren und vielfältigen Interessen

Zu Friedrichs Kastellen und Jagdschlössern siehe Kapitel 17 und Anmerkungen. Zu den apulischen Kathedralen besonders: Willemsen, Apulien. Die Kathedrale von Altamura als einziger vollendeter Kirchenbau Friedrichs: Haseloff, Die Bauten, S. 26 f. Der Appell des Thomas von Gaeta: Kehr, Das

Briefbuch, S. 18 ff., 22 f., 34 ff. und 53 ff. Das Zitat deutsch in: Heinisch, Kaiser Friedrich, S. 375. Über Foggia berichtet: Haseloff, Die Bauten, S. 67 ff. Über die Tiergehege und das Vivarium: Haseloff, Die Bauten, S. 79 ff. Über Wildpflege und Schonzeiten: Kantorowicz, Kaiser Friedrich, S. 331. Über die künstlichen Brutöfen: Haskins, Studies, S. 289. Über das Ausbrüten von Straußeneiern im Falkenbuch Friedrichs, auch: Haskins, Studies, S. 311.

Die Veterinärkunde oder Hippiatrik des Giordano Ruffo (Jordanus Ruffus): De Medicina Equorum. Hierzu: Haskins, Studies, S. 256; Niese, Zur Geschichte, S. 39, 42; Masson, Das Staunen, S. 227. »Erste abendländische« und »daß er über alle Dinge«: Kantorowicz, Kaiser Friedrich, S. 336. Die erstaunlichen Anordnungen über Heilkunde, Studium der Medizin, Anatomieunterricht, Arzneien, Hausbesuche etc. sind in den Konstitutionen von Melfi, dem Liber Augustalis III, zusammengefaßt. Deutsch teilweise in: Heinisch, Kaiser Friedrich, S. 94–97. Ebenso im Liber Augustalis III ganz konkrete Verfügungen zur Reinhaltung der Luft und zum Umweltschutz, Anlage von Grabstätten, Beseitigung der Abfälle etc. Deutsch in: Heinisch, Kaiser Friedrich, S. 92.

Die Zitate von Albertus Magnus aus: De anima l. 1, tr. 1, c. 1 und De causis proprietatum elementorum, l. 1, tr. 2, c. 9.

Das Schreiben Friedrichs an die Professoren 1232, in dem er von seinen eigenen Studien »von Jugend an« spricht: Huillard-Bréholles, Historia diplomatica IV, S. 383 ff. Deutsch in: Heinisch, Kaiser Friedrich, S. 89 f. Zu Leonardo Fibonacci und Friedrichs Beziehung zu ihm und der Mathematik: Cantor, Vorlesungen II, S. 41–50; Haskins, Studies, S. 249. Beispiele mathematischer Aufgaben: Heinisch, Kaiser Friedrich, S. 79/80.

Zum Hofphilosophen Theodor, der nach Michael Scotus, nach 1236, an den Hof kam: Haskins, Studies, S. 245 ff. Zu den Hofphilosophen und zum geistigen Leben am Hof: Niese, Zur Geschichte; Grabmann, Kaiser Friedrich und sein Verhältnis zur Philosophie; Caramella, Die Philosophie Friedrichs; Grundmann, Friedrich und das Geistesleben; Suter, Beiträge zu den Beziehungen; Kantorowicz, Kaiser Friedrich, S. 308–339. »Geburtsurkunde« und das letzte Zitat »Die ganze Toleranz«: Kantorowicz, Kaiser Friedrich, S. 207 u. 245.

Kapitel 26. Die Gesetze und der Aufstieg des Petrus de Vinea

Siehe hierzu Kapitel 14 und 16.

Auch die Normannenkönige stützten ihren Staat nicht auf Personen, sondern auf Institutionen, die von Beamten verwaltet wurden. Auch sie hatten Justitiare (Richter u. Verwaltungsbeamte) und Kämmerer (Finanzen u. Steuern) eingesetzt, ihre Aufgaben durch Beamtenstatute festgelegt. Aber Friedrich perfektionierte und erweiterte dieses System in seinem Beamtenstaat. Hierzu: Marongiù, Ein »Modellstaat«.

Die Konstitutionen als »imposanteste Leistung«: Niese, Zur Geschichte, S. 66. Die Konstitutionen von Melfi oder *Liber Augustalis:* Ausgaben: C. Carcani, Constitutiones regum regni utriusque Siciliae, Neapel 1786; A. Cervonius, Constitutionum regni Siciliarum libri III, 1, Neapel 1773 (mit Kommentaren). Vollzählig aufgenommen in: Huillard-Bréholles, Historia diplomatica IV, S. 1 ff. Deutsch teilweise in: v. d. Steinen, Staatsbriefe, S. 34–40; Heinisch, Kaiser Friedrich, S. 225–239; Pfister, Kaiser Friedrich, S. 174 ff.

Über die Konstitutionen und den Kult der Justitia ausführlich: Kantorowicz, Kaiser Friedrich, S. 203 ff.; Kloos, Kaiser Friedrich, Traditio XII, S. 430 ff.;

Schaller, Kaiser Friedrich, S. 40 ff.; Niese, Zur Geschichte, S. 66 ff.; Brackmann, in: Stupor Mundi, S. 11 ff.

Den Begriff »Erfüllungskaiser« habe ich sinngemäß von Augustus und der biblischen Begründung hergeleitet. Nicht in diesem Zusammenhang, doch etwa bei der Selbstkrönung (Kapitel 22) und in späteren Jahren ist eine Erweiterung des Begriffs im Sinne zeitgenössischer Prophetien zu berücksichtigen. Brackmann, in Stupor Mundi, S. 11 ff., betont auch hier seine gegenüber Kantorowicz konträre Deutung. Er schreibt: Die Einleitung der Konstitutionen »setzt nicht, wie Kantorowicz meint, an die Stelle der kirchlichen die neue, das Mittelalter beseitigende Anschauung vom ›Naturrecht‹ des Staates. Als Ganzes gesehen steht diese Einleitung vollkommen im Banne der kirchlichen Staatsanschauung ...« Mit Brackmann bin ich der Meinung, daß Friedrich »keine Kampfansage gegen die kirchliche Weltanschauung« beabsichtigt. Doch läßt sich das entscheidend Neue der »rerum necessitas«, wenn auch als Hinzufügung, nicht leugnen.

Zu den Goldmünzen Friedrichs: Kantorowicz, Kaiser Friedrich, S. 205; Ergänzungsband, I. Exkurs, S. 255 ff. Dort, Tafel I, Abbildungen. Abbildung der Goldmünze auch in: Pfister, Kaiser Friedrich, Tafel 70.

»Und so unter dem Zwang«: zitiert nach Heinisch, Kaiser Friedrich, S. 226. »Es kam Uns zu Ohren«: Gregor IX. an Friedrich, MG Epp. pont. I, S. 357 s. Deutsch in: Kantorowicz, Kaiser Friedrich, S. 238 f. Vorwürfe des Papstes gegenüber Erzbischof Jakob von Capua: Böhmer, Regesta Imperii V, 6857. Jakob von Capua hat am Gesetzeswerk mitgearbeitet, doch eigentlicher Autor war Petrus de Vinea. Hierzu: Kantorowicz, Ergänzungsband, S. 109. Die Auffassung von Masson, Das Staunen, S. 164, daß Jakob von Capua die »Leitung« gehabt habe, entspricht nicht den Tatsachen.

Zu Petrus de Vinea: Huillard-Bréholles, Vie et correspondance; Niese, Zur Geschichte, S. 58; Kantorowicz, Kaiser Friedrich, S. 274 ff.; Ergänzungsband, S. 126 ff.; Schaller, Die Kanzlei Friedrichs; Zur Entstehung der sogenannten Briefsammlung. Zu Petrus de Vinea als »Logothet«: Quellen in: Kantorowicz, Ergänzungsband, S. 90; Fedor Schneider, Toscan. Studien, QF XII, S. 54; Salimbene, Chronik I, S. 352: Logothet, »qui sermonem facit in populo«, der die Worte setzt, eine Rede vor dem Volke hält oder ein Edikt dem Volk verkündet.

Die Büsten und Torsi des Triumphtors von Capua befinden sich im Museo Campano von Capua. Hierzu: Willemsen, Kaiser Friedrichs Triumphtor. Die zitierte Charakterisierung des Petrus de Vinea: Kantorowicz, Kaiser Friedrich, S. 277. Daß Petrus de Vinea den Kaiser »beherrscht, ja geradezu bevormundet« habe, wie Sthamer, Eigenes Diktat des Herrschers, schreibt, ist nicht nachzuweisen. Das Zitat »Wahrlich, es verehren« nach: Pfister, Kaiser Friedrich, S. 379.

»Staatstheorie des gottgewollten Absolutismus«: Niese, Zur Geschichte, S. 68.

»Sakrale Weihe« und »Schaffung einer *Ecclesia imperialis*«: Schaller, Friedrich II. als mittelalterlicher Herrscher, in: Stupor Mundi, S. 552. Hierzu auch: Huillard-Bréholles, Vie et correspondance, S. 433, Nr. 111.

Kapitel 27. Der Kaiser als Fragender

Das Zitat »keineswegs ein Philosoph«: Chesterton, Der Heilige Thomas, S. 52. Zur aristotelisch-arabischen Philosophie in diesem Zusammenhang: Grabmann: Forschungen; Mittelalterliche lateinische Aristotelesübersetzungen; Kaiser Friedrich und sein Verhältnis zur aristotelischen und arabischen Philosophie. Ferner: Niese, Zur Geschichte; Caramella, La Filisofia di Federico. Zu Fragen der Aristotelesübersetzung und -rezeption, zu Averroes und zur christlichen Scholastik sei besonders auf die Arbeiten von Grabmann hingewiesen.

»Denn er war ein Epikureer«: Salimbene, Chronik I, S. 361. »Dieser Friedrich führte«: Riccordano Malaspina, zit. in: Esposito, Una Manifestazione, S. 14; Mur. Riss XIII, S. 155. »Aeternist«: Pseudo-Yafi in: Amari, Biblioteca II, S. 554. Deutsch (mit Zusatz) in: Heinisch, Kaiser Friedrich, S. 190.

Friedrichs Brief an Michael Scotus »Mein teuerster Meister«: Haskins, Studies, S. 292 ff.; Hampe, Kaiser Friedrich als Fragensteller, S. 52–66. Deutsch in: Heinisch, Kaiser Friedrich, S. 81 ff. Danach zitiert. Zu Michael Scotus: Haskins, Studies, S. 272 ff.; Niese, Zur Geschichte, S. 29, 32, 34; Grabmann, Kaiser Friedrich, S. 104, 108, 110, 115; Kantorowicz, Kaiser Friedrich, S. 313 ff. Die Michael Scotus gestellte Probe: Salimbene, Chronik I, S. 363; Haskins, Studies, S. 289. Zu den Fragen Friedrichs an arabische Gelehrte: Hampe, Kaiser Friedrich als Fragensteller; Wiedemann, Fragen. Die Fragen an Schihab ed-Din »Warum sieht man Ruder«: Wiedemann, Fragen, S. 483 ff. Auch in: Heinisch, Kaiser Friedrich, S. 194. Danach zitiert. Die sogenannten Sizilianischen Fragen, die Ibn Sabin beantwortet (Kotb ed-Din Abu Mohammed abd el-Hakh ibn Sabin): Amari, Biblioteca II, S. 414 ff.; Amari, Questions philosophiques, S. 265 ff.; Mehren, Correspondance, S. 344 f., 385, 392, 402, 404 ff. Deutsch in: Heinisch, Kaiser Friedrich, S. 195–203. Danach zitiert. Zu den Fragen vor allem: Grabmann, Kaiser Friedrich, S. 128 ff.

Zu Ibn Sabin: Die Zitate »in Konsequenz«, »als Eitelkeit« und »um die Muslims zu prüfen«: Wahl, Wandler der Welt, S. 233 und 232. »Vorsicht des Ungläubigen«: Ernest Renan, Averroès et l'Averroisme, S. 289. Deutsch zitiert in: Heinisch, Kaiser Friedrich, S. 203.

Der italienische Interpret »schon danach strebte«: Santino Caramella, Die Philosophie Friedrichs, in: Stupor Mundi, S. 267. Auf die symbolhafte Deutung der letzten Frage »Das sind die beiden Finger« weist: Caramella, Die Philosophie, in: Stupor Mundi, S. 266.

Daß Friedrich den Lehren des Christentums »ungläubig gegenüberstand«, schreibt Niese, Zur Geschichte, S. 32. Aber selbst er sagt zum angeblichen Averroismus Friedrichs in der Anmerkung S. 33; »Natürlich lassen sich diese Dinge niemals beweisen.«

»Glauben an Gott hatte er nicht«: Salimbene, Chronik I, S. 357. »Indessen lassen sich nicht«: Grabmann, Kaiser Friedrich, in: Grabmann, Mittelalterliches Geistesleben, Bd. II, S. 136. Grabmann betont, daß auch die Anklagen der Kurie eine antichristliche Weltanschauung Friedrichs nicht sicher beweisen.

Kapitel 28. Von merkwürdigen Experimenten

»Alle Dinge im Himmel und auf Erden«: Reinhold Schneider, Zur Geschichte Friedrichs II., in: Stupor Mundi; S. 226. »Dem Mittelalter wie jede Versuchung«: Kantorowicz, Kaiser Friedrich, S. 330. »Wahnideen« Friedrichs: Salimbene, Chronik I, S. 358 ff. Salimbenes »gesehen und verehrt«: Chronik I, S. 357.

Das Experiment mit den Neugeborenen »welche Art Sprache und Sprechweise«: Salimbene, Chronik I, S. 359. Hierzu auch: Seidler, Der Neugeborenenversuch. Den Hinweis auf Herodot II, 2, bringt: Heinisch, Kaiser Friedrich, S. 89. Das Experiment zur Prüfung der Verdauung »Und die Ärzte fällten das Urteil«: Salimbene, Chronik I, S. 363. Dieses Experiment wird als einziges auch in Jansen Enikels Weltchronik erzählt: MG DCh III, S. 559 f. Über den 1497 gefangenen

Karpfen berichtet: Kantorowicz, Kaiser Friedrich, S. 281; Ergänzungsband, S. 134 mit Quellenmaterial.

Das Einsperren eines Mannes in ein Faß »Friedrich und seine Gelehrten glaubten«: Salimbene, Chronik I, S. 361. Das Tauchexperiment: Salimbene, Chronik I, S. 360. »Dieser König der Pestilenz«: Gregor IX. in seiner Enzyklika vom 10. Juli 1239: Böhmer, Regesta Imperii V, 7245; Huillard-Bréholles, Historia diplomatica V, S. 339. Deutsch in: Heinisch, Kaiser Friedrich, S. 204. Zum angeblichen Ausspruch über die »drei Betrüger«: »Die ersten Ursprünge dieses Ausspruchs«: Grabmann, Kaiser Friedrich, S. 137. Auf Simon von Tournai verweist: Hampe, Das neueste Lebensbild, S. 470. Hier auch das letzte Zitat »Irgendwie im Umlauf«. Weiter zu den »drei Betrügern«: Felten, Papst Gregor IX., S. 323 ff.; Esposito, Una Manifestazione, S. 5 ff.; de Stefano, Federico II, S. 15 ff.; Graefe, Die Publizistik, S. 37.

Zur pseudo-aristotelischen Schrift »De pomo sive de morte«, die Manfred fälschlich als von Aristoteles stammend ausgibt, und zu seiner Einführung: Grabmann, Forschungen über lateinische Aristotelesübersetzungen, S. 249 ff.; Grabmann, Kaiser Friedrich, S. 118; Schirrmacher, Die letzten Hohenstaufen, S. 624. Die Übersetzung Manfreds entstand 1255: Maschke, Das Geschlecht, S. 122. Deutsche Übersetzung der Einführung auch in: Masson, Das Staunen, S. 237.

Kapitel 29. Das Falkenbuch

Zu den Sizilianischen Fragen siehe Kapitel 27.

Ausgaben des Falkenbuches: Friedrich II., De arte venandi cum avibus, hrsg. von Willemsen, Leipzig 1942, I–II. – Friedrich II., De arte venandi cum avibus; Facsimileausgabe nach Codex Ms. Pal. Lat. 1071 der Biblioteca Apostolica Vaticana, Bd. I und II (Kommentar von Willemsen), Graz 1969. – Friedrich II., Über die Kunst mit Vögeln zu jagen. Unter Mitarbeit von Dagmar Odenthal übertragen und herausgegeben von Willemsen, Frankfurt 1964 Bd. I–II und 1970 Bd. III (Kommentar). – Deutsch auch teilweise in: Willemsen, Die Falkenjagd (bebildert); Heinisch, Kaiser Friedrich, S. 260–68.

Zum Falkenbuch: Haskins, Studies, S. 299–326; Hampe, Kaiser Friedrich, HZ 83, S. 19 ff.; Kantorowicz, Kaiser Friedrich, S. 332 ff.; Ergänzungsband, S. 155 ff.; Willemsen, Das Falkenbuch. Beachtenswert zur Gedankenwelt des Falkenbuches sind die Ausführungen von: Nitschke, Friedrich II. ein Ritter, HZ 194. Auf ältere Falkenbücher verweist: Niese, Zur Geschichte, S. 40; Haskins, Studies, S. 317 ff.

Das Zitat »Zu den frühen Urkunden«: Pfister, Kaiser Friedrich, S. 211. Kantorowicz, Kaiser Friedrich, S. 366, schreibt, »daß das Falkenbuch einen Wendepunkt im abendländischen Denken bezeichnet«. Ein großes Wort, dem zuzustimmen wäre, wenn man das Falkenbuch neben anderen Werken, etwa den naturwissenschaftlichen Schriften des Albertus Magnus, »am Beginn der abendländischen Erfahrungswissenschaft« sieht. Albertus Magnus zitiert das Falkenbuch Friedrichs: siehe Haskins, Studies, S. 307. Die deutschen Zitate aus dem Falkenbuch sind entnommen: Heinisch, Kaiser Friedrich, S. 260 ff. »Ältere Literatur verdrängt«: Niese, Zur Geschichte, S. 41. »Bis zum achtzehnten Jahrhundert«: Masson, Das Staunen, S. 220.

Daß Friedrich Boten in »ferne nördliche Gegenden« aussandte, Schiffshölzer für den genannten Zweck zu holen und Straußeneier aus Ägypten holen ließ, berichtet er selbst im Falkenbuch.

In der Einleitung des Falkenbuches ist von der Bitte Manfreds die Rede. Dort auch: »Wir verschoben ... Unseren Vorsatz, es schriftlich niederzulegen fast dreißig Jahre lang.« In dem Zusammenhang: siehe Anfang von Kapitel 43. Die (m. E. nicht haltbare) Beteiligung des Michael Scotus an der Abfassung des Falkenbuches und »Umformung zu einem wissenschaftlichen Lehrbuch« nimmt Niese an, Zur Geschichte, S. 39/40.

Über die im Kaiserlager Victoria 1248 erbeutete Prachtausgabe und den Brief eines Mailänders, der das Werk beschreibt und Karl von Anjou anbietet, berichtet: Haskins, Studies, S. 308 ff.

Von der Vermutung, »daß es sich um Kopien der kaiserlichen Prachtausgabe handelt«, spricht: Willemsen, Die Falkenjagd, S. 20.

»Bild des vollkommenen Menschen«: Willemsen, Die Falkenjagd, S. 20.

Die letzten Zitate aus dem Falkenbuch »Raubvögel« und »diese erworbenen Eigenschaften« sind entnommen: Nitschke, Friedrich II. ein Ritter, S. 16 u. 23.

Kapitel 30. Die sizilianische Dichterschule

Kritische Edition der Gedichte: B. Panvini, La scuola poetica Siciliana. Deutsch in: Willemsen, Kaiser Friedrich und sein Dichterkreis; Naumann, Die Hohenstaufen als Lyriker und ihre Dichterkreise.

In älteren Manuskriptsammlungen werden vier Gedichte dem Re Federico oder Federico Imperatore zugeschrieben: »Poi che ti piace amore«, »Oi lasso, non pensai«, »De la mia disianza« und »Dolze meo drudo«. Panvini nahm das letzte Gedicht nicht in seine Sammlung auf. Auch Willemsen, Kaiser Friedrich, S. 15, spricht von vier Gedichten, davon »heute im allgemeinen noch drei zuerkannt«. Andererseits soll auf dem internationalen Kongreß 1950 in Palermo, aus Anlaß des 700. Todestages des Kaisers, A. Monteverde in seinem Vortrag »Federico Secondo Poeta« die »vier Gedichte und möglicherweise einige andere mit Sicherheit« dem Kaiser zugeschrieben haben. Darauf verweist: Masson, Das Staunen, S. 370.

Die Verszitate »Da es, o Liebe« und »Weh mir« übersetzt in: Willemsen, Kaiser Friedrich, S. 45 u. 47.

Von der Dichterkrönung des späteren Bruders Pacificus berichtet Thomas von Celano, in: Franz von Assisi, Legenden und Laude, S. 92.

Die Zitate aus Dantes »De vulgari eloquentia« und von Petrarca (etwas vereinfacht und überarbeitet) nach: Kantorowicz, Kaiser Friedrich, S. 303 u. 299.

Auf »so gut wie keine Beziehungen zur rauhen Wirklichkeit« und das Fehlen der »politischen und poetischen Publizistik« weist: Willemsen, Kaiser Friedrich, S. 17.

Hugo Friedrich schreibt in: Epochen der italienischen Lyrik, S. 20: »Indem die Sizilianer umwandelnd (das Provenzalische) empfingen, bereiteten sie die kommenden großen Epochen der italienischen Lyrik vor.« Die Zitate zu Heinrich »morgens gesungen« und Manfred »Wo sind eure Geiger« bringt: Kantorowicz, Kaiser Friedrich, S. 302.

Der zitierte Vers von Enzio übersetzt in: Willemsen, Kaiser Friedrich, S. 55.

»Ein in der Geschichte wohl einziger Vorgang«: Kantorowicz, Kaiser Friedrich, S. 304.

Überzeugend stellt Nitschke, Friedrich II. ein Ritter, S. 5 ff., das Ordnungsbild Friedrichs, seine Wertvorstellungen in bezug auf die Ritterschaft und ihre Würde heraus. Der Abhandlung ist das Zitat »Repräsentant einer dem Ende sich zuneigenden Epoche« entnommen. Bemerkenswert ist auch die Feststellung Schallers, Die Kanzlei Friedrichs, S. 326: »Diese spätstaufische Zeit und ihr Kaiser versuchten ja gerade, in vielleicht wirklichkeitsferner und romantischer, aber leidenschaftlicher Bemühung eine Staatsidee des christlichen Mittelalters zu verwirklichen in einer Zeit, die schon darüber hinwegschritt.«

Das Zitat zu Giacomo da Lentini »auf den er nicht eingewirkt«, ebenso die Übersetzung der Sonett-Strophen »Wer hat auch Augen«: Willemsen, Kaiser Friedrich, S. 93. Während Willemsen Petrus de Vinea als »Erfinder des Sonetts« bezeichnet, nennen Kantorowicz, Ergänzungsband, S. 148, und Hugo Friedrich, Epochen, S. 31, Giacomo da Lentini als ersten Sonett-Dichter. Kantorowicz, Kaiser Friedrich, S. 307, schreibt: »Ja er (Petrus de Vinea) dürfte sogar der Mittelpunkt der eigentlichen Schule gewesen sein.«

Kapitel 31. Bildnisse des Kaisers

Auf die kaiserliche »Bildhauerschule« verweisen: Willemsen, Kaiser Friedrich, S. 40; Kantorowicz, Kaiser Friedrich, S. 308; Keller, Die Entstehung des Bildnisses, S. 268 ff.

Der Brief Manfreds »aus den alten Brunnen« – ». . . qui de cisternis veteribus aquas novas prudenter educitis«: Böhmer, Regesta Imperii V, 4750; Arndt, Manfred, S. 149; Kantorowicz, Kaiser Friedrich, S. 319; Ergänzungsband, S. 152.

Kantorowicz schreibt im Exkurs »Zu den Augustalen Friedrichs«, Ergänzungsband, S. 259 ff.: »Daß also das Bild des Augustalis ungefähr das Aussehen des Kaisers wiedergegeben hat, darüber kann kein Zweifel bestehen, zumindest darüber, daß eine Ähnlichkeit angestrebt war.«

Zum Relief von Bitonto verweise ich auf die hervorragende Untersuchung von: Schaller, Das Relief an der Kanzel.

Abbildungen des Triumphtors von Capua und der Skulpturen: Willemsen, Kaiser Friedrichs Triumphtor, Waldburg-Wolfegg, Vom Südreich.

Nach der Zerstörung des Triumphtors im Jahre 1557 stellten die Bürger die Sitzstatue im Hof der Festungsanlage auf. Vermutlich entlud sich, als französische Soldaten 1799 die Sitzstatue schwer beschädigten, Kopf, Füße und Hände abschlugen, ihr Haß gegen einen Monarchen. Dann gelangte der Torso in den Besitz eines Capuaner Bürgers, der sie in der Länge zersägte, um verwendbare Pflasterblöcke zu erhalten. 1875 übernahm das Museo Campano die Sitzstatue.

Die Geschichte des Kopfes und der Abgüsse berichtet: Faber, Süditalien, S. 109 ff. Die Authentizität des erhaltenen Abgusses anzweifelnd schreibt Guido von Kaschnitz, Zwei plastische Bildnisse: »Zwar hat sich ein Abguß des in den Wirren der Revolutionszeit verschwundenen Kopfes im Museum der Stadt erhalten, aber der Gips ist wahrscheinlich zurechtgemacht, ja er wurde wohl schon von einem im 16. Jahrhundert überarbeiteten Original genommen, so daß von seinem ursprünglichen Aussehen kaum Wesentliches erhalten blieb.«

Der Siegelabdruck der Gemme mit dem kaiserlichen Profilschnitt ist abgebildet in: Kantorowicz, Ergänzungsband, Tafel II.

Der Kopf von Lanuvio befindet sich jetzt im Deutschen Archäologischen Institut von Rom.

Zur Büste von Barletta: Adriano Prandi, Un documento; Guido von Kaschnitz-Weinberg, Bildnisse Friedrichs; Zwei neue Bildnisse, in: Atlantis und Das Kunstwerk (mit Abbildungen). Das Zitat »Wie das magere«, entnommen:

Peterich, Italien III, S. 254. Peterich erkennt, wie Kaschnitz-Weinberg, »dieses schönste Bildnis Friedrichs« an.

Zu den »Bildnissen des Kaisers« siehe auch: Schramm, Herrschaftszeichen, Bd. III, S. 900.

Kapitel 32. Die ungelöste Lombardenfrage

Zur Aussöhnung mit Gregor IX. siehe Ende des Kapitels 24.

Maurice Latey, Mißbrauch der Macht, S. 24 ff., sieht Friedrich als Prototyp des Tyrannen. Nach Latey »ein Herrscher, der willkürliche Macht über den durch die Gesetze, Gewohnheiten und Maßstäbe seiner Zeit und Gesellschaft erlaubten Rahmen hinaus ausübt in der Absicht, diese Macht zu behaupten oder auszudehnen«. Das Zitat »in der ersten Hälfte« ist dem Buch S. 24 entnommen.

»Ungemein gesteigerte«: Werner Näf, Frühformen des »modernen Staates«, S. 239. Zur *lex animata,* mit Zitat: Kantorowicz, Friedrich II. und das Königsbild des Hellenismus, S. 171. Dort auch, S. 174 ff, ausführlich über die Anrufung des Kaisernamens.

Zu Friedrichs Verhältnis zu Mailand und den Lombarden und zum mißlungenen Hoftag von 1226 siehe Kapitel 19.

Das Zitat »das gegen Unseren Großvater« aus einem Brief Friedrichs 1236 an König Ludwig IX. von Frankreich: Böhmer, Regesta Imperii V, 2160; Huillard-Bréholles, Historia diplomatica IV, S. 872 ff. Deutsch in: Heinisch, Kaiser Friedrich, S. 356.

Das Ketzergesetz vom März 1232: Böhmer, Regesta Imperii V, 1942; Huillard-Bréholles, Historia diplomatica IV, S. 300 ff. Deutsch in: Heinisch, Kaiser Friedrich, S. 240. Die Haltung Friedrichs gegenüber den Ketzern ist am besten gekennzeichnet in: Francesco Giunta, La politica antiereticale.

Die Geschichte von der Ausgrabung der Kapelle der Galla Placidia berichtet der Chronist Thomas Tuscus, MG SS XXII, S. 511 s. Deutsch in: Heinisch, Kaiser Friedrich, S. 277 ff.

Auch Genua hatte zum Hoftag in Ravenna eine Abordnung geschickt. Die Feindschaft wurde ausgelöst durch das Verbot des Kaisers, Stadthäupter aus den kaiserfeindlichen Städten zu holen und zu wählen. Genua wählte einen Mailänder und wurde sofort von Friedrich mit Handelssanktionen in Sizilien bestraft.

Allen Söhnen und Töchtern erwies Friedrich eine außerordentliche Zuneigung und Großzügigkeit. Die Ausnahme bei Heinrich, dem Sohn der aragonesischen Konstanze, entsprach der Schwere seines Vergehens und dem Ungehorsam. Über Heinrichs Vergnügungs- und Verschwendungssucht wird in Chroniken mehrfach berichtet. So in der Ebersheimer Chronik: MG SS XXIII, S. 451: »Entartet begann er sich der Schwelgerei zu ergeben, den Rat der Verständigen abzulehnen, den gefährlichen Wahnwitz und die Gemeinschaft der Tyrannen zu lieben und die väterlichen Ermahnungen zur Festigung des Friedens nicht zu befolgen.« Entnommen: Maschke, Das Geschlecht, S. 91. Dort auch weitere Hinweise.

Kapitel 33. Der Verrat des Königs Heinrich

Friedrichs Brief an den Papst vom 3. Dezember 1232 »Also, Heiligster Vater«: Böhmer, Regesta Imperii V, 2011; Huillard-Bréholles, Historia diplomatica IV, S. 408 ff. Deutsch in: Heinisch, Kaiser Friedrich, S. 280.

Hauptquelle für die Bußbewegung des Jahres 1233 ist Salimbenes Chronik I, S. 54 ff. Ebenso für den Schreckenswinter 1233/34. Der Bericht über die

Ereignisse in Parma und das Zitat »Eine Zeit der Freude«: Chronik I, S. 55 ff. Zur Bußbewegung: Kantorowicz, Kaiser Friedrich, S. 361 ff.

Zum Aufstand der sizilianischen Städte 1232/33 und der grausamen Niederwerfung: Winkelmann, Kaiser Friedrich, Jahrbücher II, S. 402 u. 410 ff.

Besonders ausführlich über die deutschen Verhältnisse und den Verrat König Heinrichs: Pfister, Kaiser Friedrich, S. 237 ff. Ebenso: Kantorowicz, Kaiser Friedrich, S. 342 ff. Das Zitat zu König Heinrich »vielleicht mehr instinktiv« und der königliche Brief an die Stadt Verdun »Ihr Bürger«: Pfister, Kaiser Friedrich, S. 247 u. 244.

Das *Statutum in favorem principum* von 1232: MG Const. II, S. 418 ff. Die kaiserliche Bestätigung des von Heinrich VII. in Worms 1231 erlassenen Statutums: MG Const. II, S. 211 ff.

Aus der umfangreichen Literatur zu Friedrichs Deutschlandpolitik und seinen Reichsgesetzen, besonders zum Statutum von 1232, hier nur einige neuere kontroverse Stimmen. Den besten Einblick gibt die reich mit Hinweisen und Belegen versehene Abhandlung: Klingelhöfer, Die Reichsgesetze. Man muß ihm zustimmen, wenn er anhand der Gesetze die »uferlose Kritik« an Friedrichs deutscher Politik verurteilt, so Böhmers Vorwurf in Regesta Imperii V, S. XXXIX, Friedrich habe seine »Verpflichtungen in unverantwortlicher Weise vernachlässigt«. Nicht folgen kann man Klingelhöfer, wenn er, wie zitiert, Friedrichs kürzere Aufenthalte in Deutschland allein zurückführt auf die »schweren Kämpfe, die ihn länger als beabsichtigt im Süden festhielten«. Auch Kantorowicz, Kaiser Friedrich, S. 354, geht wohl zu weit, wenn er schreibt, Friedrich habe »in einem höheren Sinne das deutsche Einreich vollendet und zu Ende geführt«. Hingegen spricht Baethgen, Besprechung, S. 56, von Friedrichs »bloßem Geschehenlassen, Sichabfinden mit den gegebenen Verhältnissen« in Deutschland. Grundmann, Kaiser Friedrich, S. 104, nennt ihn »deutscher König nur im Nebenamt«. Schaller, Kaiser Friedrich, S. 49, schreibt, »daß der Kaiser zwar nicht blutsmäßig, aber doch nach Erziehung, Sprache, Lebensweise und Kultur mehr Italiener als Deutscher war und den Süden als seine wahre Heimat empfinden mußte«.

Weiterhin aufschlußreich: Schrader, Zur Deutung der Fürstenprivilegien, der besonders auf Klingelhöfer eingeht. Mitteis, Der Ausklang des Lehnszeitalters, hervorragend in staatsrechtlicher Hinsicht. Kirn, Die Verdienste der staufischen Kaiser. Kirn, ebenso Weller, Die staufische Städtegründung, bringen überzeugende Beweise für Friedrichs beachtliche Förderung deutscher Städte und von Städtegründungen; wie in Schwaben: Nördlingen, Heilbronn, Wimpfen, Lindau, Wangen, Offenburg, Eberbach, Feuchtwangen, Ansbach, Kempten, Füssen, Gengenbach, Saulgau, Buchau; im Elsaß: Mülhausen, Molsheim, Kolmar, Schlettstadt, Oberehnheim, Münster. Im Gegensatz zu Kirn, Weller, auch zu Klingelhöfer und Schaller schreibt Ernesto Sestan, Il significato storico della Constitutio, S. 478: »Es gelang Friedrich nie, die Stadt als selbständigen politischen, sozialen, wirtschaftlichen und geistigen Organismus zu erfassen; d. h. es gelang ihm nie, die lebendigsten und mächtigsten historischen Kräfte seiner Zeit und der Zukungt zu begreifen und zu erkennen.« Die doch wohl zu absolute Behauptung Sestans scheint zumal für die Zeit nach 1235 anfechtbar zu sein. Siehe: Klingelhöfer, Die Reichsgesetze, S. 419; Schaller, Kaiser Friedrich, S. 50; Kirn, Die Verdienste, S. 271 ff. Kirn weist darauf hin, daß die Fürstenprivilegien öfter zugunsten der Städte umgangen wurden.

Kapitel 34. Das Strafgericht des Vaters

»Ruchlose Verschwörung«: aus dem Brief Gregors IX. vom 13. März 1235 an die deutschen Kirchenfürsten: MG Epp. pont. I, S. 515 s. Deutsch in: Heinisch, Kaiser Friedrich, S. 305 ff.

Die offizielle Verlobung Konrads mit Elisabeth von Bayern, der Tochter des Wittelsbachers Otto II., fand 1243, die Heirat 1246 statt.

Der Bericht der Ebersbacher Chronik »Er zog einher«: MG SS XXII, S. 348. Deutsch in: Pfister, Kaiser Friedrich, S. 262; Heinisch, Kaiser Friedrich, S. 302. Die Episode um Bischof Landulf und das Wormser Strafgericht über Heinrich mitgeteilt in den Jahrbüchern von Worms und der Ebersbacher Chronik: Heinisch, Kaiser Friedrich, S. 307; Pfister, Kaiser Friedrich, S. 263.

Der französische Troubadour: Gaucelm Faidit in seinem Lied »Al semblan del rei«.

Über die Örtlichkeiten der Haft in Venosa und Nicastro und des Absturzes Heinrichs vor Martirano: Waldburg-Wolfegg, Vom Südreich, S. 55 u. 93 ff. Zur Todesursache zeitgenössische Quellen: Huillard-Bréholles, Historia diplomatica I, S. 905 f. (warf sich vom Pferd zu Boden und war so gut wie tot); MG SS XIX, S. 61 (er habe sich in eine Schlucht gestürzt); Ryccardi, ed. Gaudenzi, S. 154 (natürlicher Tod). Deutsch auszugsweise in: Heinisch, Kaiser Friedrich, S. 308. Die Feststellung von Kantorowicz, Kaiser Friedrich, S. 372, und Ergänzungsband, S. 168, »daß er Selbstmord verübte, ist wohl nicht zu bezweifeln«, scheint wohl zu voreilig getroffen. Zumindest sind Zweifel geboten, wie sie Hampe, Das neueste Lebensbild, S. 466 ff., vorbringt. Hampe weist auf Richard von San Germano (Ryccardi), der von einem »natürlichen Tod« spricht, und sieht im Bericht des nächststehenden »Chronicon de rebus Siculis« keinen Widerspruch. Die Worte »Er ließ sich vom Pferd auf den Boden fallen und war wie tot« könnten nach Hampe auch auf »einen Herzschlag oder dergleichen« deuten. Friedrichs hier gekürzter Brief zum Tode seines Sohnes, einer von vier Briefen: Böhmer, Regesta Imperii V, 3268; Huillard-Bréholles, Historia diplomatica VI, S. 28 f. Deutsch in: v. d. Steinen, Staatsbriefe, S. 85; Heinisch, Kaiser Friedrich, S. 309; Pfister, Kaiser Friedrich, S. 264.

Wie die deutschen ritterlichen Dichter zu Heinrich standen, ist nachzulesen in: Maschke, Das Geschlecht, S. 93 ff. Dort auch der zitierte Vers »Des kuniges tôt«. Hingegen zählte Walther von der Vogelweide bis zu seinem Tode 1230 zu den schärfsten Kritikern des »unerfahrnen Mannes« Heinrich und des durch ihn verursachten Niedergangs. Textbelege in: Heinisch, Kaiser Friedrich, S. 299 ff.

Kapitel 35. Zum zweitenmal in Deutschland

Der Bericht des englischen Chronisten Roger von Wendower: MG SS XXVIII, S. 71 ss, 131. Deutsch in: Heinisch, Kaiser Friedrich, S. 291 ff; Pfister, Kaiser Friedrich, S. 268 (gekürzt).

Isabella von England gebar Ende 1236 die Tochter Margarethe, im Februar 1238 den Sohn Heinrich mit dem Beinamen Carlotto. Isabella starb am 1. Dezember 1241, siebenundzwanzig Jahre alt. Sie wurde wie ihre Vorgängerin Isabella von Brienne in Andria beigesetzt. Zu Isabella: Maschke, Das Geschlecht, S. 101 ff. Irrtümlich wird von vier Kindern Isabellas gesprochen, so in: Masson, Das Staunen, S. 325. Der Irrtum kam wohl durch die verfrühte Anzeige Friedrichs, seine Gemahlin würde einen Sohn gebären, zustande.

Zum Verhältnis Friedrichs zu seinen Frauen schreibt Kantorowicz, Kaiser

Friedrich, S. 374: »Um Friedrich II. gab es keinen Boden, in dem eine Frau wurzeln konnte ... In der dünnen Luft dieser glanzerfüllten, spannungsgeladenen Höhen konnte eben kein Wesen als er, auf die Dauer auch keiner der Freunde, am wenigsten aber eine Frau atmen.« Siehe hierzu Ende des Kapitels 17. Auch Friedrichs Verhältnis zu Konstanze von Aragon, seiner ersten Gemahlin, wurde während der ersten Deutschlandfahrt und nach der Kaiserkrönung 1220 merklich kühler.

Quellen zum Mainzer Hoftag: Böhmer, Regesta Imperii V, 2099 c. Das Mainzer Landfriedensgesetz: Böhmer, Regesta Imperii V, 2100; MG Const. II, S. 241 ff. Die zitierte Stelle aus dem Mainzer Landfrieden: Kantorowicz, Kaiser Friedrich, S. 376. Literatur wie zu den Reichsgesetzen, siehe Anmerkungen zu Kapitel 33. »daß der König sich noch« und »erscheinen gleichsam«: Mitteis, Der Ausklang des Lehnszeitalters, S. 353.

Über jüdische Gelehrte am Großhof und Friedrichs Verhältnis zu den Juden: Gunther Wolf, Kaiser Friedrich und die Juden. Ferner: Kantorowicz, Kaiser Friedrich, S. 317 ff.; Ergänzungsband, S. 151. Die Untersuchung anläßlich des angeblichen Ritualmordes von Fulda nennt Kantorowicz einen »abendländischen Gerichtshof ... sicher der erste, den ein Kaiser zusammenrief«. Bezeichnenderweise wurde die eindeutig widerlegte Ritualmordlüge von den Nationalsozialisten wieder aufgegriffen, eines der antijüdischen Hetzmittel des NS-Regimes.

Quellentexte zu Friedrichs Marburger Aufenthalt am 1. Mai 1236: MG SS XVII, S. 845; MG SS XXV, S. 320. Vor allem ein Brief an Bruder Elias von Cortona, den 1239 abgesetzten Generalminister der Minoriten: Böhmer, Regesta Imperii V, 2172; Winkelmann, Acta imperii inedita I, S. 388. Deutsch in: Heinisch, Kaiser Friedrich, S. 296ff.

Kapitel 36. Erste Kämpfe in der Lombardei

Der Brief an den Papst »Italien ist mein Erbe«: MG SS XXVIII, S. 134. Deutsch in: Heinisch, Kaiser Friedrich, S. 364. Über den Lombardenkrieg als heiligen Krieg im Sinne eines Kreuzzugs: Vehse, Die amtliche Propaganda, S. 53 ff., 176 ff.

Die Predigt des Petrus de Vinea in Piacenza: Böhmer, Regesta Imperii V, 13205. »Das Volk, das im Finstern«: Kantorowicz, Kaiser Friedrich, S. 391. Brief Friedrichs zur Einberufung des Reichstages in Piacenza und zum Beginn des Lombardenfeldzugs: Böhmer, Regesta Imperii V, 2156; Huillard-Bréholles, Historia diplomatica IV, S. 847 ff. Deutsch in: Heinisch, Kaiser Friedrich, S. 349 ff.

Zahlenangaben über mittelalterliche Heeresstärken sind mit Vorsicht zu übernehmen, da die zeitgenössischen Chroniken unzuverlässige Schätzungen enthalten und eher zur Übertreibung neigen. In der militärisch günstigsten Zeit dürfte Friedrichs Heer nie mehrs als 12 000, höchstens 15 000 Krieger gezählt haben, einschließlich fremder Hilfstruppen und Söldner, auch einschließlich der Sarazenen. Ihre Zahl von rund 8000 ist ebenfalls eine Höchstzahl, wobei alle verfügbaren Kräfte mitgezählt sind. Wahrscheinlich gilt die Höchstzahl auch nur für die Schlacht von Cortenuova. Hierzu: Kantorowicz, Kaiser Friedrich, S. 391 ff. u. 398. Ferner: Hadank, Die Schlacht bei Cortenuova. Interessant ist der Hinweis zur Heeresstärke, verglichen mit dem weit stärkeren Heer Barbarossas, in: Masson, Das Staunen, S. 376.

Über den Charakter des jungen Königs Konrad IV.: Maschke, Das Geschlecht,

S. 98 ff. Friedrichs Brief vom Ende 1238 an Konrad: Böhmer, Regesta Imperii V, 2415; Huillard-Bréholles, Historia diplomatica V, S. 274 f. Deutsch in: v. d. Steinen, Staatsbriefe, S. 58 ff. (gekürzt entnommen); Heinisch, Kaiser Friedrich, S. 314 ff. Hier noch weitere Briefe erzieherischer Art an Konrad.

Kapitel 37. Der folgenschwere Sieg von Cortenuova

Ihrer Wichtigkeit entsprechend wird die Schlacht bei Cortenuova in zeitgenössischen Chroniken und in der gesamten Literatur ausführlich geschildert. Eine zuverlässige Darstellung: Hadank, Die Schlacht bei Cortenuova. Matthäus von Paris, MG SS XXVIII, S. 139 s, nennt für das kaiserliche Heer, ohne die Sarazenen, mehr als 100 000 Krieger, während er die Gegner auf 60 000 schätzt. Völlig absurde Zahlen. Friedrich selbst spricht in mehreren Sendschreiben von geschätzten 10 000 Gefangenen und Toten der Gegner. Petrus de Vinea nennt in einem Schreiben nach der Schlacht 10 000 Mann des eigenen Heeres, ohne die bereits nach Cremona verlagerten Truppen. In der neueren Literatur spricht Pfister, Kaiser Friedrich, S. 281, von je etwa 20 000 Streitern in beiden Lagern. Glaubwürdiger sind die von mir übernommenen Zahlen in: Kantorowicz, Kaiser Friedrich, S. 398; Heinisch, Kaiser Friedrich, S. 385.

Der zitierte Bericht des Petrus de Vinea: Böhmer, Regesta Imperii V, 2294; Huillard-Bréholles, Historia diplomatica V, S. 137 ff. Deutsch in: Heinisch, Kaiser Friedrich, S. 398. Die Berichte Friedrichs an Papst, Könige und Fürsten: Böhmer, Regesta Imperii V, 2290, 2291, 2292, 2293; Huillard-Bréholles, Historia diplomatica V, S. 142, 132, 135, 134. Deutsch in: Heinisch, Kaiser Friedrich, S. 389 ff. Danach, gekürzt, zitiert.

Das Zitat »den Abschluß der klugen und zielbewußten Politik« in: Brackmann, Kaiser Friedrich, S. 153. Auf das Fehlverhalten gegenüber Mailand bezieht sich die Bemerkung von Hampe, Das neueste Lebensbild, S. 463: »Vor allem sind es Haß, Rachedurst und Überhebung nach Erfolgen, die ihm das Augenmaß getrübt und wiederholt das politische Konzept verdorben haben.«

Friedrichs Brief an die Römer vom Januar 1238: Böhmer, Regesta Imperii V, 2311; Huillard-Bréholles, Historia diplomatica V, S. 161 ff. Deutsch in: Heinisch, Kaiser Friedrich, S. 401. Zur Bedeutung des Briefes: Vehse, Die amtliche Propaganda, S. 63. Über Friedrichs Verhältnis zu Rom ausführlich: Kantorowicz, Kaiser Friedrich, S. 402 ff.; Ergänzungsband, S. 176 ff.

Die Antwort Mailands auf die Ablehnung des Friedensangebots: Pfister, Kaiser Friedrich, S. 285. Der zuletzt zitierte Chronist: Matthäus von Paris, MG SS XXVIII, S. 146. Deutsch in: Heinisch, Kaiser Friedrich, S. 404.

Kapitel 38. Im Kloster Santa Justina bei Padua

Über Friedrichs Aufenthalt in Padua und im Kloster Santa Justina: Rolandin von Padua: MG SS XIX, S. 70 ss; Hierzu: Fedor Schneider, Toscan. Studien III, S. 53 f. Auszüge des Chronikberichts: Heinisch, Kaiser Friedrich, S. 419 ff.

Die Anklagepunkte, dem Kaiser Oktober 1238 in Cremona vorgelegt, werden in der Bannbulle Gregors IX. vom Palmsonntag 1239 wiederholt. Siehe Kapitel 39. Sie sind angeführt in: Pfister, Kaiser Friedrich, S. 289. Die Lehnshoheit des Papstes über Sardinien hatte Friedrich 1213 (Goldene Bulle von Eger) und nochmals 1219 eidlich anerkannt. Zur Annektierung Sardiniens soll er gesagt haben, er habe »geschworen, die zerstreuten Güter des Reiches wieder zu sammeln«. Dies nach Matthäus von Paris, MG SS XXVIII, S. 147 s. Deutsch in:

Heinisch, Kaiser Friedrich, S. 319. Übrigens war die Annektierung Sardiniens politisch unsinnig und brachte keinen realen Gewinn. Auch die Ehe Enzios mit Adelasia verlief unglücklich. Sie wurde von Papst Innozenz IV. »wegen Ehebruchs« gelöst. Hierzu: Maschke, Das Geschlecht, S. 111.

Das zitierte »letzter Versuch, durch Drohung« in: Kantorowicz, Kaiser Friedrich, S. 429. Der hier gekürzte Brief an die Kardinäle: Böhmer, Regesta Imperii V, 2427; Huillard-Bréholles, Historia diplomatica V, S. 282 ff. Deutsch in: Heinisch, Kaiser Friedrich, S. 414 ff. Zur Deutung des brisanten Drohbriefes: Sütterlin, Die Politik, S. 11; Graefe, Die Publizistik, S. 11 ff.; Vehse, Die amtliche Propaganda, S. 70.

Die Kurzzitate zum Aufenthalt Friedrichs auf dem Prato della Valle am Palmsonntag 1239: Rolandin von Padua, MG SS XIX, S. 70 ss. Deutsch in: Heinisch, Kaiser Friedrich, S. 420.

Kapitel 39. Die zweite Exkommunikation

Die Bannbulle Gregors IX. vom 20. März 1239: Böhmer, Regesta Imperii V, 7226 a. Die wichtigsten Sätze der Bannbulle deutsch in: Heinisch, Kaiser Friedrich, S. 417 f. Felten, Papst Gregor IX., S. 286, schreibt (aus der Sicht Gregors): »Nicht die Lombardei war der Grund des Bannes, sondern die immer rücksichtslosere Politik des Kaisers.«

Die Versammlung im Stadthaus von Padua: Rolandin von Padua, MG SS XIX, S. 70 ss. Deutsch in: Heinisch, Kaiser Friedrich, S. 421.

Zur Deutung der wechselseitigen Manifeste: Graefe, Die Publizistik, S. 17 ff.; Vehse, Die amtliche Propaganda, S. 68 ff.; Sütterlin, Die Politik, S. 16 ff.

Die gekürzt zitierten Manifeste »Es steigt aus dem Meer« und »Der da sitzt«: Böhmer, Regesta Imperii V, 7245 u. 2454. Deutsch in: v. d. Steinen, Staatsbriefe, S. 61 ff.; Heinisch, Kaiser Friedrich, S. 423 ff. Bei Heinisch, S. 427 ff., außerdem das lange Rechtfertigungsschreiben Friedrichs vom 20. April 1239: Böhmer, Regesta Imperii V, 2431.

Von »unwürdiger Zankerei« spricht: Masson, Das Staunen, S. 301. Auch Brackmanns Behauptung, Kaiser Friedrich in »mythischer Schau«, S. 546, »Der Vergleich des Kaisers mit Christus auf seiten der kaiserlichen Partei war nur die Antwort auf die Beschuldigung des Papstes, daß der Kaiser der Vorläufer des Antichrist sei« – kann man schwerlich folgen. Der Vorgang, gerade vor dem zeitlichen Hintergrund, erweist sich als viel komplexer. Der zentrale Grund für solche Anspielungen und Vergleiche lag in der Vorstellung des Kaisers als Befreier, Retter, Erlöser und Messiaskaiser, auch im Zusammenhang mit zeitgenössischen Prophetien. Siehe nächstes Kapitel mit Anmerkungen.

Vom »Kampf der Kanzleien« spricht: Kantorowicz, Ergänzungsband, S. 198. Zur staatlichen Neuordnung Siziliens und Reichsitaliens nach der Exkommunikation: Winkelmann, Zur Geschichte 1239–1241. Ausführlich schildert Kantorowicz, Kaiser Friedrich, S. 434 ff., die staatliche Reorganisierung. Einzelheiten über die Einrichtung der Generalvikariate und ihre Leitung durch Apulier, das »apulische Joch«: Kantorowicz, Ergänzungsband, S. 196 ff.

Vordem war der Kaiser in Reichsitalien durch Legaten vertreten. Der Titel blieb nur für König Enzio, der als Generallegat für Italien befugt war, bei Krisen oder Angriffen sofort einzugreifen. Doch die eigentliche Verwaltung, auch Militärverwaltung, oblag den Generalvikaren oder -kapitänen.

Zu Elias von Cortona: siehe Anmerkung zu Kapitel 19, Ende.

Kapitel 40. Die Besetzung des Kirchenstaates

Zum Einmarsch König Enzios in die Mark Ancona und das Herzogtum Spoleto: Winkelmann, Zur Geschichte 1239 bis 1241; Tenckhoff, Der Kampf der Hohenstaufen.

Zu den Prophetien des 13. Jahrhunderts: Holder-Egger, Italienische Prophetien; auch die kurze, sehr informative Abhandlung: Norman Cohn, Kaiser Friedrich als Messias. Die einflußreichste eschatologische Prophetie war die des Zisterzienserabtes Joachim von Fiore (1145–1202). Er deutete die Geschichte trinitarisch: dem ersten Zeitalter Gottvaters oder des Gesetzes folgte das zweite des Sohnes oder Evangeliums. Dann folgte das dritte Zeitalter des Heiligen Geistes als Höhepunkt und Ende der Menschheitsgeschichte. Vor dem Anfang des dritten Zeitalters werde der Antichrist auftreten, werde jedoch auch ein Messiaskönig die verderbte und verweltlichte Kirche züchtigen. Diese letzten Ereignisse bezogen sich nach der Rechnung Joachims auf die erste Hälfte des 13. Jahrhunderts und konnten auf Friedrich deuten. Ein um 1240 verfaßter joachimitischer »Kommentar zu Jeremia« bezeichnete Friedrich als »Endzeit-Züchtiger« und Verfolger der Kirche. Hierzu auch Anfang des 3. Kapitels.

Die Zitate »Bereitet den Weg des Herrn« und »Er selber aber ließ das Kreuz«: Kantorowicz, Kaiser Friedrich, S. 466 u. 467. Reichliche Quellen: Kantorowicz, Ergänzungsband, S. 202. Die Kaiserpredigt in Pisa: Mur. Riss III, S. 586. Deutsch in: Heinisch, Kaiser Friedrich, S. 467. Das Schreiben Friedrichs an Jesi: Böhmer, Regesta Imperii V, 2470; Huillard-Bréholles, Historia diplomatica V, S. 378. Deutsch in: Heinisch, Kaiser Friedrich, S. 453; v. d. Steinen, Staatsbriefe, S. 69 ff. Hierzu auch Kapitel 3.

Die Vorgänge in Rom am 22. Februar 1240: Felten, Papst Gregor IX., S. 335. Zu Prophetien wie »Vorgeschick will«: Holder-Egger, Italienische Prophetien II, S. 336.

Die Einnahme von Ferrara durch Gregor von Montelongo mit Bolognesen und Venezianern: Jahrbücher von Genua I, S. 204. Belagerung und Fall von Faenza: Böhmer, Regesta Imperii V, 3135 a u. 3196 b. Hierzu: Kantorowicz, Kaiser Friedrich, S. 494 u. 499.

Ausführliche Schreiben Friedrichs über den Tatarensturm: Böhmer, Regesta Imperii V, 3210, 3211, 3216 (der ausführlichste Bericht). Deutsch in: Heinisch, Kaiser Friedrich, S. 506–519; v. d. Steinen, Staatsbriefe, S. 75 ff. Die von Matthäus von Paris und dem Franzosen Philipp Mousket aufgeschriebenen Gerüchte: Heinisch, S. 521. Quellen: MG SS XXIII, S. 943; MG SS XXVI, S. 819.

Die Angaben über die Seeschlacht bei Montecristo beziehen sich auf: Jahrbücher von Genua I, S. 220 ff; und Berichte Friedrichs: Böhmer, Regesta Imperii V, 3205. Deutsch in: v. d. Steinen, Staatsbriefe, S. 71 ff; Heinisch, Kaiser Friedrich, S. 501 ff. Der Protestbrief des Königs von Frankreich über die Gefangennahme der Prälaten und Friedrichs Antwort: v. d. Steinen, Staatsbriefe, S. 80 f. Friedrichs Manifest zum Tode des Papstes Gregor IX.: Böhmer, Regesta Imperii V, 3225. Deutsch in: v. d. Steinen, Staatsbriefe, S. 83 f.; Heinisch, Kaiser Friedrich, S. 522 f.

Kapitel 41. Ein Schreckenskonklave in Rom

»Eine neutrale Persönlichkeit« und »einen verderbten und verworfenen Menschen«: Salimbene, Chronik II, S. 132, u. I, S. 8.

Zum Konklave in Rom im Herbst 1241: Hampe, Ein ungedruckter Bericht; Westenholz, Kardinal Rainer, S. 55 ff.; Sütterlin, Die Politik, S. 46 ff. u. 133 ff.; Graefe, Die Publizistik, S. 90 ff.; Kantorowicz, Kaiser Friedrich, S. 525 ff.

Die Briefzitate Friedrichs »damit sie an der Wahl« (März 1242 an das Kardinalskollegium) und »durch die Freilassung des genannten Bischofs« (Juni 1243 an die weltlichen Fürsten): Böhmer, Regesta Imperii V, 3280 u. 3363. Deutsch in: Heinisch, Kaiser Friedrich, S. 526 u. 528.

»Er wollte in dem neuen Papst einen Freund sehen«: Kantorowicz, Kaiser Friedrich, S. 533.

Der Chronist Riccobald von Ferrara berichtet den angeblichen Ausspruch Friedrichs, er habe einen Freund verloren und einen Feind gewonnen: Mur. Riss IX, S. 131 u. 180. Deutsch in: Heinisch, Kaiser Friedrich, S. 538.

Kapitel 42. Die Absetzung des Kaisers

Über die ersten Friedensverhandlungen mit Innozenz IV.: Rodenberg, Die Friedensverhandlungen; Westenholz, Kardinal Rainer, S. 74 ff.; Vehse, Die amtliche Propaganda, S. 98 ff.; Sütterlin, Die Politik, S. 66 ff.; Winkelmann, Kampf um Viterbo. Dokumente der Friedensverhandlungen: MG Const. II, S. 328 ff. Über Viterbo und den Verrat: Matthäus von Paris, MG SS XXVIII, S. 229. Hierzu: Winkelmann, Kampf um Viterbo. Der angebliche Racheausspruch Friedrichs »An dem Blute der Viterbienser« nach einem Chronisten der Gegenpartei: Winkelmann, Acta imperii inedita I, S. 567. Hierzu: Haskins, Studies, S. 267. Deutsch in: Heinisch, Kaiser Friedrich, S. 545 f. Die Racheworte Friedrichs, die durchaus seiner Art zu entsprechen scheinen, werden in ihrer Schärfe allerdings angezweifelt von: Hampe, Das neueste Lebensbild, S. 474.

Die eidliche Vereinbarung vom Gründonnerstag 1244 und Predigt des Papstes nach einem Brief Friedrichs an Konrad und die deutschen Fürsten: Böhmer, Regesta Imperii V, 3424. Deutsch in: Heinisch, Kaiser Friedrich, S. 553.

Zur Flucht Innozenz' IV. nach Genua: Matthäus von Paris, MG SS XXVIII, S. 242; Jahrbücher von Genua I, S. 271 ff. Über die Flucht und die vorausgegangenen Verhandlungen ein ausführlicher Brief Friedrichs: Böhmer, Regesta Imperii V, 3434. Deutsch in: Heinisch, Kaiser Friedrich, S. 558 f. »Als aber durch die ganze Welt«: Jahrbücher von Genua I, S. 275.

Obwohl Friedrich gewiß keine moralischen Skrupel kannte, muß die unbewiesene Behauptung, er wolle Innozenz gefangennehmen lassen, abgelehnt werden. Die Ablehnung stützt sich auf politische Gründe und hat nichts mit einer »naiven Sentimentalisierung des Bildes Friedrichs« zu tun, wie Pfister behauptet: Kaiser Friedrich, S. 331. Von der Absicht des Kaisers, er wolle Innozenz nachstellen oder gefangennehmen, schreibt eindeutig propäpstlich Matthäus von Paris (wie oben) und der Stadtschreiber Bartholomäus in: Jahrbücher von Genua I, S. 276. Dort auch das Zitat »Als ich mit dem Papst Schach spielte«.

Die Zitate »für lange Zeit« und »zugunsten König Konrads abzudanken«: Kantorowicz, Kaiser Friedrich, S. 542. Kantorowicz beruft sich auf Matthäus von Paris, MG SS XXVIII, S. 274; Böhmer, Regesta Imperii V, 3541. Kantorowicz übernimmt die Abdankungsabsicht Friedrichs denn doch zu vorbehaltlos, worauf besonders hinweist: Hampe, Das neueste Lebensbild, S. 274.

Friedrichs Brief an Johann Vatatzes mit »O glückliches Asien« aus dem Jahre 1246: v. d. Steinen, Staatsbriefe, S. 94.

Die Verwüstung im Gebiet um Viterbo: Böhmer, Regesta Imperii V, 3471 a;

Westenholz, Kardinal Rainer, S. 116 ff.; Folz, Kaiser Friedrich, S. 36 ff. Die zitierten Pamphlete des Kardinals Rainer »Denn er selbst höhnt«: Winkelmann, Acta imperii inedita I, S. 723, 568 ff., II, S. 1037, 709 ff. u. 717 ff.; Böhmer, Regesta Imperii V, 7548ff. Zitiert nach: Kantorowicz, Kaiser Friedrich, S. 544f.

Das Konzil von Lyon: MG Const. II, S. 513 ff.; Matthäus von Paris, MG SS XXVIII, S. 256 ff. Deutsch in: Heinisch, Kaiser Friedrich, S. 594 ff.

Die Absetzungssentenz von Lyon: MG Const. II, S. 508 ff. Deutsch in: Folz, Kaiser Friedrich und Papst Innozenz; Pfister, Kaiser Friedrich, S. 342 ff.

»Mit finsterem Blick«: Matthäus von Paris, MG SS XXVIII, S. 268. Deutsch in: Heinisch, Kaiser Friedrich, S. 601; Pfister, Kaiser Friedrich, S. 350. Man muß daran erinnern, daß es sich um einen Chronistenbericht handelt. »Erklärte sich bereit« und der Brief Friedrichs an Ludwig IX.: Heinisch, Kaiser Friedrich, S. 605. Das Manifest an die Fürsten vom Februar 1246 »Wir haben die Reinheit« und »Von allen Staatsbriefen«: v. d. Steinen, Staatsbriefe, S. 91 f. Ferner: Heinisch, Kaiser Friedrich, S. 607. Quelle: Böhmer, Regesta Imperii V, 3541; MG SS XXVIII, S. 269 s.

Die Situation nach der Absetzung Friedrichs, päpstliche Agitation, Ablaßhandel, Gewalt und Gegengewalt schildert ausführlich: Kantorowicz, Kaiser Friedrich, S. 566 ff. »Lange genug war ich Amboß«: Huillard-Bréholles, Historia diplomatica VI, S. 358, 710.

Kapitel 43. Verrat und Verräter (März 1246 in Grosseto)

Die endgültige Abfassung des Falkenbuches muß in diesen Jahren (bis 1248) erfolgt sein. Siehe hierzu die Ausführung über den Abfassungstermin in Kapitel 29.

Das Orakel, Friedrich werde *sub flore,* »unter einer Blume« oder übertragen in einer Stadt mit Blumennamen, sterben, ist nicht ganz gesichert. Die vorhandenen Belege entstanden nach dem Tod Friedrichs, Berichte von Saba Malaspina und anderen Chronisten: Mur. Riss VIII, S. 788 und IX, S. 660. Kantorowicz, Kaiser Friedrich, S. 627, weist auf das Orakel hin, während Heinisch, Kaiser Friedrich, S. 104 u. 636, von einer Sage spricht. Hampe, Das neueste Lebensbild, S. 449 Anmerkung, zweifelt an der Glaubwürdigkeit, weil »kein Bericht über das Orakel zu Friedrichs Lebzeiten« vorlag. Tatsache ist, daß Friedrich Florenz stets gemieden hat.

Über Erkrankungen Friedrichs in den letzten Jahren: Scheffer-Boichorst, Zur Geschichte, S. 271, 275 f.

Heinrich Raspe, der thüringische Landgraf, wurde am 22. Mai 1246 in Veitshöchheim vorwiegend von geistlichen Fürsten zum Gegenkönig gewählt, deshalb vom Volk spöttisch *rex clericorum* genannt. Er besiegte zwar König Konrad Anfang August bei Frankfurt, hatte aber in Deutschland wenig Erfolg und starb bereits im Februar 1247. Auch sein Nachfolger als Gegenkönig, der einfache Graf Wilhelm von Holland, konnte sich nur in Teilen der rheinischen Gebiete behaupten. König Konrads Position in Deutschland wurde durch seine Vermählung mit Elisabeth von Bayern im September 1246 gestärkt.

Die Aufdeckung der Verschwörung von 1246: Winkelmann, Acta Imperii inedita I, S. 571. Über die Verschwörung: Böhmer, Regesta Imperii V, 3548 ff.; Huillard-Bréholles, Historia diplomatica VI, S. 407 ff. Hierzu: Kantorowicz, Ergänzungsband, S. 298 ff.; Hampe, Papst Innozenz und die sizilianische Verschwörung. Daß Innozenz IV. seine Hand im Spiel hatte, kann seit Hampes Untersuchung nicht mehr angezweifelt werden. Friedrichs Manifest, daraus zitiert »denn da er Unsern Tod«, in dem er auch auf die vom Papst betriebene Wahl Heinrich Raspes eingeht: Huillard-Bréholles, Historia diplomatica VI, S. 515 f. Deutsch in: v. d. Steinen, Staatsbriefe, S. 97. Über die Bestrafung der Verschwörer als »treuloser Vatermörder« berichtet Friedrich selbst, ebenso Magister Terrisius von Atina: Böhmer, Regesta Imperii V, 3565 u. 3569. Deutsch in: Heinisch, Kaiser Friedrich, S. 613, 614. Für die Bestrafung als Vatermörder auch: Winkelmann, Acta imperii inedita I, S. 571; Collenuccio, Compendio, S. 96. Für die Bestrafung des Tibald Franciscus: Böhmer, Regesta Imperii V, 3579; Huillard-Bréholles, Historia diplomatica VI, S. 458. Deutsch zitiert nach: Kantorowicz, Kaiser Friedrich, S. 580.

Kapitel 43. Verrat und Verräter (Juni 1247 in Turin)

Über »Friedrich II. und seine Söhne i. J. 1247« ein ausführlicher Exkurs von Kantorowicz, Ergänzungsband, S. 302 ff.

Heinrich Raspe starb im Februar 1247. Ergänzend sei auf seine Verwandtschaft mit Friedrich hingewiesen. Er war der Bruder des Landgrafen Ludwig von Thüringen und Schwager der hlg. Elisabeth, ein Enkel von Jutta von Schwaben, der Halbschwester Friedrich Barbarossas. Hierzu: Heinisch, Kaiser Friedrich, S. 619.

Die Pläne Friedrichs, nach Deutschland zu ziehen: Böhmer, Regesta Imperii V, 3578, 3579. Die Änderung des ursprünglichen Plans: Böhmer, Regesta Imperii V, 3608 a, 3626 a. Da der Zug nach Lyon mit Heeresgeleit geplant war, rechnete Friedrich sicherlich mit einer Belagerung von Lyon. Salimbene, Chronik I, S. 33, schreibt, daß »das Gerücht ging«, der Kaiser wolle nach Lyon ziehen, um den Papst und die Kardinäle gefangenzunehmen. In den Jahrbüchern von Genua I, S. 296, heißt es: »Er eilte nach Turin, um sich nach Lyon zum Herrn Papst zu begeben. Man erzählte sich aber, er tue dies auf Andringen des Herrn Königs von Frankreich, damit des Zwiespalts wegen nicht die von diesem König gegen die Heiden beabsichtigte Fahrt gehindert werde.«

Auf die offizielle Ernennung von Petrus de Vinea zum Logotheten und von Richard von Montenero zum Großhofjustitiar weist: Kantorowicz, Kaiser Friedrich, S. 585. Hierzu: Böhmer, Regesta Imperii V, 3585 a, 3622. Der Abfall von Parma 1247: Hauptquelle ist Salimbene, der wiederholt und ausführlich berichtet: Chronik I, S. 33, 154 ff. Hierzu: Kantorowicz, Kaiser Friedrich, S. 587 ff.

Kapitel 43. Verrat und Verräter (Februar 1248 vor Parma)

Die Zitate »Wutentbrannt« und »in der Gegend von Grola«: Salimbene, Chronik I, S. 164. Über die Errichtung des Kaiserlagers Victoria und die vernichtende Überrumpelung durch die Parmesen am 18. Februar 1248: Böhmer, Regesta Imperii V, 3646 a u. 3666 a. Wiederholt und besonders ausführlich, auch über die erbeuteten Schätze und über Cortopasso: Salimbene, Chronik I, S. 164, 174 ff. u. 351. Über die von den Parmesen erbeutete Prachtausgabe des Falkenbuches: Haskins, Studies, S. 308 ff.; Willemsen, Die Falkenjagd, S. 9; Kantorowicz, Ergänzungsband, S. 243. Die kaiserliche Prunkkrone wurde in der Sakristei des Domes von Parma aufbewahrt und 1311 Kaiser Heinrich VII. übergeben. Hierzu: Kantorowicz, Ergänzungsband, S. 243; Schramm, Herrschaftszeichen, Bd. III, S. 884 ff. Die Flucht Friedrichs von Victoria nach

Cremona und die Auswirkung der Niederlage: Böhmer, Regesta Imperii V, 3666 c, 3669 u. 7955 ff. In den Jahrbüchern von Genua I, S. 307, heißt es: »Herr Friedrich zog sich mit den Seinen in Schmerz und Not nach Cremona zurück. Von diesem Tage an schlug ihm beinahe alles fehl, was er unternahm.«

Kapitel 43. Verrat und Verräter (Februar 1249 in Cremona)

Die Worte Friedrichs, daß Fortuna wieder ein »heiteres und fröhliches Antlitz« zeige: Huillard-Bréholles, Historia diplomatica VI, S. 934. Salimbenes (fälschliche) Auffassung, Petrus de Vinea habe mit dem Papst konspiriert, »vertrauliche Zwiesprache gehalten«: Salimbene, Chronik I, S. 172. Matthäus von Paris, der (ebenso fälschlich) die Verbindung zwischen Petrus de Vinea und dem Arzt, der den Gifttrank reichte, darstellt: MG SS XXVIII, S. 307 s. Der nach Matthäus von Paris zitierte Giftmordversuch auch bei: Heinisch, Kaiser Friedrich, S. 615 ff. Über den Giftmordversuch und die Mitschuld der päpstlichen Kurie: Hampe, Papst Innozenz und die sizilianische Verschwörung; Sütterlin, Die Politik, S. 98 ff.

Friedrichs Brief an Richard von Caserta zu Petrus de Vineas Schuld, »der, daß er Geldbeutel hätte«: Huillard-Bréholles, Historia diplomatica VI, S. 700; Kantorowicz, Kaiser Friedrich, S. 608. Das Zitat »Anscheinend hat Petrus de Vinea«: Schaller, Kaiser Friedrich, S. 80.

Pfister, Kaiser Friedrich, S. 370, spricht von der »Wahrscheinlichkeit, daß Friedrich, der ohnedies zu Mißtrauen auch seiner nächsten Umgebung gegenüber neigte, durch eine geschickt angelegte Intrige, die in verdächtigen Indizien eine Stütze gefunden haben mag, getäuscht worden ist«. Doch diese Annahme, der Sturz des Petrus de Vinea durch eine Intrige, entbehrt der Glaubwürdigkeit, bedenkt man das Verhältnis zwischen Friedrich und Petrus de Vinea und die generelle Situation Friedrichs zu dieser Zeit. Es muß schon eine wirkliche und unzweifelhaft bewiesene Schuld vorgelegen haben. Sonst hätte Friedrich seinen besten Mann und engsten Vertrauten nicht geopfert. Das schließt nicht aus, daß über die eigentliche Schuld hinaus Hofintrigen mitwirkten, den mächtigsten Beamten zu stürzen. Hierzu die überzeugenden Ausführungen und Quellenbelege in: Kantorowicz, Ergänzungsband, S. 245.

Die Zitate »sich besinnend« und »Weh mir«, ebenso der Selbstmord des Petrus de Vinea: Matthäus von Paris, MG SS XXVIII, S. 307 s; Heinisch, Kaiser Friedrich, S. 616. Obwohl die Chronistenberichte stets mit Vorbehalt zu lesen sind, besteht kein Anlaß, den Selbstmord des Petrus de Vinea anzuzweifeln. Hierzu auch: Böhmer, Regesta Imperii V, 3773 b; Kantorowicz, Kaiser Friedrich, S. 611.

»Alle meine Getreuen«: Salimbene, Chronik I, S. 172.

Das hier gekürzte Manifest Friedrichs vom Frühjahr 1249 »Hört, ihr Völker«: Huillard-Bréholles, Historia diplomatica VI, S. 705 ff. Deutsch in: v. d. Steinen, Staatsbriefe, S. 100 ff.

Kapitel 44. Rückkehr nach Apulien

Vierundzwanzig Stunden im Sattel: nach der Niederlage von Victoria auf dem Weg nach Borgo San Donnino und Cremona: Böhmer, Regesta Imperii V, 3666 a, b, c. »daß Unsere Glieder«: Brief an Ezzelino im Dezember 1249: Böhmer, Regesta Imperii V, 3794. Deutsch in: Heinisch, Kaiser Friedrich, S. 633. Daten über Enzio: Maschke, Das Geschlecht, S. 110 ff. und 182. Daß Richard von

Theate nach Enzios Gefangennahme starb und Daten über Richard von Theate: Maschke, Das Geschlecht, S. 132 u. 191. (Kantorowicz, Kaiser Friedrich, S. 614, setzt, wohl irrtümlich, Richards Tod vor Enzios Gefangennahme an.) Salimbenes Äußerungen über Enzio: Chronik I, S. 338; II, S. 131.

Der Brief an die Bolognesen »Wenn Euch also«: Böhmer, Regesta Imperii V, 3777; Huillard-Bréholles, Historia diplomatica VI, S. 737. Zitiert nach: Heinisch, Kaiser Friedrich, S. 627. Über Verhandlungen zur Freilassung Enzios: Matthäus von Paris, MG SS XXVIII, S. 321. Friedrichs Schreiben an Modena »Mag also der Unfall«: Böhmer, Regesta Imperii V, 3778; Huillard-Bréholles, Historia diplomatica VI, S. 739. Zitiert nach: Heinisch, Kaiser Friedrich, S. 630.

Über die letzten Ehepläne des Kaisers: Kantorowicz, Kaiser Friedrich, S. 622; Ergänzungsband, S. 248 oben.

Wiedergewinnung von Ravenna und Eroberung der Mark Ancona: Böhmer, Regesta Imperii V, 3791 a, 3823 ff., 3828 ff. Sieg über die genuesische Flotte bei Savona: Böhmer, Regesta Imperii V, 3823; Huillard-Bréholles, Historia diplomatica VI, S. 791.

Über Uberto Pallavicini, seine Grausamkeiten und die Besiegung der Parmesen im August 1250 ausführlich: Salimbene, Chronik I, S. 345 ff., 352; II, S. 25 ff., 136, 305 ff. Nach dem Tod Friedrichs machte sich Uberto Pallavicini selbst zum Generalvikar in Lombardien, herrschte über Brescia, Cremona, Piacenza, Vercelli u. a. Städte und führte bis zu seinem Tod (1269) ein Schreckensregiment.

König Ludwig IX. von Frankreich war zu seinem unglücklichen Kreuzzug im Herbst 1248 aufgebrochen. Über das Verhältnis Friedrichs zu König Ludwig und zu den Kreuzfahrern geben verschiedene Briefe Auskunft: Böhmer, Regesta Imperii V, 3766, 3784, 3788, 3789, 3819. Die Niederlage bei Mansurah und Gefangennahme Ludwigs: Böhmer, Regesta Imperii V, 3817 a.

Zur verschlechterten Situation des Papstes in Lyon: Rodenberg, Innozenz und das Königreich, S. 85 ff. Die Aufforderung Ludwigs IX. aus Akkon an den Papst, »andernfalls würde ihn Frankreich vertreiben«: Kantorowicz, Kaiser Friedrich, S. 625.

Friedrichs Brief zum Sieg König Konrads über den Grafen von Holland: Huillard-Bréholles, Historia diplomatica VI, S. 794; Böhmer, Regesta Imperii V, 3827. Das Schreiben Friedrichs an Johann Vatatzes »hohe Freude« und »So also lenkt«: Huillard-Bréholles, Historia diplomatica VI, S. 791; Böhmer, Regesta Imperii V, 3826. Zitiert nach: Kantorowicz, Kaiser Friedrich, S. 626.

Zum Castel Fiorentino: Haseloff, Die Bauten, S. 365 ff.; Waldburg-Wolfegg, Vom Südreich, S. 43, dessen Vermutung, auch hier seien Sarazenen angesiedelt gewesen, etwas für sich hat. Die Lage von Castel Fiorentino schließt eigentlich aus, daß Friedrich auf dem Weg von Foggia nach Lucera erkrankte, wie angegeben in: Pfister, Kaiser Friedrich, S. 376. Außer ruinösen Resten der Festungsmauern blieben auf dem Hügelrücken von Castel Fiorentino lediglich ein Turmrest (vielleicht von einem Dom) und größere Zisternen erhalten. Doch der bisher unerforschte Boden des Areals birgt reichlich Material, das auf eine größere Ansiedlung oder Stadt schließen läßt.

Die zwei- bis siebentägige Inkubationszeit von Dysenterie (Ruhr) läßt vermuten, daß Friedrich schon vor dem schweren Anfall Beschwerden hatte. Vielleicht handelte es sich auch um eine verschleppte Krankheit.

Zum ungesicherten Orakel *sub flore* siehe Anmerkung zu Kapitel 43, März 1246 in Grosseto. Das Zitat »er werde vor eisernen Wänden sterben« u. f.: Mur.

Riss IX, S. 660. Zitiert nach: Heinisch, Kaiser Friedrich, S. 636. Das Testament Friedrichs: MG Const. II, S. 382 ff. Hierzu: Scheffer-Boichorst, Zur Geschichte, S. 268 ff. Aus dem ersten Abschnitt des Testaments zitiert nach: Heinisch, Kaiser Friedrich, S. 638. Der gesamte Text, lateinisch und deutsch, in: Gunther Wolf, Die Testamente, in: Stupor Mundi, S. 698 f. u. 793 f. Wolf geht in seiner Abhandlung, S. 692 ff., ausführlich auf die Testamente ein. Hierzu auch: Kantorowicz, Ein angebliches Testament, in: Stupor Mundi, S. 482 ff.

Von den in Zucker gekochten Birnen berichtet: Masson, Das Staunen, S. 362. Angaben über den Tod Friedrichs: Böhmer, Regesta Imperii V, 3834 a. Das Zitat »unter der Welt Fürsten«: Matthäus von Paris, MG SS XXVIII, S. 319. Deutsch in: Heinisch, Kaiser Friedrich, S. 635 f. Friedrich wurde am 25. Februar 1251 im Dom von Palermo beigesetzt. Hierzu: Kantorowicz, Ergänzungsband, S. 250 oben. Das letzte Zitat »Die Macht Gottes«: Jahrbücher von Genua II, S. 6.

Kapitel 45. Viele glaubten, er sei nicht tot

Das hier zu behandelnde Thema drängt eigentlich nach einer größeren und umfassenden Darstellung. Die Fülle an Materialien, zeitgenössischer und jüngerer Datierung, ist aus heutiger Sicht und kritischer Wertung kaum oder nur partiell ausgeschöpft, trotz hervorragender Arbeiten von Kantorowicz, Cohn, Kloos und älterer Arbeiten von Hampe und Kampers. Hier kann nur versucht werden, die wichtigsten Fakten herauszustellen und ihren Zusammenhang sichtbar zu machen.

Ausführliche Quellen zu zeitgenössischen Stimmen und Prophetien zum Tod Friedrichs: Kantorowicz, Ergänzungsband, S. 250–52. Hierzu besonders: Holder-Egger, Italienische Prophetien; Kampers, Die deutsche Kaiseridee; Hampe, Eine frühe Verknüpfung; Kantorowicz, Zu den Rechtsgrundlagen der Kaisersage; Cohn, Kaiser Friedrich als Messias; Kloos, Ein Brief des Petrus de Prece.

Über die Geheimhaltung des Todes: Böhmer, Regesta Imperii V, 3834 a; MG SS XXXII, S. 347; Kantorowicz, Kaiser Friedrich, S. 627.

»in scheinbarer Unbefangenheit«: Kantorowicz, Zu den Rechtsgrundlagen, S. 489. Salimbenes Motivierung der Geheimhaltung: Chronik I, S. 356. Manfreds Brief an König Konrad zum Tode Friedrichs: Böhmer, Regesta Imperii V, 4634; Huillard-Bréholles, Historia diplomatica VI, S. 811. Zitiert nach: Kantorowicz, Zu den Rechtsgrundlagen, S. 503. Das Schreiben der Leute aus Tivoli »Gleich der Sonne«: Hampe, Eine frühe Verknüpfung, S. 18; Kampers, Kaiser Friedrich, S. 78. Innozenz IV. zum Tode Friedrichs »Der Himmel jauchze«: MG Epp. pont. III, S. 24. »Ebenso flohen« und »Wäre er ein guter Katholik«: Salimbene, Chronik I, S. 356 u. 357. »Viele glaubten, er sei nicht tot«: Salimbene, Chronik I, S. 356. Salimbene sagt deutlich, ohne sich zu distanzieren: »Dadurch ward die Prophezeiung der Sibylle erfüllt.« Der Bericht über die Papstpredigt im Oktober 1251: Salimbene, Chronik I, S. 139.

Der Spruch der erythräischen Sibylle »vivit et non vivit« und zur Datierung: Holder-Egger, Italienische Prophetien I, S. 149 f., 155 ff., 168. Wie wichtig die Weissagung genommen wurde, zeigt schon, daß Salimbene sie nicht weniger als viermal zitiert: Chronik I, S. 139, 231, 356; II, S. 210. »Verborgenen Todes« und »sein Tod« zitiert nach: Kontorowicz, Zu den Rechtsgrundlagen, S. 497. Kantorowicz bezieht in seiner ausgezeichneten Abhandlung auch den Mythos vom Vogel Phönix ein. Aussagen über den Wundervogel, der im Mythos unsterblich ist, der fortlebt, »ein anderer und doch derselbe«, sieht Kantorowicz »inhaltlich wie formal nächstverwandt dem Spruch der Erythräa ›vivit et non vivit‹ «. Kantorowicz hat auch zum erstenmal auf die Verwandtschaft des Sibyllenwortes zum Ausspruch des Jesus Sirach »Er ist tot und gleichsam nicht tot« und auf die Nähe zu christologischen Aussagen hingewiesen.

Über den am Ätna hausenden Betrüger nach 1260: Cohn, Kaiser Friedrich, S. 626. Thomas Ecclestons Chronikbericht: MG SS XXVIII, S. 568; Kampers, Die deutsche Kaiseridee, S. 83–87; auch: Kantorowicz, Kaiser Friedrich, S. 630.

Über die Kyffhäuser-Sage: Kantorowicz, Kaiser Friedrich, S. 631; Pfister, Kaiser Friedrich, S. 389.

Die beiden zitierten Chronikberichte über den fortlebenden Kaiser: Sächsische Weltchronik: MG DCh II, S. 258; Bairische Forts. der Sächs. Weltchronik: MG DCh II, S. 325. Weitere Chronikberichte: Sächs. Forts. der Sächs. Weltchronik: MG DCh II, S. 285; Kaiserchronik: MG DCh I, S. 408; Jansen Enikels Weltchronik: MG DCh III, S. 574.

Salimbenes Vermerk zu den falschen Friedrichen von 1284: Chronik II, S. 210. Quellen für den falschen Friedrich von Neuß: MG SS XVII, S. 125 f.; MG SS XXIV, S. 462 f. Sehr ausgeschmückt auch in Ottokars Reimchronik: MG DCh V, Z. 32324 ff. Ausführlich berichtet und interpretiert: Cohn, Kaiser Friedrich, S. 626 ff.

Die Chronik des Johann von Winterthur von 1348: MG SS NS III, S. 280. Das Zitat aus der Thüringischen Chronik von 1434 zitiert nach: Cohn, Kaiser Friedrich, S. 636. Weitere Berichte und Schriften aus dem fünfzehnten und sechzehnten Jahrhundert, wie die »Reformatio Sigismundi« (um 1439), ebenfalls in: Cohn, Kaiser Friedrich, S. 634 ff. Die zitierte, Anfang des sechzehnten Jahrhunderts entstandene Schrift stammt von einem anonymen Verfasser. Eine einzige erhaltene Handschrift befindet sich in Colmar. Hierzu: H. Haupt, Ein oberrheinischer Revolutionär aus dem Zeitalter Maximilians I. (Westd. Zs. für Gesch. u. Kunst, Erg. Heft VIII/1893, S. 77–228). Zitiert wurde nach: Cohn, Kaiser Friedrich, S. 638, 639.

Kapitel 46. Das Ende der Staufer in Italien

»Mit ihm wird das Imperium enden«: Salimbene, Chronik I, S. 357; II, S. 341.

Der Ausspruch Innozenz' IV. »Ferne sei es«: MG Epp. pont. II, S. 417. Zitiert nach: Heinisch, Kaiser Friedrich, S. 635.

»Rottet aus Namen und Leib«: Winkelmann, Acta imperii inedita II, S. 715. Zitiert nach: Kantorowicz, Kaiser Friedrich, S. 621. Erster Nachfolger des Papstes Innozenz IV. war Alexander IV. Erst die nachfolgenden Päpste Urban IV. (1261–1264) und Clemens IV. (1265–1268) setzten verstärkt den Kampf gegen die Staufer fort.

Bei Datierungsfragen halte ich mich an: Maschke, Das Geschlecht der Staufer. Maschke, S. 96, schreibt jedoch, Konrad IV. sei verdächtigt worden, er habe seinen Neffen Friedrich, den Sohn König Heinrichs, vergiften lassen, was mit Sicherheit ein Irrtum ist. Dieser Friedrich starb bereits 1251, während Konrad IV. erst 1252 aus Deutschland nach Apulien kam. Daß der angebliche Giftmord Heinrich Carlotto gegolten haben soll, im Dezember 1253, entspricht den Quellen: Böhmer, Regesta Imperii V, 4616 c u. 4625; Salimbene, Chronik II, S. 131. Hierzu auch: Wolf, Die Testamente, in: Stupor Mundi, S. 744; Schirrmacher, Die letzten Hohenstaufen, S. 66.

Zu den Malaria-Anfällen und zum Tod Konrads IV.: Böhmer, Regesta Imperii

V, 4629 a, b und 4632 a; Georg Zeller, König Konrad IV. in Italien 1252–54, Diss. Straßburg 1907, S. 49 f., 95. Salimbenes fälschlicher Bericht, Manfred hätte seinen Halbbruder ermorden lassen und die Bürger von Messina hätten die Gebeine ins Meer gestreut: Chronik II, S. 104 ff., 131, 144.

Der Vorwurf der Verschlagenheit Manfreds: Saba Malaspina, Mur. Riss VIII, S. 796. Der Vorwurf Konradins über seinen von Manfred vorgetäuschten Tod: G. Doenniges, Acta Henrici VII, Bd. 2, Berlin 1839, S. 246. Hierzu: Maschke, Das Geschlecht, S. 124.

»Die Natur machte ihn«: Nicolao de Jamsilla, Mur. Riss VIII, S. 497. »Blond, mit angenehmem Antlitz«: Saba Malaspina, Mur. Riss VIII, s. 830. Beide Zitate nach: Maschke, Das Geschlecht, S. 114.

Über König Manfred: Maschke, Das Geschlecht, S. 113–125, mit reichlichen Quellen. Über die Persönlichkeit Manfreds berichten vor allem: Thomas Tuscus, Tolomäus von Lucca, Saba Malaspina, Riccordano Malespina: Mur. Riss XI, S. 1148; MG SS NS VIII, S. 135; Mur. Riss VIII, S. 790, 791, 978. »Manfred war Erbe«: Jamsilla, Mur. Riss VIII, S. 498.

Die Charakterisierung Karls von Anjou nach einem florentinischen Guelfen: Faber, Süditalien, S. 62. Über die letzten Jahre Manfreds 1264 bis 1266 und seinen Tod vor allem: Arnold Bergmann, König Manfred von Sizilien, Heidelb. Abh. H. 23, 1909. Über Helena von Epirus und ihre vier Kinder: Maschke, Das Geschlecht, S. 126 ff., mit reichlichen Quellen.

Konradin wurde am 25. März 1252 geboren: Böhmer, Regesta Imperii V, 4770 i. Über Konradin: Hampe, Geschichte Konradins; Maschke, Das Geschlecht, S. 136 ff. Salimbenes Lob von Konradins Bildung und Latein: Chronik II, S. 135. Dort, S. 134, ebenso der Hinweis, daß Konradin viele Lombarden und Toskaner zufielen. Über die Hinrichtung Konradins: Böhmer, Regesta Imperii V, 4860 a. Hierzu auch: Kontorowicz, Kaiser Friedrich, S. 620; Hampe, wie oben; Faber, Süditalien, S. 514 ff.

Zu Enzio und seiner bolognesischen Gefangenschaft: Maschke, Das Geschlecht, S. 110 ff., 182; Kantorowicz, Kaiser Friedrich, S. 616 ff. Ausführliche Abhandlungen: Blasius, König Enzio. Hier auch der Fluchtversuch, S. 137. Winkelmann, Zum Leben König Enzios. Salimbenes Vermerk zum ehrenvollen Begräbnis Enzios: Chronik II, S. 144. Zu Enzio siehe auch Anfang des 17. Kapitels und zu seinen Gedichten das 30. Kapitel.

Über Konrad, den Sohn Friedrichs von Antiochien: Maschke, Das Geschlecht, S. 130 ff. Über die kaiserliche Tochter Margarethe und ihren Sohn Friedrich den Freidigen (1257–1323): Maschke, Das Geschlecht, S. 104. Über die 1249 geborene Konstanze, die Tochter Manfreds und der Beatrix von Savoyen: Maschke, Das Geschlecht, S. 125. Konstanze nahm einige der Überlebenden an ihrem Hof auf: ihre gleichnamige Tante, die Witwe des Johann Vatatzes von Nikäa; ihre Halbschwester Beatrix, die 1284 aus der Gefangenschaft in Neapel entlassen wurde; den Arzt Johann von Procida, der dem sterbenden Friedrich II. beistand und später Kanzler Manfreds war.

Über die Privilegierung des Deutschritterordens durch die Goldbulle von Rimini (1226) siehe Kapitel 19.

Die Franzosen nahmen 1303 Papst Bonifatius VIII. gefangen. Der von der französischen Krone abhängige Papst Clemens V. wählte Avignon als Sitz und begründete die Exilzeit der Kirche in Avignon (1309 bis 1377). »Diese spätstaufische Zeit«: Schaller, Friedrich II. als mittelalterlicher Herrscher, in: Stupor

Mundi, S. 552. Zur mittelalterlichen Einheit einer kaiserlich-päpstlichen Dyarchie: H. Heimpel, Das deutsche Spätmittelalter, HZ 158, 1938, S. 231.

»Rolle des großen Aufhalters«: Nette, Friedrich II., S. 138.

»Wegbereiter der Renaissance«: Kampers, Kaiser Friedrich, der Wegbereiter der Renaissance. Dagegen Schaller, Friedrich II, in: Stupor Mundi, S. 552: »Er war kein Vorläufer der Renaissance, denn er vertrat im Grunde kein neues Lebensgefühl.«

»Der erste moderne Mensch auf dem Throne«: Jacob Burckhardt, Die Kultur der Renaissance in Italien, 1860, 1. Abschnitt. »Jenen ersten Europäer«: Friedrich Nietzsche, Jenseits von Gut und Böse, 1886, Absatz 200 im fünften Hauptstück.

Zum »Modellstaat«: Marongiù, Ein »Modellstaat«. »Erste Zeichen für den modernen säkularisierten Staat« und »ja sogar der modernen totalitären Diktatur«: Latey, Mißbrauch der Macht, S. 24.

Ausgewählte Bibliographie

Die Bibliographie kann nur eine Auswahl der umfangreichen Literatur vorstellen und sofern sie benutzt oder zitiert wurde. Es sei hingewiesen auf ausführliche und ergänzende Bibliographien in: Heinisch, Kaiser Friedrich II.; Pfister, Kaiser Friedrich II.; Kantorowicz, Ergänzungsband. Da die Hauptquellen im Vorwort zu den Anmerkungen genannt wurden, erwies sich die durchgehende alphabetische Ordnung von Quellenwerken und Literatur als nützlich, um das Suchen einzelner Titel zu erleichtern.

Abel, Otto: Kaiser Friedrich's II. Jugendjahre, in: Deutsches Museum, hrsg. v. Robert Prutz, 4. Jg. 1854, S. 817–828

Abel, Otto: Kaiser Otto IV. und König Friedrich II., Berlin 1856

Agnello, Giuseppe: L'Architettura sveva in Sicilia, Roma 1935

Amari, Michele: Biblioteca arabo-sicula, Versione italiana, Bd. I u. II, Torino e Roma 1880/81

Amari, Michele: Questions philosophiques adressées aux savants musulmans par l'empereur Frédéric II, in: Journal asiatique, 5ième série, tome I, Paris 1853, p. 240–274

Amari, Michele: Storia dei Musulmani di Sicilia, Bd. I–III, Firenze 1854/72

Arndt, Helene: Studien zur inneren Regierungsgeschichte Manfreds, Heidelberg 1911. Heidelb. Abhand. zur mittl. u. neueren Geschichte 31

Atti del Convegno Internazionale di Studi Federiciani 1950, Palermo 1952

Baethgen, Friedrich: Kaiser Friedrich II. 1194–1250, in: Die Großen Deutschen, Berlin 1956, Bd. I. Auch in: Stupor Mundi, S. 459–481

Baethgen, Friedrich: Besprechung von Ernst Kantorowicz' »Kaiser Friedrich der Zweite«, in: Deutsche Literaturzeitung 51, 1930. Auch in: Stupor Mundi, S. 49–61

Baethgen, Friedrich: Die Regentschaft Papst Innozenz III. im Königreich Sizilien, Heidelberg 1914. Heidlb. Abhandl. zur mittl. u. neueren Geschichte 44

Bäumer, Alfred: Die Ärztegesetzgebung Kaiser Friedrichs II. und ihre geschichtlichen Grundlagen, Diss. Leipzig 1911

Blasius, Hermann: König Enzio, Ein Beitrag zur Geschichte Kaiser Friedrichs II., Diss. Breslau 1884

Blondel, Georges: Etude sur la politique de l'empereur Frédéric II en Allemagne et sur les transformations de la constitution allemande dans la première moitié du XIIIe siècle, Paris 1892

Böhm, Ludwig: Johann von Brienne, König von Jerusalem, Kaiser von Konstantinopel, Diss. Heidelberg 1938

Böhmer, Hanna: Kaiser Friedrich II. im Kampf um das Reich. Diss. Köln 1938

Böhmer, Johann Friedrich: Acta Imperii selecta, Innsbruck 1870

Böhmer, Johann Friedrich: Regesta Imperii V, 1–3. Aus dem Nachlaß von J. F. Böhmer neu hg. und erg. von Julius Ficker u. Eduard Winkelmann, 3 Bde. Innsbruck 1881–1901

Borsari, Silvano: Federico II e l'oriente Bizantino, in: Rivista storica Italiana 63, 1951. Übers. von Gottfried Opitz auch in: Stupor Mundi, S. 228–243

Brackmann, Albert: Kaiser Friedrich II., in: P. R. Rohden, Gestalter deutscher Vergangenheit, Potsdam-Berlin 1937. Auch in: Stupor Mundi, S. 178–193

Brackmann, Albert: Kaiser Friedrich II. in »mythischer Schau«, in: Histor. Zeitschr. 140, 1929, und (Nachwort) 141, 1930. Auch in: Stupor Mundi, S. 5–22 und 41–48

Brem, Ernst: Papst Gregor IX. bis zum Beginn seines Pontifikats, Heidelberg 1911. Heidelb. Abhandl. zur mittl. u. neueren Geschichte 32

Brion, Marcel: Frédéric II de Hohenstaufen, Paris 1948

Bruhns, Leo: Hohenstaufenschlösser in Deutschland und Italien, Königstein 1964

Burdach, Konrad: Walthers Aufruf zum Kreuzzug Kaiser Friedrichs II., in: Dichtung und Volkstum 36, 1935

Burdach, Konrad: Die Wahl Kaiser Friedrichs II. zum Römischen Kaiser, in: Histor. Zeitschr. 154, 1936

Cantor, Moritz: Vorlesungen über Geschichte der Mathematik II, Leipzig 1900

Caramella, Santino: La Filosofia di Federico II, in: Atti del Convegno Internationale di Studi Federiciani 1950, Palermo 1952. Übers. von Gottfried Opitz auch in: Stupor Mundi, S. 266–269

Carcani, C.: (Hrsg.) Constitutiones regum regni utriusque Siciliae mandante Friderico II imperatore per Petrum de Vinea concinnatae . . . Neapel 1786

Caspar, Erich: Hermann von Salza und die Gründung des Deutschordensstaates in Preußen, Tübingen 1924

Caspar, Erich: Roger II. und die Gründung der normannisch-sizilischen Monarchie, Innsbruck 1904

Cervonius, Antonius: (Hrsg.) Constitutionum regni Siciliarum libri III, Neapel 1773

Chesterton, Gilbert Keith: Der Heilige Thomas von Aquin, Salzburg-Leipzig o. J.

Cocchiara, Giuseppe: Federigo II legislatore e il regno di Sicilia, Torino 1927

Cohn, Norman: Kaiser Friedrich II. als Messias, in: Der Monat 1960/61, Heft 148. Auch in: Stupor Mundi, S. 617–647

Cohn, Willy: Die Geschichte der sizilischen Flotte unter der Regierung Friedrichs II., Breslau 1926

Cohn, Willy: Das Zeitalter der Hohenstaufen in Sizilien. Ein Beitrag zur Entstehung des modernen Beamtenstaates, Breslau 1925

Collenuccio, Pandolfo: Compendio delle historie del regno di Napoli, Venezia 1543
Conrad, Hermann: Das Gottesurteil in den Konstitutionen von Melfi Friedrichs II. von Hohenstaufen, in: Festschrift für Walter Schmidt-Rimpler, Karlsruhe 1957
Dante, Alighieri: Die Göttliche Komödie. Übers. von Wilhelm G. Hertz, Frankfurt 1955
Dasse, Georg: Hermann von Salza als Sachwalter und Rathgeber Friedrichs II., Diss. Göttingen 1867
Davidsohn, Robert: Die angebliche Geheimhaltung des Todes Kaiser Friedrichs II., in: Quellen u. Forschungen aus ital. Archiv. u. Biblioth. 13, 1910
Davidsohn, Robert: Geschichte von Florenz, II, 1 u. IV, 1–3, Berlin 1908 u. 1922/27
Dempf, Alois: Sacrum Imperium, München-Berlin 1929 (2. Aufl. Darmstadt 1954)
Deslandres, Paul: Innocent IV et la chute des Hohenstaufen, Paris 1907
Döllinger, Ignaz: Das Papstthum, München 1892
Edschmid, Kasimir: Italien III, Rom und der Süden, Stuttgart 1957
Egidi, Pietro: La colonia Saracena di Lucera e la sua distruzione, Neapel 1915
Esposito, Mario: Una Manifestazione d'incredulità religiosa nel medioevo: Il detto dei «Tre Impostori» e la sua trasmissione da Federico II a Pomponazzi, in: Archivio storico Ital. VII, 16, 1931
Faber, Gustav: Süditalien, München 1973
Falcandus, Hugo: Liber de regno Sicilia, Fonti per la storia d'Italia, Roma 1897
Falco, Giorgio: I Preliminari della pace di San Germano, in: Archivio della società romana di storia patria 33, 1910
Falkenbuch: siehe Friedrich II.
Fath, Richard: Friedrich II. im Urteil der deutschen Nachwelt bis zum Ausgang der Reformationszeit, Diss. Heidelberg 1918 (1937)
Felten, Joseph: Papst Gregor IX., Freiburg 1886
Ficker, Julius: Forschungen zur Reichs- und Rechtsgeschichte Italiens I–IV, Innsbruck 1868–1874
Folz, August: Kaiser Friedrich II. und Papst Innozenz IV. Ihr Kampf in den Jahren 1244 und 1245, Straßburg 1905
Franz von Assisi: Legenden und Laude, hrsg. u. erläutert von Otto Karrer, Zürich 1945
Franzel, Emil: König Heinrich VII. von Hohenstaufen, Studien zur Gesch. des »Staates« in Deutschland, Prag 1929
Friedrich II.: Reliqua librorum Friderici II imperatoris de arte venandi cum avibus, Leipzig 1788/89, Hrsg. von Johann Gottlieb Schneider
Friedrich II.: De arte venandi cum avibus, nunc primum integrum ed. Carl Arnold Willemsen, Leipzig 1942, I–II
Friedrich II.: De arte venandi cum avibus, Mit Kommentar von Carl Arnold Willemsen. Einleitung und erläuternde Beschreibung zu einer Faksimileausgabe, Graz 1969, I und II (Kommentarband)
Friedrich der Zweite: Über die Kunst mit Vögeln zu jagen. Unter Mitarbeit von Dagmar Odenthal übertrag. u. hrsg. von Carl Arnold Willemsen, Frankfurt 1964 Bd. I–II und 1970 Bd. III (Kommentar)
Friedrich, Hugo: Epochen der italienischen Lyrik, Frankfurt 1964

Gabrieli, Francesco: Federico II e la cultura musulmana, in: Rivista storica Italiana 64, 1952. Übers. auch in: Stupor Mundi, S. 270–288

Garufi, Carlo Alberto: Documenti dell'epoca sueva, in: Quellen u. Forschungen aus ital. Archiven u. Bibliotheken 8, 1905

Genuardi, Luigi: Documenti inediti di Federico II, in: Quellen u. Forschungen aus ital. Archiven u. Bibliotheken 12, 1909

Giunta, Francesco: La Politica antiereticale di Federico II, in: Atti del Convegno Internazionale di Studi Federiciani 1950, Palermo 1952. Übers. von Gottfried Opitz auch in: Stupor Mundi, S. 289–295

Grabmann, Martin: Kaiser Friedrich II. und sein Verhältnis zur aristotelischen und arabischen Philosophie, in: Mittelalterliches Geistesleben, Bd. II, München 1936. Auch in: Stupor Mundi, S. 134–177

Grabmann, Martin: Forschungen über lateinische Aristotelesübersetzungen des XIII. Jahrhunderts, Münster 1916

Grabmann, Martin: Mittelalterliche lateinische Aristotelesübersetzungen und -kommentare, Sitzungsber. der Bayer. Akad. der Wissenschaften, Philosoph.-philolog. u. histor. Klasse, 5. Abhlg., München 1928

Graefe, Friedrich: Die Publizistik in der letzten Epoche Kaiser Friedrichs II., Heidelb. Abhandlg. zur mittl. u. neueren Geschichte 24, 1909

Gregor IX.: Les Registres de Grégoire IX, Hrsg. von L. Auvray, I–III, Paris 1896–1910

Gregorovius, Ferdinand: Geschichte der Stadt Rom im Mittelalter, Bd. V, Stuttgart 1865

Grousset, René: Histoire des croisades et du royaume français de Jérusalem, t. III, Paris 1936

Grundmann, Herbert: Kaiser Friedrich II., in: Die Großen Deutschen, Berlin 1935. Auch in: Stupor Mundi, S. 109–133

Grundmann, Herbert: Kaiser Friedrich der Zweite, in: Literaturblatt der Frankfurter Zeitung 66. Jg., 30. April 1933. Auch in: Stupor Mundi, S. 103–108

Güterbock, Ferdinand: Eine zeitgenössische Biographie Friedrichs II., das verlorene Geschichtswerk Mainardinos, in: Neues Archiv 30, 1905

Hadank, Karl: Die Schlacht bei Cortenuova am 27. Nov. 1237, Diss. Berlin 1905

Hahn, Hanno und Renger-Patsch, Albert: Hohenstaufenburgen in Süditalien, Ingelheim 1961

Haller, Johannes: Das Papsttum. Idee und Wirklichkeit, 4. Bd., Urach 1950. Auch: rowohlts deutsche enzyklopädie 227/228

Hampe, Karl: Die Aktenstücke zum Frieden von San Germano 1230, Berlin 1926

Hampe, Karl: Beiträge zur Geschichte Kaiser Friedrichs II., in: Histor. Vierteljahresschrift IV, 1901

Hampe, Karl: Kaiser Friedrich II., in: Histor. Zeitschrift 83, 1899

Hampe, Karl: Kaiser Friedrich II. in der Auffassung der Nachwelt, Stuttgart 1925

Hampe, Karl: Heinrich von Isernia, Leipzig 1910

Hampe, Karl: Geschichte Konradins von Hohenstaufen, Innsbruck 1894, 2. Aufl. Leipzig 1940

Hampe, Karl: Aus der Kindheit Friedrichs II., in: Mitt. d. Inst. f. österr. Geschichtsforschung 22, 1901

Hampe, Karl: Eine frühe Verknüpfung der Weissagung vom Endkaiser mit Friedrich II. und Konrad IV., Sitzungsber. der Heidelb. Akad. der Wissenschaften, Phil.-histor. Klasse 6, 1917

Hampe, Karl: Zur Gründungsgeschichte der Universität Neapel, Mitteilungen aus der Capuaner Briefsammlung V, Sitzungsber. der Heidelb. Akad. der Wissenschaften, Phil.-histor. Klasse 10, 1923

Hampe, Karl: Kaiser Friedrich II. als Fragensteller, in: Kultur- u. Universalgeschichte, Walter Goetz zu s. 60. Geburtstg., Leipzig 1927

Hampe, Karl: Ein ungedruckter Bericht über das Konklave von 1241, Sitzungsber. der Heidelb. Akad. der Wissenschaften, Phil.-histor. Klasse 1, 1913

Hampe, Karl: Papst Innozenz IV. und die sizilische Verschwörung von 1246, Sitzungsber. der Heidelb. Akad. der Wissenschaften, Phil.-histor. Klasse 8, 1923

Hampe, Karl: Das neueste Lebensbild Kaiser Friedrichs II., in: Histor. Zeitschr. 146, 1932. Auch in: Stupor Mundi, S. 62–102

Hartwig, Otto: Über den Todestag und das Testament Friedrichs II., in: Forschungen zur Deutschen Geschichte 12, 1872

Haseloff, Arthur: Die Bauten der Hohenstaufen in Unteritalien I, Leipzig 1920

Haskins, Charles Homer: Studies in the History of mediaeval Science, Cambridge, Mass. 1927 (zitiert)

Haskins, Charles Homer: Studies in mediaeval Culture, Oxford 1929

Hauck, Albert: Kirchengeschichte Deutschlands, IV. Band, Leipzig 1913

Hefele, C. J. von: Konziliengeschichte, 1885 ff., fortges. und neubearbeitet von A. Knöpfler u. J. Hergenröther, 1887–90

Heinisch, Klaus J.: (Hrsg. u. Übers.) Kaiser Friedrich II. in Briefen und Berichten seiner Zeit, Darmstadt 1968

Heupel, Wilhelm E.: Der sizilische Großhof unter Kaiser Friedrich II., Eine verwaltungsgeschichtliche Studie, Leipzig 1940

Heupel, Wilhelm E.: Schriftuntersuchungen zur Registerführung in der Kanzlei Kaiser Friedrichs II., in: Quellen u. Forschungen aus ital. Archiven u. Bibliotheken 46, 1966

Hof, Alfred: Die Imitatio Sacerdotii bei Kaiser Friedrich II. im Zusammenhang mit den Austauschbeziehungen zwischen Kaisertum und Papsttum, Diss. Freiburg 1953

Holder-Egger, Oswald: Italienische Prophetien des 13. Jahrhunderts I–II, in: Neues Archiv 15, 1890; 30, 1905

Honorius III.: Regesta Honorii papae III., Hrsg. von P. Pressuti, I–II, Roma 1888/95

Horst, Eberhard: Sizilien, Olten-Freiburg 1964, 2. Aufl. 1973

Huillard-Bréholles, Jean Louis Alphonse: Historia diplomatica Friderici II, Introd. et vol. I–VII, Paris 1852–1861

Huillard-Bréholles, Jean Louis Alphonse: Vie et correspondance de Pierre de la Vigne, ministre de l'empereur Frédéric II, Paris 1865

Innozenz III.: Registorum sive epistolarum libri VI, in: Migne, Patrologia Latina 214–217

Ipser, Karl: Kaiser Friedrichs II. Leben und Werk in Italien, Leipzig 1942

Jacobs, Wilhelm: Patriarch Gerold von Jerusalem, Ein Beitrag zur Kreuzzugsgeschichte Friedrichs II., Diss. Bonn 1905

Jahrbücher von Genua: Nach der Ausgabe der MGH übers. von Wilhelm Arndt (Bd. I, Leipzig 1897) und Georg Grandauer (Bd. II, Leipzig 1881)

Kampers, Franz: Kaiser Friedrich II. Der Wegbereiter der Renaissance, Bielefeld-Leipzig 1929

Kampers, Franz: Die deutsche Kaiseridee in Prophetie und Sage, München 1896
Kantorowicz, Ernst: Kaiser Friedrich der Zweite, Berlin 1927, 4. Aufl. 1936
Kantorowicz, Ernst: Ergänzungsband, Quellennachweise und Exkurse, Berlin 1931
Kantorowicz, Ernst: »Mythenschau«, Eine Erwiderung, in: Histor. Zeitschrift 141, 1930. Auch in: Stupor Mundi, S. 23–40
Kantorowicz, Ernst: Zu den Rechtsgrundlagen der Kaisersage, in: Deutsches Archiv 13, 1957. Auch in: Stupor Mundi, S. 482–524
Kantorowicz, Ernst: Kaiser Friedrich II. und das Königsbild des Hellenismus, Marginalia miscellanea, in: Varia Variorum, Festgabe f. Karl Reinhardt, Münster 1952. Auch in: Stupor Mundi, S. 296–330
Kaschnitz-Weinberg, Guido von: Bildnisse Friedrichs II. von Hohenstaufen, in: Mitteil. d. Deutsch. Archäol. Inst., Röm. Abt., Bd. 60/61, 1953/54
Kaschnitz-Weinberg, Guido von: Bildnisse Friedrichs II. von Hohenstaufen, in: Mitteil. d. Deutsch. Archäol. Inst., Röm. Abt., Bd. 62, 1955
Kaschnitz-Weinberg, Guido von: Zwei neue Bildnisse Friedrichs II. von Hohenstaufen, in: Atlantis, 27. Jg. 1955, S. 510–513
Kaschnitz-Weinberg, Guido von: Zwei plastische Bildnisse Friedrichs II. von Hohenstaufen, in: Das Kunstwerk, 8. Jg. 1954, S. 50–53
Kehr, Paul: Das Briefbuch des Thomas von Gaeta, Justitiars Friedrichs II., in: Quellen u. Forschungen aus ital. Archiven u. Bibliotheken 8, 1905
Keller, Harald: Die Entstehung des Bildnisses am Ende des Hochmittelalters, in: Röm. Jahrbuch für Kunstgeschichte 3, 1939, S. 227–356
Kern, Fritz: Gottesgnadentum und Widerstandsrecht im frühen Mittelalter, Leipzig 1915, Mittelalterl. Studien, Bd. I, Heft 2
Kestner, E.: Der Kreuzzug Friedrichs II., Diss. Göttingen 1873
Keutner, Adalbert: Papsttum und Krieg unter dem Pontifikat des Papstes Honorius III., Münster 1935, Münster. Beiträge z. Geschichtsforschung III, 10
Kington, Thomas Lawrence: History of Frederick the Second, Emperor of the Romans, vol. 1–2, Cambridge, London 1862
Kirn, Paul: Die Verdienste der staufischen Kaiser um das Deutsche Reich, in: Histor. Zeitschrift 164, 1941. Auch in: Stupor Mundi, S. 194–221
Klingelhöfer, Erich: Ursprünge und Wirkungen der Reichsgesetze von 1220, 1231/32 und 1235, Diss. (masch.) Marburg 1948
Klingelhöfer, Erich: Die Reichsgesetze von 1220, 1231/32 und 1235, Ihr Werden und ihre Wirkung im deutschen Staat Friedrichs II., Weimar 1955, Quellen u. Studien zur Verfassungsgeschichte Bd. VIII, Heft 2. Auch in: Stupor Mundi, S. 396–419 (Auszüge)
Kloos, Rudolf M.: Ein Brief des Petrus de Prece zum Tode Friedrichs II., in: Deutsches Archiv 13. Jg. 1957. Auch in: Stupor Mundi, S. 525–549
Kloos, Rudolf M.: Kaiser Friedrich II.: Literaturbericht 1950–1956, in: Traditio XII, 1956, S. 426–456
Kloos, Rudolf M.: Nikolaus von Bari, eine neue Quelle zur Entwicklung der Kaiseridee unter Friedrich II., in: Deutsches Archiv 11. Jg. 1954.
Knöpp, Friedrich: Die Stellung Friedrichs II. und seiner beiden Söhne zu den deutschen Städten, Berlin 1928, Histor. Studien 181
Koch, Adolf: Hermann von Salza, Meister des Deutschen Ordens, Leipzig 1884
Köhler, Carl: Das Verhältnis Kaiser Friedrichs II. zu den Päpsten seiner Zeit, Breslau 1888, Untersuchg. z. Deutsch. Staats- u. Rechtsgeschichte 24

Koller, Heinrich: Zur Diskussion über die Reichsgesetze Friedrichs II., in: Mitteil. d. Inst. f. österr. Geschichtsforschung Bd. 66, 1958

Krauth, Kurt: Die Verschwörung von 1246 gegen Friedrich II. und die damaligen Zustände im sizilischen Königreich. Diss. Heidelberg 1922

Langlotz, Ernst: Das Porträt Friedrichs II. vom Brückentor in Capua, in: Beiträge f. Georg Swarzenski, Berlin 1951

Latey, Maurice: Mißbrauch der Macht, Anatomie der Tyrannei, Düsseldorf 1973

Liber Augustalis: siehe Carcani und Cervonius

Löher, Franz: Fürsten und Städte zur Zeit der Hohenstaufen, dargestellt an den Reichsgesetzen Kaiser Friedrichs II., Halle 1846

Löher, Franz: Kaiser Friedrichs II. Kampf um Cypern, München 1878. Abhandl. d. Bayer. Akad. d. Wissenschaften, Histor. Klasse 14, 2

Lohmeyer, Karl: Kaiser Friedrichs II. goldene Bulle über Preußen und Kulmerland vom März 1226, in: Mitteil. d. Inst. f. österr. Geschichtsforschung, Erg. Bd. 2, 1888

Marongiù, Antonio: Uno »stato modello« nel medioevo Italiano: Il regno Normanno-svevo di Sicilia, in: Critica Storica diretta da Armando Saitta, 1963. Übers. von Gottfried Opitz auch in: Stupor Mundi, S. 750–773 (Ein »Modellstaat« im ital. Mittelalter)

Maschke, Erich: Das Geschlecht der Staufer, München 1943

Masson, Georgina: Frederick II of Hohenstaufen, A Life, London 1957. Deutsch: Das Staunen der Welt, übers. v. Irmgard Kutscher, Tübingen 1958

Matthäus von Paris: Auszüge aus der größ. Chronik, nach der Ausgabe der MG übers. von Georg Grandaur u. Wilh. Wattenbach, Leipzig 1890. Geschichtsschreiber der deutschen Vorzeit 75.

Mehren, A. F.: Correspondance du philosophe soufi Ibn Sab'în abd Oul-Haqq avec l'empereur Frédéric II de Hohenstaufen publiée d'après le manuscrit de la bibliothèque Bodléienne contenant l'analyse générale de cette correspondance et la traduction du quatrième traité sur l'immortalité de l'âme, in: Journal asiatique, 7ième série, tome XIV, Paris 1879

Mikulla, Johannes: Der Söldner in den Heeren Kaiser Friedrichs II., Diss. Breslau 1885

Mitteis, Heinrich: Lehnrecht und Staatsgewalt, Untersuchungen zur mittelalterlichen Verfassungsgeschichte, Weimar 1933, Neuaufl. Darmstadt 1958

Mitteis, Heinrich: Der Ausklang des Lehnszeitalters, in: Der Staat des hohen Mittelalters, Weimar 1962, IV. Teil, 28. Kapitel. Auch in: Stupor Mundi, S. 342–358

Momigliano, Eucardio: Federico II di Suevia, Milano e Verona 1948

Monti, Gennaro M.: Lo Stato normanno-svevo, Trani 1945

Monumenta Germaniae historica:

MG Const. = Constitutiones

MG Epp. pont. = Epistolae saeculi XIII e regestis pontificum selectae

MG SS = Scriptores rerum Germanicarum I–XXXII

MG SS NS = Scriptores rerum Germanicarum, nova series I–X

MG SS in usum = Scriptores rerum Germanicarum in usum scolarum

MG DCh = Deutsche Chroniken I–VI

Mühlberger, Josef: Die Staufer; Aufstieg, Höhe und Ende, Rottweil 1966

Muratori, Ludovico Antonio: Scriptores rerum Italicarum I–XIII, Milano 1723 ff. (Zitiert: Mur. Riss)

Näf, Werner: Frühformen des »modernen Staates« im Spätmittelalter, in: Histor. Zeitschrift 171, 1951. Auch in: Stupor Mundi, S. 244–265

Naumann, Hans: Die Hohenstaufen als Lyriker und ihr Dichterkreis, in: Dichtung und Volkstum 36, 1935

Nette, Herbert: Friedrich II. von Hohenstaufen, rowohlts monographien, Reinbek 1975

Niese, Hans: Zur Geschichte des geistigen Lebens am Hofe Kaiser Friedrichs II., in: Histor. Zeitschrift 108, 1912. Neuauflage: Darmstadt 1967

Niese, Hans: Materialien zur Geschichte Kaiser Friedrichs II., in: Nachr. v. d. Gesellsch. d. Wiss. Göttingen, Phil.-histor. Klasse 1912, S. 384–413

Niese, Hans: Normannische und Staufische Urkunden aus Apulien, I–II, in: Quellen u. Forschungen aus ital. Archiven u. Bibliotheken 9, 1906 und 10, 1907

Nitschke, August: Friedrich II. ein Ritter des hohen Mittelalters, in: Histor. Zeitschrift 194, 1962. Auch in: Stupor Mundi, S. 648–691

Nottarp, Hermann: Gottesurteilstudien, München 1956. Bamberger Abhandlungen und Forschungen II. Band

Ohlig, Margarete: Studien zum Beamtentum Friedrichs II. in Reichsitalien von 1237–1250, Diss. Frankfurt a. M. 1936

Panvini, Br.: La scuola poetica Siciliana. Le canzoni dei rimatori nativi di Sicilia, I–II, Firenze 1954–1958

Paolucci, Giuseppe: Le Finanze e la corte di Federico II di Svevia, in: Atti della R. Accademia di Palermo, ser. III, tom. 7, Palermo 1904

Paolucci, Giuseppe: La Giovinezza di Federico II di Svevia e i prodromi della sua lotta col papato, in: Atti della R. Accademia di Palermo, ser. III, tom. 6, Palermo 1902

Paton, Lucy-Allen: Les Prophécies de Merlin, I–II, New York 1926/27. The Modern Language Association of America, Monograph. Series 1

Pepe, Guglielmo: Lo Stato Ghibellino di Federico II, Bari 1938

Peterich, Eckart: Italien III, Ein Führer, München 1963

Petrus de Ebulo: Liber ad honorem Augusti, ed. Eduard Winkelmann, Leipzig 1874

Petrus de Vinea: Epistolarum libri VI., ed. Joh. Rud. Iselius, I–II, Basileae 1740

Petrus de Vinea: Epistolarum libri VI, ed. Simon Schardius, Basileae 1566

Pfister, Kurt: Kaiser Friedrich II., München 1943

Potthast, August: Regesta Pontificum Romanorum 1198–1304, I–II, Berlin 1874/75

Prandi, Adriano: Un documento d'arte federiciana. Divi Friderici Caesaris Imago. In: Rivista dell'Istituto Nazionale d'archeologia e storia dell'arte. N. S. a. 2, 1953, S. 272 ff.

Raumer, Friedrich von: Geschichte der Hohenstaufen und ihrer Zeit, 3. u. 4. Bd., Reutlingen 1828/29

Renan, Ernest: Averroès et l'Averroisme, Paris 1852 (3. Aufl. 1866)

Rodenberg, Carl: Die Friedensverhandlungen zwischen Friedrich II. und Innozenz IV. 1243/44, in: Festgabe f. G. Meyer von Knonau, Zürich 1913

Rodenberg, Carl: Innozenz IV. und das Königreich Sicilien, Halle 1892

Rodenberg, Carl: Die Vorverhandlungen zum Frieden von San Germano, in: Neues Archiv 18, 1893

Röhricht, Reinhold: Die Kreuzfahrt Kaiser Friedrichs des Zweiten, in: Röhricht, Beiträge zur Geschichte der Kreuzzüge I, Berlin 1874

Romanische Meistererzähler: Hrsg. von S. Krauss, Bd. I, Die hundert alten Erzählungen, Leipzig 1905
Ryccardi de Sancto Germano Chronica priora. Hrsg. von Aug. Gaudenzi Napoli 1888. Società Napoletana di Storia patria, Monum. stor. Ser. I
Salimbene von Parma: Chronik. Nach der Ausgabe der MG bearbeitet von Alfred Doren, I–II, Leipzig 1914. Die Geschichtsschreiber der deutschen Vorzeit 93/94
Schack, Adolf Friedrich von: Geschichte der Normannen in Sizilien I, Stuttgart 1889
Schaller, Hans Martin: Kaiser Friedrich II. Verwandler der Welt, Göttingen 1964
Schaller, Hans Martin: Die Kanzlei Kaiser Friedrichs II., ihr Personal und ihr Sprachstil, in: Archiv für Diplomatik, Schriftgeschichte, Siegel- und Wappenkunde, 3. Bd. 1957 und 4. Bd. 1958. Auszug in: Stupor Mundi, S. 550–552 (Friedrich II. als mittelalterlicher Herrscher)
Schaller, Hans Martin: Die staufische Hofkapelle im Königreich Sizilien, in: Deutsches Archiv 11, 1954/55
Schaller, Hans Martin: Zur Entstehung der sogenannten Briefsammlung des Petrus de Vinea, in: Deutsches Archiv 12, 1956
Schaller, Hans Martin: Eine kuriale Briefsammlung des 13. Jahrhunderts mit unbekannten Briefen Friedrichs II., in: Deutsches Archiv, 18. Jg. 1962, S. 171–213
Schaller, Hans Martin: Unbekannte Briefe Kaiser Friedrichs II. aus Vat. lat. 14204, in: Deutsches Archiv, 19. Jg. 1963, S. 397–433
Schaller, Hans Martin: Politische Propaganda Kaiser Friedrichs II. und seiner Gegner. Eingel. u. zusammengest., Germering b. München 1965. Histor. Texte, Mittelalter 1
Schaller, Hans Martin: Das Relief an der Kanzel der Kathedrale von Bitonto: Ein Denkmal der Kaiseridee Friedrichs II., in: Archiv für Kulturgeschichte Bd. XLV 1963, H. 3. Auch in: Stupor Mundi, S. 591–616
Scheffer-Boichorst, Paul: Zur Geschichte des 12. und 13. Jahrhunderts. Diplomatische Forschungen, Berlin 1897. Histor. Studien 8
Scheffer-Boichorst, Paul: Das Gesetz Kaiser Friedrichs II. »De resignandis privilegiis«, in: Sitzungsber. d. Preuß. Akad. d. Wiss. 1900. Auch in: Gesammelte Schriften II, Berlin 1905, S. 248–273. Histor. Studien 43
Scheffer-Boichorst, Paul: Urkunden und Forschungen zu den Regesten der staufischen Periode I–II, in: Neues Archiv 24, 1899 und 27, 1902
Schirrmacher, Friedrich W.: Beiträge zur Geschichte Kaiser Friedrichs II., in: Forschungen zur Deutschen Geschichte 11, 1871
Schirrmacher, Friedrich W.: Die Mission Ottos des Cardinaldiacons von St. Nicolaus in carcere Tulliano in den Jahren 1228–1231, in: Forschungen zur Deutschen Geschichte 8, 1868
Schirrmacher, Friedrich W.: Die letzten Hohenstaufen, Göttingen 1871
Schneider, Fedor: Friedrich II. und seine Bedeutung für das Elsaß, in: Elsaß-Lothring. Jahrbuch 9, 1930, S. 128–155
Schneider, Fedor: Die Geheimhaltung des Todes Kaiser Friedrichs II., Eine Antikritik, in: Quellen u. Forschungen aus ital. Archiven u. Bibliotheken 13, 1910, S. 255–272
Schneider, Fedor: Toscanische Studien, in: Quellen u. Forschungen aus ital. Archiven u. Bibliotheken 11, 1908 u. 12, 1909; Nachlese in Toscana 22, 1931

Schneider, Friedrich: Kaiser Friedrich II. und Petrus de Vinea im Urteil Dantes, in: Deutsches Dante-Jahrbuch 27, 1948, S. 230–250

Schneider, Reinhold: Innozenz der Dritte, München 1963

Schönbauer, Ernst und Otto: Die Imperiumspolitik Kaiser Friedrichs II. in rechtsgeschichtlicher Beleuchtung, in: Festschrift für Karl Gottfried Hugelmann, hrsg. von Wilhelm Wegener, Aalen 1959, Bd. II, S. 523–559. Auch in: Stupor Mundi, S. 553–590

Schrader, Erich: Ursprünge und Wirkungen der Reichsgesetze Friedrichs II. von 1220, 1231/32 und 1235, in: Zeitschrift der Savigny-Stiftung für Rechtsgeschichte, 1951, Bd. 68. Neufassung: Zur Deutung der Fürstenprivilegien von 1220 und 1231/32, in: Stupor Mundi, S. 420–454

Schramm, Percy Ernst: Kaiser Friedrichs II. Herrschaftszeichen, Göttingen 1955, Abhandl. d. Akad. d. Wiss. Göttingen, Phil.-hist. Klasse III, 36

Schramm, Percy Ernst: Herrschaftszeichen und Staatssymbolik, Bd. 3, Stuttgart 1954

Schramm, Percy Ernst: Kaiser, Könige und Päpste, Bd. III, Stuttgart 1969

Schultheiss, Franz Guntram: Die deutsche Volkssage vom Fortleben und der Wiederkehr Kaiser Friedrichs II., Berlin 1911

Seidler, Eduard: Der Neugeborenenversuch Friedrichs II. von Hohenstaufen, Versuch einer kritischen Deutung, in: Deutsches Ärzteblatt, Jg. 61, 1964, S. 2029–2032

Sestan, Ernesto: Il significato storico della »Constitutio in favorem principum« di Federico II, in: Atti del Convegno Internazionale di Studi Federiciani 1950, Palermo 1952. Übers. von Gottfried Opitz auch in: Stupor Mundi, S. 331–341 (Die historische Bedeutung der ...)

Stefano, Antonino de: La Cultura alla corte di Federico II Imperatore, Palermo 1938, 2. Aufl. Bologna 1950

Stefano, Antonino de: Federico II e le correnti spirituali del suo tempo, Roma 1922

Stefano, Antonino de: L'Idea imperiale di Federico II, Firenze 1927, 2. Aufl. Bologna 1952

Stefano, Antonino de: Il Regno Normanno, Conferenze tenute in Palermo, Messina e Milano 1932. Bibl. storica princ. 16

Steinen, Wolfram von den: Staatsbriefe Kaiser Friedrichs des Zweiten, Breslau 1923

Steinen, Wolfram von den: Das Kaisertum Friedrichs II. nach den Anschauungen seiner Staatsbriefe, Berlin-Leipzig 1922

Sthamer, Eduard: Die Verwaltung der Kastelle im Königreich Sizilien unter Kaiser Friedrich II. und Karl von Anjou, Leipzig 1914. (Die Bauten der Hohenstaufen in Unteritalien, Erg. Bd. 1)

Sthamer, Eduard: Dokumente zur Geschichte der Kastellbauten Kaiser Friedrichs II. und Karls I. von Anjou, Bd. I–II, Leipzig 1912/26. (Die Bauten der Hohenstaufen in Unteritalien, Erg. Bd. 2–3)

Sthamer, Eduard: Eigenes Diktat des Herrschers in Briefen der sizil. Kanzlei des 13. Jahrhunderts, in: Festschrift für Alexander Cartellieri, Weimar 1927, S. 141–158

Sthamer, Eduard: Die vatikanischen Handschriften der Konstitutionen Friedrichs II. für das Königreich Sizilien, in: Papsttum und Kaisertum, Paul Kehr dargebracht, München 1926, S. 508–525

Sthamer, Eduard: Studien über die sizilischen Register Friedrichs II., in: Sitzungsber. d. Preuß. Akad. d. Wiss. 32, 1920

Stimming, Manfred: Kaiser Friedrich II. und der Abfall der deutschen Fürsten, in: Histor. Zeitschrift 120, 1919

Stupor Mundi: Zur Geschichte Friedrichs II. von Hohenstaufen, hrsg. von Gunther Wolf, Darmstadt 1966. Wege der Forschung Bd. CI

Sudhoff, Karl: Ein diätetischer Brief an Kaiser Friedrich II. von seinem Hofphilosophen Magister Theodor, in: Archiv für Geschichte der Medizin IX, 1915

Sütterlin, Berthold: Die Politik Kaiser Friedrichs II. und die römischen Kardinäle in den Jahren 1239–1250, Heidelberg 1929. Heidelb. Abhandl. z. mittl. u. neueren Geschichte 58

Suter, Heinrich: Beiträge zu den Beziehungen Kaiser Friedrichs II. zu zeitgenössischen Gelehrten des Ostens und Westens, in: Beiträge zur Gesch. der Mathematik bei den Griechen und Arabern, Erlangen 1922

Tenckhoff, Franz: Der Kampf der Hohenstaufen um die Mark Ancona und das Herzogtum Spoleto von der zweiten Exkommunikation Friedrichs II. bis zum Tode Konradins, Diss. Münster 1893

Tierney, Brian: Foundations of the Conciliar Theory: The Contribution of the Canonists from Gratian to the Great Schism, Cambridge 1955. Übers. von Gunther Wolf auch in: Stupor Mundi, S. 455–458 (Die konziliare Theorie am Hofe Kaiser Friedrichs II.)

Tillmann, Helene: Papst Innozenz III., Bonn 1954

Vehse, Otto: Die amtliche Propaganda in der Staatskunst Kaiser Friedrichs II., München 1929. Forschungen z. mittelalt. u. neueren Geschichte 1

Vergottini, Giovanni de: Studi sulla legislazione imperiale di Federico II in Italia. Le Leggi del 1220, Milano 1952. Pubblic. straordinarie dell'accademia delle scienze di Bologna. Classe di scienze morali 11

Wahl, Rudolph: Wandler der Welt, Friedrich II., der sizilische Staufer, München 1948

Waldburg-Wolfegg, Hubert Graf: Vom Südreich der Hohenstaufen, München 1954, 3. Aufl. 1960

Weber, Hans: Der Kampf zwischen Papst Innozenz IV. und Kaiser Friedrich II. bis zur Flucht des Papstes nach Lyon, Berlin 1900. Histor. Studien 20

Weber, Ulrich: Friedrich der Zweite und die Sicilianische Dichterschule, in: Die Pforte, 2. Jg. 1949/50, S. 838–843

Weller, Karl: Die staufische Städtegründung in Schwaben, in: Württemberg. Vierteljahrshefte f. Landesgesch. N. F. 36. Jg., 1930

Weller, Karl: Zur Kriegsgeschichte der Empörung des Königs Heinrich gegen Kaiser Friedrich II., in: Württemberg. Vierteljahrshefte f. Landesgesch. N. F. 4. Jg., 1895

Westenholz, Elisabeth von: Kardinal Rainer von Viterbo, Heidelberg 1912. Heidelb. Abhandl. z. mittl. u. neueren Geschichte 34

Wiedemann, Eilhard: Fragen aus dem Gebiet der Naturwissenschaften, gestellt von Friedrich II., in: Archiv für Kulturgeschichte XI, 1914

Wieruszowski, Helene: Vom Imperium zum nationalen Königtum, München–Berlin 1933. Histor. Zeitschrift Beiheft 30

Willemsen, Carl Arnold: Apulien. Land der Normannen, Land der Staufer, Köln 1958

Willemsen, Carl Arnold: Castel del Monte, Wiesbaden 1955
Willemsen, Carl Arnold: Die Falkenjagd, Leipzig 1943
Willemsen, Carl Arnold: Das Falkenbuch Kaiser Friedrichs II., in: Kosmos 47. Jg. 1951, S. 10–17
Willemsen, Carl Arnold: Friedrich II. und sein Dichterkreis, Krefeld 1947
Willemsen, Carl Arnold: Kaiser Friedrichs II. Triumphtor zu Capua. Ein Denkmal hohenstaufischer Kunst in Süditalien, Wiesbaden 1953
Winkelmann, Eduard: Acta imperii inedita saeculi XIII et XIV, tom. I–II, Innsbruck 1880/85
Winkelmann, Eduard: Jahrbücher der deutschen Geschichte, (I.) Philipp von Schwaben und (II.) Otto IV. von Braunschweig, Leipzig 1873/78
Winkelmann, Eduard: Kaiser Friedrich II., Leipzig 1889/97, Jahrbücher der deutschen Geschichte 21, I–II
Winkelmann, Eduard: Geschichte Kaiser Friedrichs II. und seiner Reiche, Bd. 1–2, Berlin 1863/65
Winkelmann, Eduard: Beiträge in Forschungen zur Deutschen Geschichte: Wer war der Erzieher Friedrichs II.?, in: 6. Jg. 1866, S. 391–405; Beziehungen des Kaisers zu den oberitalienischen Städten, in: 7. Jg. 1867, S. 291–318; Zu den Regesten des Papstes Innocenz III., in: 9. Jg. 1869, S. 455–470; Zu den Regesten der Päpste Honorius III., Gregor IX., Coelestin IV. und Innocenz IV., in: 10. Jg. 1870, S. 247–271
Winkelmann, Eduard: Zur Geschichte Kaiser Friedrichs II. in den Jahren 1239 bis 1241, in: Forschungen zur Deutschen Geschichte, 12. Jg. 1872, S. 261–294, 521–566
Winkelmann, Eduard: Kaiser Friedrichs II. Kampf um Viterbo, in: Histor. Aufsätze zum Andenken an Georg Waitz, Hannover 1886, S. 277–305
Winkelmann, Eduard: Die Wahl König Heinrichs, seine Regierungsrechte und sein Sturz, in: Forschungen zur Deutschen Geschichte, 1. Jg. 1862, S. 11–43
Winkelmann, Eduard: Zwölf Papstbriefe zur Geschichte Friedrichs II. und seiner Nachkommen, in: Forschungen zur Deutschen Geschichte, 15. Jg. 1875, S. 373–389
Winkelmann, Eduard: Zum Leben König Enzios, in: Forschungen zur Deutschen Geschichte, 26. Jg. 1886, S. 308–313
Wolf, Gunther: Kaiser Friedrich II. und die Juden. Ein Beispiel für den Einfluß der Juden auf die mittelalterliche Geistesgeschichte, in: Miscellanea Mediaevalia IV, 1965, S. 435 ff. Auch in: Stupor Mundi, S. 774–783
Wolf, Gunther: Die Testamente Kaiser Friedrichs II., in: Zeitschrift der Savigny-Stiftung für Rechtsgeschichte 79, 1962, S. 314 ff. Auch in: Stupor Mundi, S. 692–749
Zechbauer, Fritz: Das mittelalterliche Strafrecht Siziliens nach Friedrichs II. Constitutiones regni Siciliae und den sizilischen Stadtrechten, Berlin 1908
Zeller, Georg: König Konrad IV. in Italien 1252–1254, Diss. Straßburg 1907
Ziegler, Henri de: La Vie de l'empereur Frédéric II de Hohenstaufen, Paris 1935
Zinsmaier, Paul: Zur Diplomatik der Reichsgesetze Friedrichs II., in: Zeitschrift der Savigny-Stiftung für Rechtsgeschichte 80, 1963, S. 82 ff.

Register

Eberhard Horst

»Eberhard Horst erweist sich als gewissenhaft recherchierender Berichterstatter und auch – was erst den Reiz seiner Bücher ausmacht – als ein mit Imagination begabter Erzähler, dem es gelingt, weit Zurückliegendes buchstäblich zu ›vergegenwärtigen‹«
Süddeutsche Zeitung

Caesar
Biographie, 460 Seiten, gebunden

Friedrich der Staufer
Biographie, 408 Seiten, gebunden

Geh ein Wort weiter
Aufsätze zur Literatur, 224 Seiten, broschiert

Konstantin der Große
Biographie, 540 Seiten, gebunden

Die kurze Dauer des Glücks
Erzählungen, 192 Seiten, gebunden

Die spanische Trilogie
Isabella, Johanna, Teresa
Biographie, 400 Seiten, gebunden

Claassen

Postfach 100 555, 3200 Hildesheim

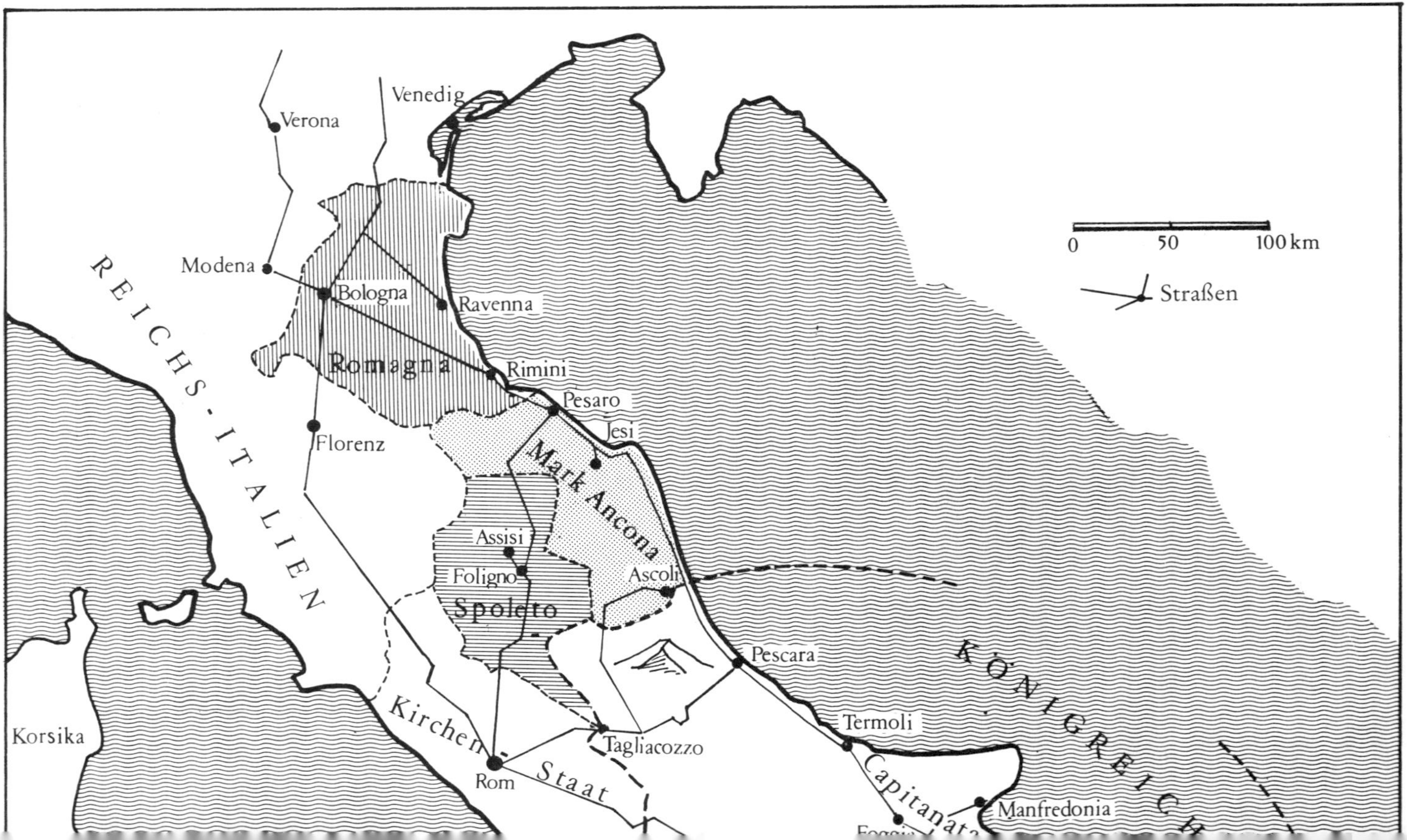

Venedig
Verona
Modena
Bologna
Ravenna
Romagna
Rimini
Pesaro
Jesi
Florenz
Mark Ancona
Assisi
Foligno
Spoleto
Ascoli
Pescara
Termoli
Tagliacozzo
Rom
Kirchen-Staat
REICHS-ITALIEN
Korsika
KÖNIGREICH
Capitanata
Manfredonia
0
50
100 km
Straßen